修習佛學、研究哲學，必不可少的讀本

佛教邏輯

舍爾巴茲基——著
關登浩——譯

全面解析
東方哲學與西方哲學的思想差異。

西元六世紀到七世紀，誕生在印度的認識論與邏輯體系。
受到亞洲文化史學家、梵文文獻學家以及哲學家們的高度重視。

本書在於闡述亞洲歷史上，稱得上是最爲強勁的一場思想運動。這場思想運動產生於西元前六世紀的印度斯坦，再逐步擴展到幾乎整個亞洲地區，甚至影響到了日本和印度群島。可以說是中亞和東亞的主要思想發展的歷史。

前言

此著作收到了亞洲文化史學家、梵文文獻學家以及普通哲學家們的重視。

這本書是由三部著作組成的叢書裡的最後一部。這一套叢書的主要目的，在於闡述亞洲歷史上稱得上是最為強勁的一場思想運動。這場思想運動產生於西元前六世紀的印度斯坦，再逐步擴展到幾乎整個亞洲地區，甚至影響到日本和印度群島。在這一層面上可以說是討論了中亞和東亞的主要思想發展的歷史。

本書由於按照完全基於「論」一類的原始資料（古印度學者著述），具有特色的梵文學術風格，書中的論證裡所使用的術語很特殊，形式很簡潔，對其思想的解釋與發展都保存在繁雜的注疏而受到了梵語學家的器重。

本書應引起哲學家重視的原因是，它向他們展示了一種他們尚不熟悉的邏輯體系，它是邏輯，但不是亞里斯多德的邏輯；是認識論，卻又不是康德的認識論。

認為實證哲學只存在於歐洲，是一種非常普遍的偏見；而認為對邏輯研究達到了極致的是亞里斯多德，也是一種偏見。雖然對於未來的邏輯我們尚未達成一致，但對於邏輯現狀的不滿是一致的。因此，處在某個改革前夕老研究一種完全不同的思想方法——陳那和法稱的既是認識論又是形式邏輯的——有可能具有某種重要的意義。

這樣一來，考慮和比較兩種完全不同的邏輯，我們就會發現，人類的思維在打算解決真實與謬誤的時候，就很自然的要遭遇到某些問題——判斷的、推理的和論證本質的；關係與範疇；綜合和分析的判斷；無限及無限可分性的；二律背反與知性辯論結構等。透過文化差異的奇特術語，我們將會發現很多我們熟悉的特徵。在這個邏輯體系裡，這些特徵都是以完全不同的方式被處理和安排，它們佔據了不同的位置，完全處於不同的環境裡。倘若我們熟悉梵文作品的風格，我們就會試圖用印度概念術語來詮釋歐洲的思想了，而不只是把印度的哲學概念翻譯成歐洲的哲學用語。

我在這本書裡的主要目的是，指出兩種邏輯體系之間的相似性，而非比較和估計兩者的價值。在這一方面，我很樂意聽取哲學同行的意見，在這一個特殊的認知領域裡，他們具有的經驗也許遠遠超過我所能達到的程度。倘若我能引起他們的關注，並透過他們將印度哲學家的思想介紹給歐洲的同行，我會因此深感榮幸。

目錄

前言

緒論

第一部分：實在和知識（量論）

佛教邏輯包含的內容及其目的 /64
什麼是知識的來源 /66
認識與識別 /67
對真理的檢驗 /69
實在論和佛教經驗觀之間的關係 /71
兩種真實 /72
知識來源具有雙重性 /74
認識活動的界限 /77

第二部分：可以感知到的世界

第一章：刹那存在論

問題是怎樣提出的 /82

實在具有能動性 /83

時空同一性 /86

廣泛延展性和持續性是非實在的 /87

現量可以直接感知 /89

識別無法論證持續性 /89

對存在的概念加以分析 /90

對非存在的概念加以分析 /92

寂護的刹那存在理論 /95

變化和消滅 /97

運動是非連續的 /98

事物先天就是消亡的 /101

由矛盾律演繹得出刹那性 /102

用微分法證明點刹那的實在性 /105

有關暫態性理論的歷史 /106

歐洲的此類理論 /111

第二章：因果關係

功能相互依賴的因果關係 /115

有關因果律的公式 /117

因果性具有實在性 /119

兩種不同的因果關係 /120

因具有多重性 /122
因具有無窮性 /124
因果關係和自由意志 /125
緣起的意義有四種 /128
歐洲的此類理論 /133

第三章：現量（感覺認知）

對現量的定義 /137
法稱對現量所做的實驗 /141
現量和虛妄（即：錯亂） /144
現量或者說直覺的種類 /150
古印度哲學裡的現量觀歷史發展 /158
在歐洲類似的理論 /163

第四章：終極實在

終極實在是什麼 /169
個別者是終極實在 /171
實在是無法付諸語言的 /172
實在帶來生動表象 /173
終極實在具有能動性 /175
單子和原子 /176
實在就是肯定 /178
反對說法 /179
有關實在觀的演化史 /181
歐洲的此類理論 /183

第三部分：被構造出來的世界

第一章：判斷

從純感知到概念活動 /190

知性的開始 /194

什麼是判斷 /195

判斷和概念的綜合 /196

判斷和命名 /198

範疇 /199

被當作分析的判斷 /201

客觀角度的有效判斷 /203

判斷論的歷程 /205

歐洲的此類理論 /208

第二章：比量

判斷和推理 /211

邏輯的三項 /213

對比量的種種定義 /215

邏輯推理和邏輯結果（比量和比量果） /217

在何種程度上，比量是真的知識 /219

因三相或邏輯理由的三個方面 /222

法稱關於邏輯裡各種關係的論述 /226

邏輯中相互依賴的關係 /228

邏輯中的分析判斷與綜合判斷 /230

佛教的最終範疇表 /232

佛教的範疇表是不是符合邏輯劃分的原則 /233
佛教邏輯裡的關係表是可靠的嗎 /235
佛教邏輯裡的共相一般和必然性判斷 /239
佛教概念裡純知性的使用界限 /241
佛教邏輯裡比量觀的歷史概論 /242
歐洲的此類理論 /246

第三章：為他比量（三段論式）

為他比量的定義 /252
為他比量的各個分支 /255
比量形式和歸納 /257
三支比量式的格 /259
三支比量式所具有的價值 /262
為他比量的三支論式的歷史 /265
歐洲的推論式和佛教的推論式 /269

第四章：邏輯謬誤

邏輯分類 /293
佛教邏輯裡的不成因過（和實在性相違背的謬誤） /294
佛教邏輯裡矛盾理由的錯誤（相違因過） /299
佛教中的不定因過（邏輯不確定理由的謬誤） /300
佛教邏輯裡相違決定因過（二律背反中的錯誤） /303
法稱的一些補充 /305
佛教的邏輯發展史 /307
歐洲的此類理論 /316

第四部分：否定

第一章：否定性質的判斷

否定的本質 /326

否定也是一種比量 /329

否定性三支論式及其格與簡易否定格 /333

另外十種格式 /337

否定所具有的意義 /345

只存在於經驗範圍之內的矛盾性和因果性 /346

有關超感覺物件的否定 /347

這一理論在印度的發展史 /350

歐洲的此類理論 /353

第二章：矛盾律

邏輯矛盾的起源 /362

邏輯裡的矛盾 /364

邏輯能動裡的對立 /366

佛教邏輯裡的別性律（Law of Otherness） /370

佛教邏輯對矛盾律和別性律的不同表述 /372

印度哲學裡其他流派的矛盾觀 /375

歐洲的此類理論 /377

第三章：一般（universals）共相

行動的相仿替代了事物靜止的一般性 /402

共相問題的發展歷史 /405

歐洲的此類理論 /408

第四章：辯證法

關於陳那之名言論（theory of names） /412

勝主慧論名言的否定意義 /416

寂護和蓮花戒關於語詞的否定意義的討論 /425

簡述佛教辯證法的發展史 /430

歐洲的此類理論 /434

第五部分：外部世界所具有的真實性

什麼是真實 /456

什麼是外在 /458

三個不同的世界 /459

批判實在論 /460

終極一元論 /462

觀念論 /464

陳那對於非真實性外部世界的論述 /468

法稱對唯我論的駁斥 /470

印度和歐洲就外在世界實在性的討論會 /472

結論

緒論

什麼是佛教邏輯

通常對佛教邏輯的理解，我們一般指的是西元六世紀到七世紀誕生在印度的認識論與邏輯體系。它們的創立者是叫法稱與陳那的兩個佛學家。這一體系的文獻通常有兩類：一個是不為大家熟悉的正處於萌芽狀態的佛教邏輯著作；另一個是印度北部各個諸侯小國關於這些邏輯著作注釋的文獻。就其著作中關於論證形式的理論來說，這一體系是足夠被冠以邏輯的。和歐洲一樣，在印度關於如何判斷事物的本質，關於名言以及推理意義的理論，它們也是從論證的理論自然發展而來。

但，佛教邏輯在其內容上比其他的更為寬泛。這裡面，其中還包括佛學的感性知覺理論。準確點講，那就是我們所掌握的知識的全部內容中，關於純感覺活動的理論，即我們所掌握的知識的可靠性的理論，以及我們的感覺和表象所認知的外部世界的真實性的理論，通常這一些問題都屬於認知論。因此我們有足夠的理由把這一佛教體系歸納到認知論邏輯體系中。這一體系的出發點就是感覺論，是他們用來論證外部世界存在並使之確信其存在的工具。這一體系還在此基礎上討論了一種相似相符（指內在認識形勢與外在物件的相符）的理論。進一步證明了，外部世界是和我們透過表象與概念對外部世界進行的描述兩者間的符合。

這之後就是他們的判斷、推理與論證的理論了。最後才是他們在公共場合裡進行的哲學論爭的辯論術了。因為，它們是從人最基本的感覺活動到極其複雜的論辯術，所以這一體系涵蓋了人類的整個認知領域。

這一學科，佛教信徒稱之為邏輯理由的理論，也叫做正確認識來源理論，更簡單的稱作正確認識的量度，它在佛教徒看來是關於真實與謬誤的認知理論。

依照這一理論的創始者的意思，它和作為解脫為目的的宗教佛學並沒有什麼特殊的聯繫。只是說自己是人類理性的自然、普通的邏輯，亦可稱之為批判性的邏輯。那一期間，沒有被邏輯規則充分擔保的事物都會遭受到他們無情的抨擊，如果以此而論，那麼那個時期的佛教邏輯只是保持了它對佛教最初觀念的真誠罷了。它除了承認轉瞬即逝的事物的遷流和在涅槃裡達到最終的永恆靜寂外，它否認靈魂、永恆不朽以及神的存在。以佛教的觀點看，實在的即是能動的，絕不是靜止的，而邏輯則是在假想凝固於名言概念裡的一種實在。它最高的宗旨只要說明和論證靜止的思想構造與運動的實在的關係。這和實在論者的邏輯學完全相反，當時的彌曼差派、勝論派和正理派都是主張實在本身是靜止的，這符合一般認識中的各種概念。佛教作為當時印度正統宗教的挑戰者是被視作狂妄的虛無主義，反過來佛教也把當時印度的正統宗教看做自己的敵人，他們是「外道」或者「異教徒」。因此，在佛教徒看來，只有佛教徒創立的邏輯理論才是真正的邏輯。

邏輯在佛教歷史上所處的地位

佛教邏輯除了在印度佛教上，在一般的印度邏輯和哲學的歷史上也佔有一定的地位。在廣闊的印度邏輯學領域，佛教邏輯構成了佛教中間的階段，而在佛教哲學的範圍裡，佛教邏輯學則形成了印度佛教的結束時期，也就是史稱的第三階段的鮮明特色。

印度佛教的發展可分成三個階段。佛教信徒一般將這三個階段稱作「法輪三轉」。但在這三個階段裡，佛教自始至終恪守其中心概念，即存在是能動的非人格的遷流。而在佛教發展史裡，曾有兩次對這一元理論做了徹底的變更，但每一個階段又都產生了它自己的中心概念，這兩個時期分別在西元一世紀和西元五世紀。概況的說，就是從西元前500年開始，佛教誕生，並在其誕生地生存了1500年中，可平均地分為三個時期，每個時期持續500年。

請隨我一起簡略地回顧前兩部論述佛教著作的第一和第二階段的結論。而這本討論佛教邏輯第三也就是佛教發展完結階段的書，我們可以把它看作是前兩部的續集了。

佛教哲學發展的第一個時期

佛陀時代是印度各種哲學思辨以及對人最終從塵世解脫渴望的思潮激蕩的時代。當時佛陀就針對人的存在進行過精密的剖析，他把人我（Pudgala）歸結為組成這個世界的結構性的元素。之所以如此分析，是因為佛陀出於倫理方面的考慮。在佛陀看來，首先是善與惡的兩大元素構成了人格我的存在，而染淨是有助於人的解脫或妨礙人解脫的實現。佛陀的這一理論也被人稱作染淨之法。人們珍視和想像的解脫就是絕對靜寂的一種狀態。因而人的人生——普通的生命過程——被看作是一種不斷墮落與脫變的悲慘境況。因此，清淨的元素被看成是將人導向靜寂的力量和特性，而染汙的元素別看作是導致或者組成人一生紛亂的原因。除了這兩種互為衝突的元素之外，在人的每一個精神生活的深層都存在著一種一般性的、中性的、基本的元素。但不管在何種情況下，絕對不會存在一個可以同時容納這些元素的載體，因此，就沒有靈魂，沒有自我，沒有人我的存在。這裡的所謂人我，就是時刻都在變化的成分的集合，是流動的，且在其中不含有任何持續穩定的元素。

佛教最早的特徵就是否定靈魂。無我論甚至就是當時佛教的別稱。

佛陀也把外部世界分解為構成因素，它是人自我的依賴物件、自我的感覺材料。在佛教誕生之前，其他的哲學流派也將這些感官材料看作一種實體性的、永恆的、緊密的原理所呈現的，變化著的現象——物質。而佛教在他的理論中剔除了這一原理，對於佛教而言，這些物理元素就如同人的心理過程，是變化的、短暫的、流放的。對於佛教教義而言，從來就不存在物質，也沒有實體一切只存在分離的元素，且不在其中包含任何實體的瞬間呈現的能，也不存在無休止的變化，存在的瞬間之流。這就是佛教的第二階段的特點。

可是在完全丟棄掉靈魂和物質實體的這個原理後，人總得需要另一些東西來替代，只有如此，才能證明為什麼這些變化無窮的分離元素能居合起來，甚至能產生出穩定的物質世界，以及在物質世界裡生活的持續自我的那種幻覺。在佛家看來能取代人的靈魂和實體的是因果律，它們既是物理性質又是道德性質的那種因果關係。轉瞬即逝的剎那之流在佛家看來並不是人生任意的偶然的過程。生命中的每一個元素，雖然它們只是顯現剎那時間，但都是「相依生起的剎那」。依照佛家「此有彼亦有」的佛教原則，生命中的每一個元素的出現都是符合於宇宙嚴格的因果關係的規律的。因此，佛教道德上的因果性質的觀念，或者輪迴觀念在事物的一般性的因果關聯的理論中找到了哲學基礎。這一萬物相依緣起的理論就是佛教早期的第三個特點了。

佛教哲學更進一步的特點是，在他們看來，這些萬物存在的元素與其說是實體性成分的，不如說是和能相似的東西。心理的元素（佛家稱「心法」）必定是道德的以及中性力量。而物質元素（佛家稱「色法」）則被預想成近似現成物質而實際並非物質的本身了。因為這些「能」從來不是單獨對人產生作用的，而是要透過因果關係的規律相互依持，因而被稱為「相依者」或合作者。

在對早期佛教的分析中我們會發現，他們的世界是一個由無數個個別構成的激流。一方面，世界是我們所見、所聞、所味、所嗅、所思；另一方面，世界又是伴隨著人的感受、觀念以及人的善念或者非善念的意志的心識而構成的，在這個世界裡沒有靈魂我，沒有神，也沒有物質，是沒有持續不變的實體性的東西。

在這個互為關聯的多種元素組成的激流中，即無規定與特定目標的真實人格，除了有萬物間的因果關係的規律外，是不會有沒有人格、沒有靈魂之我駕馭這種遷流的。因而佛教認為，對每一個生命的終極寂靜（也成為涅槃）而言，它就是一種解脫了；在這一種絕對靜止的宇宙狀態裡，所有組成生命的元素或者「相依者」都會喪失掉「能」而永恆平靜下去。分析這些元素或只是為了搞清楚它們遷流不息的條件，找出並制止與去減緩這種遷流的辦法，是為了求得人進入到涅槃的那種絕對寂靜的狀態裡去。這種本體論的分析是為了給解脫理論清空場地，從而去達到人的道德的完善和人的最終獲救，去達到聖徒的完美與佛陀的絕對狀態，在這裡我們就看到了佛教與除了印度唯物論者之外的其他所有的哲學流派的共同特點了，這也就是它們所謂的解脫理論。

早在佛教誕生之前，印度的神祕主義就一直對它的信徒們教授如何解脫的途徑，佛陀時期印度思想界就這種神祕主義的解脫之說分為反對與支持的兩派，它們或追隨瑜伽師，或追隨婆羅門，也就是說當時的人們要麼遵從正統教會，要麼追隨那些具有強烈神祕主義色彩的大眾宗派。印度神祕主義的思想主旨在於讓人們相信，人可以透過心注一境的冥想達到出神的狀態，並因此使冥想的修練者透過對自身冥想的修練而成為超人，這樣一來出神冥想實踐成為了組成他們寂靜之路的最高部分，在他們看來，借助於這一特殊的手段，首先能消除人身上的邪見和罪惡意向，然後達到他們認為的最高的神祕境界，到此，修瑜伽者和超人也就成為了所謂的聖人，成為了以無垢智為其神聖生命中心與關鍵原則的人，或諸蘊的集合體。這也就是阿羅漢（聖者）的理論，也就是原始佛教的最後一個特徵。

按這一理論佛教總結出了「四諦」，也稱阿羅漢的四原則，它們是：1. 人的一生充滿了不安的掙扎；2. 不安的根源在於人內心罪惡的貪求；3. 永恆的寂靜才是人生最終的目標；4. 一定存在這樣的一條將構成生命形式的相互依賴的「能」逐漸寂滅的道路。

這些是佛教稱為「初轉法輪」階段的主要教義，甚至還不能說是一個成熟的宗教，也是佛教初始的第一時期。這一時期裡，佛教最具有宗教特性的僅僅是，關於人如何獲得解脫方式的學說，這完全是人性化的。在當時的佛教看來，人只有經由對其自身道德和理智的完善，才能憑藉自身的力量獲得解脫，那時候，佛教並沒有太多的崇拜，僧眾中都是些沒有家庭；也沒有財產的修行者。每一天，他們都舉行兩次聚會懺悔，並且執受戒行，或坐禪和相互間進行哲學問題的討論。

在阿育王之後，佛教因為一些不太重要的觀念分歧而分裂成十八部。這十八部中只有一個叫犢子部提倡的理念離佛教的最基本教義甚遠，因為它承認曖昧的半真實的自我人格。

佛教哲學中的第二個時期

在佛教的第五個世紀初期，佛教及其哲學的宗教特點都有非常大的變化。那種在無餘涅槃裡成為阿羅漢的作為人的佛陀的理想完全看不到了，取代這種理想的是成為充滿涅槃狀態中神的佛陀理想。這意味著佛教不再只是追求個人的解脫。在這個時期佛教哲學上已經從極端的多元論轉變成一元論了。佛教的這種轉變好像與同時代的所羅門教的哲學發展一致，只是所羅門教在一元論哲學的基礎上，開始確定與發展對濕婆和毗濕奴民族神的崇拜。

新佛教以一種真實的、真正的終極存在或真實的觀念作為它的基本哲學概念的出發點，這是一種不需要任何相互關係的獨立與自在的無相待的真實。既然佛教早期的多元論主張一切物理和精神的元素，被認為是相互依持的或是相互配合的能量，那麼我們就不應該將此看成是最終的真實。因為這些東西是彼此依賴的，所以是不真實的。在佛家看來人離開被看作是統一體的，被看作是僅有真實的宇宙本身，離開這一切集合的統一體，那麼這些元素只能作為到最後都不真實的東西。拋掉這些的其他一切元素的集合，被佛家看作是統一的法性，被等同於佛的法身被看作是這個世界的唯一實體。佛教前期哲學所建立起來的五蘊、十處、十八界等諸多元素的分類，這些的人與身體的集合成分也並沒有被這個時期的佛教排斥，它們僅僅被看作是自性不真實的晦暗存在之物，是缺少終極實在性質的東西。在佛教前一時期，它們認為的一切人身和所有持續之物，也就是靈魂的我和物質的法度都被否認是具有真實性質的，可佛教發展到此刻，構成它的部分感覺材料，基本的心識甚至一切的道德性質的能量，都在辯證的否定過程中隨著靈魂的我而被註銷了其實在的性質。這在早期的佛教中被稱為無我論和無實論。在新的佛教中則被稱為自性空論。根據佛教的自性論，世界一切的存在之物，都被分析成組成這個世界的基本元素材料來看，其相對的性質就是虛無的。

新的佛教學說之所以能引人矚目的主要原因及特點就是，它首先否認了之前佛教所提倡的諸多元素的真實性。

在新的佛教哲學裡，佛教最初和特有的法與法的依持，不是由一法而生出他法的相依緣起論的理論被保留下來，雖然其含義稍有改變，但還是被新佛教宣佈為整個佛教哲學大廈的基石。原始佛教把一切元素相互依存看作是真實，而新的佛教則認為諸元素是不真實的，因為它們必須要相互依賴才會得以存在。原始佛教裡的諸元素「相依緣起」的理論，在新佛教裡得到了強調，而原始佛教中的諸元素「俱為真實」的理論則被抹殺。新佛教從最終真實著眼，在它們看來整個世界不過是亦無生起亦無消滅的一個不可動搖的整體。既不會和數論所認為的一切都是從同一自性裡流出的理論一樣，也不會和勝論提出的事物從他物裡生成一樣，更不會與原始佛教宣佈的事物諸元素僅僅剎那存在一樣。在新佛學看來，世界根本無物產生。因此，新佛教的第二個特點就是將世界的真實性消融在不動的整體中，從而將世界真正的因果性質，按照他們認為一定的規律完全排隊好。

但新佛教並不因此而完全排斥經驗世界裡的真實性，新佛教只是堅持經驗世界並不具有終極的真實性的這一觀點。因而在新佛教裡存在表面與深層的兩種真實。即實在的虛幻面與實在自身。它們用這兩種真實（也叫做「二諦」）取代了佛教初期的「四正諦」。

涅槃等同於世間，也就是說，經驗界等同於絕對者，這又是新佛教的一個特色。原始佛教認為諸元素在世間生活裡是活動的能量，它們只有在得到涅槃時才會休眠，而新佛教則認為世間的諸元素從來就處於靜止的狀態，人們看到它們的活動性只不過是人們自給的幻覺罷了。既然普通人對於經驗世界的理解能力有限，那麼絕對者展現自身也不過是一種虛幻的現象而已，二者說到底就沒有什麼根本的差別存在。涅槃或絕對者不過只是sub specie aeternitatis（永恆狀態下的）世界。而絕對的真實者這一方面不可能透過普通的經驗認識手段被人看見與瞭解到。因此，一般推理的思維方式與結果在認識什麼是絕對者時毫無用處。那麼一切邏輯與佛教早期中諸如佛學、涅槃、四諦等所有的設置都被新佛教毫不留情的駁斥為欺騙性的矛盾的人為構造。在新佛教看來，人唯一的知識來源是聖者的神祕直覺和新佛教經典啟示——一元論的宇宙觀。新佛教的另一個顯著特點就是，它將神祕主義及啟示放置於教義的首位，而對一切邏輯加以無情的譴責。

不久從這些相對主義裡分離出來的自立量派，是一個不太過激的佛教流派，儘管它也主張用辯證的手段來摧毀認識所依據的根本原則，但它也承認要用邏輯捍衛自己論點的辯證的作用。

佛教此時追尋的解脫之道也從它的前一時期的小乘轉向大乘，小乘的思想這時被認為是自利的，而作為大乘的目標已不再是追求個人的解脫而著眼於整個人類的解脫了，以至於所有的有情的解脫（大乘的解脫之道）也被認為是與一元論思辨傾向是一致的。在大乘看來經驗世界之所以會被當做是實在的影子，那是因為它給超越性利他的德行以及普遍的愛提供了實踐的平臺，因而它又是達到絕對者的一個準備階段。而構成聖者的諸元素之一的無垢智，此時已獲得了般若波羅密多智（也就是最高智），即佛陀的智身，組成佛陀的一方面，組成佛陀另一個方面即是本體世界。佛陀要成為真正的神，須以享至福的受用身的名義，但此時成了神的佛陀還不能說就是世界的創造者。這一觀點是新佛教從前期佛教理論接收過來的。成為了神的佛陀仍舊要服從萬物因果循環的定律，或服從世諦（新佛教的說法）。只有當智身的真假兩個方面的理論都超越了虛幻世法以及萬物因果循環的定律之後，佛教才成為了真正意思上的宗教——某種高教會。如同多神論的印度教一樣，佛教表現了公開的多神論背後的祕密的泛神論。佛教的崇拜形式則是取自當時盛行的「密咒主義」法術形式。為了表現其宗教理想，佛教採用了當時雕塑成就很高的希臘藝術家的雕塑。

不過，新的佛教並不排斥先前的佛教（小乘），因為佛教內部已經有了一個約定俗成的說法：每一個修行者各有稟賦，都可以按照其內心的佛性根器，選擇修習大乘或小乘作為自己解脫的合適手段。因此，大乘、小乘的僧侶仍能在同一個寺廟裡居住。

佛教哲學中的第三個時期

在即將接近印度佛教歷史一千年之際，佛教的哲學的方向再次發生了重大的改變，這之後的發展也剛好處在印度文明的黃金時代，當時國力強盛的笈多王朝已統一了印度大部分地域。科學和藝術在這一時期達到了鼎盛，佛教也在這個時期得到顯著的發展。

是伯沙瓦（Peshaver）的聖者無著與世親大師兩兄弟最終確定了佛學的這一發展方向，他們順應新的時代精神將佛教前期輕視邏輯的思維完全摒棄，並引領信徒們對邏輯問題感興趣。一直到這個時期的結束，佛教信徒對邏輯的強勢關注取代了前期佛教的其他理論。這就是此一時期佛學的最明顯特徵了。

新佛學的出發點好像依然沒有脫離印度形式的那種「我思故我在」。這一時期的佛教徒一反過去佛教徒的徹底空幻哲學，提出他們的：「我們在修練時不該去否認人內省的真實性。假若我們去否定它的存在，那麼我們也是在人意識自身，這麼一來的話，整個宇宙就會被歸於絕對的忙忙狀態。」「倘若我們一開始就不知道自己認識藍的顏色，那麼我們就絕不會認識到什麼是藍，如此類推其他，因此作為知識確實來源的內省就必須被承認。」內省問題在這之後，不但將佛教的思想，也把當時整個的印度思想界分化為反對與贊同它的兩大派別，但從佛教的歷史來看，內省的提出開始只是針對中觀宗的極端懷疑論的思想被提出來的。佛教的第三個時期有一個特點就是內省。

這一時期，佛教哲學的第三個特點就是，佛教之前關於對外部世界的懷疑主義也被完整地保留下來。新時期的佛教成為了觀念論的宗教。它堅稱世界一切存在都是必然的精神性，人們的所有觀念並沒有客觀真實的支持。但在這一基礎上一切的觀念並沒有同等的真實性，這也就確立了各個不同層次上真實性的存在。這時的佛教將觀念分成三類：絕對虛幻的、相對真實的與絕對真實的。相對真實的和絕對真實的範疇被人們承認是實在的。而佛教前一階段認為一切觀念都是不實在的，在他們看來這一些是相待的，而現在的新佛教有認可了相對的真和絕對的真這兩種事物存在的形態。唯識論就是佛學最後一時期的第三個特點了。

最後，新佛教還有另一個引人注目的概念——藏識，這是在佛教早期佔有統治地位的理論。可到了佛教第三階段的時候，它已沒落下去了。佛教藏識學說認為，從來就沒有外部世界的這一說，人也不存在對外部世界的認識。人只能透過自我證實的識的這個觀念才能認識自己、宇宙以及真實的世界。人的這種對於世界的識（認識）是由無數潛藏眠伏在藏識（也成為阿賴耶）裡的可能存在的觀念組成的。佛教由此得出了這樣的認識，即實在性就是可識性，而整個宇宙就是最高極限的可共存的實在性。佛教設置了一種叫做無始習氣的生命之力，他們認為，只有透過它，才能使人構成現實的諸事實系列，進入到有效的存在來對藏識的這個概念作為補充。這就像歐洲的理性主義者假定上帝的理智裡也包含著無限的可能性事物，只是上帝選擇並將其實在性賦予了那構成可共存實在的最高極限的各個部分一樣。佛教也是如此，它們的區別僅僅在於佛教用藏識替代了歐洲理性主義的上帝理智，用無始習氣替代上帝的意志。

佛教發展到第三個時期的時候，也和它前面的兩個發展時期一樣分為溫和與極端的兩個派別。在本書的後面部分我將繼續談到佛教的溫和派，放棄了佛教最初期的極端觀念論而採取了先驗唯心主義的批評立場。在佛教溫和派看來藏識只不過是在偽裝神我，因此它們捨棄了佛教早期的藏識理論。

新佛教作為一種真正意義上的宗教與它前兩個發展階段大概還是一致的，不同之處在於新佛教在原有的涅槃理論、佛性和絕對者理論中引入了某些新的概念來適應它的唯心主義原則。這一個時期的佛教最重要的理論人物幾乎全都是自由思想家。

佛教邏輯在印度哲學中所處的地位

在最初的佛教邏輯學家剛開始對邏輯進行研究的時候，當時的印度就有三個不同的邏輯體系存在，若是從印度的全境看，這個範圍就更大了，不同的哲學觀點也就更龐雜。但在當時印度那麼多的哲學體系裡，至少有六個哲學流派，是值得我們去關注的，因為它們給了各個發展時期的佛教哲學或正面或反面的影響。這六大流派是：1. 勝論的實在論——正理；2.《奧義書》——吠檀多的一元論；3. 正統的彌曼差派的實在論；4. 瑜伽神祕主義；5. 唯物主義者（巴拉斯珀蒂耶——斫婆迦派）；6. 耆那教及其物活論。

唯物主義者

和其他唯物主義者差不多，印度斫婆迦派也不承認靈魂實體的存在，因此在他們看來這個世界上既沒有靈魂也不存在上帝。精神就如同酒精是發酵物質產生出來的一樣，它（精神）也只能是某種物質的產品。因此，他們只承認現量（感覺認知），認為除此之外人就再無其他的知識來源。他們認為，人對世界的認知其實就是人生理的反應。

除了偶然性，斫婆迦派不承認宇宙間存在任何既定的秩序。他們還不認同固定的、先天的、永恆的道德定律，主張對犯錯者使用「刑杖」，認為刑法就是道德定律。因此，他們也不承認，在這個世界上，除了力量決定的任何報應以外的果報之說。用印度的觀點來看，就是不認可「業」的理論。值得一提的是，在印度，特別是在一些政治派別中，至今還保留著這一種唯物主義的思想。因此，許多政治家在其政治活動中奉行一種生意經式的馬基雅利似的權術，因為這樣他們的良心就可以不受到道德的約束。支持既定的秩序和基於這種秩序的宗教深受政治家們的喜歡，可是政治家們自己卻無意做一個宗教徒。不但在當時印度的社會統治階級中深受歡迎，印度唯物主義也在廣大眾的各個階層擁有自己的擁護者，在佛陀時代，在印度斯坦的各個鄉村漫遊的那六位成功的大眾宣教師中，至少有兩個就是唯物主義者。

不承認人生有高過個人利益的更高使命是印度唯物主義的有一個特點，這個特點只是它前述特點的必然結果。在他們看來一個人為了去追求更高目標而捨棄個人利益，甚至是犧牲生命的自我犧牲觀念是非常可笑的。他們也不承認涅槃的存在，按照他們的說法：一個人的死亡就是涅槃，除此再沒有其他說法。

佛教在否認上帝以及靈魂的這一點上面和印度唯物主義一致，不同的地方是佛教堅持涅槃與業的這些信念。

耆那教

關於染和淨的道德理論和物活論，耆那教對於佛教的影響是相當成熟的。在耆那教看來靈魂不但存在於人和動物的身上，甚至在植物和無生命的無機物也存在著靈魂。只不過耆那教的靈魂是肉體與半物質共存的實體。道德的敗壞被認為是一些細小的汙穢之物經過毛細血孔進入到靈魂的結果。靈魂裝滿沙子的沙袋充滿了精緻細微的物質。在耆那教看來，為人淨化靈魂的過程就是關閉那些有可能滲入汙穢物的窗戶，而要讓靈魂聖潔的最高淨化就是讓靈魂升至一切運動都達到極致的涅槃境界。因此，表現為實體化了的超實在論是這個教派道德的表現。以印度人的觀念看，也就是說，耆那教所說的業是物質的（Paudgalika）。

在兩種相互對立的觀點之間，佛教選擇了所謂的「中道」。即否認上帝與靈魂，只保留人的精神現象，並在此基礎上清除耆那教的超實在論的色彩，又堅持「業」與涅槃的理論。

耆那教哲學裡的本體論與佛教有許多近似之處。這兩個宗教的出發點也是一致的，他們都反對《奧義書》和《森林書》提出的一元論。佛教認為一切真實的存在都是無端結束無變化的唯一永恆實體。耆那教則說，一切的存在是「和成、住、壞、滅相關聯」的。印度當時的各大流派哲學分為主張「極端」和主張「非極端」兩個陣營。他們之中有的認為事物的變化只是表面現象，而萬有的本質是永恆的，而有的則認為，事物的穩定才是表面現象，萬有遷流才是永不息止的。這兩大陣營，「極端說」以數論、吠檀多以及佛教為主。這一時期的印度「非極端說」則認為萬物有著永恆的實體與真實的變化的屬性。

印度的勝論、耆那派與舊瑜伽派的前輩都奉行「非極端說」。由於耆那派的起源比佛教要早，那麼它在反一元論觀念的陣營裡作為領導者也是很正常的事了。耆那派為了捍衛自己的領導地位發明了一種有趣的辯論方法，認為存在與非存在都和任何物件的內在聯繫在一起，因此，無論哪一種判斷都存在部分的假，即使是「不可說」的這樣一個賓詞也是能夠用來否定或肯定同一種事物的。耆那派的這一種辯論方法好像是針對中觀派提出來的。因為中觀派把對絕對真實的每一個說法都看成是荒謬的，因此他們把人的經驗實在性視作是空幻的，並以此證明絕對真實是「不可說」的。

數論

數論哲學的出現是印度的思辨歷史上的一大進步。它對無論是婆羅門系統之內抑或是系統之外的，以及印度哲學思辨派別都產生了深遠的影響。早期佛教是站在批評的立場抨擊婆羅門系統思想的，再晚一些時候，佛教毀滅性的批判直指所羅門信奉的毗濕奴神的觀念，與此同時，佛教也對數論的非神論的自性物質展開了抨擊。數論發展的早期，一方面，它假設世界上的事物存在眾多的自我靈魂；而在另一方面，它又說只有永恆的、唯一的以及遍佈一切的實體性物質。在數論看來，實體性物質是從平衡寧靜的無差別狀態（avyakta，非變異態）展開它的演化過程。接著實體性物質又時刻不停地變化著，最後才復歸它的寧靜平衡，這種自性物質不但包括人的身體，還包括人全部的精神狀態與思想狀態。而這一些都是由它提供的物質性根源和本質組成的。而神我（也稱為靈魂我）只是照射著宇宙演化過程與認識反應過程的純淨不變異的光。數論哲學的薄弱之處是它沒有處理好永恆變異的物質論與永恆靜止的靈魂論之間的關係。因此佛教譏諷和破斥，數論的這種人為的杜撰關係。因為數論自己也無法解釋這種演化過程，對此的解釋還頗為勉強很不全面。使數論哲學家獲得榮耀的是——永不靜止，即不斷從一種形式衍化為另一種形式的恆常自性物質的觀念。永恆運動的物質觀念，這個如此明確的觀點，是印度數論派率先提出的，它在人類思想史上，如此之早，非常罕見。

佛教也提倡，任何存在物都不是靜止不變的觀念，就此點而言，它的觀點也十分接近數論派。因此，在兩派哲學的基本差別上，佛教也時刻避免自已在這一哲學特點上與數論過於接近。但佛教與數論派哲學在關於暫態存在的討論上，我們能明顯看出它們之間相互影響的痕跡，這個在我們以後分析佛教的宇宙之流時會加以詳細討論。不過在本書前面，我們早就瞭解了佛教是不支援實體物質論這一觀點存在的。就佛教宇宙的觀點而言，萬物的運動才是諸剎那構成的切分音一般的運動，是事物中一股能量流的剎那閃現。而數論派則認為，萬物的運動是緊密的，如同音樂的連奏而不是切分音那樣的，萬物的瞬息變幻是與這些變化同一物質實體的起伏變化。在佛教看來，由於不存在物質，因此「一切無常」（sarvam anityam），而數論派認為，「一切為常」（sarvam nityam），看似永不靜止，但從根本上來看是同一種物質。

數論派與佛教的哲學有個共同的傾向是，它們把對存在的分析，到了最細微的最終元素；它們將這一元素假想成絕對的屬性或只具有單一屬性的物。這一絕對的屬性，在佛教與數論派的哲學中都被稱為「屬性」（也就是「德」），意指純然的性質、某種極為細小的原子，或原子內核裡組成經驗事物的「能」。因此，數論派和佛教在否認實和德（物質和屬性）範疇與聯繫其中的，以及合性（內在關係）範疇的客觀實在性上的觀點都非常一致。在數論派哲學中沒有我們稱之為屬性（即某種精細實體的特殊表現）的單獨的屬性存在。在他們看來，相應於萬物的每一個新屬性，都有成為「德」的體現精細的物質實體的，具有一定數量的精細物質。佛教在早期也是這樣認為的，在他們看來，萬物所有的屬性都是實體性的，或者說就是能動的實體，即使它們也被稱作

「法」這樣的一種「屬性」。

因此，在古代印度的思想史上，首先認真與佛教一起駁斥樸素實在論，以及和極端實在論的同盟是數論派。

瑜伽派

瑜伽禪定在古代印度的宗教生活中的時間極為普遍，除了唯物主義者與彌曼差派，幾乎所有的哲學流派，都將瑜伽禪定和自己的理論結合起來，因為在他們看來禪定能為他們提供達到出神的神祕狀態的這種機會。這讓有些學者有了誇大佛教與瑜伽禪定特點的意義機會。當然，佛教和瑜伽都有苦修、禪定等在實踐方面的共同點，而且它們還在「業」的理論、染、淨、法與倫理說教等觀點上也有很多近似之處，可它們的這種近似處也能在耆那派與其他哲學宗派身上看到。

瑜伽派別中的波顛闍利的本體論幾乎是抄襲數論派。而更古老的濕婆派也認同永恆物質的存在、非永恆的卻是真實屬性，以及「德」與「實」之間與「合」關係的實在性，很明顯，在它的觀念裡也承認依據這一種原則得出的所有心裡的、神學的和本體論的結論。因此，他們信奉人格的、全能的、無所不知的、慈悲的神，正是因為如此，瑜伽派也順理成章地成為了古印度一元神論的一面旗幟。它的這一特點讓自己不但和無神論的數論派，也和佛教區別開了。舊的瑜伽派也與「非極端」和「極端」哲學沒有任何的共同點。但舊瑜伽在其神祕主義的實踐與「業」的理論是古印度絕大多數哲學系統的共同主幹。即便是佛教後期的邏輯學家，他們雖然不喜歡盲目的思想方法，可他們又不得不為神祕主義留一條以此支撐起佛教關於佛或菩薩的宗教理論的通道。這一通道據說是一種能直接看見，好像就呈現在眼前的宇宙本然狀態的稟賦，即某種理性的直觀能力，而它對於嚴謹的哲學家來說，作為邏輯的結果，只能是抽象與曖昧的顯現。佛教後來的一個分支唯識宗的觀念論就承認對某種理性構造物的直觀能力，體現了這種神祕主義在佛教上的殘餘力量；而早期佛教在通往解脫的道路上，對理性的直觀就是最終有效的階段註定能取得超自然的成果。

吠檀多派

在古印度哲學史上，佛教與吠檀多派在平行發展的各個時期的關係，以及他們之間相互的影響、排斥與吸引是異常豐富和有趣的，這是值得我們專門研究的一個篇章。在本書前面我就說過，佛教有的時候在哲學觀念上，是不得不謹小慎微地與數論及瑜伽劃清界限的，可有的時候，佛教在哲學觀念上與吠檀多確實是站在一起的，除了彼此在觀念上所用的術語措辭有所差異，但其觀念的實質沒什麼區別。

佛教在剛興起的時，它是代表了與《奧義書》截然相反的一面。宣稱世界是一個真實整體、唯一無二，其間的客觀與主觀，自我與世界，個別和宇宙我都消融在統一整體中的是《奧義書》的主旨思想。而佛教則強調，根本不存在真實的整體，萬事萬物都是分離的，是無限的細微元素，人只不過是物理和心理元素的集合體，人的背後並不存在真實的靈魂我，而人的外部世界同樣也是無常的元素的集合，也是無持久恆常的物質。到了佛教的第二個時期，分離諸元素之間的因果聯繫被實體化了，佛教的因果性概念成了早期分離的諸元素的唯一宇宙本體，也成為了沒有任何自行的「空」。

佛教前期構築，用來反對一元論的許多有意思的極端多元素體系，並沒有被堅持下來。從而沒能被從根本上摧毀古印度哲學體系裡的一元論，這個在婆羅門體系中有著深厚根基的哲學觀念。甚至在後來一元論倒是咄咄逼人地成功植入了佛教的哲學價值核心。一元論一經移植到佛教這片土壤，就生長出種種強勁的分支流派。它在提婆與龍樹派那裡以破斥異己的方式建立起了辯證基礎；而在唯識派（一種唯心主義）裡又以無著、世親的哲學中取得了絕對的統治地位。再後來，在法稱和陳那的哲學體系中，一元論批評地建立在了邏輯學和認識論的基礎上。佛教發展和繼承的一元論，反過來又在捍衛自身立場的辯論對舊的一元論派別產生了影響。知名的喬荼波陀就建立起了一個叫做吠檀多的新宗派，他坦率地承認自己深受佛教的影響。但這種坦誠的情感在商羯羅大師那裡就變成了宗教般的敵意，甚至他對此深懷仇恨。即便是這樣，在同一個吠檀多派那裡，我們還是可以看到如室利哈沙等人，他們對佛教還是通達的，吠檀多的許多理論與中觀宗沒有太大的分歧。

從這裡可以看出，在古印度哲學史上吠檀多和佛教的發展是互有借鑑的。

彌曼差派

彌曼差派是古印度婆羅門祭祀宗教裡最為正宗的神學家了，他們除了向神祭獻外，幾乎沒有什麼理論。他們的吠陀經典裡的七十條命令只不過是用來規範與證明關於祭祀儀式的。這個宗教缺乏激情，也沒有任何道德的增進，他們所作的一切只是為了施捨給婆羅門而獲得自動的報償。不過為了加強吠陀經典的權威、事務性的宗教辯護，他們也提出了聲常的理論。按照他們的說法，就是組成我們言辭的音素是和世界上的其他聲音不同的。這些音素是自在的實體，恆常遍有的，它們只是偶爾的在人類活動場合裡顯現，在通常的情況下不為凡夫俗子所熟知。就像光只是照亮它所到達的事物而不會產生事物一樣，人們的聲音只是一般聽見的東西而不會產生神——吠陀——的聲音。它們的這種說法在正統和非正統的各個派系看來是相當荒謬的，並遭受到了激烈的批評，在這種情況下，彌曼差派也用各種各樣的理由以及瑣碎且精細難解的詭辯，為他們自己的這種言論進行辯護。因為彌曼差派在其他哲學問題上採取了堅定的實在論的反形而上學的否定立場，所以他們關於聲常的哲學冥想也很明顯地是絞盡了腦汁。

在彌曼差派看來，世界上不存在創造主，也沒有全知者，更沒有聖人，一切的東西都不是神祕的，是可以解釋的，所有地一切只不過是顯現在我們感官裡的東西罷了。只有記錄和保存我們外部經驗的感覺和記憶的空白的純粹意識，沒有與生俱來的觀念，沒有表象，沒有構建性的認知（在他們看來這是杜撰的），更不存在自證（內省）。他們的永恆之聲的理論裡顯露出來的超實在論的精神也在他們的報償論裡表露了出來。在他們看來獻祭複雜儀式的每一個組成的部分都會產生出局部的果報，這些局部果報累積起來結合成報償就會產生獻祭所企求的結果。在這一實在論立場與邏輯上，它（彌曼差）是和正理（勝論）的實在論者毫無差別的，只是在聲常這個論題上存在分歧；但這兩派都是佛教的死敵。在哲學的許多觀點上，彌曼差幾乎沒有一個論點不是與佛教針鋒相對的。

古代印度的哲學體系，不管它們之間的本體論有多大的差異，他們都會有一個共同點，那就是他們的認識理論都還處於樸素實在論的這一階段。即便是主張精神一元論的吠檀多派，它也是還在經驗界內的一種，承認實在論的，關於知識來源的理論罷了。我們洞察到認識中同一種光線射向物件，並俘獲這一物件的外形，再帶著它返回到各自的靈魂中。而這一光線和這一物件以及這一個個體的靈魂，都是同一實體的事實本身，這一個事實，居然並沒有妨礙古代印度這些哲學家實在論的固有思維模式。

正理——勝論

佛教裡邏輯的產生，是出於它要堅決地駁斥正理——勝論（以下簡稱「正勝派」）的實在論者的哲學的需要。既然我們要一而再再而三地提及到正勝派的這一體系，那麼我們不妨再次好好地探討一下他們的主要觀點。

古印度的實在論者認為人外部的世界，是以其真實存在才被我們感知到的，既沒有先天的觀念，也不存在先驗原則，所以這一切都是從外部進入到人認識的個體。所有的知識，都來源於人的感官活動導入認識的靈魂的經驗，只是在靈魂中被一次次地篩選、安排，再作為過去的經驗遺存下來，而這些遺跡都眠伏在人的體內，只有在恰當的場合中才會被喚醒，才會產生出回憶，並與新的經驗混合而產生出有區別的知識。在他們看來意識是純然的，意識不含有任何表象。

可意識是思慮的，或者說它用認識之光直接照顯外部實在。它將人純然的意識之光投射到人感覺到的範圍內的物件上。人的視覺就是一種光線，因為它可以到達物件，在捕獲到物件的存在形式後，再把這一捕獲的形式傳達給靈魂。人對外不實在的認識與外部實在，這兩者之間沒有表象，因此，人的認識不是自明的、內省的（introspective），認識不領悟表象，只是領悟外部的實在——世界本身。他們覺得認識的自我明瞭（自明性）就是對自身中認識活動存在的推導認知，也可以說成是感覺認知的後一步。

外部世界的整個結構，是完全合符外部世界本身在外面認識裡的，也符合我們所使用的「語」範疇中可以看到的「言」的情況。這是由人的感覺器官可選擇的實體（實）和屬性（德）組成的，運動（業）——也就是實在本身——內在作用於各自的相應實體。它的共相一般（同）也是外部實在。它是依據一種和合性（內在關係）將自身內部包含的

「異」（個別事物）結合起來的。和合性（內在關係）也是實體化的，說白了，也是一種特殊的外在實在。

因此，其他的關係從存在的意義上來講都屬於「德」的範疇，而和合性卻不同於與之聯繫的事物的外在實在，它屬於「句義」。正勝派哲學的存在「句義」（範疇）分為：有實、德、業、同、異與合。後來也有人加上了「非有」（非存在）。在正勝派看來，非有也屬於真實的範疇（句義），它是可以經由特殊的接觸而被感官所認識。萬物的因果關係是富有創造力的，也就是說，質料因和效能因結合起來就會產生出一個代表了新的整體（avayavin），這是一個在質料因和效能因沒有結合前不存在的東西的嶄新實體，雖然組成它的材料在它誕生前後是始終持續存在著的。但是這一實體又是與組成它自身的各個部分的實體不同的實體。而這個實體的外部世界的全部結構及其關係與因果性，又都是要經過人的感官來認知的。人的理性或者理智並不是靈魂的本質，它是要借助某一種特殊作用再從靈魂（神我）中誕生出來的。借助著推論，它才會認識那已被我們感官認識的這同一物件。只不過這時被靈魂認知的卻有著更高的程度的清晰明白。這一過程整個的體系，反映了實在論原則的邏輯運用。倘若實體真實，那麼其內包含的所有屬性的共相也就是實在的，它們之間的關係也就是外部實在的。假如這一切都是真實的實在物，那麼就必然是我們的感覺認識所能達到的。假若確實如此，那麼就可以確立以下的原則：在把握了感覺範圍記憶體在的某一被觀察物件的感官同時，也應該把握住其內在於物件的共相、關係與偶然性的非存在等東西。

實在論學說體系裡的推理（比量）理論和演繹形式是非常符合實在論整個的哲學基礎的。實在論的演繹推理過程裡不會有先天的觀念與必然性（即必然的真）。他們的每一次推理都是基於他們累積以往的經驗與他們對世界偶然性的認識。既然是過去累積經驗經推理得來的結果，那麼其中一切不變的共存關係也只能是建立在經驗範疇內了。正勝派的邏輯理由和結論兩者間不存在先天的聯繫，因此，它們不變共存的關係只能建立在經驗與感覺的知識上，並作為經驗總結而被確立。

正勝派哲學的演繹式分為五支（五個部分），總體來說它們都是從一個特例向另一個特例推演的步驟。因此，例證（也就是「喻」）成為了正勝派單獨有左右其他部分的一支（部分）。正勝派的例證本來該說清楚的一般原則（遍充關係），反過來作為了它的附屬部分涵蓋在例證中了。它的這一推演形式之所以分作五步走，是因為，它是歸納（即，演繹性的）。這五個步驟分別為：論題（宗）、理由（因）、包括大前提的例證（喻）、包括小前提的運用（合）以及結論（結），例如：

1、論題（宗）：此山有火

2、理由（因）：有煙的緣故

3、例證（喻）：像廚房，有煙便有火

4、運用（合）：現在此山就有煙

5、結論（結）：因此可以斷定此山有火

在正勝派發展到較晚的那個時期，它的對手彌曼差派在推演上做了讓步，認為推演得出結論只需要前三支或後三支就足夠了。如若我們在正勝派的後三支中刪除掉喻這一支裡的實例，那麼我們就會得到一個類似亞里斯多德那樣嚴格的第一格演繹方程式了。

在早期正理派的經典哲學中除了現量論（感覺論）與具有必然結論的量比論（演繹推理理論），關於此類型的還有教人如何進行辯論的詳細規則大綱。

佛教開始對邏輯問題感興趣時，正理派的邏輯學已經相當成熟了。

這時的佛教只是將自身面臨的問題，移植到這種前期佛教的主幹上罷了。但很快這兩種完全不能相容的哲學理論就發生了觀念上的衝突。這是因為隸屬於婆羅門體系正理派的邏輯學是形式主義的，是建立在樸素實在論上的，而佛教當時卻是對此持批評的觀念論者。佛教的邏輯興趣不在形式主義方面，而是在哲學觀念的這個層面（認識論方面）。因此對婆羅門體系派生出來的邏輯改造已是勢在必行，而解決這個問題的人就是陳那這個大師了。

在陳那以前的佛教邏輯

喬達摩（Gotama）的格言是正理派的基本經典，正理派的理論中還包括形式鬆散且混雜在一起的一些辯論規範，與一本關於邏輯學的指南，但這本書裡專門講推理和演繹法則的那個部分相對來說對於他們就不那麼重要了。正理派的實在論的本體（最重要的部分）包含在其兄弟派別的「勝論學說」當中。《正理經》的第一卷的大部分章節就是討論如何在公開的場合下進行辯論的方法。其中正理派就「善的」（論議）和「惡的」（曲解）的論戰、「壞義」（論詰）、「倒難」（無效回答）、「似因」（錯誤理由）以及出現「似因」的原因進行了討論，他們還認為辯論雙方的勝利與失敗（也就是「墮負」）必須有裁判來宣佈。正理派和佛教的學術爭鬥促成了婆羅門系統邏輯的進步，在新的邏輯形式當中，關於這一個部分被取消了，取而代之成為主題中心的是演繹理論。

現在關於正理派的經典理論形成的時代已不可確知了。正式形成了系統體系的正理派哲學，要晚於古印度其他的哲學流派。但就正理派的辯論術而言，它的形成可能非常早。佛教早期關於這一方面的資料幾乎沒有，但可以肯定他們一定有過關於辯論術的相關著作。典籍《論事》裡關於「我」（補特伽羅）的公開辯爭就是技術含量很高的辯論術，其中的每一個論證方法都能向我們顯示出，極有可能存在過一些關於教人如何在辯論中取勝的指導材料。我們雖然無法知道當時人們論題的演繹形式，可從他們提供給我們的那些辯論手法卻是異常豐富的。

佛教早期關於辯論的著作，我們所知的就有兩本，它們是藏譯佛經裡龍樹著作的《迴諍》和《廣破論》（《論題的逐一破析》）。這兩本書都闡述並證明了——揭示沒有肯定性的東西——這一進行辯論的唯一方法。這一方法能讓論敵的任何肯定性命題，因為被證明其相對性而遭到辯論地破析。因為世間不可能不存在從某一方面顯出相對性的事物，因此，一旦其辯論的性質被揭露出來，其最終真實也就被否定。《迴諍》這本小冊子提到正理派常用的四種辯論證明法，而《廣破論》則引述喬達摩早期的格言並舉例了《正理經》最早對辯論的十六句辯論要義。龍樹用他的相對性理論證明了《正理經》中，十六句義的相待性的不真實，由此我們可以斷定，在他的那個時代，正理派已經有了基本相對成熟的邏輯經典，並且還能一次假定佛教早期的小乘派別中，大概也存在這一類關於邏輯的小冊子，當然這些冊子不會是龍樹編撰的。儘管這樣，龍樹還是在他的辯論術的那本書的寫作中，借鑑或遵守了佛經寫作者的技法。自此之後，我們都會在一些佛教中看到，那些有名氣的學者為辯論編撰的書籍，公開教授如何辯論的方法。

而在隨後的幾個世紀裡，佛教在邏輯上並沒有太大的發展。當然這很自然，因為只要龍樹的這些觀點還在占支配地位的話，那麼這種情況就不會有什麼大的改觀——佛教對絕對者的認識是排斥邏輯的。而對於經驗界的那些以實用為目的的人來說，已經存在並保留完整的正理派的實在論邏輯已經足夠了。而這個時候的佛教，尚未意識到批評或改造邏輯的必要性。只有在新的時代降臨的時候，人們才會放棄龍樹的絕對主義觀點，無著與他的兄弟世親在研究了正理派的邏輯後，使它適應於自己的哲學基本觀念。

佛教率先將正理派的五支論法引進加以使用的人大概是無著，當時他所使用的那一套辯證規則，從本質上看與正理派並無區別，在邏輯與辯論術方面，無著也無任何獨創性。

而他弟弟世親卻是個很有名的邏輯學家，專門就邏輯寫過三篇著名的論文。但這三篇論文沒有藏文譯本，只有一篇漢譯，叫做《論諍的藝術》，也被翻譯得不完整。從現有的資料來看，這篇論文的重要論點和正理派的幾本經典也十分的相似，比量和現量（推理與感覺）的定義、關於「聲」的論題等都被陳那引用。但在漢譯的書籍裡我們卻沒有發現這些。現量定義是透過現量「來自物件本身」的知識被理解的。因為它強調「本身」這兩個字，在這裡我們可以把它理解成最終的真實物件，即，事物有效能的真實性，是與表象中構造的物件有所不同，因為後者的真實性是有條件的。雖然這一定義的措辭和正理派並無太大的差別，可它依舊屬於佛教。而陳那卻批評這種不準確的表述，認定這個不是世親大師說的。他的這一表態讓後來的注家變得很糊塗。

勝主慧（Jinendrabuddhi）就在著作《廣博純淨疏》裡說，陳那的意思是講那些概念不太像世親思想成熟時說的，因為世親後來的批判力已經很完善。寫《論諍的藝術》時，世親只不過是個毗婆沙論者。賈曹傑（Rgyal tshab）卻認為，這一定義在當時有可能被理解成，承認極微（原子）的實在性，所以就跟反對認為事物是極微所構成，持有極端觀念論的世親相矛盾。因此陳那的那句話只可以理解為，從世親後期的觀念論立場看，在陳那以為世親不該做如此定義的。據說世親自己在另一部《論式》的著作中（和《論軌》意思近似，只是形式不同）改正了這一個說法。婆羅門體系下的各派關於邏輯的著作都說到了這一定義，並將它劃到世親的名下並對之加以批評。

《阿毗達摩俱舍論》的一段增補文字中提到，世親所使用的論證法是來自正理派的五支作法，但我們還是清楚，有時他也運用一種叫做三支論式的簡單方法。在他相關的著作中明顯已有了邏輯理由的三相特徵，而「三相」是佛教用來證明不變共存關係的常用方法。佛教關於邏輯謬誤分類法和「因」的種類與正理通行的那一套理論不同，可在原則上還是符合陳那創立的法稱發展理論的。倘若要補充關於純然感覺活動的現量定義（陳那學說的一個特色），在無著的那本書之中我們就可以看出端倪來的，因此我們不得不說，為了能適應於一種觀念論體系，陳那與法稱的邏輯的改造已醞釀在他們對正理派實在論和形式邏輯的改造工作裡了，而且這一工作也許是從無著、世親那開始的，也許開始得比他們要還早。

陳那的一生

陳那和法稱的傳奇，在西藏歷史學家多羅那他與布通（Buton）等人的著作中，充滿了讓人難以置信的神話色彩，這就讓研究者們很難去斷定他們原本應有的真實面貌，當然那些著作裡也有一些真實可信的材料，例如他們的師承關係，種姓以及他們的出生地等。陳那師承於世親，不過陳那去拜師學習的時候，世親雖名高位重，但已經年紀大了。而法稱，又是陳那的學生，在拜陳那為師前，他是跟自在軍學習（此人的事蹟在該宗歷史上看不到），雖然法稱曾批評自在軍誤讀了陳那的教法。因此他們的師承關係是這樣的：世親—陳那—自在軍—法稱。透過歷史資料我們知道法稱在七世紀才是學術活動，那麼世親的活動也就不會早於四世紀末。

陳那、法稱師徒都是印度南部人，也都出身於婆羅門的家庭。陳那出生在印度南部一個叫建志的地方，早年他就跟著犢子部的老師出家受戒。犢子部理論認為人我是構成人我諸蘊（諸元素）裡不同的實在物。正是這一個觀念最早導致陳那與他的導師意見不合，而從寺院出走遊學的。離開犢子部後，陳那北上求學於世親門下。世親在佛教晚期大乘佛教興起時名重一方，是唯一一個被尊稱為佛陀再世的佛學大師。當時印度的一切學問世親都教授，他的教法簡直就是一部百科全書。因此，他的門下一時人才濟濟，他四個聲名顯赫的弟子在當時足以開山立派自立門戶，不受師門學說的約束將自己所學發展成一門獨特的學問了。世親門下的安慧（Sthiramati）大師精通十八部知識（阿毗達摩），精通經院哲學（智度論）的是聖解脫軍（Vimuktasena），嫻於戒律的是德光大師，精於量論（因明，也稱為：邏輯）的是陳那。這四個人撰寫的哲學著作都在藏傳佛教的譯本裡可以找到。在邏輯問題上陳那也還與世親的觀點不一致，這就像他在犢子部學習時，因為在補特伽羅（人我）說上和老師的意見不同是一樣的。

他在求學期間研習並創作了兩部專門為初學佛教的新手的著作，醫師對世親主要著作之一《阿毗達摩俱舍論》摘要的《阿毗達摩俱舍心要燈》，另一部叫作《八千頌般若經要義》。前一部是寫關於早期佛教的一類（阿毗達摩）的入門書籍，第二部主要是講如何學習智度的一元論哲學的書籍。此後陳那的著作都是和因明學有關的。在向世親求學期間陳那就寫了不少短文發表他對邏輯的觀點看法，這些精幹的短文有不少現存於漢譯和藏譯譯本之中。

《集量論》是陳那後來寫的一本大部頭著作，此著作精練的涵蓋了他過去關於量論（因明）學的所有獨到的觀點。陳那用頌體寫作了這本書，並在書中附有他自己的注釋。從注釋過於簡練的原因看，很顯然這本書是為了佛教老師準備的。要不是勝主慧後來對此書詳細透徹和明晰的注本，只怕很少會有人讀懂。陳那將自己過去關於邏輯學的短篇文論也都集合在這本《集量論》裡。

完成學業之後，陳那和其他當時印度那些著名學子一樣，遊學了所有的寺院，也會偶爾在某地停下來教授學生與編撰拙作，也會在這些空閒時段參與哲學辯論。在那段時期，陳那在那爛陀寺以他的獨有見解擊敗了婆羅門著名學者蘇杜闍那（Sudurjaya），而成為當時所向披靡的因明學大家。在公共場合進行辯論是古印度人們社會生活的一大特點。當時每一場名士公開舉行的辯論會的會場規模宏大，印度國王、大臣、貴族以及僧俗大眾也都會前往捧場，一個寺院是否生存繁榮都與辯論的勝負有著莫大的關聯。因為辯論獲勝一方會獲得國王以及當時政府的支持與慷慨的資助，能為僧侶團隊爭取來更多的皈依者，並獲得興建寺廟集會場地的資格。即便是當今這個時代，在蒙古和西藏一般有聲望的宗教導師也會是某一個大寺廟的創建者，他們所建立的這些寺廟也往往是人們和僧眾學習與鑽研學問的地方，而且會在當地享有很高的學術地位與威望。

陳那在辯論中每一場的勝利，都為佛教在當時的印度擴大了影響力。他作為強有力的佛教宣傳家，在當時被譽為「征服了整個世界」的人。就像是整個世界的君王那樣，將當時的印度納入在他的統治下一樣，這個在每一場辯論中都獲勝的人，力圖將他的信念傳播到印度的整個大陸上。在那時印度大陸幾乎遍佈了他弘揚佛法的足跡，除了人跡罕至交通不便的迦濕彌羅外。但陳那還是接待過從迦濕彌羅來的信徒，這些信徒後來也在迦濕彌羅建立了陳那的宗派。他們鑽研和細讀陳那的著作，並且後來在他們之中也產生出很有名氣的一些因明大家。

法稱的一生

在南印度特里馬拉耶一個婆羅門家庭出生的法稱，他開始受到的教育是婆羅門式的，只是長大後，他才對佛教哲學發生了興趣。法稱成為了成為世親的門徒，來到了那爛陀寺。就在法稱對邏輯學感興趣時，陳那已經圓寂了，這樣他就跟隨著陳那的學生自在軍，學習有關邏輯的知識，但很快法稱在見解和悟性上超過了自在軍，據說，身為老師的自在軍本人也坦承，法稱在對陳那的教法有著比他更為深刻的領悟。法稱在導師的支持下，也開始用頌體創作一部關於邏輯的巨著，這其中也包括他對陳那的主要著作詳盡透徹的注解在內。

法稱幾乎是用盡一生來寫作這個巨著、傳授門徒、參與當時各大哲學流派辯論，以及弘揚佛法。他是在一座他創立的叫做羯陵伽（Kalinga）的寺廟圓寂的，圓寂時他的四周圍滿了他的門徒。

儘管法稱在弘揚佛教時，他活動的範圍很廣且還取得了相當的成就，但是他依然還是沒能拯救佛教在印度衰亡的命運，他的努力只是少許地延緩了這一衰敗的進程速度罷了。佛教在印度衰敗的這種命運好像是註定了的。即便是比法稱還要有才華的人也無法去改變這一命運的發生。法稱之後便是商羯羅大師和枯馬立拉大師的時代。而關於法稱在一次公開辯論會上，打敗婆羅門邏輯大師的故事，只怕是那時候的傳聞與他的信徒們虔誠的假象了。這個傳聞也間接地解釋了，那個時代那幾位婆羅門體系的大師，是沒有機會在辯論會上與法稱對陣的這一事實。佛教為何在當時的印度沒落，以及又如何在印度邊境地區得以倖存，這裡面的真實原委，大概再也不會為我們這些後來做研究的人所知曉。

史學家們對此的意見卻是一致和統一的：那就是法稱時代無法與無著、世親在世的時代相提並論。因為信徒的熱情減退，佛教才開始走下坡路。當時印度民眾已把目光轉向印度教諸神身上，因此，佛教只能向印度北部發展，這樣他們才在西藏和蒙古找到了新的發展家園。

法稱在世時也好像預感到了佛教厄運降臨。讓他感到傷心與悲傷的事是，他的門徒中沒有人能充分理解他的思想，他的學術衣缽也沒有人能繼承。他的處境就和祖師陳那差不多，門徒資質平庸，要隔代才能有繼承之人。法稱學說最後的得力後學也是他再傳弟子法上，而他的嫡傳門徒（Devendrabuddhi）雖是個對佛學滿懷熱誠、不畏艱險的人，可資質和天賦很差，不可能深刻、充分地把握陳那與法稱自己深邃的思想，也不能把握自宗現年認識論系統的全部深意。我們在法稱的一些述懷的詩歌中能感覺到他為此深感悲哀的那種情緒。

法稱的這部巨著開始的第二頌傳說是在他受到斥責後再添加上去的。他在這一頌裡寫道：絕大多數的人類在生活中僅僅只滿足於陳腐與平庸的現狀，他們不求完美，也無心去尋求深刻的教義，他們滿心都是嫉妒與怨恨。因此，我在寫作這本書的時候告訴自己寫作並非為的是他們，而只是因為寫作本身能讓我的心靈得到慰藉，它使得我對每一個美好言詞的深厚與長久的愛得到了空前的滿足。

他在同一部書裡倒數第二個頌中頗有感慨地寫道：當今世界已經很難找到一個能毫不費力就能領悟到我書中深意的人。看來這種讓人們費解的思想，只能讓它融解到我快要消亡的身體裡了，這就如同河流最後要在海洋裡消失一樣。即使是最有智慧的人也是無法測量大海的深度的！哪怕他們擁有強大的思想力量，也是無法贊同我這本書裡最高的真理。

在古印度的一本詩歌合集裡的一首詩也同樣表達出這樣的情緒，因此人們都臆測那首詩是法稱所作。該詩人將自己的作品喻作沒有新郎可以匹配的美麗少女。「當詩人在作品中為世人創造出這樣一個形體相貌姣好的美女少女，他內心是如何感想的！他那麼慷慨地耗費掉那麼多華美的詞彙，還要經歷那麼多寫作的困難，為那些生活在平靜生活中的人們點燃精神的火炬！而她呢，這一個絕世的美少女，在穿鑿出來之後是那麼的不幸，因為她已經在這個平庸的世界上無法找到與自己能相匹配的愛人！」

就法稱的個人性格而言，他是個非常驕傲與自信的人，他鄙視平庸人的同時，更看不起那些冒牌的偽學者。他的弟子多羅那他回憶，當法稱寫做完自己的那部巨著時，也曾遞送給一些學者們看過，可沒有受到他們的好評和讚賞，因為那些人對法稱不懷好意。事後法稱痛苦萬分地說，這些人過於愚笨且還嫉妒他的才華。傳說法稱的一個死對頭在拿到他的新書後，將書繫在一條狗的尾巴上，趕著狗滿街跑，法稱得知後笑道：書被狗弄得滿街道都是，這說明我的書將傳遍世界。

法稱的書

法稱一生寫了七部關於因明學的著作，這些都是學習藏傳佛教的人必須閱讀和熟記的著作，又稱作《七論》。雖然《七論》只是陳那《集量論》的詳盡注解的著作，可結果是它們完全取代了陳那的《集量論》那本書，而成為經典。法稱的這七部著作中最重要的要數《釋量論》。這本書包含了法稱整個邏輯哲學體系在內，另外的那六本書只能算作是《釋量論》的從屬，這六本書被稱作《六足》（意思是支撐《釋量論》的基礎，這裡提到的《六足》並不是那本說一切有部的基礎經典《六足論》）《七論》數目的這個「七」很能讓人想到有部的阿毗達摩來，那也是一為主其他六部為輔的七部佛學著作。這裡所說的「足」的意思是「助成」。很顯然在法稱看來，要對邏輯學與認識論有所研究就不得不向古代佛教經典學習。他所著的《釋量論》包含四個部分（四品），分別談到了為自比量、知識的可靠性、為他比量和現量，是用二千條頌寫作而成的。法稱的第二部著作是《量抉擇論》，這本書是由頌和散文（長行）組成的，它是法稱這套書裡的第一部書《釋量論》的簡略版。因為該書中的偈頌中有大半出自他寫的前部著作。他寫的第三部《正理一滴》就更加簡約了。他的後兩本書都被奉承三個部分，對現量、為自比量和為他比量（即論證）進行了詳盡的討論。而其餘的四部書是專門談論及問題的書，其中《因一滴論》就是專門講解「因」的分類的；而《關相續論》寫的是如何去考察邏輯關係的問題，其中還附有他自己注釋的短文，《議論正理論》教授的是如何進行辯論的藝術，《成他相續論》是針對唯我論而專門寫作的有關「外在的精神實在性」的討論性書籍。這七部書，除了《正理一滴》這本書，其他的六本都沒有發現梵文本，只是在西藏丹珠爾的典籍裡保留了下來。藏文佛教資料裡還保存了據說是法稱抒寫的詩集，以及他對首羅的《本身鬘》以及有關《律藏》這些佛教著作的注釋，但這些是否真的出自法稱至今難分真假了。

《釋量論》中各個部分的順序

寫完這本書後，法稱只是對這本書第一部分的偈頌做了注解，而其餘的三個部分則是他交由自己弟子天主慧（Devendrabuddhi）來做注釋的，對於天主慧的注解，法稱非常不滿意。後來，多羅那他說到法稱曾在天主慧前兩次的注解進行了痛斥，直到天主慧第三次注釋他才稍感滿意。但他還是痛心地說天主慧並沒有完全懂得他書裡的深意，天主慧所作的注解只能達到字面的意思，只是意思的大體上沒什麼紕漏而已。

法稱說寫作的《釋量論》的體裁形式讓人驚訝。因為他的《量抉擇論》和《正理一滴》這兩個簡約本裡的各個部分安排的順序都是常規與自然的，是和陳那的寫作方式相吻合的。陳那的書也是從現量與比量這兩個部分洩氣的。法稱的那兩個簡約本也都是先將現量，爾後再寫為自比量和為他比量的問題，但奇怪的是他在寫作《釋量論》時卻將這種順序倒置，從為自比量的部分寫起，隨後就寫了如何審查知識的可靠性，再回身來講現量，之後才寫了為他比量。符合一般寫作常理的順序應該是先寫知識的可靠性的「成量品」（品，即部分），接著是「現量品」、「為自比量品」與「為他比量品」，這是因為「因明」主題自身的基本要求。之所以如此要求是因為以一個部分是討論知識的可靠性，但事實是這裡面只不過包含對陳那那本著作開頭部分的歸敬頌的闡釋，歸敬頌是對佛陀的禮贊，除了一般情況下的稱謂，這裡佛陀又被稱作「為量者」或者叫作「邏輯的體現」。這一部分幾乎全部都是大乘佛學、對絕對者、對無所不知者存在的證明所在。

很自然我們就會認為法稱在寫作七部時應該是從尊因明學科本身所要求的，從關於知識真實性（成量品）的討論以及無所不知者存在的證明開始，然後再寫現量、為自比量和為他比量，這種寫作順序即使在當時整個印度哲學和婆羅門各派的邏輯著作已達成約定俗成的慣例。只有從為自比量開始論述，再把討論知識真實性的那個部分放在比量和現量之間，現量卻被法稱放在了第三個部分的位置，其結果給後面的為自比量以及為他比量橫插上兩品，這是完全不符合印度哲學的慣例，也非常不適合所要討論的問題的本質。

法稱的這種極其怪異的寫作現象自然就引起印度與西藏其他著作注釋專家的注意了。關於法稱對這部作品，即《釋量論》，各品順序安排也引發了這些專家的激烈爭論，有的極力稱讚法稱的這種改動使得作品更符合了自然的順序，而反對派卻不支援法稱對緣由順序的更改，認為他應該維持原有的寫作順序。沃斯克里科夫對正反兩方面的意見作了考察，在他的報告論文裡，他說，贊同維持原體例寫作的原因是，既然法稱的親傳弟子天主慧支持，那為什麼法稱要親自給為自比量那部分作注解呢？當然我們也可以如此設想法稱是從第一個部分開始做注釋，後來他生病去世了，因此才中斷了對後面其他部分進行注解的工作。另一個事實是值得我們去注意的，那就是關於佛陀論（宗教部分或成量品）的那個部分不僅在書中其他的論述裡被刪除了，而且作者法稱還在其他地方不斷強調和表明自己的觀點，他說，絕對的全智全能的佛陀是形而上的實在——超越了時空和超出我們經驗的，況且作為凡人的我們的邏輯知識只限於自己的經驗範圍，因此關於佛陀我們既不可以確定去思想他，更不能對佛陀加以言說，我們不能肯定佛陀的存在也不能否定他的存在。因此可以斷定，自然順序上關於佛陀論的那個部分，肯定是法稱早年寫的東西，至少是在他師從自然軍那時所寫作的，沃斯克里科夫因此覺得，法稱晚期思想上已有了很大的轉變，如果不是宗教信仰方面的原因，那也是在哲學方法上的原因。於是，法稱在他思想成熟之後才放棄了對作品開篇的那部分作注解了，而是把這篇東西交由弟子天主慧，而他自己空出手來對付書中最為困難的部分。

佛教釋文派裡的諸注家們

不管從哪一個方面來講，法稱的因明學著作無疑都是佛教後來大量注釋文獻的源頭。藏文譯本的這類關於佛經注釋的著作就有三種，它們都因為各自的指導思想不同而形成了相互差異很大的風格。他嫡傳弟子天主慧開創了直接意義派，稱「釋文派」是致力於準確表達法稱著作裡的文字意思的，它不力求法稱著作文字背後深層的思想的表述。這一流派之後來的代表，有完成了藏譯本的薩迦菩提和現在其作品失傳了的慧光，但這兩個人都注解了法稱的《集量論釋》這本書，而對法稱的另兩本書——《量抉擇論》與《正理一滴》，加以忽視的態度。《量抉擇論》與《正理一滴》只有一個叫律天做過注解，但這個人也奉行信從字面意思作注的行事方法，且學風樸實。釋文派在西藏的傳人值得一提的是克主傑，這個人是宗喀巴（Tso-Khapa）的嫡傳弟子。

闡義派（亦稱：迦濕彌羅派）

另兩派（迦濕彌羅與明教派），它們並不滿足在注解中只是傳達法稱著作的直接意思，因此，它們致力挖掘法稱著作裡的哲學含義。迦濕彌羅是按其活動地域來劃定的，由於其主要傾向是哲學，也被圈內稱作「批判派」（即，闡釋派）。在闡釋派看來，佛陀是絕對實在與絕對知識的人格化的東西。大乘佛是形而上的實在，無論肯定還是否定都是不可認識的。陳那撰寫的《集量論》是純粹的邏輯學著作，而法稱的《釋量論》只不過是對《集量論》的詳細注解罷了。陳那的《集量論》開篇的皈敬頌當然是講到了大乘佛的諸多功德，並且將其等同於純粹的量（邏輯），可這也僅僅是按照宗教慣例對其信仰的敬慕表達而已，實際上並無太多的思想意義。闡義派在注解這方面著重挖掘陳那和法稱著作的哲學深層含義，並認定其為佛教邏輯學與認識論的批判系統。他們闡釋陳那與法稱著作的目的就是要仍他們的學說得到發展、改進和完善。

其發源地在印度的迦濕彌羅，創始人為法上（Dharmottara），主要活動家多為出身婆羅門家庭。因為思想敏銳法上在西藏享有很高的威望，雖然他不是法稱的嫡傳弟子，但他身上具有的稟賦才幹確實是法稱所渴求而在生前未得的理想衣缽繼承人。他對法稱著作的注疏文字不但流露出思想的剛健有力，而且還伴隨著他自己獨到的見解，在法稱有的重要論述上還能說出新意來。在多羅那他的書中並沒有法上的生平傳記，有可能是因為法上只在迦濕彌羅從事活動的緣故。但法上自己並不是迦濕彌羅人。據迦濕彌羅編年史記載，是迦濕彌羅王在夢到日從西起才邀請法上來的。這事情大概發生在西元800年。而九世紀的闡義派繼承者筏遮塞波底-彌室羅卻多次在著作裡說到法上這個人。

法上也沒有注釋法稱一生中最為重要的著作《釋量論》，只是對《正理一滴》與《量抉擇論》做了詳細嚴密的注釋。法上對這兩部著作的注釋文字集分別是《大疏》與《小疏》。法上是不是在生前有過要注解《量評集論》的想法我們就不得而知了，他也沒有作文或和人議論過《釋量論》這本書各品的順序，可在他對《正理一滴》的注釋中卻用罕見猛烈的言辭，抨擊了自己的前輩律天與他開創的譯文派。

著名的迦濕彌羅的詩藝作家，婆羅門出生的增喜也在對法上注疏的《量抉擇論》做過疏記，可人們至今也沒有找到這一個本子。

另一本《量抉擇論釋》是迦濕彌羅的婆羅門智獅子寫的，這本書現在被收藏在藏文丹珠爾的經典之中。還有一本就是綽號叫大婆羅門的商羯羅阿難給《釋量論》所作的很廣泛的疏記了，只是可惜他並沒有完成注釋。僅存在丹珠爾經典裡的一大卷篇幅，只是對《釋量論》的第一部分做了注疏，但連這一部分他也沒有注疏完，因為此疏本來該有四卷的，這就像閻摩梨在注疏《釋量論》時所做的那樣。閻摩梨屬於明教派的注家。

闡義派在西藏的嫡傳人宗喀巴的門人中，就有個叫賈曹傑（Rgyal tshab），他就是專門研究因明學的，法稱的全部著作差不多都被他做了注疏。

明教派（第三派）的注家

明教派也致力於揭示法稱著作裡蘊含的深層思想，並試圖向人們指明法稱哲學思想的根本傾向。他們也看不起釋文派那種僅是從法稱著作字面闡釋的做法。可他們在對於法稱因明學的基本宗旨和到底什麼才是法稱思想的核心這些方面，是和闡義派的觀點是一致的。在他們看來，法稱撰寫的《釋量論》的真正目的並不僅是為了對陳那的《集量論》單純的解釋，因為陳那的《集量論》是純粹意義上的邏輯著作，而《釋量論》是對大乘經典的評論和解釋。佛教大乘經所要做的事是證明佛陀的存在，祂的全知全能和祂各種各樣的功德，佛陀的法身又是自性身與智身的體現。之所以稱作因明的邏輯的全部作用，不過是為了給佛教形而上的理論掃清障礙。在明教派看來，法稱學說的最精華部分深藏在作品的第二品中（按《釋量論》原來的寫作排版順序），也就是專門講人類知識如何可靠的那一部分，就是討論宗教問題的——佛陀論的問題。

孟加拉邦人慧相護創立了明教派。在多羅那他的典籍中沒有更多他的記錄，只說他是個居士，且生活的年代在摩訶波羅王的統治時期，摩訶波羅王是波羅王朝摩西波羅的繼承者。因此慧相護生活的那個年代應當是第11世紀。可是也可能不太準確，因為10世紀的時候，烏德衍那-阿闍梨曾在自己的作品中引用過慧相護的言論，如此看來慧相護也有可能是與他同時代的人。因為法稱已經親自為自己的《釋量論》的第一品作過了注釋，所以在對《釋量論》注疏時，慧相護只注解了其餘的三品。慧相護所作的疏本在丹珠文藏經裡就占了兩卷篇幅。僅他所注疏的第二品就占一卷之多。在丹珠文藏經裡，慧相護的這個本子沒有像其他的注釋被稱為疏記，而是被稱為莊嚴或裝飾，慧相護自己也被尊稱為「莊嚴大師」。之所以用這個名號，慧相護暗示說：一本真正好的注疏是需要大得多的篇幅，和不可多得的後輩學者本身非凡的理解能力才能做到。因此他在注疏時，只編寫了一個短短的「莊嚴」，這麼做是為了讓才智平庸的人能看到法稱理論的重點在哪。慧相護甚至直呼天主慧為笨蛋，並用猛烈的言辭抨擊了他只顧字面意義的那套治學辦法。

慧相護開創的明教派，後來也分為三個支系，其代表分別為勝者（Jina）、日護（Ravi Gupta）以及闍摩梨。這三個人當中最堅決也最為積極的追隨者是勝者，在某種程度上來講他也是慧相護思想的宣傳人。勝者主張《釋量論》的真正順序是這樣，第一部分討論佛在內的知識的真實性，然後才是現量（第二部分）、為自比量（第三部分）和為他比量（第四部分）。在勝者看來，是因為資質笨拙的天主慧沒有領悟到法稱著作的真諦，才會將《釋量論》這本來清晰且自然的順序給搞亂了，天主慧覺得既然法稱自己先注疏了第三部分，那麼這本書就該從第三部分（品）開始，其實這是錯的，法稱有可能是考慮到第三部分（品）是這本書最難理解的，他又擔心自己有生之年無法親自完整的將自己的著作注疏完，因此才選擇了第三品作注了。

較之勝者更溫和一派的代表日護，他直接受教於慧相護，只不過他活動的區域僅限於迦濕彌羅，他很有可能是和智獅子處於同一時代。但和勝者不同，日護認為《釋量論》各個部分的順序就應該和天主慧說的一樣。雖然天主慧是個天賦不高的人，可再怎麼樣也不至於把他老師的作品順序弄錯。因此，日護相信法稱著作的真正宗旨是為了作為宗教的大乘佛學確立基礎的，法稱對陳那著作的注釋只不過是他工作的一個部分罷了。

闍摩梨是慧相護創立的明教派的第三分支代表，主要活動的地域是在孟加拉，他是迦濕彌羅國智獅子的嫡傳弟子。據多羅那他的記載，闍摩梨和大婆羅門商羯羅阿難同屬一個時代，出生於波羅王朝那耶波羅王統治期間，因此，這兩個人同處於11世紀。閻摩梨在明教派屬於態度溫和的，甚至比日護還要溫和。他在自己的文章裡反駁勝者，覺得勝者並沒真正搞清楚慧相護真實意圖。不過閻摩梨也贊同法稱嫡傳弟子天主慧不可能沒弄清《釋量論》各品順序的這個觀點。

閻摩梨的主要著作是對慧相護的三品注釋所作的疏記。這在丹珠爾的典籍裡佔據了四大卷的篇幅，後人根據它的理解水準，認為是可以和大婆羅門（和他同一個時代的迦濕彌羅派最後的代表）不相上下的書。

令後人奇怪的是，明教派的所有注家都不是僧侶，這種現象明顯說明他們都是信奉佛教密宗的。

但這一支系的學說從來沒有被傳到西藏。據藏學家的說法，那是因為在他們看來慧相護學說是極端相對主義，他們是以隨應破中觀派的哲學觀點來闡釋《釋量論》的。隨應破中觀派的大宗師月稱的學術傾向於正理派的實在論，而完全地擯棄了陳那的改革思想。但慧相護確認為陳那對佛教的改造時完全可以接受的，前提是只要陳那像月稱那樣承認邏輯方法完全不可能認識絕對者。

持有這種立場的還有寂護和蓮花戒雖然這兩個人都對陳那體系進行過深入的研究，還精於對陳那體系的發揮，可他們是中觀派系的，本質上屬於宗教徒。這些都能從他們的著作中看出端倪——他們是中觀瑜伽或者中觀經量部。

可薩迦班智達所創立的西藏學派對此的看法完全不同。他們認為因明學（邏輯學）從頭到腳就是世俗的學問，和佛教一點都沒有關係。在他們看來因明學就像醫學和數學一樣，是適用於生活的。藏傳佛教的歷史學家布通就持有這樣的想法。可是佔有絕對統治地位（那個時候的西藏）的格魯派（Gelugspa）不同意並呵斥這種言論，在他看來法稱的邏輯學就是佛教的基礎哲學部分。

大乘佛教邏輯與印度唯名論

在古印度哲學歷史中，佛教極盛了三個世紀之久。佛教的存在使得當時印度哲學出現了歌劇般的間奏，這之後印度哲學歷史便不再涵蓋與之對立的佛教派別了。隱遁的佛教徒開始遷徙到喜馬拉雅山的另一側，並在自己新的家園裡開始醞釀一場嶄新而偉大的文化運動，雖然只是在一座山的兩側，但佛教與印度哲學的交往幾乎停滯，這也是地理環境不允許的緣故。但對西藏佛教徒來說，印度仍然是他們心中的聖地，雖然在印度佛教已成為了過去。那時候，西藏佛教徒對新的印度歷史不熟悉，甚至根本就不瞭解他們心裡的那個聖地已經出現新的變化。

古印度哲學的各大流派在和佛教的哲學鬥爭中獲得了勝利，但是也有在這場鬥爭裡由於消耗過大而消亡的派別，只有婆羅門系的各派哲學從這種巨變中復興起來。在印度作為獨立哲學派別的唯物主義者，也是在那時隨著佛教一起退出印度哲學歷史舞臺的。彌曼差派和舊的祭祀宗教也在普拉帕格拉的改造下消失了；而以前獨立一派的數論經過改造後被吠檀多的藩籬所吸納，到最後就剩下了以一元論系統與世俗大眾宗教為基礎的吠檀多，與極端實在者的正理一勝論派。這一哲學現象與在喜馬拉雅山那側的西藏和蒙古的情況近似，在哪裡玩嗎也發現了佔據統治地位的是以大眾宗教為基礎的中觀宗，與它同時存在的是法稱的因明體系。

正理派始終堅守著它一般的實在論原則，雖然它的敵對方來自社會的各個方面。6—10世紀正理派的形式邏輯與實在論受到了來自佛教與數論的輪番攻擊，而它的死敵就是唯名論的佛教徒。

彌曼差派與正理一勝論派是印度兩個獨立哲學派別，它們都是極端實在論，它們不但共相一般，就是關係也都是實在的東西，是實在的

「範疇」（句義）具有客觀的真實性與可靠性。最先與它們為敵的是數論體系與小乘佛教，再後來就是吠檀多派和大乘佛教了。這些派別堅持自己的某種唯名論，反對實在論；否定共相的實在性與內在因（合和性）範疇等。唯名論對正理和彌曼差的批評在這兩派裡產生了完全不同的結果——正理一勝論派在佛教的攻勢下絕不妥協，更加強了自己在實在論上的堅定立場，並積極抵禦佛教的影響力。正理一勝論派在佛教強大的邏輯壓力下，只能退守在邏輯極端的邊緣，因此不可避免地在邏輯上得出荒謬的結論。並且他們還是誠心誠意地（bona-fides）把實在論推到了荒謬的懸崖邊上。這一事實向人們證明了，假如他想做一個徹底的實在論者就不可避免要以那麼多的客觀實在來遍佈到他的世界，以至於他自己也覺得生活在這樣的世界當中是多麼的不舒服。在正理一勝論派看來，世界無所不在的外部實在是由時間、空間、乙太，最高的神我、個體的靈魂、內在因組成的。運動、非存在、關係、性質、第一屬性（如像體積等）以及第二屬性（物件可感知的性質）所有的這一切全都是自在的外部實在，這些是和它們所寓居的實體相互區別的。這種理論越是遭受到佛教的猛烈攻擊，正理派就越加頑強地堅持這些理念，在它們看來，假如關係是自在的客觀真實，那麼內在因（合和性）又怎麼不會是以實在存在的實在物呢？假設它就是實在物，那又為什麼不能把它看成是唯一的無所不在的力量，時刻準備將實體和屬性結合起來？它們這樣的一種實在論的觀點逐步被僵化的過程，是它們和佛教爭論一開始就被註定的命運。

在這個時期裡，正理派出現了兩個非常傑出的理論作家，一個是伐差耶那-派克希拉斯瓦明，另一個是巴拉德婆迦的婆羅門烏地約塔卡拉（Uddyotakara）。他們都為喬達摩・足目的著作《正理經》作了注疏以及再注疏。伐差耶那-派克希拉斯瓦明是和陳那幾乎同時代的人，他所注疏的《正理經》本質上是忠於原著傳統的，是用簡釋的方法記錄正理派著名創始人口口相傳到他自己那個年代的流行解說。他給陳那提供批判的資料也主要是這個注疏。烏地約塔卡拉活動的時期略早於法稱。他在他的再注疏裡替伐差耶那進行辯護，並以猛烈的言辭對陳那進行抨擊。烏地約塔卡拉非常擅長於言辭表達，而且在論戰上充滿了熱情與鬥志，他是個不在乎歪曲對方觀點，且還是用語言詭辯蒙蔽對手的人。他從來就沒有打算要對自己的理論體系進行改變，這才導致正理論派的某一些極端實在論陷入絕境，他對此是要負部分責任的。是他在兩個體系激烈論辯中提出極端實在論這個觀點來的，此後這些觀點在正理派那裡得到了保留。

這一個時期，還必須提到的一個人物是勝論哲學家普拉夏斯塔巴達，他的活動時期比陳那要早一些，從他的言論看，他堅持的是實在主義，只是在邏輯學上受到了佛教的影響。

伐遮塞波底-彌室羅是9世紀正理派最突出的人物，他可以算作是印度婆羅門哲學裡的一個偉人。在那一時期，他不但學識淵博而且總是能掌握到最新的哲學動態，就是最為生澀的哲學理論，經由他講習就會變得明晰易解了。並且他的治學態度從不偏頗。雖然他不是印度新哲學理論的創始人，但卻是一個有著嚴謹科學態度的哲學史家。《正理經釋補疏記》是他最後也是最為成熟的偉大著作，這部著作幾乎全都是對佛教理論的闡釋和駁斥。

伐遮塞波底以後的學者和注釋家，烏德衍那-阿闍梨也寫了好些駁斥佛教的著作。

以上這些人都出生於10世紀末，這一時期正是佛教與正理派進行論戰的古典時期。

甘格下是新正理派的開創人，他寫作的《真實如意珠》是以陳那和法稱的著作為範本，很具有分析性。該書的創作放棄了喬達摩《正理經》那種鬆散結構的寫作方法。《真實如意珠》這本著作裡沒有辯論術，批評的物件也由普拉帕格拉和自己的門人，替代了已經從印度消失了的佛教，是一本以邏輯作為主題的書。

彌曼差派是第二個公開承認實在論立場，並以實在主義邏輯加以論證的派別。他們不像新正理派那樣頑固堅持實在論的原則。彌曼差派在與佛教的論戰中分裂成兩家理論派系，其中一派在對佛教觀點上作了很大程度上的讓步。可這也並不意味著他們完全承認共相的觀念性質和唯名論性質的理論而否認自家的內在因（合和性）的範疇。但他們在一些重要的觀點上還是捨棄了正理派的超實在論。超實在論的首先提出者是普拉巴卡拉，枯馬立拉的學生，也是佛教論戰的死對頭。

枯馬立拉寫有《頌釋補》這本書，書裡有3500條頌完全是對佛教理論的駁斥。但書中對於佛教因明家資訊的記載資訊並不多，有的資訊還相當模糊。枯馬立拉是個很有激情的論辯家，他在論辯中刻意追求驚人妙語和機敏的反詰風格，因而在引述辯論對手的觀點時做法很不公允。他的注釋者波力多薩羅底-彌室羅在給他作疏時，常常幫他彌補言論上的漏洞。這一派的著名學者巴氏寫了一本《論燈》的著作，也是駁斥佛教因明學的。

普拉帕格拉從某種意義上說，是佛教哲學的一個私生子，雖然他求學於枯馬立拉並宗其師說，可在極端實在主義這個觀點上與老師背道而馳地採取了一種自然得多的立場。普拉帕格拉不承認枯馬立拉將時間、空間、宇宙、乙太（空）、運動（業）和非存在（非有）一併歸屬於感官認知的理論。在他看來，非存在的認識只是對空無位置的認知，他的這一觀點倒和佛教如出一轍。在幻覺這樣重大的問題上，他也贊同佛教的幻覺是來源於對差異的非感知的解釋，並認為所有心識的根本特性在於其為內省的（自我意識的以及自明的）。普拉帕格拉認為，人在認識活動中的主體、客體與認識行動，這三者是基本統一（也就是量、能量和所量三者的同一）的。他還在很多學術細節觀念上背離了師說，而和佛教站在一起，因而創建了一個由彌曼差神學家組成的實在論新的派別。就這樣正理派和舊的彌曼差的邏輯學家，聯合對普拉帕格拉以及他的追隨者發起攻擊。這之後的幾個世紀裡，分裂的彌曼差派經歷了沒落和衰亡，而一個更新也更強大的反實在論的派別卻興盛起來，它就是在形而上被改造過了的吠檀多派。這一派也有眾多分支。其中對實在主義的論戰中攻擊最為有力的是實利哈沙，在他寫作的《詰蜜》一書中，他就公開聲明自己在反實在論的論戰中是和中觀派立場一致。他還一再聲稱「中觀派和其他大乘佛學的本質是無法否定的」。商羯羅大師在學術上也頗受佛教的影響，可他對此諱莫如深，盡可能地進行遮掩。

在佛教失去和其他各派抗衡開始走向衰敗時，各大派系又開始相互指著對方屈服遵從了佛教的影響。吠檀多派指責勝論派是偽裝起來的佛教徒，是因為勝論自己承認某些實體是具有暫態性的，例如：運動、聲和思，都是如此的實物。勝論派也反擊說吠檀多派像佛教那樣否認外部世界的最終真實性。而普拉帕格拉則被冠以「佛教朋友」。

甘格夏的學生從杜班迦（Durbhanga）搬遷至孟加拉（Bengal）建立起學派會所後，原先在論戰中的爭強好勝也轉為平和的狀態。新學派的治學注意力終於集中到推理明證的方面，他們開始致力於為論證過程的每一個細微步驟判定精準的定義。如此，印度邏輯又回歸到自己的起點上，並開始恢復形式邏輯的體系。

印度邏輯的歷史在其兩千多年的發展過程，包含了佛教邏輯在印度300多年的間奏，以及佛教與其他哲學派別的持久論戰。

佛教邏輯在中國和日本的發展

古代中國在前佛教時期就自有一套相當原始的有關邏輯問題的討論。可這一套方法明顯不是通俗性質的，而且還和佛教東來傳法的僧侶，以及西行取經的僧侶引進的佛教因明沒有發生任何關係。

佛教新邏輯有兩次從印度引進，一次是印度僧人真諦在西元六世紀帶去的，一次是中國求法僧人玄奘西行取經帶回來。據傳真諦傳譯的是世親的《如實論》、《反質論》以及《墮負論》。這三部著作在《大藏經》裡被分列成三條目，其中還包括真諦對這三部著作寫的三個分冊的注疏。從後來《大藏經》的經錄來看，真諦的那三個分冊分置的三論現在只剩下一部（一分冊），而真諦所做注疏就完全遺失了，僅剩下的那個所謂分冊，雖然還叫做《如實論》，可內容僅存的是一些片段，這很有可能是後人從三部論裡編輯出來湊成的。

另外我們可以從漢文注疏裡看到玄奘的弟子也曾給《正理門論》與《入正理門論》寫了注釋性的文字。這就意味著，玄奘之後中國佛教徒已經知道了世親的那三部因明著作——《論軌》、《論式》和《論心》。在漢文《如實論》中就保存著這三部著作的片段，這本《如實論》也被列在了漢文《大藏經》的目錄上。

在這一時期還值得我們重視的是無著所寫的一部邏輯著作。

因明第一次傳入中國沒有任何結果，也沒有在當地產生關於因明的著述，更沒有注疏以及獨立的撰述。那些由印度傳入中國的因明著作基本失傳了，最後殘存在《大藏經》裡的也只剩下一個分冊的殘篇，從這些事例來看，因明在當時的中國並不受到重視。

因明第二次傳入中國是因為玄奘，這次傳入還經由中國流傳到了島國日本。東歸之後，玄奘就翻譯了陳那的《正理門論》與商羯羅主的

《入正理門論》，這兩部都是短而小的冊子，內容只是陳那邏輯學的提要和稍加補充與改動了的商羯羅主的文字。裡面的哲學、認識論以及佛教和其他哲學的爭論部分都在書中避開了。僅僅為邏輯初學入門者保留了一部分辯論範例，較為複雜與困難的問題也在這兩冊書中刪除。流入中國和日本的因明學中都沒有提及陳那的《集量論》與法稱所著的七部著作，也理所當然就沒有說到因他們而產生的分裂以及後學流派。造成如此結果的原因應該和玄奘本人有關，雖然在印度求法時，玄奘也曾在博學高僧的指導下研讀陳那因明，也許是由於玄奘本人更重視宗教，而對邏輯和認識論只限於有限的興趣，因而他才會只翻譯那兩部短論。

不過因明的這一次引入畢竟有些成果，中國對因明的論疏和疏記也多了很多。玄奘有個叫窺基的門徒很有名，他是專門做因明研究的。傳說窺基平時看得最多的書有兩本，一個是陳那的，一個是玄奘談因明的筆記，他還就《正理門論》寫了六卷注釋，在中國被稱為《大疏》。

因明經中國傳往日本是在7世紀。其傳播者是一個名叫道昭（Dohshoh）的日本僧人，因為他仰慕玄奘大師才從日本來到中土學習，並在玄奘的親自指導下學習了因明。回到日本本土就創立了第一個因明學派，人稱為「南寺」（the South Hall）。

8世紀另一位日本和尚，叫玄昉（Gemboh）的從中國帶回了《大疏》等其他的因明論著作，並創立了另一個因明學派，人稱「北寺」（the North Hall）。

佛教邏輯在蒙古和西藏的發展

與在中國內陸命運不同的是，因明在西藏和蒙古，他們除了曾引述過隻言片語外，因明的最早典籍，如世親的三論都不為他們所瞭解。

很顯然在那裡因明沒有當地的譯本。但是勝主慧對陳那最主要著作《集量論》的注疏本、法稱大師的七個論、法稱的《釋量論》的七個疏本以及法上大師等其他人的邏輯著作，都在藏譯本裡得到了完好的保存。自寂護與蓮花戒來到了這個雪域高原之後，西藏和印度的思想交流就變得非常活躍了。印度佛教有名氣的著作馬上在西藏就有了藏譯本。在佛教從印度走下坡路的時候，西藏本地的僧侶中的因明著述已經發展壯大起來，繼而承繼了印度因明的傳統。因明著作最早出現在西藏大概在12世紀，那時正是佛教從北印度滅亡的時期。藏傳因明分兩個時期：宗喀巴（1357-1419）與他之後的。

恰巴卻已-僧格（Chaba choikyi Senge, 1109-1169）是第一個獨立著述因明著作的西藏人。他是西藏邏輯的開創者，我們將在這本書的後面專門說到他。恰巴卻已-僧格給法稱的《量抉擇論》是作疏了的，也用自己的方式寫了一部「頌」體的因明著作，並自己做了注釋。他的入室弟子精進師子也給《量抉擇論》寫了本注疏的書。在這一個時期裡，最經典的因明著疏是由薩迦・班智達・貢噶堅贊（1182-1251）寫的《正理藏論》，（這也是一本以頌體創作的書，由他本人作注的。）他是薩迦地區的第五代大喇嘛。薩迦・班智達・貢噶堅贊的弟子正理師子（Uyugpa-rigspai-Senge）也對《釋量論》做了非常詳細的注疏，這本注疏得到了西藏人的全面重視。

仁達瓦是這一時期西藏最後一個因明代表。他對陳那體系的主旨寫過一部綜述，是宗喀巴的老師。

西藏這一個新時期的因明文獻分為：系統性著作與各派自宗文字。宗喀巴自己就寫了一篇《法稱七論入門》的短文，而他的三個徒弟賈曹傑、克主傑與根敦朱巴對陳那和法稱的全部著作幾乎都做了注疏。在西藏因明著作一直到現在都沒有中斷過，此類書籍在西藏和蒙古的數量大得驚人。

在西藏學習因明，各大寺院都開四年的課程，在這四年裡學員被要求通篇背誦含2000頌的法稱的《釋量論》。在西藏僧眾看來《釋量論》是因明的啟蒙基礎，這也是唯一一本來自印度的因明教本。至於論釋，他們一般都會依據十大寺院採用的範本，至於印度人注疏的都被西藏人的注疏所替代。

藏人對《釋量論》的重視是特別值得我們關注的。該著作的作者法稱的其他著作，還有因明大師法上等其他因明專家的著作都沒有受到藏人的重視。很多西藏博學的喇嘛甚至不知道它們的存在。之所以會出現這樣的情況，沃斯特里科夫曾解釋道，那是因為法稱在《釋量論》的第二章專門寫了佛教作為宗教的真實性，而西藏人對邏輯學的興趣恰巧源於對宗教的熱愛。因明學對於藏人不過是作為了為宗教服務的奴僕罷了，因為法稱的邏輯學對於經驗無法證實的信仰，還進行了辯證的批評，但他在《釋量論》卻是還是為藏人留了後路，使得西藏人透過其第二章重建了批判方法成立的信仰——相信無所不在與全知者的存在。而在法稱的其他著作、世親和陳那以及法上等所著的因明學著作都對全知者佛陀採取了批判性的緘默，因而沒能取悅虔誠的藏人被他們捨棄了。

從根本看，因明學在西藏並沒有重大的發展，因為法稱在它們之前就已經確立了最後形態。在西藏因明學中，法稱的地位就如同亞里斯多德在歐洲邏輯史上的地位。那時西藏的因明學著述也如同中世紀歐洲的邏輯作品。他們將全部的注意力都放在了對所有定義的精準與學究式的解析上。對他們而言，任何一點科學思想都得歸納成三段論的三個項詞中，而三段論藉以表達的命題形式之間是可以不相關的，但前提必須是，只有三個詞項是最重要的。

他們辯論中的思想連貫性表現出每一種演繹都依賴於另一個演繹，

也就是前一個的三支比量的「因」成了後一個三支比量的大詞，如果辯論無休止，那麼這種推演會不斷出現，直到辯論證明了第一個原理。這一種連續辯論的模式如下：假如S與P的存在是由於M，而M之所以能存在是因為N的存在，而N的存在又是因為O的存在等等。在辯論中這些理由的每一步都有可能被辯論對方作為己方的錯誤和不可靠的加以反駁。因此，他們為了簡化這一連續推理公式，創造了一種特別的文字形成自己的辯論風格，將其稱作「因果法」（thak-phyir）。此方法的創造者為——法獅子。

自佛教從印度消失之後，世界東方依舊有三處講因明的地方：一個是孟加拉的努地亞（Nuddea），它隸屬婆羅門系統的正理一勝論派邏輯，在其對手佛教消亡之後仍舊保存著自己的因明系統；其次是仍在研究商羯羅主《入正理門論》的中國和日本；第三個地方就是研究法稱《釋量論》的西藏和蒙古的寺院。因明學成為了這個三個地方的諸學科的基礎。

這三處講因明學的地方中，藏傳佛教的學術基地尤顯其重要性地位。因為只有藏傳佛教忠實地為我們保留下了古印度哲學黃金時代的精華。

限於現階段我們對於因明學的認識有限，本書所論述的主體絕大多數的資料都是借鑑印度和西藏的。

第一部分

實在和知識（量論）

佛教邏輯包含的內容及其目的

「所有成功的人類活動都必定以正確的知識為基礎，因此我們要對正確的知識進行研究。」對於知識論包含的內容及其目的，法稱曾給出這樣的界定。人的目標有肯定的，也有否定的，有欲求某物的，也有迴避某物的。預期的行動是為了得到欲求的事物，而迴避非欲求的事物。只有正確的知識才稱得上是成功的知識，也就是說，決心或判斷能夠將行動引向成功。而錯誤的認識，則是將人引入歧途，使有知者的希望及欲求受到蒙蔽。正確的知識其反面便是錯誤和疑惑。疑惑具有雙重性質。在其中一種性質下，它是完全無知的懷疑，因為它根本不帶有決心和判斷。如此一來，這樣的疑惑也就無法構成預期的行動。而另一種性質則體現其有可能企盼成功或是瞭解失敗，這樣的疑惑能夠引導判斷和行動，與正確的認識無異。

法稱給知識論下的這個定義和現代心理學所承認的定義沒什麼差別。現代心理學被定義為精神現象學。「尋求將來的結果，以及選擇手段達到欲求的目標」便是精神現象的特性。印度的這門學科的研究範圍僅限於人類知識的範圍，只包括精神的認識現象、真理以及謬誤，不包括內心的情感成分。認識的現象定義往往要提到認識活動中帶有（即使或許它有可能很微妙，難以言說）情緒，這種情緒有可能是欲望，也有可能是厭惡。在佛教的認識理論中，這一點有其特殊意義，因為佛教認為情感成分構成了那個被稱為我（ego）的本質。而對這些情感進行詳細分析並且估量其價值是佛學另一個分支所考察的內容，認識的真理和謬誤中則不對此進行討論。

緒論中已經提到，佛教邏輯反對全盤懷疑論體系，全盤懷疑論認為人類認知普遍來說都會經常遇到無法解決的矛盾。而知識的可靠性——也就是所有產生於有目的的行動之前的精神現象的可靠性——則是根本問題的集中點。它對我們所有知識的起源、感知、概念、反省、判斷、推理且包含演繹法以及謬誤的所有詳細理論進行研究。它所包含的問題還有認識物件的真實性，以及概念的有效性等。例如，什麼是實在？什麼是思想？它們二者之間有著怎樣的關係？什麼是純有？什麼是純粹思維？什麼是因果效能？

佛教邏輯所討論問題的並不包括意識的閾下部分，只研究具有推理性質的思想——也就是引起預期行動的認識活動。本能或是動物的思維活動不在其描述的範圍之內，動物的思維活動由於往往出於本能，因此對於外界的刺激，幾乎是直接甚至自動地進行追隨。我們難以確定這種因果聯繫的中間環節。感覺和本能是新生嬰兒以及動物都具備的先天綜合能力，然而它們並不具備完全的推論能力。針對這一現象，法上曾說：「正確的知識是雙重的，其一為直接反映在正確行動中的本能，其二具有推論性，以成功行動為注意力的目標。在這兩者中，只能對後者——也就是能夠引起預期行動的知識——進行審查。它產生於預期行動之前，並且能夠直接表現出來（且並非以這一行動的形式）。我們在獲得正確知識的同時，必定對此前見過的事物有所記憶。意志因記憶而加速，並且引發行動，直至達到目標。因此，它並非直接的原因（也就是說它並不具備因果聯繫中間環節的作用）。直接顯露於預期行動中，目的能夠直達的場合（知識具有本能性），是無法分析的。」

所以，我們推論性的思想才是佛教邏輯的研究物件。而這種推論性的思想又有三個主要組成部分。它們便是：知識的起源、知識的形式以及知識的語言表達。它們被稱為：感覺認識、推理以及演繹，但是它們的研究物件也包括我們認識外部實在時主要依據的感性，引發知識形式的理性，以及將認識過程完整地表達出來的推理論式。因此形式邏輯及認識論都包含於其中。

什麼是知識的來源

當佛教邏輯這門學科所包含的內容及其目的被確定下來之後，正確知識來源的定義也就隨之自然而然地確定下來。正確知識的來源是一種沒有矛盾的經驗。在我們的生活中，假如某個人所說的話並沒有透過經驗證明真偽，就能夠確定其為真，那麼我們就把這個人稱作正確知識的來源。同樣，在科學中，我們也能夠將所有和經驗不相矛盾的認識稱作正確知識的來源，因為正確的知識僅僅是預期行動得以成功的原因。這一認識影響著我們採取行動並且達到我們欲求的目標——也就是達到與我們行動相符的那一點。這一點是具備效能的實在之點。我們對其的把握具有預期性。這樣一來，實踐效果和我們的認識之間也就建立了邏輯聯繫。因此，正確的知識也就是有效的知識。

知識的來源，從字面意義上來講，就是知識的原因。原因具有雙重性，其一為生起性，其二為資訊性。依據物理的因果意義，人們採取行動是由於知識的生起性。而若是非強制性的，僅僅具有資訊性的原因，則屬於精神層面。

在探討正確知識的定義時，我們最先關注的是其與經驗論相類似的特點。正確的知識並不是對絕對者的認識，而是日常生活的認識。它反映了事物的真相，以及對外部世界真實性的判斷。生活中，大多數人相信認識物件和自我感官之間的聯繫，因此他們在認識世界時依據的是感覺。還有另一種情況是在間接處隱藏他們所欲求事物的徵象被他們察覺到了，因此他們相信隱藏的物件和被他們察覺到的徵象之間有著必然的聯繫。在這樣的指引下，他們採取行動，並且取得成功。而邏輯的必然性就是這些普通人所追求的知識的特點。法上認為，這門學科的研究物件恰恰就是這一點。

在這種實在論的引導下，實在論的邏輯也就自然而然地產生了。月稱也曾這樣描繪佛教邏輯：「在描述知識來源及其物件時，我們只是科學地闡述日常生活中的實際情況。然而正理派（同樣是實在論者）卻是低水準的邏輯家，他們把邏輯過程的定義弄錯了，我們只好對其加以更正。」月稱說，正理派和佛教之間如果真的不存在分歧的話，那麼這樣的工作就是淺薄並且毫無益處的了。但是，顯然，情況並非如此。在佛教對邏輯進行補救工作時，批判的認識理論使得另一個存在於樸素實在論之後的世界呈現出來。佛教邏輯與月稱的極端懷疑論立場相比，看上去屬於實在論的系統，但是如果將比較物件換成是正理派的完全而不調和的實在主義，那麼它則具有批判和摧毀的性質。更進一步地領悟日常生活中的事物，使得佛教在經歷了經驗主義以後，將其先驗本源的存在，也就是自在之物的世界建立起來了。對月稱來說，只有神祕直觀才能認識終極實在。因此，對於所有不屬於日常邏輯的邏輯，他統統加以譴責，並且認為它們是毫無益處的。然而陳那認為邏輯的基礎具有牢固、有效而真實的特性。我們將在探討中指出這一點。然而，他所說的真實，和樸素實在論中所說的真實完全不同。

認識與識別

正確知識來源的特點除了不與經驗相矛盾之外，這種知識還必須是新的認知，它所指出的物件必須是之前從未認識過的，它點亮了認識之光，是認識、明瞭的起始剎那，它所閃現的認知是前所未有的。在起始剎那之後的各個剎那中持續的重複性認識，則僅僅是識別。這種認識的存在是可以肯定的，然而它並不是知識的唯一來源。陳那曾自問自答：「為什麼會這樣？永無止境。」也就是說，假如所有認識都是知識來源，那麼知識來源就沒有止盡了。認識物件能夠引發意念、愛欲和瞋恨，然而這些並非知識的來源。我們的認知僅僅針對認知物件當下存在的起始剎那。之後產生的則是對認知物件的形式和表現的構造，是理性綜合作用的結果。然而這種構造並不是知識的來源，而是源自生起性的想像。它並非認識，而是識別。

同樣，彌曼差派也認為前所未有的認知才是知識的來源，然而不同的是，他們認為持續的事物和認識是存在著的。在起始剎那之後的所有剎那中，時間都賦予了認識及認識物件新的特點，但是它們從本質上來講並沒有改變，所以這種存在是持續的。正理派認為正確知識的來源是引起認識的各種原因中產生主導作用的原因，例如限量、比量等。而持續穩定的原因、認知活動，以及具體的共相，還有在混合性認識活動中認知的，性質一般或特殊的靜止物件，這些都在對知識來源的定義中得到了預先的假設。因為這種認識是包含意念成分的感覺活動，所以它具有混合性。佛教認為物件只存在於剎那間，系列地呈現出來；而感性和理性作為認識工具，是截然不同的。感性具有領悟的作用，理性則具有構造的作用。認識的起始剎那依靠感性，它能夠依據自身法則產生，使接下來的各個剎那綜合起來的理性活動激發出來。在外部世界中，並不存在著某種具體共相能夠完全符合這種綜合。如果一個物件是被感知到的，那麼認知的起始剎那總會伴隨著具體的表象。如果這個物件是經由表徵而推導出來的，那麼這一表徵也會引起起始剎那的認知，伴隨著這種認知的有那表徵的表象，以及與之相伴的物件的模糊表象。但是，無論哪種情況下，不與經驗相衝突的、真正的知識來源都是由起始剎那的認知構成的。

難以想像的是，一個物件過去或將來的存在剎那具有刺激的作用。這種作用只會存在於當下的剎那中。因此，只有起始剎那的認識才是新認識，而不是識別，而且，只有起始剎那才能帶來真知，帶來能夠達到物件最高真實的知識。

對真理的檢驗

既然說經驗是檢驗真理的唯一標準，那麼這樣的問題也就會隨之而來：知識產生的原因是否具有可靠性？也可以這樣說：經驗帶來知識，而隨之產生的思維作用能否使知識具有可靠性？

最先面對這個問題的是想要論證吠陀經典權威的彌曼差派。他們針對這一問題提出了四種解答，這四種解答在很長一段時間內都被印度各個哲學派別當作爭論的中心。彌曼差派認為，真知是所有知識的內在核心，因為知識本來就具有可靠性，既然它是知識，那麼它就不可能有誤。除非是在兩種特殊的情況下：其一是存在著另外一個更加具有說服力的認識活動與之相矛盾，其二是能夠證明其來源存在缺陷。舉例來說，色盲對顏色的認識就存在著錯誤。對此，彌曼差派規定了這樣的原則：知識必定不存在錯誤，只有隨之產生的思維作用才會帶來缺陷。蓮花戒曾說：「闍彌尼派在論證吠陀經典的權威性時說過：一般來講，我們所有的知識來源都具有可靠性，只有外因才會導致錯誤的產生。」

佛教卻有著與之截然相反的觀點。佛教認為，知識本身並不具有可靠性，即使是它的內在也是不可靠的、有錯誤的。若要將其變得可靠，就必須透過隨之產生的心智活動的檢驗。是否具有有效性是知識是否真實的標準。而只有真實的知識才是有效的知識。因為能夠證明不與經驗相矛盾的真理，所以佛教規定：因為經驗本身不具有可靠性，所以，是附加的原因使得知識具有可靠性。

正理派則認為不能以可靠性來判斷知識本身，因為只有隨之產生的心智活動才能決定其是否可靠。經驗是真理的標準，同時也是謬誤的標準。因此，他們做出了這樣的規定：只有外在因素，或是隨知識而產生的經驗才會影響知識的可靠性，而引發認知活動的各個因素則不具有這一作用。

最後要說的是耆那教，他們認為，所有實體從本質上來講是不確定的，是辯證的，在他們看來，知識本身不需要透過隨之而來的經驗進行檢驗，它具有真假雙重性。在某種程度上，它是真理，而在另外一種程度上，它卻是謬誤。

在佛教看來，一個觀念的產生無法證明其具有真實性，也就是無法確定這個觀念和實在是相符的。因為觀念和實在之間並不存在必然聯繫，而這兩者之間倒是很有可能是不相符的。知識在這一階段並不具有可靠性，而若是其來源經過檢驗，得以證明其符合經驗，並且能夠確定其具備有效性，那麼這一知識就能夠被認定為真實的，它便可以對所有懷疑其真實性的觀點進行反駁。而如果這一證明過程是透過語言來進行的，那麼說話人自身的可靠性就會左右其論證的知識的可靠性。但是，吠陀經典認為，這種可靠的人是不存在的，因為，據說吠陀起源於天啟，具有永恆性，例如他們所說的「樹木們出席祭祀大會」、「聽啊，石頭！」等。這些話無異於妄言。它們顯然來源於不可靠的人，因此，如果用經驗來判斷吠陀經，那麼它根本不具備權威性。

實在論和佛教經驗觀之間的關係

然而，雖然佛教將經驗視為知識來源中最重要的部分（它恰恰是在這方面和實在論有著相同的觀點），但是在對經驗的理解上，佛教和實在論之間有著巨大的差異。對於彌曼差、勝論以及正理諸各個實在論來說，認識行動和認識內容是不同的。實在論認為認識行動和其他一切行為之間沒什麼區別，它們都是和行為發起者、行為物件、使用的工具以及行為過程相關。舉例來說，伐木工在森林裡砍樹，伐木工是行為發起者，樹是行為物件，砍樹用的斧頭是使用的工具，斧頭砍樹的經過是行為過程。而人認識一種顏色時，這個人的自我或靈魂是行為發起者，所認識的顏色是行為物件，認識顏色所透過的視覺是使用的工具，光從人眼到顏色的運動就是行為過程。在這個例子中，所有要素中，視覺是最重要的，認識的特性就由它來決定，因此它被稱為感覺知識（現量）的來源。實在論認為，認知的結果就是正確的知識。但佛教堅持認為一切事物從本源來講都是相互依賴的，對整個以行動和認識之間的類比關係作為基礎的結構進行批判。他們認為這僅僅是一種比喻。而自我（ego）、感官具有的工具性質以及對物件、形式的攝取，還有向靈魂自我的傳遞形式，這一切都並不存在。只有感覺活動、概念活動以及它們兩者之間彼此配合（相近似或相符合）、協調的關係，才是存在著的。我們可以假設概念活動是認知物件的認知來源。然而它同時又是這一認知來源的結果。它兼具來源和結果兩種作用。不管怎樣，在認知活動中，它是最為有效的因素，有著決定性作用，但是它並不是實在論中所說的工具。物件和物件之間的彼此協調，以及表象本身，都是同一個事物，只是觀察角度不同罷了。我們可以假設知識來源於這種協調，但我們同樣可以將這種協調視為知識結果。在這一立場上，量和量果間的差異出於假設，實際上，這種認識手段與認識內容是一個整體。

針對這一有趣的理論，本書將在有關外部世界真實性的問題中再次進行探討。在這一節中，僅僅揭示這種區別：關於經驗，實在論認為它們是真實存在的相互作用，但是佛教則認為它們之間的關係是彼此依賴的。

兩種真實

我們應該注意陳那和法稱的理論中，有關知識的定義、存在以及實在（存在和實在都是指終極真實，可以互換）的內容。無論是存在、真實存在，還是終極存在，指的都是效能（efficiency）。所有具有因果效能的都具備真實性。不具有效能的就是虛構的，是假的。在物理中，因果聯繫必定是效能。它有很多種名稱，比如存在、真實、有、事物等，它們的意思都和虛構相反。包括完全的虛構以及生起性的想像在內，所有留下了思想構造痕跡的，都是虛構，它們都不是終極真實。

用來烹飪食物的燃燒著的火是真實的。它因真實的物理效能而存在，並且有著生動的表象。與這物理意義上的火之間的距離遠近，決定了這一表象的生動程度。即便火非常小，它的表象也至少能夠有著真實的清晰度，也就是說，它作為當下存在，是能夠經受視覺檢驗的。而並非當下（absent）擺在眼前的火是出於想像的，是無法燃燒或者烹飪食物的，產生模糊、抽象或是一般表象的不真實的火。無論我們如何想像，不真實的事物也無法具備當下的生動性。它的模糊程度和觀察者與其之間的距離沒有關係，但卻和想像力成反比。所有過去的、將來的、想像出來的、非現在的、精神上的、名言的、一般的共相（包括具體共相和抽象共相）都不真實，只有當下的（present）「現在」、「在此」、「此」才具有真實性。所有拋開其存在位置來看待的序列和關係都不具有真實性。能夠稱得上是唯一終極真實的，只有具備物理效能的當下剎那。

以上所論述的是終極直接的實在，除此之外，還有一種間接的實在，它是假借的真實，比直接的實在低一個等級。如果將一個表象物件化，並且和某個外部實在畫等號，那麼這個表象也就具備了某種假設的真實性。這麼看來，所有物件都能夠被分為真實的實體或是非真實的實體，具備真實的屬性或是非真實的屬性。舉例來說，一頭牛就是真實的實體，而佛教中的神、靈魂、物質等都是非真實的實體；數論中的原初物質也是非真實的實體。再比如，青色等是真實的屬性，而非真實的屬性具有恆常的性質，因為佛教認為不存在恆常的事物。虛構出來的事物不是間接的實在，它僅僅是沒有意義的詞語，例如空花、陽焰、龜毛兔角、石女之子等，是絕對不真的。

完全出於想像的事物僅僅屬於語言層面，不具備任何客觀實在性。與之相反的是不帶有一點想像的純粹實在。在想像和實在之間夾著一個半想像的世界，這個世界雖然是由構造性的表象組合而成的，但是它的基礎卻是客觀實在性。這個世界是現象的世界。因此，純粹的和帶有想像的，也就是本節題目所說的兩種真實。純粹的點剎那（point-instants）構成了真實的世界。在時間和空間上，這些純粹的點剎那並沒有明確的位置或是能夠被感知到的屬性。這種真實是最終極的真實。而物件化的表象構成了另外一種真實，我們的理性使其具有了時間和空間上的位置和能夠被感知到的屬性。這種真實則是現象的經驗的真實。

在佛教邏輯學中有兩種真實。一種是終極的絕對的真實，它是透過純粹的感覺活動反映出來的；另一種是經驗被限制的真實，是透過物件化的表象反映出來的。

只要能夠間接聯繫真實，我們就可以得到沒有矛盾的經驗，即便從終極真實的角度來看，這種沒有矛盾的經驗同樣是虛幻的。由此推斷，正確的推理認識（也就是比量）即使是正確的，也同樣是一種幻覺。它是間接的，並不具有直接真實性。

知識來源具有雙重性

在前文中我們已經探討了真實性的雙重特徵，也就是直接的、終極的、先驗的真實，以及間接的、經驗的真實。同樣，我們也可以將知識的來源分為兩種。知識的來源分為直接的知識來源，以及間接的知識來源，有的出於對本體的認識，有的則出於對受限制事物的認識。直接的知識來源屬於感覺活動，是被動的反映活動；間接的知識來源屬於概念活動，是受限制的反映活動。嚴格來講，間接的知識來源並不是一種反映，它並不具有被動性，僅僅是自發的構造或是概念活動。然而出於折衷，我們將其稱為受限制的反映活動也無妨。直接的知識來源對物件進行把握，間接的知識來源對同樣的物件進行構想。然而有一點很重要：在佛教理論中，既沒有實在意義上的「把握」，也沒有擬人意義上的「捕捉」，但是從事物本質上具有相互依賴關係的角度來看，感覺活動和物件之間相互依賴的關係也是成立的。使用「把握」這個詞只是對認識活動的起始剎那和之後構造被把握物件表象的各個剎那加以區分，每個單獨的剎那都是獨特的，與其他任何事物都沒有相似性。因此，每個單獨的剎那都無法付諸語言，也無法重現。終極真實就是無法付諸語言的。每個心象（representation）或是名稱都會對應一個綜合的統一體，某種時空和屬性都包含於這個統一體內。它是構造而成的，但實現這種構造的心靈活動並非被動消極的反映（射）活動。

法上在探討實在的雙重性時，也提到了知識來源的雙重性。「認識物件確實具有雙重性，也就是一開始（prima facie）被領悟到的和被確定後理解到的。實在在第一瞬間直接呈現出來的方面就是一開始被領悟到的，而實在的形式則是被確定後理解到的，在明確的理解中，這種形式得以構造出來。被直接接受和被明確理解必定是截然不同的。在感覺活動中，直接明瞭只存在於一剎那中。但是明確理解則必定建立在某種感覺活動之上，是透過構造而認識到的種種剎那。」

印度的每個哲學派別對於知識的不同來源、功能以及特徵都各有各的說法。比如前文提到的，唯物論者只認可感性認識（現量）。從原則上來講，理性僅僅是物質結果，是生理過程，因此它和感性是一樣的。其他各個派別至少認可現量和比量這兩種知識來源。勝論認為知識來源於現量和比量（感覺和推理），數論則認為除現比二量外，還有一個知識來源叫聲量，天啟來源也包括在內。正理論將類比推理（譬喻量）從比量中劃分出來，彌曼差則在現比二量的基礎上增加了暗示（義準量）和否定這兩種知識來源。迦羅卡（Caraka）提出了包括現比二量在內的十一種知識來源，將「可能性」也作為一種獨立的知識來源列舉出來。

自陳那以來，佛教始終贊成勝論的觀點，認為知識的來源只有現量和比量兩種，比量包括聲量和譬喻量，暗示（義準量）針對同一事實，僅僅是說法不同罷了。但是，雖然佛教和勝論都主張現比二量這兩種知識來源，但對於它們二者的定義、特點則有著很大的分歧。恰恰是這種分歧，將樸素實在論和佛教的批判知識論區分開來。對於這一點，我們將在以後進行探討。因為現量和比量的區分是陳那認識理論的一個基礎。在這裡，我們只是簡單說一下，佛教認為，現比二量的區別是本質上的、真實的、先驗的區別。感官所認識到的事物和比量所指示的事物（推理知識）之間並非從屬關係。如果當下的感知範圍記憶體是一堆火，並且視覺認知到了這堆火，那麼對實在論者來說，這屬於感覺認識（現量認識）；但是如果這堆火並不在感知範圍內，那麼火這一存在就是被間接地揭示出來的，比如感知到了煙，才間接知道了火這一存在。佛教認為，無論是直接感知的還是間接揭示，都有各種感官和推理參與其中。而這裡所說的推理，和理性意思相同，因此這種知識來源是非感性的。認識活動分為感性的和非感性的，直接的和間接的。非感性的、間接的認識活動都必定有一個能夠感知到的核心以及透過理性構造出來的表象，前者是能夠感覺到的，後者是能夠理解的。感官認識事物本身，而理性的想像功能則構造其間的關係和特徵。感官認識的事物本身是純粹的，不夾雜絲毫的關係和特徵。在透過感性認識認知眼前存在的一堆火，以及透過理性認識認知不在眼前的火這一點上，佛教並沒有予以否認，然而在兩種主要的知識來源間，不僅有這種顯而易見的經驗差異，還有另一個終極真實的先驗差異。這種差異使得現量和比量有著不同的物件、功能和結果。佛教認同「非混合的」以及「確定分別的」認識理論，這種理論假設現量和比量各自界限分明，不會彼此逾越。實在論者則認同「混合的」以及「複合的」認識理論，這種理論認為一切物件都可以透過直接的感覺認識或是間接的推理認識兩種方式加以認知。既然在生活中，現量和比量不可能完全處在單一的狀態，那麼按照經驗來看，佛教的觀點才應該算是「混合論」。

為了區分現量和比量，我們不能局限於實際的經驗活動，也不能局限於能夠觀察到的、理性的意識或是閾下意識活動，我們必須假設一個先驗的差別，這個差別雖然無法被我們直接觀察到，但是因為終極真實，我們不得不認同這一差別。從這個角度來看，這一理論探討的是現量和比量之間「確定」的界限。而所有針對陳那體系的闡述，則可以被看作是以這一基本原則為基礎的發揮。在這一點上，我們只能簡要概述，而無法企圖對理論本身進行詳細介紹。

知識有兩種來源，說明認識活動有兩種完全不同的根源，一種反映終極實在，另一種構造終極實在的表象。但是它還有另一種拋開終極實在不談的意義。從現象的角度來看，認識活動是由感覺認識和推理認識兩種方式組成的，感覺認識是直接鮮明地認識物件，而推理認識則是透過物件的表徵，間接模糊或是抽象地體現出來。如果火是在感覺範圍內，能夠被直接認知的，那麼這種認知就是感覺認識（現量）；如果火不在感覺範圍內，而是透過徵象——比如煙——被間接地推想而知的，那麼這種認識就是推理認識（比量）。

這兩種認識都包括感性的內核以及構造的表象，但是感覺認識的主要部分是直接認知功能，有著生動鮮明的表象；而推理認識的主要部分則是思維功能，有著模糊和抽象的表象。

認識活動的界限

以上所述清楚地表明了（本書接下來的所有闡述也將證明）：顯而易見，佛教哲學是批判主義的、非教條的。印度哲學和其他所有國家的哲學一樣，都起源於帶有浪漫色彩的宏大想像。其萌芽時期以有關各種存在物的教條式的幼稚的總體性論斷為主。在奧義書時代，哲學就是這樣的。早期佛教反對奧義書的一元論傾向，顯示出批判精神，提出了有關存在的多元論，認為存在是由物質、心靈和能構成的。晚期佛教將這種批判精神延續下去，使得邏輯和認識論的體系完全取代了本體論和心理學。它研究認識活動的來源和界限，完全摒棄了只產生判定性作用的教條主義方法。前文已經說過，感性經驗是現比二量這兩種知識來源之間無法逾越的界限。而超出感性經驗界限的事物，則是無法被認知的。

即使知性是我們所擁有的一種非感性的認知方法，但這種認知方法並非直接獨立的，它同樣無法逾越感性經驗這一界限。因此，所有超出感性經驗的事物，所有「無法企及其存在的時空及具有的屬性的物件」都是無法被認知的。這決定了所有形而上學理論的命運。因為形而上學的物件都是無法被證實的。我們的知性或是生起性想像力能夠馳騁在感性經驗範圍外，進行虛構和編造，但是它們的產物都具有辯證性，是自相矛盾的。而真實和實在的終極標準則恰恰是無矛盾性。

這必定會讓歷史學家們對佛教理論所確認的佛陀全知的教條感到疑惑，佛教理論強調，這一教條也是辯證的、無法被證實的，無法肯定或是否定它的存在。勝論中所說的共相也是這樣的教條。既然有足夠的理由反駁共相的客觀實在性，那麼共相就具有辯證性。

法稱曾說過這樣一段很具有代表性的話：「若是將比量和使得比量得以成立的邏輯結構視為教條，那麼辯論的基礎也就因此成為了教條。」這裡所說的辯論「完全不是出於針對真實情況進行的沒有偏見的判斷，而是產生於虛幻的（辯證的）觀念的影響……」「這種辯論適合於形而上學的（超感覺的）、無法直接觀察或是正確推論的問題，例如共相的實在性。在這種問題上，教條有著各種各樣的論爭。」「經常會出現提出學術理論的人錯誤判斷事物的真實性，將其歸以衝突屬性的情況。」「但是，如果辯論是以實在事物的真實性作為基礎，並且能夠證明出必然的因果關係，或是共存關係，或是討論物件不存在於當下，那麼這裡也就不允許出現自相矛盾的情況。」「產生邏輯理由作用的事實並不是（主觀臆斷地）提出來的，而是以真實性作為依據，從而被確定下來的。因此，如果能夠確定實在事物的必然因果關係、共存關係、不存在於當下，那麼就不會出現自相矛盾的情況。能夠確定下來的事實也就是終極真實的。而只有並非屬於想像範疇的、能夠被證明的事實，才是合理的、確定的……這種事實並非以想像為基礎，而是與實在本身一樣，是確定的。」共相具有客觀實在性的理論就是一種教條式的斷定。

蓮花戒也曾說過一段大概意思與此相同的話：「佛陀本人願意這樣說：比丘們啊，你們在聽我的話時，不要只是心懷敬畏，而是要讓有才德的人們來對這些話進行檢驗，就像金匠那樣，用火燒它，砸碎它，用試金石檢驗它。」在這裡，佛陀提到了知識的兩個終極來源。這就是現比二量的根本原理（也就是感性和知性）。他用例子對此進行說明（對他所說的話進行檢驗的方法）。用火來揭示現量（感覺認識），因為火是我們非常熟悉的事物。用試金石來揭示比量，因為試金石也是我們非常熟悉的事物。無矛盾性是最終極的檢驗標準，而將金器打碎揭示的就是這一點，但其並不是與前兩者不同的第三種方法，而僅僅是比量而已。根據這三種知識來源，也便有了三種不同的認識物件的方法，也就是：當下的、非當下的，以及先驗的。所以，佛陀認為，如果物件是當下在眼前的，那麼就用現量檢驗它，比如用火燒來檢驗金器。如果物件不在眼前，只能看到表徵，那麼就必須透過（圓滿的）比量進行檢驗，比如用試金石劃痕來檢驗金器的純度。如果物件是先驗的，那麼就只能以無矛盾性作為檢驗的證據，比如打碎金器來檢驗其純度。所以，即便在各種場合下，我們有足夠的經典理論來確定物件的先驗性，我們也不能以經典為標準，而是要以理論知識的來源，也就是理性為標準。

道德責任、終極解脫、業、涅槃等法則都屬於先驗物件，經驗無法認知這些物件，但這些物件和經驗之間並不相矛盾，因此我們可以接受佛陀所作的有關這些物件的啟示。

除此之外，雖然我們的知識受到具有可能性的經驗的限制，但是我們必須區分經驗知識本身以及使其具有可能性的先驗條件。感性和理性作為兩種單純的知識來源，被明確地區分開來，這使得我們設想出純感性、純理性（知性）以及純物件等不具有經驗性的事物，但是它們和經驗並不相矛盾，甚至對我們的所有知識來說，它們是必不可少的先驗條件。我們的知識必定以它們為基礎，否則就會土崩瓦解。所以，我們必須將先驗的物件和形而上的物件區分開來。先驗的物件「無法確定其所處時空及可感性」，而形而上的物件則相反，在我們的知識中，涉及形而上的物件的部分是能夠確定下來的，它作為必要的前提，使得一般的經驗知識具有可能性，但是它本身卻無法透過感覺表象進行描述。所以，法上認為它們是「知識難以企及的」。因此便得出了這樣的結論：形而上的事物或超出經驗的事物是透過構造而形成的觀念，但是它們是錯覺，這種錯覺具有辯證性和矛盾性。而包括最終極的個體、最終極的自在之物等在內的先驗事物或先天事物，則不僅具有真實性，而且其恰恰就是實在本身——雖然我們無法賦予其概念，因為它本來就不具有概念性。

第二部分

可以感知到的世界

第一章：剎那存在論

問題是怎樣提出的

在上一章中，我們曾探討過佛教非常看重的一項基本原理：知識有且只有感覺與知性這兩種來源。它們根源於兩種完全不同的量，這兩種量是相互否定的。所以，我們的知識來源分為感性的和非感性的，也可以說是非理性的和理性的。

在《集量論》開篇，陳那就指出，嚴格來講，知識來源具有雙重性，而外部世界也相應地具有雙重性——個別的或是一般的；所謂個別，也就是和感性活動完全相符的物件；所謂一般，也就是和知性或理性相對應的共相關係。因此，印度哲學和歐洲哲學中同樣涉及世界的雙重性——可感覺的和可思想的。對於佛教提出的感性世界和知性世界的觀念，我們將進行進一步的探討。

可以感知到的世界是由僅僅閃現於剎那間的能（energy）的感覺材料構成的。而被想像為支持著或是承載著它們的那些永久性遍佈的物質，則僅僅是數論以及其他哲學派別虛構出來的。所有事物都是由一系列剎那事件組成的，無一例外。蓮花戒曾說過：「在所有事物中，剎那存在的特性都會分裂成非連續剎那的特性。只要這一基本論題能夠得以證明，我們就可以輕易否定有神論者所謂的上帝、數論所說的永恆原初物質，以及我們的論敵始終強調形而上學的實體。這一目的本可以輕易實現，因此對它們進行逐一的考察，大費周折地駁斥它們，這些都是毫無意義的。當然，所有論據都不會承認實體是剎那的、轉瞬即逝的，從本質上來講是必定會消失，不留下任何痕跡的。我們當然也很清楚，只要對存在的剎那性質加以證明，就能夠否定形而上的實體。因此我們將對這些論據進行更深層次的闡述，以此來證明剎那論，並且推翻那些已經被考察過的實體，例如神、物質，以及其他學派中所說的自性、神我等，直至佛教犢子部所謂（半永恆）的自我；同時也是為了在接下來的論述中更好地推翻各個持續性的實體。這些實體包括共相、實體、屬性、內在性，以致被認為始終存在於過去、現在、未來的（暫態性）元素（也就是佛教認為的一切有部），以及唯物主義論中的永恆物質、婆羅門所說的永恆吠陀等。所以，我們不能留存有關永恆實體的絲毫殘餘，這樣一來，才能夠建立剎那存在論。所以，佛教哲學所要達到的最終目的全都依靠對假想的存在穩定性的批判性考察。」沒有永恆的實在，只有非連續的剎那存在點，這就是佛教的主導思想。它不僅完全否定了神或物質等永恆實體，而且認為經驗事物所具有的簡單穩定性僅僅是出於想像。終極的真實只具有剎那性。

實在具有能動性

蓮花戒曾說：「對於普通人來說，他們追求的是日常生活的目標，因此它們必然會探究每一個事物是否存在。如果他們不這樣做，才是違背常理的。所以，他們將自己利用的事物視為真實的，無論這些事物處於什麼空間，是直接的還是間接的……但是佛教可以證明，這種所謂真實的事物，也就是引起預期行動的事物僅僅是剎那的（它們只存在於一剎那中），完全符合以下這一法則：事物得以引起預期行動的原因從本質上來講就具有建立真實性的特徵。這一特徵與存在有著密切的聯繫。然而，事物要想成為能夠引起預期行動的物件，並且具有效能，就必須完成它最後一剎那。如果沒有最後剎那，那麼前面的各個剎那都不會起作用，將來的剎那也更不會具有此前的效果了。」蓮花戒還曾說：「我們的見解是，要想讓事物產生，就必須完成其存在的最後一剎那，也就是其唯一的真實的剎那，而其他各個剎那並非都具有效能。」完成了最後一剎那的播種，種子才能變成幼芽，而此前種子被放置在糧倉中的各個剎那都無法完成這一目的。或許有人會抗議說，在播種之前的各個剎那都間接導致了幼芽的產生。但這種說法並不成立，因為如果種子沒有時刻發生變化，那麼它從本質上來講就是持續不變的了。如果是因為原因和條件（因緣）的集合導致了幼芽產生的一剎那，那麼所有剎那都應該有導致其存在的原因和條件的集合。「真實的剎那是一個行為（也就是一系列均勻的剎那）結束時的那一個剎那。」然而從這個意義上來講，每個行動都是無法結束的，因為總會有下一個剎那跟隨著上一個剎那。從本質上來說，實在是由運動構成的，而這一運動的中斷則是由於出現了某個明顯的或是不相同的剎那。說它是「明顯的」，僅僅是針對我們的實際需要，因為除非這一剎那獲得了足以改變我們思想和行為的新的屬性，否則我們總是會習慣性地將各個剎那間的變化忽視掉。每個事物在結束之前的各個剎那之所以具備同一性，僅僅是因為我們忽略了它們之間的差別。這種同一性內部的中斷並不是各個剎那運動的中斷。同一性出於想像，是我們注意不到期間差別的一系列剎那。

寂護曾說：「實在從本質上來講是運動的。」毫無疑問，實在具有能動性，世界如同一部電影。穩定和持續的錯覺是由因果性，也就是前後相連的各個剎那之間的依賴性導致的。但也可以說，它們是不以實體存在的，隨生即滅的能或者力。它們彼此間毫無間隙，或者說這種間隙只有微分那麼小。

在上文中我們對佛教理論做了簡要概述，接下來我們將對這一理論的論據進行逐一的分析和考察，佛教及其論敵都相當重視剎那實在論。佛教認為，其本體論是以這種理論為基礎的。

我們非常熟悉這一觀點：外部世界不具有穩定性，存在僅由一系列外部變化組成。希臘哲學家赫拉克利特的理論中也涉及這一觀念，但其僅僅是希臘哲學初期的一小段插曲。希臘思想在之後的發展中很快將其遺忘了。但這一觀念又出現在印度哲學中，印度哲學的基礎起源於西元前6世紀。這一觀點在各種各樣的哲學派別中興起或是衰亡，經歷了1500年的激烈變化，在遠離發源地的另一個佛教國家中尋得歸宿。既然當代歐洲思想中再次出現這一觀點，並且現代科學證實了其中的一部分，那麼我們就更加需要深入觀察印度哲學論證這一觀點的理由，以及這一觀點在印度哲學中的表現形式。

在印度哲學中，有兩種截然不同的有關宇宙之流（flux）的理論。其中一種流動或是代表著世界運動的過程，具有連續性，或是具有非連續性但是相當緊密。非連續性的流動由無數單一的剎那一個接一個地構成，這些剎那之間幾乎不存在間隙。而連續性的流動僅僅是以波或者波動的形式，存在於一個永恆的、遍佈的，而且沒有分化的物質背景上。這裡所說的波動等同於物質。宇宙則體現了一種連奏（Legato）運動。非連續性的流動意味著物質是不存在的，只有一個接一個暫態性的能。然而它卻帶來了有關穩定現象的錯覺。因此宇宙體現了一種切分的間奏（staccato）運動。數論主張連續性運動，而佛教則主張非連續性運動。由於這兩個哲學體系的出發點相同，所以一般的哲學史家並不太熟悉這種分歧。

時空同一性

宇宙的非連續性理論認為時間是由一個接一個的點構成的，空間也是由同時存在的相鄰的點構成的。連續的、相鄰的點組成了所謂的運動。因此，時空和運動可以說是不存在的，這些實體都是透過我們的想像力構造出來的。它們仍然是以點剎那（point-in-stants）的實在為依據。

我們要想理解佛教有關時空和運動的觀念，就必須探討印度哲學中各種實在論所涉及的不同觀念。這種比較的方法在我們的考察過程中貫穿始終。首先我們要探討的是時空。

印度實在論認為，時間是實在的，它是同一的，並且無所不在。從現象之間所具有的順序性、同時性可以推知時間的存在。空間也同樣是實在的，同樣是同一的，並且無所不在。從位置上來看，時間和空間都是彼此排斥的，而廣泛展延的事物都具有不可入侵的性質，因此可以推知它們的存在。對此，普拉夏斯達巴塔曾補充道：從其種類上來看，時間和空間都具有唯一性，所以用專有名詞而非類概念命名它們。每一個時間都是那具有同一性（one and the same）的時間的一部分。只有在譬喻的情況下，時間和空間才會被分割開。而被分割的僅僅是時空內部的物件，而非它們本身。所以，時間和空間「並不具有推論性，也非類概念的事物」，它們只是由「單一物件」想像出來的。

顯而易見，印度實在論者和歐洲的理性主義者都將時間和空間視為能夠包容整個宇宙中的一切的兩個容器。而佛教則否認這兩個容器分別具有實在性。我們已經說過，事物只有在當其具備獨特的效能時，才稱得上是真實的，而時間和空間這兩個容器並不具有獨特的效能。時空中存在的事物無法將時間和空間分離開，因此時間和空間並非各自獨立的實體。我們透過生起性的想像力，從各個角度考察物件，並且將其從容器中剝離出來，這實際上僅僅是一種想像活動。我們可以將每個點剎那（point-in-stants）看作時間微粒、空間微粒，或是某一種能夠被感覺到的屬性，它們之間的區別僅僅出於我們在看待它們時所發生的思想變化。而點剎那本身是終極實在的，它們完全和想像活動無關，它們沒有屬性，沒有時間，並且無法被分割開。

佛教哲學一開始也曾認為空間具有實在性，是組成宇宙的各個元素之一，是中空的實體，內部包含著一切，具有不變化和永恆的性質。然而佛學發展到後期，出現了唯心主義思想，認為無論使用什麼方法，都不能嚴格地對外部物件的實在性進行證明，並且由此否定了空間具有實體性的觀點；時間的實體性也因此遭到了否定。但是他們肯定了細微的時間，也就是剎那，有效能的點實在，並且將其視為所有真實性的基礎。將時空當作實體的觀點之所以遭到駁斥，並非由於其具有先驗直觀性，無法想像其經驗根源，而是因為日常生活中所謂的廣泛延展性和持續性從本質上來講是矛盾的，所以它們並不具有客觀實在性。

廣泛延展性和持續性是非實在的

毫無疑問，如果我們把實在性當作效能，並且假設一個事物具有廣泛延展和持續的屬性，那麼矛盾就會凸顯出來。一個客觀實在的事物不可能在很多地方或是很多時刻存在著。假如一個事物當下處於某個地方，那麼它絕不可能處於另一個地方。假如這個事物處於另一個地方，那麼它就絕不可能處於當下的那個地方。處於很多個地方，說明這個事物同時在但又不在某一個確定的地方。實在論認為，經驗事物的持續性是有限度的、真實的。自然創造力、神的意志以及人的努力將無數極微

（原子）組合成這種經驗事物。極微組成的事物是真實的。這些組合而成的真實事物處於它們的質料因——也就是極微——之中。我們因此得到了同時處於很多極微之中（也就是同時處於很多地方）真實的事物。但是這種情況是不可能發生的，要麼組合而成的事物是不真實的，將其組合而成的每一部分是真實的，要麼相反，組合而成的事物是真實的，其各組成部分是不真實的。佛教認為，部分是真實的，整體是不真實的。因為如果整體是真實存在的，那麼它必定同時處於很多個地方，也就是同時在但又不在某一個確定的地方。

我們可以透過同樣的方式來否定事物的持續性。假如一個事物存在於某一時刻，那麼它就不可能存在於另一時刻。某一時刻表明另一時刻，以及其他任何時刻都是非真實的。假如這個事物存在於另一時刻，那麼就表明這個事物在又不在之前所說的「某個時刻」。如果一個事物真的具有持續性，同時存在於很多個時間剎那中，那麼這個事物就是同時存在又不存在於各個時間剎那中的一個實在的集合。要麼這個持續的集合是不真實的，各個時間剎那是真實的，要麼這個持續的集合是真實的，各個時間剎那是不真實的。在佛教看來，各個時間剎那是真實的，持續的集合是不真實的。因為如果持續的集合是真實的，那麼它必定同時存在於各個時刻，也就是同時在但又不在某一個確定的時刻。

由此得出的結論是：佛教認為，最終極的實在具有無時間性、無空間性以及不動性。然而這裡所說的無時間性並不意味著永恆，無空間性並不意味著無處不在，不動性也並不意味著包容一切，這裡所說的僅僅是最終極實在不具有廣泛延展性、持續性以及位移性。從數學角度講，它是點剎那，具有動作效能。

現量可以直接感知

透過現比二量，我們可以進一步論證存在著的事物所具有的暫態性。作為論據的現量可以直接感知到。這種感覺活動的剎那性可以由內省來證明。然而剎那間的感覺活動只能反映一個剎那的事物，而其前或者其後的瞬間，都是它無法捕捉的。舉例來說，我們看到一塊藍色，這是剎那間的感覺活動，這塊藍色只是我們感知到對應於感覺活動的事物，我們感知到它是藍色而不是黃色，同樣，在這一感覺活動中，我們感知到了現在剎那，而不是其前或者其後的瞬間。如果一塊藍色被感知到了，那麼它就不是非存在的，也不是當下不在的，因此也就否定了它在當下剎那之前或是之後的各個剎那中的存在。感覺只能把握當下剎那。既然所有外在事物都算是感覺材料，而一切與之相對應的感知又總是限制在單一的瞬間內，那麼只要是我們能夠感知到的事物，就顯然只存在於剎那間。如果物件在其被感知的剎那之外持續，那麼這種持續並非出於經驗，而僅僅是瞬間的感覺活動的延伸，是出於想像的一種構造（杜撰）。在感覺活動的激勵下，想像得以構造出物件的表象，但感覺活動自身僅僅針對存在於剎那間的物件。

識別無法論證持續性

實在論者針對以上論點進行了這樣的反駁：雖然感知只能對應一塊藍色而無法同時對應其他事物，但我們無法承認感知只存在於一剎那間。感覺活動本身可以持續幾個剎那，而非僅僅是一個剎那。根本沒有證據能夠證明感覺活動只能持續一個剎那，而且一個事物持續地並且逐漸地帶來一連串感覺活動也是有可能的。

對此，佛教是這樣回答的：（為了反駁實在論的觀點）我們暫且承認一切存在的暫態性並非直接由認識活動反映出來。（但即便如此，持續性就能夠得到證明了嗎？）

實在論者說：沒錯，因為識別活動是不可違背的事實，它證明了事物的穩定性和持續性，具有這樣的形式：「這是那（我曾見過的）同一塊寶石。」

佛教反駁說：這樣的說法根本無法證明寶石具有穩定性和持續性，因為它不足以證明這個寶石完全沒有發生變化。因此，我們可以斷定這個寶石中有看不到的並且未曾中斷過的變化。這樣一來，就不存在持續性的實體，只有一個接一個剎那存在的變化。確切地說，「這是同一塊寶石」的說法是錯誤的，因為它針對的是兩個完全不一樣的事物。「這」只能針對當下存在的事物，是能夠感知到的真實物件。而「那」針對以前的事物，它僅僅留存在想像活動或是意念裡。它們從本質上來講，就如同冷和熱一樣，有著巨大的差別。就連因陀羅大神也不能將它們兩者合二為一！假如這種事物具有同一性，那麼我們就完全有理由認為整個宇宙都是由同一個事物構成的。意念只能作用於過去，不能把握當下，而感覺活動只能作用於當下，不能認知過去。不同的原因無法帶來相同的結果，否則結果就並非出於這些原因，而是出於偶然。意念和感覺各自有著不同的活動範圍，會導致不同的結果，它們不可能彼此混合並且在對方的活動範圍內發生作用。識別必定關係到記憶，而記憶又源於思想構造（造作或是杜撰），並不能直接反映實在。因此，實在論用識別論證持續性僅僅是他們單方面的意願。

對存在的概念加以分析

雖然直接感知和識別都不能證明外部世界中的物件具有穩定性，但佛教說，為了反駁實在論的觀點，我們暫且承認直接感知能夠反映具有穩定性的物件。然而這種直接感知並不真實，因此穩定性也僅僅出於錯覺。我們有足夠的證據能夠推翻之前暫且承認的穩定性和持續性。

首先，我們可以對存在這一概念進行分析，由此推知不斷的變化。我們知道，存在表明具有效能，而效能恰恰就是變化，絕對不變意味著無效，而絕對無效就是不存在。比如在認為乙太（空）是物質的人看來，乙太具有不動的性質。而佛教認為，根據因果聯繫，不動的就是無效的，因此它並不存在。既然我們找不到效能以外的其他證據證明物件的存在，那麼無效就等同於不存在。即使真的有完全無效的存在，它也是可以忽略不計的存在。

我們可以用下面這一演繹式來表達這一論證：

大前提：一切存在的事物都必定具有剎那變化的性質

舉例：瓶（只有點剎那的效能才能體現其最終極實在性）

小前提：然而空（宇宙乙太）被認為具有不動的性質

結論：因此它不存在

我們可以用二難推理來證明所有存在著的事物都是時刻變化的。存在也就意味著具有效能，那麼這裡所說的效能是持久的還是轉瞬即逝的呢？假如效能是持久的，那麼既然物件被認為具有持續性，物件所在的那些剎那也必定是導致結果的參與者。然而這是不可能的，如果沒有最後一剎那，那麼此前的各個剎那都不可能帶來結果。持久的就是靜止的，靜止的就是無效的，也就是說，它在這一時間內不可能帶來任何結果，無效的也就是不存在的。一切真實物件的效能只能存在於緊跟著它的那一個持續剎那中，因此這一物件必定或是立即帶來結果，或是絕不帶來結果。在靜止狀態和非靜止狀態之間並無中間狀態，靜止狀態就是不動的，永遠不會發生變化，例如乙太（某些現代科學家以及印度實在論者都是這樣認為的）。非靜止狀態則意味著運動，每個剎那都在不斷變化。事物並非全都如同樸素實在觀和實在論所認為的，它不可能在運動的過程中稍作停留。真實存在的事物不斷變化，永無終止，我們僅僅是注意到其中的某些剎那，並且透過想像，讓其凝固下來。

我們將這種由存在演繹出剎那性的方法稱為分析性演繹。實際上，對「存在具有效能」以及「具有效能意味著變化」的判斷是分析性的，因為「效能」和「變化」早已分別隱含在「存在」和「效能」中，我們僅僅是透過分析將其揭示出來。而存在的物件也必定是有效的、變化的。「存在的同一性」（existential identity）將存在、效能以及變化等概念連結起來，也就是說，它們都適合那具有同一性（one and the same）的實在之點，最終極實在，並且沒有任何矛盾。對於同一個存在的事物來說，同一性又使其具有其他特性。比如：「一切有生的事物都會發生變化。」「一切隨因而生的事物都是無常的。」「一切隨因的變化而發生變化的事物都順從剎那變化。」「一切產生意志的事物都是無常的。」這些特性雖然內容不同，但從「存在的角度來看，它們具有同一性」。因為它們都適合於同一個實在，並且沒有任何矛盾。陶工製作出陶罐，因此陶罐具有變異、所作、有生、變化、有效、存在等屬性。從這個角度來講，剎那性是由分析性演繹的方法推導出來的。

對非存在的概念加以分析

在上一節中，我們由存在具有效能的觀點分析出剎那存在論。接下來，我們同樣採取分析的論證方法，從相反的角度，也就是非存在意味著消滅的觀點來論證。說到消滅的事物，我們必定面對這樣一個問題：

什麼是消滅？除了消滅，這一事物是否還有其他屬性？例如，它是否是在另一個事物消滅的過程中附加其上的一個單獨個體？非存在是具有直接性，還是只是觀念？

要想對佛教的觀點加以理解，我們就得再次用與之相反的觀點來進行比較。對於印度實在論來說，就像他們認為時空是容納事物的真實實體一樣，存在是被事物所包容的某種東西，效能是當事物發生作用時附著於其上的一個實體；因果性是一種實在的關係，它連結因和果；運動是事物移動時附著於其上的一個實體；共相是包含於個別中的一個實體；內在因是處於其關係中的各個連結者中的一個實體。在實在論者看來，非存在也是存在的，它是事物消失時附著於其上的一個實體。

佛教反對這一觀點，認為非存在是不存在的。實在論的觀點並不符合最終極實在性。它們僅僅停留在觀念和語言上，甚至是虛假的觀念，純粹的觀念和語言無法和外在事物相對應，沒有任何實在能夠與其相應。而虛假的觀念就更談不上對應物了，它們僅僅是詞語，比如「空花」。所以，對於佛教來說，只有存在著的事物才能稱得上是存在，而產生作用的事物本身就是效能；在這些存在之外，並沒有單獨的時間和空間。存在的事物也都是點剎那的集合。存在的事物彼此依賴（相依緣起）而產生了因果性，原因就是這些事物本身，除此之外沒有其他因果性；運動著的事物本身就是運動；共相也是事物自身，而非包含於個別中的一個實體，內在因是級別低一些的非實在，它之所以被承認，是因為它能夠將個別與僅僅停留在語言層面的共相連結起來。而一個事物的非存在或是消滅也只是停留在語言上，它們僅僅是消滅的事物的本身。

由於對實在有著不同的觀念，因此佛教和實在論會在有關非存在的論題上產生爭論。佛教認為，只有有效的點才是實在的東西，其他的只是針對這些點的解釋以及思想構造物。而實在論的觀點則相反，它們認為有三種存在（sattva）（也就是實、德、業，即實體、屬性和運動）以及四種真實句義範疇（也就是同、異、和合以及非有，即共相、個別、內在因以及非存在），這些都是客觀實在，因為非存在產生於其自身的原因，所以它也是正當的。例如，榔頭敲擊陶罐產生了陶罐的非存在。它並非如「空花」一般僅停留在語言上。然而佛教認為，存在必定產生於因，而非存在並不是產生於因。如果我們認為一個事物的非存在等同於另一個取代物，那麼被取代的事物本身就是非存在。如果我們認為一個事物的非存在僅僅是不有，那麼它的因就不會產生任何東西，這個因也就並非因。沒有作為表明什麼都不做。不是生產者表明不是原因，所以，非存在並不具有實在性、真實性。

然而，如果實在論者問：對於消滅了的事物而言，消滅到底是什麼呢？它是不是另一種事物呢？在實在論者看來，如果消滅不是任何事物，那麼所謂的消滅了的事物就並沒有消滅，而是始終存在著。因此，消滅必定是某種事物。對此，佛教說，如果消滅是某種事物，是在消滅了的事物消滅的過程中附著於其上的某一獨立的實體，那麼即使它已經附著於他物，它也必定仍然是獨立存在的。哪怕和其他事物相鄰，它也不會受其影響。對此，實在論嘲諷道：「讓那尊敬的先生」，也就是附著在消失了的事物之上的那個東西始終不受影響吧，這就是你們所謂的「自在之物」，那種沒具有一般或是特殊屬性並且無效的東西。在這裡，實在論暗指佛教所說的點剎那的終極實在論。佛教認為，點之所以是實在的，確實是因為即使事物消滅了，點依然存在。佛教對勝論說：「你們實在論所謂的非存在並不處於消失的事物之內，因此它是空無和零」，在外部世界中並不存在可以與之相對應的事物。勝論則回應說：「並非如此，你們佛教所謂的非存在是唯名論的非存在，它處於消失的事物之內，並不是單獨的統一體，所以它才是空無和零。」顯然，無論是非存在還是存在，都必定是附著於其他事物之上的獨立個體，因為它們與其所附著的事物之間有著從屬關係，而即便是從語言層面上來看，這種從屬關係也是顯而易見的。例如，「一個事物的存在」和「一個事物的非存在」，其中的所有格意味著這個事物可以是存在的也可以是非存在的。佛教則認為這種說法純屬濫用語言。例如「塑像的身體」，塑像就是身體，而並非身體另為他物。這一短語中的所有格沒有任何實際意義。存在和非存在就是某一事物本身，而非其附著物。

確實，消滅有兩種，一種是毀壞的經驗的消滅，例如用榔頭敲碎陶罐，另一種是易逝或無常的消滅，例如陶罐因為時間的流逝而瓦解，它是一種無法感知到的、可以無限劃分的、持續的退化，或是構成實在本質的無常。因此，寂護曾這樣說：「實在本身就是消滅，也就是說，終極實在只能持續一剎那。」它並非由於如同用榔頭敲擊一般的原因而產生，而是由它自身而產生，因為實在從本質上來講就具有消滅和無常的屬性。普遍認為的一個事物的消滅與此前它的存在相鄰，這個事實和這種實在的情況並不相通。這個實在本質上來講具有能動性，是無法劃分的。不能為了讓非存在和存在相鄰而將這一實在分割開，當這一實在產生的同時，它就具有了易逝性，否則，這一實在從本質上來講就不會具有易逝性了。所以，存在和非存在指的都是同一個事物，「就像冷水和熱水指的都是同一種事物一樣。」

寂護的剎那存在理論

關於剎那存在，寂護曾說過這樣一句話：「一切具有暫態性的事物都代表著它本身的消滅。」這句話非常重要。我們從中可以清楚地認識到：佛教邏輯中所揭示的實在並不是被稱作自身消滅的經驗物件。我們都知道，榔頭把陶罐敲碎後，陶罐就不再存在了。然而就像前面說過的，還有另外一種絕對的、無始無終的、分割成無數階段的、不間斷的變化存在於經驗的變化之外，它是一種先驗的終極實在，具有流動性。黏土製成陶罐，陶罐又被打碎，這些僅僅是一連串變化中的特殊剎那。永恆的靜止從未在這一變化的過程中出現過。永恆靜止的物質實體僅僅出於想像，它和永恆的靈魂我一樣，並不是真實的。所以，寂護說，在最後一個剎那之前的剎那不會產生任何東西，即使是非常小的碎片，也要經歷最後一個剎那。每一個剎那之間必定是分開的，它們一產生便消滅，不會和下一個剎那重疊。從這個角度講，每一個事物都代表著它本身的消滅，如果一個事物從前一剎那延續到後一剎那，那麼這就是永恆了，因為既然它能夠延續到下一個剎那，那麼就同樣能夠延續到此後的各個剎那中。數論認為，靜止的就是永恆的；佛教認為，一個事物若是存在，那麼它就是永恆的，若是不存在，那麼存在的事物就是剎那的。除了這兩種觀點，沒有其他的可能性。實在論所說的變化性的永恆實體是不存在的。而先驗主義認為，用實體和屬性來劃分終極實在是不可能的，因為終極實在必定具有暫態性，並且無法分割。

先驗性的消滅並非偶然產生的。既然存在代表著它本身的消滅，那麼它始終都是存在的，也就是即使不需要消滅，它也將繼續消滅和變化。存在的各個元素都必定是隨生即逝的，它們的變化無需任何輔助條件，變化始終是自然而然的。

就像每一個事件之前都必定有一個因緣總體（除了這個總體存在之外，其他都不需要，這個事件本身就是因緣總體）；同樣，每一個事物從本質上來講都是瞬息的，也無需其他消滅因或者變化。實在具有效能的特性，從而具有瞬息性和消滅性。

變化和消滅

消滅的觀念必定直接帶來變化的觀念。佛教推翻了實在論關於消滅的觀點，從而也就推翻了他們關於變化的觀點。到底什麼是「變化」呢？我們在前面已經說過，變化就是一個事物取代另一個事物；或者一個事物始終存在，但是它的狀態或屬性變成了其他的狀態和屬性。佛教並不反對前者。然而既然每個剎那都發生了變化，那麼也就表明這個事物每一剎那都在被取代。而第二種變化觀為實在論設置了障礙。他們假設實體和屬性同時存在。然而終極實在是不可以這樣分割開的，它並非一個固定的東西並且有真實的運動性質附著於其上，就像一間固定的房子裡面有過客進出一樣。我們可以輕易推翻這種樸素實在論的觀點，相關聯的實體和屬性必定只有一方才是最終極的實在。當它被稱為實體時，它就不具有任何屬性；當它被稱為屬性時，它就不屬於任何實體。世友曾說過：「存在的僅僅是一個東西。」它既不是實體也不是屬性。實在、存在、物、剎那之物都是同一個意思。當屬性是實在的時，它們就是事物。然而實體和屬性是相對立的，因此無法反映最終極的實在。所以它們都是由理性杜撰出來的。

我們在前文中已經說過，佛教和數論都否認實體和屬性的關係具有實在性；然而他們的主張確實完全相反。數論主張終極真實的永恆物質（自性）。自性始終都在變化，數論否認了自性在變化中體現出來的各種現象以及獨立的實在性。而佛教的主張則相反，他們認為永恆物質並不具有真實性，只有流動著的屬性才具有實在性，因此實體和屬性是絕對的，屬性不從屬於實體。

此外，變化本身的實在性同樣給實在論設置了障礙，這和他們在消滅的實在性方面遇到的障礙一樣。變化和變化的事物是不是同一個東西？如果是同一個東西，那麼這個事物就沒發生變化，如果不是同一個東西，那麼它們就沒有可比性，這個事物也就沒發生變化。所以，除非「事物的變化」這一說法被認為是濫用語言；事實上，從最終極實在性的角度來看，每一個新的剎那都會產生一個新的事物。實在論者認為，銅熔化成銅汁後，銅還是「原來的」銅，知識狀態發生了變化而已。火使銅熔化，但並非使銅毀滅，僅僅是消滅了銅之前的狀態，因此使其發生了變化。這裡所說的消滅並不是絕對的消滅，而僅僅是狀態所依發生變化的原因的消滅。然而這根本不可能。一個事物要麼跟原先一樣，要麼不復存在，同時具有兩種狀態——變化和沒變——是不可能的。如果發生了變化，那麼這個事物就不再是以前的那個事物。因此銅熔化成銅汁並不能作為論據。銅汁和銅是截然不同的兩個東西。

運動是非連續的

存在就是存在的事物本身，而並非附著於其上，消滅或者變化也是消滅的事物或者變化的事物本身，而並非存在於這個事物之外。同樣，運動也是運動的事物本身，而並非附著於這一事物之上。世親曾說過：「沒有運動，只有消滅。」事物是不可能運動的，因為它一產生就消滅了，它來不及運動。蓮花戒說，暫態性事物在哪裡產生就在哪裡消滅，所以它不可能發生位移。

我們說運動是不存在的、不可能的，這似乎和我們在前文中所說的「實在具有能動性」、「一切事物都不可能是靜止的」互相矛盾。實際上，如果堅持實在具有能動性，那麼也就意味著一切事物都是運動的，真正的穩定性是不存在的。而如果堅持真正的運動是不存在的，我們就能夠得到這樣的結論：實在具有穩定性和持續性。然而這兩種看似彼此互相矛盾的說法僅僅是同一個事實的兩個方面。穩定性指的僅僅是起始剎那的穩定，而運動指的則是一系列剎那，這一系列剎那一個接一個，中間沒有間隙，因此會給人帶來運動的錯覺。就像一排燈一樣，它們一個接一個地點亮，同時一個接一個地熄滅，讓人感覺光是在運動。所以，運動是由一連串不動組成的。世親曾說過：可以用燈光來比喻說明一連串耀眼的火焰的不斷產生。當產生的光改變了位置，我們就會說燈移動了。實際上，只是火焰在不同的位置上一個接一個地亮起來而已。

所以，佛教在觀察運動時使用的是純粹思辨的方法，近似於現代的數學和物理學。為了將佛教在這一問題上的觀點理解得更準確，我們首先應該將其與實在論的觀點進行比較，從而分清從先驗的角度來觀察的運動，以及從經驗的角度來觀察的運動。

勝論的實在論觀點認為，運動（也就是「業」）是實在的，它和「實」（也就是物質或實體）、「德」（也就是屬性、性質）都是存在的類（也就是「有」）固有於其中的東西。業不等同於具有業的事物。它揭示了這樣的事實：事物和某一個位置的結合消滅之後，又會和一個新的位置進行結合。普拉夏斯塔巴達認為，業（運動）是微粒在空間中發生位移的原因，這一原因是真實的、非相待的。在起始剎那中，它具有暫態性，而在接下來各個剎那中，它則具有持續性，透過傳遞而實現，一直到事物靜止下來，運動才停止。勝論認為，這種透過傳遞而實現的運動具有持續性，並且一直持續到運動停止。與之相反，正理派則認為透過傳遞而實現的運動也是被分割成一個一個剎那的，運動剎那一個接一個地相繼產生，這一觀點倒是和佛教相一致。然而實在論反對絕對剎那是單一實在的點。即使他們承認變化是不斷發生的，他們仍然認為每個變化會短暫地持續幾個剎那。當一個物體下落時，它所受到的重力始終作用於起始剎那以及之後傳遞的運動。針對這一點給下落物體的加速度帶來的影響，我們在後面的論述中還會進行討論。

佛教的觀點與此截然相反，因為他們認為任何實體都是不存在的。事物內部不可能有運動，它們本身就是運動。因此，世親說：「運動是不存在的，事物剎那間便消滅了。」這一觀點恰恰推翻了實在論的真實運動觀。運動是存在的這一說法出於經驗。如果實在論僅僅認為經驗性運動出於某種原因，那麼佛教並不會對此予以反駁。佛教認為，所謂的原因就是一連串隨生即逝的剎那出現於相鄰的位置上，並沒有任何永恆的東西存在於其中。它們的出現並非是同一個東西帶來的，而是產生於無（nothing），因為後一個剎那產生時，前一個剎那已經消失了，蓮花戒曾說：事物絕對沒有一絲一毫能夠從前一個剎那保留到後一個剎那。

在描述世界的真實狀態時，佛教舉了兩個典型的例子，一個是下落物體的加速運動，一個是煙的上升現象。佛教認為，這些例子都證明了這一觀點：物體在下落的每個瞬間都是另外一個物體，因為它的構成發生了改變。每一個瞬間，這一物體的重量都是不一樣的。通常來說，地水火風四大基本元素構成了每一個物體。地是堅實的，水是流動的，火是熱的，風是動的、重的。物體中的每個部分都存在著同樣比例的各個元素。如果一個物體時而堅實時而流動，時而熱時而冷，那麼就說明這些元素所體現的能的強烈程度不同。而並非數量上的不同。水也有堅實性，因為水能夠載舟。火也有流動性，因為火的微粒被限制在火焰中。顯然，與其說極微原子是物質的基本元素，不如說力和剎那性的能（energy）才是物質的基本元素。它們都是「合作者」或「合作的力」。第四種元素被稱為「動」，但它還有另一個名字叫「輕」，也就是指重量。因此，每一個物質物件都由排斥力、吸引力、熱力和重力組合而成。一個物體在下落的每一個瞬間都在加速，也就是說它在每個瞬間都是新的運動，並且是新的重量和能量。對此，佛教作了這樣的概括：物體在下落的每個瞬間都是另外一個物體，因為每一個瞬間，它的能量都不同，普通的物體僅僅是一定比例的能的組合。

事物先天就是消亡的

我們透過將存在分析為因的效能，以及對非存在和消滅所作的分析，都得出了瞬息無常的理論。我們在前面已經說過，分析性的論證方式必然得出具有邏輯性的結論。還有另外一種論證，同對非存在和消滅所作的分析不太一樣。它以「每個事物都有終結」為前提。這一道理每個人都知道。但稍稍思考一下，就會發現，它也說明了存在的核心就是瞬息無常。一個隨生即逝的事物不可能和它的本質相割裂，因此，持續性是不存在的。事物先天就是消亡的。

由此得出的結論是：一切存在先天就具有剎那性。

筏遮塞波底・彌室羅說，早期佛教是依據觀察歸納推斷出剎那性觀念的，對他們來說，這一觀念是經驗的、後天的（posteriori）。他們先對火、光、聲、想進行觀察，發現它們始終在變化。然後他們進行了進一步的思考，並且確定人體也是不停變化的，身體在每一個剎那都會成為一個新的身體。他們按照這種方式，推出了水晶石的暫態性，它在每一個新的剎那都會比前一個剎那「老」一些。早期佛教使用的就是這樣的推理方式。然而後期佛教在證明剎那性原理時，並未使用觀察歸納的方法。他們發現事物必定是消滅的，也就是說終結是先天的，沒有必要對此進行觀察。實在論卻說道：「請思考一下這樣的二難情景：完整的陶罐存在的繼續性是否必然有破碎的陶罐存在的繼續性追隨其後？如果答案是否定的，那麼陶罐的消滅就不具有必然性。實際上，無論我們多麼努力地去觀察，也只能在陶罐破碎的那一剎那才能看到它的消滅。所以，我們無法證明陶罐的消滅具有必然性。即使我們承認陶罐先天（a priori）必然是消滅的——其實就算陶罐真的消滅了，我們也能夠看到，是榔頭的敲擊這一偶然因素導致了這一結果——這裡也並不具有必然性。它的消滅並非伴隨著無條件的先天的必然。要想反駁這一觀點，就必須證明消滅並非因某個特殊條件而實現。因此我們認為，既然推翻了所謂剎那變化的論證，那就必須承認，每一個新的剎那看到的都是同一個陶罐，由此證明：事物在每一個剎那都是相同的，並沒有成為別的事物。」

然而佛教對此反駁道：「只有非先天必然的東西才依賴於特殊的條件，例如用染料染布，那麼布的顏色就不是必然的。如果所有存在的事物都依賴特殊條件才會消滅，那麼我們自然承認不會消滅的、恆常的經驗物件是存在的。然而這完全不可能。消滅的必然性證明了這一事實：事物在產生的瞬間就是消滅的，這種消滅是自然而然的，並非由因導致的。它不會持續到下一個剎那。所以能夠得出事物是瞬息無常的。」

由矛盾律演繹得出剎那性

每一個存在的事物都是獨立存在的，並不和「其他」的存在事物相重合。存在就表明了獨立存在。真實的存在就是自身的存在，表明這一存在和其他存在是相區分的。這些命題都是由分析得出的，因為存在這一概念具有「單獨性」（apartness）的本性。

任何東西如果不是獨立於其他事物之外，那麼它就不是自性存在，依賴於其他事物的東西僅僅是那個事物的名稱之類的思想物。比如：總體並非獨立存在於部分之外；時空並非獨立存在於點剎那以外；靈魂並非獨立存在於精神現象之外；物質並非獨立存在於感覺材料之外。如果並非獨立存在，那麼根本就不存在。

那麼存在於其他存在物之外的真實事物究竟是什麼呢？那唯一的存在物究竟是什麼呢？是數學意義上的點，它和其他存在的事物之間只有一種關係——「別性」（otherness），它是數量上的，而非品質上的。每一種關係、屬性、性質都至少為兩種實在物所具有，所以它們不具有存在自性，一旦脫離實在物，它們就不是真實的東西了。

有這樣一個關於「別性律」的公式：一個事物一旦與不相容的屬性相結合，它就成為了一個新的事物。如果這些屬性彼此相斥，那麼事物也會隨之發生差異。如果兩種屬性是從屬關係，那麼它們必定是相容的。比如紅色和顏色之間的關係。然而如果兩個屬性同為一個可規定者的從屬者，比如紅和黃，或者說得更準確點，紅和非紅都是顏色的從屬者。如果可規定者非常間接，甚至根本沒有，那麼這兩種屬性就更不可能相容了。顯而易見，這裡所說的「別性律」，僅僅是透過印度的方式來表述歐洲亞里斯多德的矛盾律：兩種完全不同的屬性不可能同時、同地、在同一方面被同一個事物所具有。歐洲的矛盾律以假定實體〔也就是持續存在者（continuants）〕和屬性關係〔也就是偶然發生者（occurrents）〕的存在為前提。然而就像我們所看到的，印度的兩大系統都認為這種關係不具有客觀實在性。數論認為只有一個持續存在者，而佛教則認為有無數偶然發生者。不管什麼時候，一個事物的規定性（determination）只要發生了變化，這個事物就成為了別的事物。時、空、屬性都是規定性。

當一個事物的屬性（quality）發生了改變，這個事物就成為了別的事物。舉例來說，同一個事物不可能既是紅的又是黃的，或者既是紅的又是非紅的。當一個事物的空間位置發生了變化，這個事物就成了別的事物，比如一塊寶石在某一個地方的閃耀和它在另一個地方的閃耀是截然不同的兩個東西。

既然具有廣延性的物體至少覆蓋兩個空間點，那麼廣延性就不具有終極真實性。從本質上來看，這一具有廣延性的物體在空間中的每一個點上都不是同一個事物。而從時間的角度來看也是如此。同一個事物不可能在兩個時間點上存在著，所以，這一物體在每一個剎那都不是同一個事物。從最終真實性的角度來講，就連感覺活動剎那以及有關某一事物的統覺的各個剎那，也關係到不同的東西。它們的統一性是由想像構造出來的或是假想出來的。

所以，每一個實在都是獨立的、不同的。從本質上來講，同一或相像都不具有真實性。真實的事物是唯一的、自在的、非相待的。所有關係都是構想出來的。關係就是構造。最終真實與構想、想像無關，是非相待的。它必定是自在的，是數學意義上的點剎那。

我們將在後文有關矛盾律和同一律公式的內容中繼續討論這個問題。這裡只是簡單地描述一下矛盾律和佛教剎那存在理論之間的關係。很多歐洲哲學家都曾說過，同一也就意味著具有差異性：即使是同一的兩個事物也是有差別的。而當這兩個事物僅僅是相似時，它們就更不同了。對此，佛教則透過先驗的絕對差異以及非同一性的實在概念來進行論述，他們認為，實在本身僅僅是彼此獨立的點剎那。萊布尼茲曾說，絕對同一的事物是不存在的，因為兩個無法被分辨清楚的事物之間的同一決定於質變的持續性。從某種程度上來講，我們可以用佛教的觀點來理解萊布尼茲的原理。它們之間最主要的區別是：所有持續性的極限，以及絕對的、數學意義上的點剎那的最終實在，都是那單獨的、非連續的東西。

用微分法證明點剎那的實在性

佛教的觀點在前文的論述中得到了充分的證明，佛教認為，時空僅僅是人們以能夠感覺到的點剎那為依據虛構出來的。他們將實在性歸納總結為「此」（this）、「此時」（now）、「此地」（here），關於此實在的所有知識都與想像完全不同。對此，實在論說：「你們所謂的點剎那也僅僅是構想出來的，並不在普遍規律之外，它同樣僅僅停留在語言層面上，並不具有真實性。」烏地約塔卡拉說：既然你們認為時間是僅僅停留在語言層面上的，那麼顯然，剎那同樣是停留在語言層面上的。佛教反駁道：科學已經證明了，數學意義上的點具有真實性。占星學中也運用了這一理論。它是最短的時間微粒，不可再分，也不包含前後相接的部分。印度天文學對於「粗大時間」和「精細時間」有著清楚的認識。他們將事物在單一剎那中的運動稱為即刻性運動或是「彼時之動」，也就是與其他時間剎那無關。這一時間是行星經度的最小單位。實在論說，這種時間只是數學上的假設，並不是實在。佛教回答道：「剛好相反，我們堅信這種瞬息性的存在就是最終極真實的東西。」能夠感知到的點剎那是世界上唯一一種並非出於構想和想像的東西，所有構造都以其為真實性基礎。雖然它無法在感覺表象中得以再現，但這僅僅因為它並非產生於思想。因為絕對唯一的、具有實在性的點剎那無法付諸於語言，所以只能用「此」、「此時」、「此地」來進行表達。因此，它並非停留在語言層面上。終極真實是無法用語言來表達的。而能夠用語言來表達的東西都出於構想。所以，雖然實在論認為數學意義上的點是虛構出來的，但在佛教看來，數學意義上的點才是實在本身。而「粗大時間」和「實體性的時間」等被實在論認為是實在的經驗時間，則被佛教認為是出於想像。數學家在描述速度（velocity）時使用微分法，同樣，人的頭腦在描述持續性（duration）時使用的是剎那感知的方法。

我們在前面已經說過，空間中除了剎那感知以外不存在其他終極實在。法稱曾說：「廣延的形式並不存在於非真實的物件中，而僅僅存在於觀念中。如果承認一個非廣延的極微原子中包含著廣延物體，那麼就會出現矛盾。而多個極微原子中更不可能包含著廣延物的統一體。」既然廣延物體出於虛構，那麼就只能承認點剎那具有實在性。

在這裡，我們就不討論微分法是否源於印度天文學了。但「零」的概念確實是印度天文學家提出的。因此，印度學者們應該非常清楚數學的極限。難怪很多印度哲學家都思辨地運用它來研究問題。

有關暫態性理論的歷史

剎那存在的理論很有可能起源於前佛教時期。佛教各個派別的歷史都與其興衰有關聯。由於各派別的文獻資料大多已經遺失，無從考證了，我們也就只能將這一理論的明顯特點表述出來，嘗試將其發展線索大致勾劃出來。我們可以這樣來區分：

1. 這一理論剛被精確地制定出來時的形式
2. 小乘佛教時期的各種不同觀點
3. 大乘佛教似乎將理論危機時期完全放棄了
4. 無著世親學派重新吸納這一理論
5. 陳那、法稱一派制定了這一理論的最終形式

我們都很清楚，最終確立下來的這一形式已經表明了數學意義上的點具有終極實在性，並且說明了並無前後相接的各個時間單元包含於其中。準確來講，它是最微小的實在點，我們的理性以其為基礎構建經驗

的世界，它也就在我們的理性中呈現出各種各樣的表象。當時，這一理論的基礎是對認識論的觀察。因此，它是兩種完全不同的知識來源的理論帶來的必然結果，這兩種知識來源分別為對獨立的、純粹的實在之點的感覺，以及將這些實在之點構造成豐富有序的世界的理性。

我們可以在佛教歷史的起點上發現一種從本質上來講與之相同的理論，即使它和認識論基礎完全無關。所有實在都被分割成了獨立的剎那性元素。有關存在的分離元素的各種理論中都包含著這種剎那理論。佛教提出元素論的同時，暫態論就隨之顯露出來了。元素論的提出，反駁了《奧義書》和數論的一元哲學，實際上，這一理論並沒有被拋棄，它很快又提出了最小的存在元素彼此獨立的實在性。當時，這些元素還並不是數學意義上的點，而只是感覺材料、思想材料，根據相依緣起的因果律連結於個體生命之中。如果假設佛教是一步一步得出這一理論的最終形式，假設這一歷史過程起源於人們對生活中無常的思考，那麼這一結果就是再自然不過的了，然而，佛教在將這一理論規定出來時，它所說的「除了涅槃以外，其他皆是無實、無常、無樂」似乎已不再單純地指非永恆，而是指局限於單一剎那持續中的最終實在的元素，因為每個剎那都是獨立存在的。

這一理論發展到中間階段，危機出現了。中觀宗堅稱這種假設的存在的點並不具有實在性。他們根據常識對這一理論進行了闡述：但凡明理之人都很清楚，實在之物將在同一時刻產生、存在並且消滅。然而他們所說的對剎那存在論並沒有什麼特殊意義，因為中觀派認為，每一個單獨的物件、觀念都具有辯證性、相待性，所以它們都是虛幻的。

剎那實在論歷史中的第一階段表明了，人的頭腦要想把握純粹變化這一完全非實體的真實性觀念，是非常難的。我們的思想習慣了變易性的恆常物質，即便透過邏輯推導來證明，我們也難以接受純粹變化這一觀點。

很多派別都承認有情類的各個元素結合的實在性，其中最主要的就是犢子部，針對這一問題，他們提出了很具啟發意義的觀點。他們沒有膽量再次提出靈魂是人類的精神實體，因為各個派別都強烈反對這一觀點。然而他們又堅稱構成自我的各個元素具有統一性，並且不願承認各個單獨的元素，僅僅是借助於因果律才聚集起來構成了自我。因此，他們選擇了折衷的方式，將自我視為相待的東西，和各個元素既不相同也不相異。對於它的實在性，他們既未承認也未否認。我們能夠從這種承認辯證實在性並且忽略矛盾律的方法中聯想到流行於耆那教理論中的辯證法，他們認為，某種雙重矛盾本質上是絕對真實的。這說明這種極端的理論早已產生於犢子部之前，它堅稱所有元素都是獨立的，它們得以聯繫起來完全歸功於因果律。

說一切有部和飲光部也反對絕對變易論。絕對變易論主張只有當下才是實在的。過去和將來都不存在，前者已經消滅了，後者還未到來。說一切有部對此反駁道：過去和未來都是存在的，因為當下源於過去，並且是未來的根源。飲光部則把過去法分成了影響未盡法和影響已盡法兩種。他們認為影響未盡法是真實的。這一理論很有可能落入數論的套路中，因為數論恰恰認為永恆的物質材料和變易的現象是存在的。說一切有部論的一部分成員認為元素應該分為常住的本質以及暫住的現象，即使別人在指責他們的觀點與數論相似時，他們會予以反駁。他們認為元素具有剎那性，並且一產生就消滅了。

世親說，說一切有部的所有理論僅僅源自「經典注釋」，也就是阿毗達磨師。世親認為這些理論並不包含於佛教親授的說法之中。自稱回歸真正佛說的經量部則對元素具有恆常本質的說法進行了反駁，並且重新提出實在是由剎那元素組成的。他們說：「無生元素，元素重歸於無。」佛陀本人則說：「眼睛看到產生時，其實並沒有東西產生，眼睛看到消滅時，其實也並沒有東西消滅。」然而雖然元素產生於無，但它們依然由因果律聯繫，彼此依賴，給人帶來穩定性的錯覺。

與各個元素分離、具有剎那性、彼此平等的理論更加背道而馳的說法，就是物質（色法）分為首要元素和次等元素，以及心法分為純意識的中心元素和精神現象（心所法）、道德力（行）的次等元素。這使得佛教原本反對的實體和屬性之說趁虛而入。用主次來劃分剎那的說法也被反駁過。世親曾說，對於純意識在心法中具有中心地位以及質礙法在色法中具有根本地位的說法，覺天（Buddhadeva）並不予以承認。

錫蘭派（上座部）忠實於最原始的理論，他們認為元素具有暫態性，只存在一個剎那。因為「能夠持續兩個剎那的元素是不存在的」。這一派別在中世紀提出了一種很特殊的理論，他們認為，與感覺資料的剎那相比，思想的剎那更為短暫。外部世界的剎那和認識剎那先天就是和諧的，17個思想剎那的長度和一個感覺資料剎那的長度相等。也就是說，思想必須經過17個前後相接的剎那，才能清楚地瞭解一個感覺剎那。這17個剎那中，從下意識中覺醒是起始剎那，隨後意識重歸閾下狀態。如果這一過程被打斷，那麼認識就無法達到清晰的程度。這17個剎那分別為：第一個剎那，潛意識階段；第二個剎那到第三個剎那，思想產生及消失階段；第四個剎那，從五種感官中選擇一種的階段；第五個剎那，確定感官階段；第六個剎那，感覺活動階段；第七個剎那，描述（presentation）階段；第八個剎那，肯定這一描述的階段；第九個剎那到第十五個剎那，情緒階段；第十六個剎那到第十七個剎那，反思階段。這一過程結束後，與感覺材料剎那對應的內心活動也隨之結束。

佛教的其他派別並不瞭解這一理論。但無實無常的基本觀念必定對這一理論有著深厚的影響。

剎那存在論在大乘佛教初期被弱化了。中觀派反對實在論有關經驗的觀點，但又主張以神祕直觀來把握終極實在。

但接下來，瑜伽行派又重新肯定了剎那存在論。他們以「我思故我在」的原則為依據，承認思想具有實在性，認為思想因素是隨生即滅的。然而有宗是以肯定整體的實在性而非否定部分的實在性為目標。他們將最終極的本質分為三類，其一為純粹的、絕對的存在，其二為純粹的想像，其三為有條件的真實。前後兩者是真實的兩種形式，中間完全出於想像，是不存在的，不具有真實性。在這種劃分中，已經具備了將可以感知到的存在與由思維而形成的想像區分開的意識。陳那學派的認識論就是以此為基礎的。

然而，即使佛教唯心主義重新肯定了剎那存在論，但彼時這一觀點並非無條件的。就像小乘佛教時期，表面上反對實體與屬性的範疇，但又暗中將其納入進來。大乘佛教雖然公開反駁靈魂的觀念——一直以來，佛教都主張無我論——但它依然逗留於佛教內部，並且始終透過各種形式顯露出來。「藏識」就是這樣被想像出來的，並且取代了被否定的永恆實體。

「藏識」包含了以前發生過的各種行為留存下來的部分，以及將來產生的思想的基礎部分。根據佛教一直以來的主張，藏識必然具有暫態性。但是顯而易見，它是靈魂我的偽裝，陳那法稱也因此對其進行了批判。佛教唯識論的創始人無著則在藏識理論和中觀派的神祕直觀理論之間搖擺不定。中觀派認為，個體只是絕對者和如來法身的一種體現，並且依從於「如來性」、「佛種，所有智種）」、「如來藏」以及「真如界」等等。這些都僅僅是靈魂我的偽裝，與吠檀多的「意識者）」相對應，而所謂的宇宙法身則是如吠檀多的「最高梵」之類。

在陳那法稱的經量瑜伽部哲學中，剎那存在論得以確定下來。我們在前文中已經討論過他們論證剎那存在論的理由，對於從更高的角度探討的另一個層次的各個元素的統一性，他們並沒有予以否認，我們將在後面的內容中對此進行討論。

歐洲的此類理論

在《神正論》的序言中，萊布尼茲提出了一個複雜的謎題。關於連續性以及構成連續性的不可分點的問題上，理性也難免會迷惑。於是，萊布尼茲提出了單子論，以調和連續性實體以及相對非連續性成分的觀點。單子不具有廣延性，然而卻具有包含性，是可以感知到的單位。在以後的內容中，我們還會再次比較萊布尼茲和佛教的觀念。

在前文中，我們已經討論過赫拉克利特與佛教觀點相似的地方，也多次提及現代哲學家柏格森（M. H. Bergson）與佛教觀點相同的地方。為了進一步理解佛教的觀點，我們不妨使用比較的方法，再次討論一下柏格森的觀點。有關宇宙之流的觀念，兩大哲學體系確實在形式上有很多相似處，即使說法依然有所不同。他們在這一觀念上的出發點幾乎完全相同，而在最終的理論目標上則有本質上的不同。

主張實在論的柏格森以證明實在具有持續性以及時間具有真實性為最終目標。而主張先驗主義的佛教則以超越時間和空間的絕對實在為目標。

關於宇宙之流，其得以提出是依據兩方面理由：其一來源於內省，其二認為存在是不斷變化的，其三認為非存在不具有真實性。

柏格森問：「『存在』這個詞的準確意義是什麼？我們無時無刻不在變化，這從本質上來講就僅僅是變化。」「和我們的設想相比，變化是更加徹底的。」自我（ego）是變化的恆常基礎，它「並不具有實在性」，「狀態之間的轉化與保持同一種狀態不變，這兩者從本質上來講是一樣的」，都是「源源不斷的流動（flow）」。

柏格森的言論可以概括為：1. 自我是不存在的，也就是說，精神現象並不具備恆常基礎。2. 存在具有流動性，因此不變化的是不存在的。3. 自我這一恆常基礎並不能連結變化的狀態，而狀態之間的聯繫僅僅緣於因果法則——也就是相繼和相互依賴之法則。這些觀點與佛教的基本原則幾乎一模一樣。在佛教中，它們分別被稱為無我論，剎那存在論或是無常論，以及相依緣起論，也就是用因果律代替了具有流動性的現象的恆常基礎。

柏格森還說，衰老並非源於實在論所說的細胞吞噬，而是有其更為深刻的原因。「無法感覺到的、無窮盡的、事物內在形式的變化，是衰老的根本原因。」「即使在自然界，前後相接性也是必然的事實。」我們已經說過，佛教在發現了火、聲音、動作以及思想的持續性是不真實的之後，才發現人體也是不斷變化的。他們得出了這樣的結論：「人是變化的，水晶寶石也是變化的。」這一普遍規律就是：存在的就是不斷變化的，而空（宇宙乙太）之類的非存在物則是不變化的。我們的思想又怎麼樣會將不間斷的運動視為靜止呢？對此，柏格森說，這是因為，我們對於當下具有運動必然性的事物帶有先入為主的看法，從「不斷地使自己表現出來或是消滅，然而不曾產生任何東西」的持續中，我們「選擇了能夠引起我們興趣的階段」，我們用思想作為準備，對這些事物加以動作。我們同樣清楚，佛教認為思想作為準備，能夠引起預期行動，而預期行為能夠體驗到的事物或者點剎那，則具有實在性。

然而，我們更應該注意到，柏格森在證明非存在和消亡時所使用的論據與佛教極其相符。非存在和否定判斷，從本質上來講，有著密切的聯繫。在歐洲哲學中，這一問題是由施瓦特（Ch. Sigwart）解決的。

否定僅僅是特殊的肯定，佛教恰恰是這樣認為的，我們將在以後討論這一點。對此，柏格森進行了詳細的論述。針對這一點，他堅稱消亡的概念是虛假的。他說：「我們在尋找一個事物，卻發現它是另一個具有實在性的存在時，我們就說這個事物不存在。」他繼續說，消亡並非某一事物的附屬物，就像生成並非無（Nothing）的附屬物一樣。他甚至提出，和有相比，無所具有的內容要更多。寂護不也曾說過「事物本身就具有消亡性」嗎？柏格森和佛教都認為，人們在日常中認識到的變化、消亡以及運動都是虛假的。變化並不是靜止的存在物突然被依附上的某一事物。消亡和運動也是如此，他們否定了具有持續性的實體。在關於存在具有能動性方面，柏格森和佛教有著相同的觀點。柏格森認為，存在具有變異性、運動性，它本身就是不間斷的、絕對的運動，這種運動與物質材料無關。我們的慣性思維很難接受這一觀念。而佛教則否定了其另一方面——物質體。我們知道，有關持續變化的理論，印度哲學中分為三派。數論認為，物質本身具有永恆變化的性質；瑜伽派認為，屬性和狀態的改變始終伴隨著永恆的物質存在；佛教認為，實在是運動的，並且與物質無關。

然而，這裡恰恰引出了兩個體系的主要分歧。柏格森用攝影機來比喻人類的感覺器官，他認為，運動就是由具有暫態性的靜止鏡頭片斷組成的。佛教也是這樣認為。他引用了笛卡爾「存在是一個接一個的新的創造」的觀點，還引用了芝諾（Zeno）「『飛矢不動』是由於它沒有可以運動的時間」的詭辯。芝諾的意思是，如果想讓箭「飛」，那麼就必須使它在兩個瞬間佔據兩個位置才能達成，但是賦予它兩個片刻是不可能的。世親也曾說過，運動是不存在的，因為無論在哪個瞬間，它之前的那個瞬間的事物都是已經消亡了的。說一切有部也認為，元素不可能持續兩個剎那。然而柏格森認為，暫態性源於人類的思想，是杜撰出來的。想要「根據不同的狀態來構成變化」是不可能的，因為它以「運動是靜止的統一體」為前提，這種說法非常荒謬。然而，佛教在對「運動是由靜止組成的」這一觀點進行解釋時，提出數學天文學同樣承認連續性是由無數非運動性組成的。人類的感官不僅僅是攝影機，並且天生就是數學家。即使承認了連續性，感官也只能從中選擇特殊的瞬間，而理性則將其連接起來。柏格森說：「箭從一個點到另一個點的運動是純粹的，不可能將其分割開。」他認為，一個單獨的運動「就是產生和停止這兩個停頓的點之間的運動。」然而佛教認為，停頓僅僅出於想像，是不存在的，宇宙運動沒有間隔。我們在日常生活中所說的停頓僅僅是變化的剎那，也就是產生了「非相似的剎那」。簡單來講，佛教認為持續緣於構造，只有剎那感知才具有真實性。但柏格森則認為，真實具有持續性，而人為將其分割而成的片斷就是剎那。

第二章：因果關係

功能相互依賴的因果關係

蓮花戒曾說：「在佛教哲學的所有理論中，因果理論是最為重要的。」因果理論，也稱為「相依緣起論」，或是「緣起論」。從這個名稱就可以看出，每個實在之點都必定依賴於它之前所有點的集合，它的產生緣於其功能上依賴於在其之前的、與之沒有任何間隔的「因緣」總體。我們在上一章已經說過，佛教哲學以剎那存在論為基礎，它是佛教哲學最基本的特點。相依緣起論僅僅是剎那存在論的另一方面。具有功效性的點剎那被認為是最終極實在，它們在作用上依賴於其前的具有「因緣」性質的剎那。恰恰是因為它們具有效能，所以它們才會產生並且存在，也就是說，它們本身就是原因。所有存在的事物都必定是原因，原因和存在具有相同的意義。一篇古代經文就此說道：「所有真實的力都具有暫態性。然而一個事物如果不具有持續性，那麼它又怎麼會有時間去生成別的事物呢？這是由於被稱為『存在』的僅僅是效能，而我們所謂生起的原因，就是這效能。」作為唯一真實存在的點，同時也是唯一真實的因，也就是說，存在並不是靜止的，而是運動的，它是由一系列彼此依賴的原因之點組合而成的。

因此，從宇宙剎那理論中直接就可得出佛教因果理論這一結論。任何事物都不可能產生於其他事物或者人為意志，因為一切人和事物都存在於剎那間。它們無暇去產生別的東西。就連它們本身都不可能在兩個或兩個以上的剎那中存在。因為持續性是不存在的，所以運動也是不存在的。同理，生成需要經過時間，所以生成也不具有實際意義。我們知道，實在論將彼此矛盾、相反的屬性結合起來，由此得出了運動觀。舉例來說：在同一個地點的同一個事物具有兩種屬性——存在和非存在。實在論的因果觀同樣認為存在著兩個實物，其中一個實物附著於另一個實物之上，並且加以作用。他們認為，至少在某一個時刻，因和果是同時存在的，否則，一個事物就不可能對另一個事物產生作用。比如，陶工和陶罐就是同時存在的。然而，佛教認為，陶工和陶罐都是由一連串的點剎那組成的，陶罐這一系列之點的起始剎那追隨著陶工這一系列之點中的一個點。世界並非由人力造就，能夠發揮作用的持續的自我（Ego）是不存在的。因此，當果產生時，因已經消亡了。果並非由因生成，而僅僅是跟隨在因之後。所以，果生於無，因果不可能同時存在。

佛教毗婆沙派認為，因果是可以同時存在的，也就是說，當兩個事物彼此依賴，彼此都是對方的因時，它們就有可能同時存在。這種說法必定是錯誤的。因為它面臨著以下這種困境：如果兩個事物是同時存在的，那麼其中一個事物是產生於另一個事物之前還是之後呢？如果是之後，那麼它必定無法生成另一個事物，如果是之前，那麼就產生了矛盾，因為另一個事物和它同時存在，必定同時生成，就不存在「之前」這一概念，而且，既然另一個事物已經生成了，那麼就無需透過那個事物進行第二次的生成。因此，具有效能的因是不存在的。而且，因得以起作用的前提是，因和果都必須是靜止的，而且它們二者的關係必定被想像為作用者和被作用者，這是一種擬人的方式，如同陶工和陶罐被認為是可以同時存在的。但是因並不能強制地將果抓住，將其拉進存在中。果也不可能掙脫因的懷抱而跳進存在中。不管是因還是果，都不可能產生作用，因為它們是「無力的」、「無作的」、「無為的」。如果說某個結果是由某個原因生成的，那僅僅是語言表達上的誤區，因為它使用了譬喻的方式。正確的表達方式應該是：「對某一事物功能性的依賴導致了這一結果。」既然果出現於因之後，那麼它們二者之間就不存在著間隔，也就不可能在這一間隔中進行活動。如此一來，因的活動就是不存在的，或者說，因的活動不會產生任何東西。僅僅是因的存在就等同於它的作用（業用）。然而，如果我們因此發問：那麼，到底什麼才是因生果，什麼才是果由因生呢？答案是這樣的：因生果的意思是：因總是存在於果之前；果由因生的意思是：果的存在總是跟隨在因的存在之後。這樣的因與任何外延、附屬作用力都無關，僅僅是事物本身。

有關因果律的公式

「相依緣起」的意義可以用三種公式來解釋：其一為「這個存在，因此那個也存在」；其二為「真實的事物是不可能生起的，只有彼此依賴的事物」；其三為「每一個元素都不可能產生作用（forceless）」。第一個公式是最普遍的，它的意思是：在某一條件下，結果得以表現出來，並且隨著條件的變化而變化。要想完全對這些公式進行理解，就必須明白，這些公式之所以被提出，是為了推翻當時印度哲學其他派系的理論。我們在前文中已經說過，數論認為，並無真正的因果關係，新生的事物並非緣於因果作用，具有「創造性」的因果關係是不存在的。果僅僅是同一自性材料（prakrti）的一個現象。所謂的生成並不是真正的生成，因為果和因本質上具有同一性。果產生於自我。而實在論者則認為，每一個物件都是獨立的統一體，這個統一體始終都是組成它自身的各個部分的附著物。當因果關係發生作用時，這個統一體就得到了一個增加物，產生出一個新的事物，也就是一個新的統一體。這兩個統一體由一個被稱為內在因的橋梁連接，這個內在因同樣是單獨的實體。因此，無論哪種情況，它的因果關係都並非出於自我的關係，而是產生於他我，是外在的。還有另外一種理論，認為所有嚴格的因果關係都是不存在的，而是出於偶然的生成。佛教反駁這三種理論說道：「元素並非生於自我、他我，或是偶然。元素並不是生成的，而是相依緣起而來。」沒有任何物質在演化的過程中有形式上的變化，也沒有一個實體能夠突然進入另一個實體，偶然的生起更是不可能的，因此，因果性是不存在的。生起必定嚴格服從於因果律，它僅僅是能的閃現，而絕不是某種永恆物質的形式。

顯而易見，無實體論直接導致以上這種理論。無實體論認為，廣延性和持續性並不具有終極實在性，它們僅僅是無數暫態性元素形成的持續而緊密的結合。這些元素的出現並非偶然，而是嚴格遵循因果律。

數論認為，物理二元論使兩種實體得以建立起來，這兩種實體分別為，包括除了意識本身以外的所有精神現象在內的自性物質，以及與物質完全無關的意識。佛教早已輕易地解決了這一問題。這些事實的功能就是意識。如果注意剎那、物件和視覺感官是既定的，那麼視覺意識就會產生。顯然，這是一種相依緣起，因為這些條件無論哪一個發生變化，結果就會隨之發生，如果視覺感官受到影響，或是完全沒有視覺感官，那麼視覺意識也就會相應地發生改變，或是完全消失。

光是否產生於黑暗？白天是否產生於此前的黑夜？無論是歐洲人還是印度人，都在探討這些問題。而佛教的因果論則輕易地解決了這些問題：白晝這一系列剎那的起始剎那跟隨著黑夜這一系列剎那的最後一個剎那。每一個剎那都是此前各個剎那的果，它不同於之前的任何一個剎那，然而以經驗來看，它們之間往往有相似和相異的地方。芽的剎那和種的剎那是相異的。根據經驗，因果性既有可能相異，也有可能相同。僅僅由於我們受到經驗知識的局限，所以才會無法發現剎那之間的區別，從而認為它們是以實體表現出來的，並且具有持續性。

因此，佛教關於相依緣起這一因果論的表述是非常精確的，這一點毫無疑問。

因果性具有實在性

佛教認為，實在具有能動性，靜止的事物是不存在的。他們反覆強調：「存在的事物是一種行動」，「存在就是作用」。寂護就是這樣認為的。存在就是行動。「因果性具有能動性」如果認為存在沒有行動，是靜止的，而行動是突然產生的，那麼這種觀點僅僅出於錯覺。它錯誤地將存在的事物理解為人類在日常生活中的行為。一切存在的事物都是行動的。

佛教在有關存在的定義中反覆強調這一點：一切真實存在的事物都是原因。真實的存在必定具有效能。因此，一切不具有效能的、非原因的，都是不存在的。烏地約塔卡拉向佛教追問說：「你認為，非原因具有非存在和非變化兩個方面。」對此，蓮花戒指責他完全沒有理解對手的理論，他糾正道：「佛教徒中的邏輯學者認為，非原因必定不具有實在性。」這說明，只有原因才是真實的，存在的事物必定是原因。關於空間的實在性，實在論和佛教之間也進行了討論，空間不是空虛的就是充實的，也就是被宇宙乙太所填充。早期佛教徒並非邏輯學者，他們認為空間是空虛的，然而它依然具有客觀實在性，它是一種元素，是不變的、恆常的，類似於他們所說的涅槃。而實在論則認為，這個空間中充滿了一種永恆的、靜止的、可以被穿透的乙太實體。佛教後期作為邏輯學者的佛教徒則認為，不變化、靜止的實在是不存在的，存在本身就是變化。

這個例子和其他很多例子一樣重要，應該得到哲學史家們的注意。從某種程度上來說，佛教的論證為現代物理學提供了一些借鑑。

兩種不同的因果關係

然而，實在分為兩種——直接的和間接的。直接的實在是點剎那，是終極真實的、純粹的。而間接的實在則是經驗的物件，它依附於點剎那，與出於想像的表象彼此混合。因此，因果關係也分為兩種——終極的和經驗的。終極的因果關係是點剎那的效能，經驗的因果關係是依附於點剎那的經驗物件的效能。就像我們在前面所說的，從表面來看，「實在具有能動性」和「運動是不存在的」這兩個判斷彼此矛盾，同樣，「每一個點剎那都具有效能」和「效能是不存在的」這兩個判斷也彼此矛盾。確實如前文所說，所有實在都是「消極的」（inactive）因為存在是剎那的，它們來不及做任何事。要想解決這一矛盾，就必須承認這個事實：單獨附著於存在之上的效能根本不存在，存在僅僅是因所具有的有效性。無論是事物還是原因，都來源於對同一實在的不同角度的觀察。蓮花戒曾說過：「從本質上來講，行為者對於行為工具以及行為物件的關係並不具有真實性，因為一切終極真實的元素都存在於剎那間，它們沒有任何時間進行作業」。對於實在性和因的效用，如果我們將這兩者視為一體，那麼就可以說，實在就是原因；如果我們認為它們是不同的，那麼就只能承認效能是不存在的，因為它使得命題中包含了兩個彼此矛盾的謂詞。這樣的話，就會造成同一個事物存在於不同時間不同地點，或是存在又不存在於同一個時間同一個地點。例如：在實在論者看來，一個陶罐是由部分組成的真實的物件，它具有廣延性和持續性，除非榔頭將其敲碎。無論是陶土和陶罐之間，陶罐和碎片之間，陶工和陶罐之間，還是榔頭和碎片之間，都存在著因果關係。然而佛教認為，事物僅存在一剎那，隨生即滅，消失的事物不可能是原因，一個過了很久才出現的事物不可能因其作用而產生。佛教說：「所謂的持久性的事物，本該是一系列連接得很緊密的剎那的統一體，這種緊密的統一性使得任何一個元素都不可能被分割為前後兩個剎那，也不可能由這個統一體產生果。」而實在論反駁說，我們無法承認物件的效能在每一個瞬間都會發生改變。根據經驗，同一個效能必定由一系列剎那而產生。否則，如果只有第一剎那的青色才能帶來對青色的感知，而之後的各個剎那都無法帶來這種感知，那麼它們就會帶來其他的感知了。如果不同的剎那所具有的效能也不同，那麼也就無法產生青色的表象了。對此，佛教的回答可以概括為：就像青色物件在每一個剎那都有難以觀察到的變化一樣，感覺和表象在每一個剎那也有難以觀察到的變化。一個表面上看似相同的物件和表象，僅僅出於我們對其間差別的忽視。

所以，因果關係有兩種，一種具有終極實在性，另一種則具有偶然性和經驗性，因為實在本身的性質就是雙重的，即作為剎那之點的先驗的實在性，和作為有限而持久的事物的經驗的實在性。有人追問道：如果因果關係出於想像，那麼它就不具有真實性。法上回答說：「的確如此，但是，即便持久性的事物並不具有真實性，而組成它們的點剎那卻具有真實性……」「當果產生時，我們所體驗到的因果關係並不是一種可以感知到的事物。然而，如果存在著一個真實的果，那麼就必定存在著一個真實的因，由此可以間接得出，因果關係必定具有真實性」，也就是說，經驗的因果關係同樣具有真實性，只不過它是有限度的罷了。

因具有多重性

佛教的因果理論不僅認為因果關係分為兩種，還認為一個果不可能只有一個因。一個因若想引出一個果，就必定配合有其他「協作因素」。所以，「相依緣起」的意思和「配合生起」是相同的。我們可以用以下公式來表達這一觀點：

「沒有一個元素產生於單獨的一個元素，也不可能有多個元素產生於同一個元素。」

或者說：

「沒有一個元素產生於單獨的一個元素，一個元素的產生，必定由於多個元素。」

這裡所說的多個元素的整體，也就是因和緣，幾乎佛教的所有派別都試圖為其分類。

實在論認為，因果關係是兩個靜止的事物相連接。這意味著因和果是一一相對的，一個統一體對應另一個統一體。而佛教則認為，由經驗來看，獨立的個體不可能產生另一個個體。例如，對於一個極微來說，只有它的下一個剎那才是存在的，它本身不可能產生另一個事物。只有很多個個體，才能具有產生的能力。實在論承認種子僅僅是一種物質「材料」，也就是說，它是一種被動的原因。只有借助於動作或者作用因，這種「材料」才能產生具有真實性的結果。佛教回答說，一個被動的、不具有效能的、靜止的因是完全可以被忽略不計的，這樣一來，那些單獨有效的原因完全可以獨自產生結果。那麼我們就可以說，潮濕、炎熱和土壤不需要種子就能夠長出芽來，因為種子沒有做任何事。

我們可以這樣來解釋佛教的觀點：實在論透過擬人的方式來考慮因果關係，就像陶工用陶土做陶罐一樣，他們所說的種子發芽的原因也是這樣的。為了產生效能，它們必須互相幫助。這種幫助也是基於擬人的方式。就像請別人幫忙搬一件自己搬不動的物品一樣，物品的移動體現了協作因——當獲得了足夠的幫助時，果便因此而產生了。物質因負責「承擔」，效能因進入物質因，使物質因消亡，並且將剩餘的物質「創造」成一個新的東西，就像工人拆掉舊房子，用拆下來的磚蓋新的房子一樣。

佛教認為，一物的毀滅或另一物的產生都是不存在的。也不存在一個實物附著於另一個實物之上，各個原因之間也不存在著人手一般的協作。只有被劃分至最小的、連續不斷的變化才是存在的。能夠用擬人的方式比喻成協力合作之產物的結果只有一種。那就是佛教所說的「擬人果」。但它並不是用擬人的方式來解釋每一個因果關係，而是將人的活動也視為非人的過程。一切協作因都由一系列有效剎那偶然聚集而成。因為所有運動都是間奏的（staccato）運動，所以這些原因就是「潛伏因」。而這些因的聚集點上才會產生新的系列。因、效能和剎那指的都是同一個事物。當潮濕、土壤和種子等各個剎那系列聚集起來時，它的最後一剎那之後，便會跟隨有芽這一剎那系列的起始剎那。因此，佛教認為，因果關係是多對一的關係，也被稱為「一果生」論，對立於實在論的「相互協助」或「相互影響」論。

法上曾說過，「協作分為兩種，一種是真正的相互影響，另外一種與相互影響無關，僅僅是生成一個果。佛教認為事物無一不是剎那的，那麼一個事物就不可能再生成其他事物。因此，我們只能將協作理解為由一系列剎那所引起的一個暫態性的結果。」也就是說，我們必須將因果行動中的協作解釋為多對一的關係。

因具有無窮性

我們在前文中說過，因果關係是多對一的關係，那麼就會帶來這樣的疑問：這裡所說的「多」是否需要計量？在對某個事物進行斷定時，是否需要瞭解它的所有原因？答案是：不需要。如果我們想要把所有因緣都瞭解清楚，包括各種類別的、直接的和間接的，那麼情況就會非常複雜，難以認識。因是無窮的，只有全知全能的人才能認識那引起某個事物產生的所有因緣。

儘管如此，有些依存性非常嚴謹的因果關係仍然是可以被觀察到的。說一切有部的「六因四緣四果」的理論便是由此提出的。他們認為，有一種具有「普遍因」特點的因。它無法用專用名來命名，因為它包含所有的條件，無論這些條件是積極的還是消極的，而這些條件恰恰引起了某個特定的結果。這裡所說的消極並不是完全的消極，它們也有主動的一面，也就是它們本可以阻止結果的產生，但實際上卻並未阻止。世親在對消極因進行說明時舉了這樣一個例子：村民聚集到村長面前，對他說：「您讓我們幸福。」

實際上，村長並沒有為他們造福，但也沒有剝削壓迫他們，即使他原本有權力這麼做。因此，他是村民們得以幸福的間接因。根據這樣的原則來看，無論是怎樣的真實情況，只要處於某一事件的環境內，並且不對這一時間造成阻礙，那麼它就可以被稱為是這個事件的原因。不真實的事物——例如空花——則無法產生影響。一個真實事物產生的那一剎那之前的各個剎那都對其有影響，無論這種影響是直接的還是間接的，是遠的還是近的。所以，能作因（普遍因）有這樣的定義：世親問：「能作因是什麼？」接著他自己回答道：「一切有為，唯獨自體，以一切法為能作因，由彼生時為無障位故。」意思就是，自為因的（causa sui）是不存在的，此外，世間的所有元素都是這一事件的能作因。早期佛教將存在定義為無限分離的剎那的同時，也認定了它們都是相互聯繫的或是共同作用的成分。他們非常看重這種相依緣起的觀念，甚至將（指各個元素的）「一切」作為他們的專用詞。這裡所說的「一切」分為三種：其一為個體生命的結合，其二為認識的基礎，其三為圍繞著個體認識的世界現象的集合，這三者又被稱為「蘊、處、界」三科。根據因果論，宇宙的觀念是相互聯繫並且彼此分離的元素的整體的再現，在因緣總體的思想中，這一觀念也有所體現。一個事件是存在的，那麼就意味著它的因緣總體是存在的，因為果必定是因緣總體的當下存在（be present）。當種子、一定的潮濕、適當的溫度以及土壤都具備，並且不受到任何不利因素妨礙時，芽也就會產生了。這個果就是此前各個因的總體的當下存在。能作因（普遍因）也必定包含於總體因之中。也就是說，對於在特定時刻產生的事件，只有宇宙之外的東西才不能稱為它的原因，或者說，宇宙無論在哪個時刻，無論處於怎樣的變化中，都和這一時刻它所包含的所有部分有聯繫。

由此得出的結論就是：相比由因的存在而推知將來的結果，在結果出現時推知其因的存在要更加可靠。因為果的出現會受到各種事件的影響，而這些事件往往都是難以預知的。

因果關係和自由意志

說到佛教的因果理論，就必須要講一下自由和必然的關係。據確切的文獻資料記載，佛陀本人創立了特殊因的理論（也就是十二因緣論）。這一理論的目的是要反駁完全的決定論態度，並且捍衛自由意志。有關自由和必然的問題，即便在佛陀時代，也是令人困惑的。為了解決人們的這一困惑，佛陀便創立了這一理論。末伽梨提出了一種很極端的宿命論，他認為，一切自由意志都是不可能的，因此也不必承擔任何道德責任。依據這一觀點，一切事物都是被規定的，無法變更，也不可能發生變化。所有事物都是宿命的，受到環境和自然的制約。倫理責任和苦行都不被其承認。佛陀駁斥他，說他是邪惡的人，就像漁民捕魚一樣，捕獲人們並且將他們殺掉。他的哲學理論非常邪惡。佛陀說：「業和果報都是實在的。我堅持業的理論。」

還有另外一種說：如果沒有因，那麼一切都不會產生，所有事物都是相依緣起的。世親雖然是再世佛陀，但他不承認自由意志。他說：「業分為身、口、意三種。身業和口業由意業來決定。而意業則由無法付諸語言的因緣條件來決定。」這一觀點讓我們面臨著矛盾。

佛教針對決定論提出了自由意志和責任，又針對自由提出了因和果之間有著必然的聯繫。由佛教的傳統說法來看，釋迦牟尼就提出了一個看似錯誤實則正確的論題：必然性意味著自由是存在的，也就是說，業報的必然性是以因果性為前提的。

有關自由概念的不同含義似乎是解決這一問題的關鍵。在佛教看來，經驗性的存在就如同受到牢籠的禁錮。而真實存在的事物必然具有能動性，因此人生必定趨於自由。佛教認為，這種解脫的過程是嚴格遵從因果律的。無論是運動還是人生，它們的所有細節都必定受到嚴格必然性的制約，並且必定達到其最終目的。這裡所說的因果性也就是歸宿性（finality）。然而末伽梨認為，必然性顯然是靜止的、無變化的，這就意味著無論是解脫還是禁錮都是不存在的。佛教反對這一觀點，認為必然也是不斷變化的，直至最終的目標。從這一層面上來看，世親的觀點也就和佛陀不相矛盾了。

然而，為了捍衛自己的立場，佛陀不得不推翻這種觀念：既然他們認為行動者僅僅是剎那的集合，自我是不存在的，那麼解脫的必要性也同樣是不存在的。因此禁錮和解脫都不在他們的世界觀之中。對於這一點，佛教予以承認，但他們又堅稱，一系列運動的事件就是那唯一的行為者。佛陀說：「業和果報都是實在的。但除了前後相繼的各個剎那，並不存在由前一剎那持續到後一剎那的作業者，而前後相繼的各個剎那意味著前面一個剎那如果存在，那麼後面一個剎那必定出現。」

實際上，在構成個人意志現象的系列剎那中，沒有一個剎那會隨意出現，它必定遵循相依緣起的規律。區別僅僅是支配身業的意志有強有弱而已。當意志弱時，業行為就會是半自動的，不會導致受賞或受罰的業果。例如一切情感動物的功能和外貌（airyapathika）就是這樣的。當意志強時，就必定具有道德屬性——善或非善。這種業必定會導致受賞或受罰的業果。這便是業的律令，即善惡行為必定導致相應的果報。

如果一個事物的出現僅僅是此前行為的成熟後的結果，那麼它就不是業。也就是說，它不會導致任何果報，因此是半自動的。只有受強烈意志支配的自由的業，才能導致果報。

我們從佛陀那裡知曉了業的律令，但這一律令是先驗的，無法透過經驗來證明。如果我們試圖對其進行批判，就會發現它並不包含矛盾，因而無法批判。前面所說的自由意志僅僅是強烈的意志以及業的律令。它只是因果關係的一種特例，而並不與之相矛盾。

所以，佛教的自由意志受必然性、因果關係和相依緣起的制約。然而這種制約是可以被解除的。除了以上所說的業的理論，佛教似乎還有另外一個共設：從總體來講，善行能夠壓倒惡行。歷史的進程就是道德的進程。善行的結果在顯露出來的同時，便實現了在涅槃中的解脫。因果關係由此結束，絕對者本身得以完成。龍樹說：「一切因緣致使世間為空，因緣為空意味著世間便是涅槃。」

緣起的意義有四種

佛教從一開始就一直堅信其因果理論。然而後來的佛教徒對元素相依的觀念進行了深入探索，提出了各種不司的解釋。我們從中可以分辨出至少四種關於因的理論。其中兩種理論屬於小乘佛教，符合極端多元論，另外兩種理論屬於大乘佛教，符合極端一元論。

早期佛教所說的相依有兩種，一種是特殊的，一種是一般的。一般因論是特殊因論的後期形式。關於佛所說法的文獻資料只涉及特殊因論。而一般因論則在論藏中，因此也就產生得相對晚些。這一歷史發展為佛教徒所熟知。世親曾說，一般因論並不包含於佛所說法中。它是由小乘阿毗達磨師提出的。因此，他對因論的兩個方面分別加以闡述。世親在他的大論——在大論中，世親總結了世間所有元素的名類，分別對其制定了界限——的第二品中對一般因論進行說明。既然對各種元素之間的區別進行了詳細的闡述，那麼他自然要對不同的因果系列中彼此依賴的關係進行說明。然而世親是在第三品中論述具有特殊意義——倫理意義——的因果法則的，對此，世親闡述了各種存在範圍。生存的個體，或更確切地說，各個剎那的集合以其在前生中所獲得善業或惡業為依據，形成於各個存在範圍之中，而特殊因論就在這一背景下發揮作用。我們必須將兩種因論區分開，在後來的大乘佛教中，它們的區別也很鮮明，即使大乘佛教是從另一方面解決這一問題的。然而在更近代或是此前更早些的時候，它們常常被混淆。阿奴律陀（Anuruddha）說，包括佛音在內的很多著名大德都將這兩種因論混為一談，或是將它們視為從屬關係。

特殊因論解釋了佛陀所說的每個人都知道但又疑惑的事實，也就是：佛教假設出一種道德律，然而這種道德律並不包括主體。在這種道德律中，有善惡行為，有善惡果報，但卻缺少作業之人，以及因這一作業而受到禁錮或解脫的人。無論是靈魂、自我，還是人格的個體，都不包含在內。在這裡，只有精神的或物理的，自行產生又自行消亡的，彼此相依的系列元素。它們遵從以終極永恆寂靜為目標的道德律。卻根本不需要恆常的精神原理，即承受著道德律的個體行為者。佛陀說：「有業就有果報，但沒有作業者。一切元素都沒有承擔者。它不可能承擔元素，也不可能離開元素，也不可能依附於另一個元素。」各個元素的產生和消滅，完全以「這個事物是存在的，那麼那個事物也是存在的，那個事物並非產生於這個事物，也並非產生於其他事物。生成並不存在，元素的出現都是相依緣起的」為依照。

整個生命現象被形容成一個輪子，由十二部分組成。

（1）有限的知識（也就是無明）是中心成分，整個生命現象都受其制約。然而生命中的所有幻象都會隨著絕對的知識成分的發展而消失，並且實現永恆。在生命現象中，（2）胎產生前的勢力（也就是行）帶來了（3）生命。新的生命在成長的過程中，逐漸發展出（4）成分，一種是生理的，一種是心理的（也就是名色）；以及（5）.感官（也就是六入）；還有（6）外部的感覺或感知（也就是觸），一個內部的感覺或感知，以及（7）領受（也就是受）；成熟的個體能夠帶來有意識的生命，這個生命具有：（8）望（也就是愛欲），（9）由生動（也就是取）以及（10.存在（也就是有）；此後就是（11）生，（12）死亡（也就是老死）。

這十二部分不斷循環，直至無明這一中心成分停止下來，也就達到了涅槃。在這一過程中，並無嚴謹的邏輯成分。經院哲學提出了相依的特殊因理論。根據相依律，生命現象的十二部分中，第一部分制約整個過程，第二部分與前一世的過程相聯繫，第三到第十部分和今生有關，第十一到第十二部分聯繫未來。今生依賴過去世，來世又依賴今生，這符合了相依律的規定。試圖假設作為永恆之我的原則是完全沒有必要的。蓮花戒曾說：「對真實之我的否認和業有果報的觀點並不相衝突，而且也絕對不會對這樣的事實造成妨礙：真實的事物絕不可能有一絲一毫會延續到下一個剎那；元素不可能從一個剎那延續到下一個剎那，後一剎那和前一剎那是相依緣起的關係。」意念的事實僅憑因果律就能夠加以說明，而無需假設作業的承擔者。禁錮和解脫並非其承受者的屬性。無明以及生死的整個過程帶來了生命現象，它們就是所謂的禁錮，當絕對知識出現時，它們也就消失了。在此之後的純意識狀態就是所謂的解脫，因為「生命現象就是被貪欲無明汙染的意識本身，而解脫則擺脫了這一意識」。

因果論在更加普遍化之後仍然提倡這一原則：一切恆常的事物都是不存在的，假定一切一般現象、感覺材料、感覺活動、觀念以及意志都是由分離的、變化的以及彼此依賴的各個元素組成的。根據這一理論，因緣總體制約著每一個存在的事物，每一個點剎那的實在；因此，因緣總體也能夠被分解為某些特殊的因果相依系列。

小乘佛教的各個派別反映了這些各不相同的因果相依系列。僅僅憑藉這一點，就能夠看出這一理論出現得相對晚些。說一切有部劃分出了六因四緣。在此階段，因和緣之間還未被制定出清晰的界線。六因的說法似乎比四緣出現得更晚，是後來加到其上的。這些因緣被分為以下幾種：

1. 物件之緣（所緣緣）：包括所有存在的事物。所有元素都可以成為認識物件，因此都屬於物件之緣。

2. 等無間緣（次第緣）：指思想之流中在某一剎那之前的剎那，取代了勝論的神我和內在因。一開始，等無間緣僅僅是指心理上的因果關係，此後被劃分到了偶然因（causa repens）。也就代替了物質因或一般內在因。

3. 具有功效的，起決定作用的或是「制約的」因緣：這種因緣決定了結果的性質，例如視感官對於視覺活動來說，就是這種因緣。

4. 作為協作條件的增上緣：例如在視覺活動中，光對眼睛的協作。它們包括了連同因緣在內的所有存在物，因為所有元素多多少少都是相互依賴的。

而六因是指：

1. 因（能作因），我們在前文中已經說過，這種因包括所有存在的元素。

2. 同時因（俱有因）和3. 相滲因（相應因），這兩者互為因果關係，然而相滲因僅僅涉及心理成分，也就是說：純粹的意識成分（也就是心法）雖然是彼此分割的，但絕對不會單獨產生，而總是伴隨著別的精神成分（也就是心所法），例如感覺觀念（心識）。而同時因則主要涉及物質元素（也就是色法）。雖然物質元素也是各自分離的，但其同樣不會單獨產生而脫離色等五微（次等的細微物質）。這兩種因的提出，顯然是為了推翻實在論的和合性（內在因）。

4. 同類因以及與之相應的自動之果（等流果）：剎那系列就是由此因果關係而形成的，而有關對象的持續性和穩定性的觀念就是由剎那相續而來。

5. 「道德因（異熟因）」或業：指一切被視為帶有善惡屬性的行為。它的主要作用和有情發展過程或「生因」相配合，在其保護下，影響生命的形成。

6. 非道德的因（遍行因）：這種因的作用遍及一切，一般來說，它指的是普通人的各種欲望，以及習慣性的思維方式。人們在認識經驗實在的根本原因和本質時，會受到這種因的妨礙，從而難以成為聖者（阿羅漢）。

果也由此而分為四種，一種是「自動的」（等流果），一種是「擬人的」（士用果），一種是「賦特徵的」（增上果），還有一種是「最終解脫的」（離系果）。前兩種果已經在前文中作了解釋，第三種果符合一般意義的果的觀念，例如視覺對於眼睛來說，就是這種果。最後一種果就是生命的最終結果，也就是涅槃。

前文中已經說過，錫蘭一派混淆了特殊因果律和一般因果律。他們將因果關係分為21種，而這21種因果關係就相當於說一切有部的六因四緣。

大乘佛教強調相依緣起論是佛學的核心及主要部分。當然，他們也對其作了各種不同的解釋。這裡所說的相依意味著具有相待性（相對性relativity），而非相待性指的則是非真實在性，它們「就像長和短一樣是相待的」，因此它們本身就是無。大乘佛教認為十二因緣論指的是不具有真實性的人生現象。他們同樣否定了一般的因果論，也就是四緣六因理論，因為這一理論受條件所限，並且不具有真實性。而相依緣起觀念被大乘佛教視為宇宙觀念，因此在新佛學中佔據核心地位。但大乘佛教晚期的觀念論派別再次修改了相依緣起的意義。到了這個時候，相依緣起論與只包含假想實在的靜止的宇宙不再有任何關係，而涉及了運動的宇宙。

有關相依緣起的兩種對立的解釋，我們可以參考龍樹和寂護在其論疏中的開首頌。大乘佛教兩個階段對相依緣起論的兩種各具特色的解釋在其中都有鮮明的反映。通常來說，開首頌都包括禮贊，對佛陀創造的相依緣起論進行稱頌。讚美這一理論不僅簡單，而且意義深刻。龍樹說：「我禮贊佛陀，宣示緣起義。不多亦無異，無始亦無終，業亦無來去，無此亦無彼。」寂護則說：「我禮贊佛陀，宣示緣起義。依彼諸法轉。無神亦無色，無實亦無德，亦無諸業行，無同無和合，唯餘因果隨。」

歐洲的此類理論

佛教的因果理論從一開始就受到了歐洲學者的關注，但其在歐洲卻進展甚微。也許是因為這一理論是佛教所有理論中最難理解的。我們無法得知它在前佛教時期的形態，或許只能從印度的醫學科學中找到這一點。我們也無法得知早期佛教各個派系對它的各種不同解釋。雖然梵文經典或巴厘文經典中早就記錄了相依緣起的理論，但是大部分學者依然作出了這樣的設想：對於事物的產生，除了相依緣起論以外，是否還有其他的解釋。之所以會有這樣的設想，或許是因為相依緣起論是純邏輯的。這根本不可能。印度思想在其歷史早期竟然提出了如此現代化的理論。即使從現代科學來看，這一理論也是可以被承認的。

因果理論形式在歐洲的創造者馬赫對其的推理過程大致相似。他說：當思想不再承認自我的存在，除了因果律，也就是功能上的相依緣起——在數學意義上，它指的僅僅是分離的元素的存在——就什麼都沒有了。這些數學意義上的點被佛教推至極端，成為了剎那之點，但相依緣起的公式同樣是存在的：這個事物存在，所以那個事物也存在。

佛教認為，實體不具有客觀實在性，這種觀念制約著佛教的因果理論。而歐洲一些持相同觀點的哲學派別也就多多少少和佛教的因果論有相似之處。約翰・斯圖爾特・彌爾（John Stuart Mill）就認為實體不具有客觀實在性。他認為，實體是「非永恆的也就是暫態性的感覺活動所具有的持久可能性」；康德認為，實體屬於精神層面；羅素認為，實體是「物質的碎片」或「簡短的事件」，它們僅僅具有關係和屬性。而我們知道，佛教認為，實體只是簡短的事件，而並不具有關係和屬性。早期佛教將其視為具有瞬息性的能的閃現，晚期佛教則將其視為剎那之點。持續和無持續不可能同時存在，穩定性和無穩定性也不可能同時存在。對於一個「短的持續」，如果從經驗的層面來看，它就是簡單的，然而從終極實在的層面來看，它就是「非持續的持續」（unenduring duration）。從本質上來講，事物並不具有持續性，它隨生即滅。這也是法稱針對羅素的觀念作出的回答。

在康德看來，實體範疇是透過理性的一般特點強加於人，然後基於「多樣性感覺能力」而構造出來的。或許，佛教並不反對這一觀點。因為它意味著真實性是雙重的，也就是終極的絕對的真實性，以及經驗的受限制的真實性（實際上，也就是非真實性）。範疇只能是經驗的因果關係，而不是先驗的因果關係。

早期佛教也有可能承認彌爾的觀點，因為他們所說的剎那也是非永恆的感覺材料，不具有可以感知的實體性質。佛教認為，所謂的穩定性和持續性只不過是一系列前後相接的不間斷的剎那。這一觀點和現代的「系列事件」相符。羅素說：「系列事件，也被稱為一片物質，這些事件是變化的，這種變化是飛快的，但並不是暫態性的」，它們被無數極其微小的時間間隔分割開。羅素認為：常識的事物是一種特性，是某種將相繼的事件直線連接起來的最高微分律的存在。這一觀念與佛教相似，唯一的區別就是，佛教認為，這些相續的事件具有暫態性，它們之間沒有間隔，或者即使有間隔，也是被無窮劃分的極其細微的間隔。蓮花戒說：「前一個剎那中的事物不可能留存，哪怕一丁點到後一個剎那中」，因此，變化必定具有暫態性。

我們可以看出，剎那存在的理論導致因果律必然被解釋為功能性的相互依存，也就是「這個事物存在，所以那個事物也存在」的原則。因果性在兩個剎那之間通行，而並非是在穩定性和非穩定性之間通行。雖然羅素會說，因果關係通行於細微的具有穩定性和持續性的各個片斷之間，但他的觀點還是和佛教的因果論相似。因為他們都認為因具有多重性，因果性是多對一的關係，以及因具有無限性，也就是說，羅素認為，一個具體的變化，會相應地有整個宇宙存在狀態的改變。因此，關於這兩種理論，佛教的觀點和羅素的觀點幾乎是完全一致的。針對某些與常識的實在論觀點有關因果觀，他們的反駁言論也有相似的地方。那些因果觀帶有這樣的偏見：因透過機械作用，強制地使果出現。這種說法是用擬人的方式譬喻因果關係。因此，它認為果和因是「相似」的。而佛教和羅素對這一觀點的反駁也幾乎是完全一致的。

佛教的觀點和羅素的觀點之間的區別僅僅是，前者認為有剎那之點，而後者認為有簡短的時間。從終極實在的層面來看，事件的長短是相對的，它們並沒有區別。然而持續和非持續之間卻有著很大的區別。羅素僅僅將點剎那視為數學意義上的「方便」。而實在論也僅僅將點剎那視為一種觀念，或是一個名詞。然而對於佛教來說，點剎那則是先驗的終極實在。它是理性所創造的事物的極限，是真實的，是實在本身。除了點剎那以外，並沒有任何實在物。其他一切東西，無論其長短，都僅僅是由理性構造出來的。而在一般人類思想史上，佛教玄想所佔據的地位及其具有的價值，都應該留給一般的哲學家去估量判斷，但是，關於這個題目，我們依然要在這裡引述已故的里斯・戴維斯（Rhys Davids）教授所說的一段意義深刻的話。他總結自己一生對佛教思想的研究說道：在印度的所有宗教中，佛教因為否認神我靈魂而無與倫比。它的出發點獨特創新並且具有氣魄，而它的完全孤立則更突顯了這一點，從這方面來講，它與當時世界上的任何宗教都是不一樣的。在評價或是理解佛教哲學時，深信泛靈論的歐洲著作家們面臨著非常大的困境，透過這一點，我們也能夠瞭解到佛教創始人在提出這些具有重要意義的理論時，歷經了多少艱難。況且，他們還是處於人類思想史中如此早的時期……無論是一切物質狀態和精神狀態中的無常論，一切恆常性的不存在，還是對一切實體以及靈魂我的駁斥，他們都透過大量的經典，從各個角度進行討論。

第三章：現量（感覺認知）

對現量的定義

在佛教看來，一個事物到底是什麼是不能給予定義的。他們覺得：「倘若這一事物被認知，那麼定義也就沒有意義，而倘若不被人認知，那麼這個定義就更加沒有意義，因為萬物根本是不能被定義的。」當然他們這麼說並不等於他們要放棄對事物每一步認識的步驟的定義手段，也不意味著他們想要取消對事物給出最為明確的定義。因為這畢竟意味著：何為自在之物（the thing in itself）？它的本質是什麼？在佛家看來，這些是不可表達的，因為我們所能知道的僅是它們之間的關係。和歐洲的實在論者（包括歐洲實在論者的鼻祖亞里斯多德）一樣，印度的實在論者也相信世間萬物也應該有其本質，認為指出事物的本質是十分重要的事情。譬如作為世間五大元素的火，他們對它的定義就是：「一切具有火的基本性質的就是火。」這一基本性質對印度實在論者來講就是火的本質，他們對其定義的推理來自一個否定式的（modotollente）混合的假言形式：

一切不能攝取火的基本特性的東西都不可稱為火。
因為這個認知方法，適合於一切火的基本性質，
所以它是火。

對此，佛教徒反駁說，既然所謂的實質並不存在，那麼這一種定義也就毫無意義，也就對認知毫無用處。在佛教看來，世間所有概念知識、語言手段，所有可以名稱的事物和名言都是具備辯證性的。每一個詞語或者每一種概念只可以與它的對應事物相互關聯。而這就是我們所能夠給出的定義。因為這個，我們對事物的任何定義，都只能是從某一個特定角度來看待，並隱藏著做些分類罷了。被我們定義的事物一般都是從負的這個方面來規定它的本質特性的。比如什麼是藍色，我們就無法很明確地說出。也只能將看到的事物分作藍色的與不是藍色的。反過來，我們有可以將非藍色的事物進一步分類成許多種類。這樣一來我們對藍色的定義就變成了非非藍，而我們對非藍色的定義就變成這不是藍色的。這就是佛教的唯名論或辯證法，是佛教關於名詞的理論，在以後我們還會對此進行討論。在此提到它，僅僅是因為這些和構成限量的定義有關。

認識的本身到底是什麼，這如同一個謎題，不為我們所能瞭解。可我們能把這個問題分作直接的和間接的兩個部分來看。按佛教的理解，直接的就是非間接的，間接的也不是直接的。我們不妨採納佛教的這種知識觀——把對世界的認識看作是人生理的反射活動，在把這種生理反射活動分類成，直接的與間接的、單一的與受制約的（反射和非反射的）。

直接與間接知識是構成佛教整個認識科學的原則和基礎。為了便於學習，我們可以把佛教的這種直接來源看做感性，間接來源看作是知性或理性，佛教的直接和間接無非就是我們所說的，感性非理性，理性非感性。

在因明大師陳那看來，世間只存在現量與比量這兩種知識，現量是「非構造的」（其實這只是佛教直接的而非間接的知識的另一種表述方法），而比量（在梵文裡的意思是「隨後的量度」）是間接知識。對世間萬物的存在認知只有透過直接感知與間接推知這兩種方式得到，除此就再無第三條途徑。但什麼是直接的，什麼是間接的，把握它們之間的精確尺度就須依賴我們的知識論了，而這種知識論本身又只能在我們確定了，什麼是半點都不含有間接成分的直接知識與半點都不含有直接的間接知識之後才能成立的。也就是說，我們的知識論產生於我們能確切知道自己瞭解了什麼是純感覺與什麼是純理性之後。法上也說：「要對人們所公認的事物做出判斷是無事於補的。」因此，將「現量」看作是注意力被喚醒的觀察者的直接認識，這個觀察者的認識物件就在他的感覺範圍內，這不會引起人們的異議；可人們還是會根據自己的判斷對這一簡明的事實做出各種各樣的解釋來。那麼正確的說法只有在批評和駁斥錯誤見解之後才會從事物的反面（Per differentiam）確立。陳那與法稱這樣去談論限量的定義法則有兩個目的：其一，用以區別這種知識來源和其他認識事物的認識手段。其二，用來區別佛教的現量與其他宗教的對立觀點。對佛家而言，現量就是如此——從否定的方面——來對事物加以定義的，並且這也是唯一不二對事物定義的方法。

現量作為一個由一定感官所產生的，由認識物件作用於感官的，具有刺激性的認識活動，其通常的定義本身也存在很多方面的缺陷。首先陳那、法稱的現量沒有意識到，每一個真正認識之所以為認識的最普通的特點——新知（人對於新鮮事物的認知），它只在每一個人的認識活動的第一剎那才會如此。現量活動——人真正的感覺認識或感官認知，也不過是感覺的第一瞬間。在這之後，其他的各種剎那中，第一剎那也就不復存在了。除此之外，我們前面所提到的，通常定義也包含了混淆現量的作用本身，和現量的其他可能原因的作用。現量包含其自身的功用、物件和形成原因這三個部分。現量本身的功用是用於使認識物件呈現在人的諸感官裡的，當然這裡並不是說現量自身的功用強硬的把認知物件拽進人的認識範圍，而只是將其放進人認識的方式中。現量自身的物件是那個別之物，這是因為只有自相才是真實的、有效的，它是能在人的感覺器官上產生刺激的真物件。而自相本身就是原因或一個原因。產生知識的原因同時就是物件，一切知識的一般特點就在於此。我們怎麼才能把這一原因區別出來——什麼叫作為物件，什麼叫做物件性，這些問題是本書後面要進行考慮的。而這一章的主要目標是去確定現量的功用。現量的真正作用在於讓感知物件突現在感知範圍中，並且只讓感知物件存在於自身的裡面。而組成被感知物件表象描述的存在是另一種功能，另一個行動者，這個行動者也是追隨前邊那個的相繼活動。因此，現量最顯著的特徵就是非構造性的。這之後才是表象的構造而現量自身還是非結構的。現量是很純粹的脫離了所有憶念成分的感覺認識與感性認識，甚至在有的時候我們都不願意稱它為感覺認識，雖然它是感覺活動，但是它比感覺活動更加的純粹，是人認識事物的感性核心。這樣一來，人的感覺認識功能就和生起性想像的作用便輕易地被人區分開了。感覺認識功能為人指出物件的存在，生起性想像構造了物件的表象。因此可以說完整的限量定義完全能為我們說明這種區別。完整的現量定義如下：現量是所有知識的來源，它的功能是讓被感知物件在當下（即此刻）存在於知識域裡，然後才是對被感知物件表象的構造。對這一定義的一再重複就等於是在主張：只有第一剎那是真的感覺認識，這以後的表象只是憶念性的。佛教有此得出的結論很簡潔明瞭——現量是一切概念化活動追隨的感覺活動，因為一切的概念只不過是在特殊背景下的一種表象。但「追隨」這一個詞在佛教那裡又被一再加以強調，這就使得對任何東西下定義變得複雜化了，因為「追隨」本身所暗含的意思可以是任何方面且又深刻的。

法稱對現量所做的實驗

可佛教中的這種純感知的單一剎那，是否也能像數學意義上的點那樣的得出結論，或僅僅只是一種設置的假想嗎？雖然這是來自一個外在物件的刺激，但那個物件是絕對純粹無屬性的，那麼這一物件就真的是實在的嗎？它被假想成半點想像摻雜物也不能的一種構造活動，可它自己本身難道不就是純粹的想像活動嗎？這個哲學命題的提出不僅僅出現在印度。佛教對這個問題的回答還是和它答覆對於剎那實在性的懷疑一樣：一個單一的剎那，倘若一個絕對的個別，它們並不是表象所能加以描述的東西，它是「我們所掌握的知識不可能達到的」的，這也就是說，它並不是從經驗裡得來的真實東西。可把真實性給予其他的事物的正是這一成分，它是所有真實而一致的知識的必須條件。是超出我們經驗範圍的，但也絕非是「空中花」的那種形而上的東西。

它既不是正理派朝拜的大神那樣的形而上表現出來的實體，也不是數論提出是自行物質，更非勝論提出的「同」〔共相（universals）〕與合和性（內在因）以及其他宗教所說的靈魂觀念。法稱提出用內省的這一種實驗方法是能夠證實這一種真實性。之所以形而上的實體能成為形而上，那是因為它們全都是可以想像的東西，還因為它們之間絲毫都沒有微實在性，更沒有微實在性可以依附的純感知在那裡。「不管是在時間、位置和可感覺的屬性上，它們都是無法抵達的。」可這些「點」，以及對它們的感知，卻直接或者間接地，存在於人們每一個經驗實在的行動，和人們的經驗認識活動之中。這一「點」我們還可以從自己的內省（也稱自證）中間接證明它的存在。法稱說：「人的這種感覺活動和生起性的想像活動是完全不一樣的，它是完全可以用人的自省來加以證明的。實際上，每一個人都知曉表象是可說的（能和事物名稱結合在一起的）的某一物體。但是倘若我們一開始就盯著一塊顏色，並保持我們思想不散逸到其他物件，倘若如此的話，我們就會把我們自己的意識歸結到一種凝固狀態（並且因此而成為好像是無意識的），這就會是一種我們的純感覺狀態。這之後，倘若（我們的思想又從那種狀態中甦醒過來）開始思考，那麼我們就會意識到一種感受（這是回憶得到的）我們這之前有過（我們在那一個色塊面前）的表象，可我們在過去的那種狀態裡並沒有提查到這一點。（因為這是種純的感覺活動）因而我們無法對其進行命名。」

很明顯，法稱的這個實驗接近於柏格森提出的試驗。「我可以閉上眼睛，也不再去聽，逐步停止自己的感覺活動……因此，很快我的認識活動也停止了、消失了，外部的物質世界陷入了寧靜。……甚至我還可以根據自己的情況，做到抹掉或忘卻這之前剛發生的記憶。可至少我還可以為自己保持此刻的意識，並且讓它處在極度的貧乏狀態，即只是意識到我自己身體的實際狀態。」這很明顯就是法稱所說的純感知的片刻，就是當下的剎那（「極度貧乏狀態」）的意識。柏格森引述這種狀態的目的在於透過它來證明所謂的「零無」狀態只不過是一種假觀念。佛教對此的引用也是為了達到這個目的。可這也同時為我們證明了：一定存在一種最低極限的經驗真實與經驗的認識活動，而這就是所謂的純的感覺。

在下一段的話語裡，蓮花戒也提到了一個同樣的實驗。「在第一剎那，當一個物件被人認識又用它絕對的個別性在人前呈獻時，那時產生的意識狀態就是純感覺。純感覺一點都不包含可以給物件命名的任何內容，所以，在繼起的瞬間，當同一個物件被我們專注地思考之時，我們的注意力會滑向和這一個物件彼此聯繫的約定的名稱。然後，當這個物件依照它的名稱被我們專注思想時，這一物件（持續）存在的和其他的（性質的）觀念也就隨之產生了。這樣我們就用我們的感覺判斷將它固定下來。既然選擇已經存在這些用名言來標示的同一個被我們專注思考的物件了，那麼又怎麼可以去否定它們僅只是意念性的東西呢？……很簡單，那是因為現在我們看到的物件，它們已經不再只是由我們感官來感知的東西，這裡還受到了其他知性判斷的干擾。可在這裡向我們描述的相續精神狀態，又怎樣去證明自己是被我們正確觀察到的呢？已確知的事實是：假若我們的注意力不是用這種方式被集中起來，那麼，我們所能認知的就只會是某種無限制與無差別的純天然存在了。可在事實上，由於這種持久的實體觀念是上面我們所講到的那種防範才產生出來的東西，當觀察者的注意力並不是以這種形式被集中，假若這種注意力指向另一個物件，假若這種注意力完全沉浸在另一個物件，那麼就算是這個物件就在我們眼前，但因為我們的注意力並不在我們面對的事物的約定名稱（它的內容）上面，那麼此刻，我們就會在每一個感覺認識的第一個瞬間上，只會剩下，但還無法確定下的，剝奪了一切可能屬性的某種事物的感知。不然的話，假若我們的每一個意識狀態指向的物件，就會是那個在我們自身中包含了這一物件名稱所向我們暗示的一切屬性的物件，即一個處在無心狀態（absent-minded）（這一狀態僅靠感覺來認識）的觀察者如何可能看到純然的不包括任何屬性的事物真相呢？」

對此，陳那也從《阿毗達摩經》裡引用了一段話來說明，其大意如下：「一個完全使自己陷入到一塊藍色中作觀想的人，他看到藍色，會不知道他看到的是藍色。因為他對於這個眼前的物件，只知道它是物件，卻不知道它是什麼樣的一種物件。」陳那引述的這段話後來被許多學者時常引用，這話顯示出陳那在說一切有部的著作裡就已經出現了純感知觀念的胚芽。可，說一切有部的觀念裡承認有三種構造性的思想，其中一個是「自性分別」，它作為構造性思想的基礎，被認為存在於人的每一個基本的現量或者是感覺裡。

現量和虛妄（即：錯亂）

被佛教看作是正確知識的兩個來源之一的現量的另一特點是：它不可能有任何的虛妄存在其中。假若現量是人正當的對事物的認識，那麼它就必須具備人的感覺活動所生的知識，不能是描述感官的虛妄。事實上，人的感覺知識之所以被佛教看作是正確可靠的知識，那時因為在佛教看來，只有當人在感覺活動所產生的認識不呈現感覺的虛妄時才會成立。不過，提到佛教現量的這第二個特徵好像又顯得很多餘，因為按佛教系統的分類，現量的本身就已經是種沒有虛妄錯亂干擾的正確知識。法上認為，這個定義因此就有了以下意義：「那個直接的一致的知識是一致的」，因為「不虛妄（錯亂）」這個詞已經對「一致的」作出了解釋，還一再用就是無用的重複。

可是佛教的這個「虛妄（錯亂）」這一個詞並不是只有單獨意義。他們認為可以出現各式各樣的虛妄錯亂。先驗的虛幻和有經驗的虛妄。先驗的虛妄，即，依據它所有經驗知識都是某一種個體幻覺。有經驗的虛妄，即，只在特殊情況下影響認識的錯誤認識。佛教認為，知識可以是一致的但其本身不具有先驗的正確性，例如，兩個人都患有同一種眼病，他們所看到的每一個物體對他們都有雙象，而這一種複視現象於他們有一致性，可這個一致性並不是真實。因為他們對物體的認識和其他人不一樣。這兩個病人裡的一個指著月亮說：「看，有兩個月亮。」另一個也說：「真是，有兩個月亮。」他們倆的認識是一致的，可這一個一致受到了相同視覺官能的限制。因而，佛教認為，所有經驗知識在哲學的地位上也是這樣的，因為它們都受到了人的感官限制。假若我們身上具有區別感官的另一種直觀能力，是理性而非感性的直觀能力（當然在佛教看來，這種能力只有佛陀和菩薩才具有），那麼我們就將直接認知世間的一切，而且是無所不知的。但是我們只能是直接認識一個事物的一剎那罷了，可構築這一事物表象的我們的理智活動卻是我們的主觀。這樣一來，萬物的所有表象只能是我們先驗之下的幻覺，而不是事物最根本的實在。為了說明佛教這種「不錯亂」特徵，法稱特意指出：人在純感覺活動與其認識的微分之中，是可以觸及到終極實在的那無法認識的自在之物的。而那些續起的表象、概念、判斷與推論只給我們轉達經驗的、人為構造的與主觀的世界來說明這兩者的差異與區別。法稱是以一個將「不錯亂」的特徵引入到其現量定義的佛教徒。依據法稱的這種解釋，「不錯亂」就意味著非主觀、非構造和非經驗，它只是先驗的與終極的真實。對法稱而言，只有如此，「不錯亂」才得以將現量和比量以及非感性的人的理智活動加以區分。以前的現量、比量與非感性的理智活動從先驗角度看就是種人的錯覺產物。那麼佛教關於正確知識來源的第二個特點其實就是它的第一個特點的同義詞。在法稱看來，純感覺本是被動的，「非構造的」，所以，它不是主觀的（非主觀），也是先驗真實的和不錯亂的東西。

在這裡關於法稱的我們就此打住。不過，我們會發現法上對正確知識來源的解釋和法稱的列舉例子是有衝突的，法稱所舉的例子都是由於感官的異常而引起的經驗虛妄。

到底有沒有必要強調這種「不錯亂」的特點，在陳那之後的佛教學者中也出現了很大的爭論。無著是首先提出「不虛妄」的佛教學者，但他為什麼要提出則未知。陳那把無著的「不虛妄」從著作中刪除了，法稱又將其特徵強調出來，可他自己的後輩學者卻對之加以迴避，直到法上將其確定下來。

為什麼陳那要將「不虛妄」從學術上去除掉，這是因為他處於三個方面的考慮，一是他覺得虛妄這個概念裡總是包含錯誤的感覺判斷。在他看來可判斷並不歸屬人認識的感性範疇。他舉例說，假若我們看到河岸上有一棵正在走動的樹，「這是一棵正在走動的樹」就是我們的判斷。在陳那看來，所有判斷都是由理智構造出來的，而並非感官的反映。在陳那批判正理派的現量定義的中也包含了「不錯亂」的這個特徵。他說：「錯亂的認識物件也就是理性構造的物件。」「純粹感性認識的現量並不會包含任何形式上的判斷，不管這些判斷是不是正確還是錯誤的。因為純粹感性認識的本身是非構造的，它裡面不能包含任何的錯亂。」在這一層的思考上，陳那和法稱的解釋完全一樣。但陳那還是覺得沒有必要強調「不錯亂」，在他看來，因為如果先驗地看待非錯亂的特徵，我們就會發現它只不過表明非主觀性和非構造性，而它的第二特點只不過是對前者（無分別）的重複罷了。

陳那在學識上可以忽略掉「不錯亂」，只怕很有深意。估計是他希望自己的邏輯學既可以被承認外部物件實在性的那些實在論者接受，又可以被否認外部世界實在性的觀念論者所接受。很顯然，陳那也和很多現代的邏輯學家一樣，覺得形而上的問題是無法在邏輯領域內得到徹底解決的。在他看來，無論對外部實在這個觀念是否肯定，知識的直接和間接之分和知識判斷的功能，在肯定與否定的這兩種情況下都是一樣的。陳那批判世親在《論軌》這本著作裡關於現量的定義時說：「現量是純（物件）自身引發的認識，」那是因為它能夠被加以實在論的解釋。陳那之所以斷然放棄「不錯亂」，是因為「不錯亂」有可能被解釋成對瑜伽行派的排斥。就瑜伽行派而言，知識都是毫無希望的幻覺。而對於現量定義成純感覺是被動的非構造觀點，能使得這兩個哲學流派都接受。因此，勝主慧說：「雖然陳那確信無法能認識實在本質中的外在物件，可他還是一再地強調自己的觀點，以此來表明自己對於認識過程中問題的個人看法，希望能透過這些來滿足那些堅持外部世界實在性的實在論者，與否定外部世界實在觀念的人。」

蓮花戒對此也有類似的話，儘管他所說的是法稱的那個含有不虛妄的定義。「不虛妄指的應該是一致的知識，而非指物件的（最終極）實在性的形式，倘若不是如此的話，那麼本來旨在用來滿足兩家理論的定義就顯得太過狹隘（它會排斥觀念論），因為瑜伽行派主張外部的物件根本就是不存在的這一觀念。」

陳那之所以不強調「不錯亂」，法稱之所以要重提並將它放進現量定義裡，還說這並不和觀念論（唯識宗）有什麼衝突，那是因為他們都希望現量定義能被兩大宗派接受的原因。

其實還有一個讓陳那下此重大決心在學術上迴避不虛妄特徵的問題，那就是「不錯亂」其本身能從多個角度來解釋自身，如果讓這種遊刃有餘的觀念進入到自己的理論系統，那就等於給自己埋下陷阱，甚至還會給理論帶來毀滅性的危險。

陳那所構建的體系基礎，原本就是為了嚴格去區分兩種不同類型的知識來源，因此，對不虛妄，他感覺不好判斷。但倘若錯覺或者一個錯誤的判斷被歸因於感性的話，那麼就沒有什麼理由認為正確的判斷不可被歸因於感覺了。實際上實在論者的說法也和陳那的想法一致。這樣一來他自己的整個邏輯體系基礎就得重新構建。由於「廣延性本身不會只是一個單一的反映」，那麼對於任何一個廣延物體的現量認識都會是虛幻。又由於唯有暫態存在的剎那真實契合單一的反映，事物的持續性也同樣會是錯覺。在他看來，一個物體有諸多極細微組成的各個部分的統一體本身就是錯覺。這就像人在遠處看到一片森林整體是錯覺那樣，因為森林實際上只是一棵一棵的樹木。可要是反過來，假若這些認識並非錯覺，那麼它們的界限又在什麼地方呢？為什麼有的人能看到雙月？又為什麼一個火把在舞動時會讓人看到火環？為什麼人坐在船上會看到河岸上樹木在走動？難道這些全是錯覺？「大師（陳那）之所以要迴避『不錯亂』的特徵，」瓦恰斯巴底解釋說：「恰恰是由於所謂的不錯亂性能引發對其整個理論體系自殺性後果。」

當然陳那並沒有因此而取消虛幻的或者錯誤的現量知識，但它們還是必須分別被看待。這就像是存在著邏輯謬誤和不合理的推論那樣，理所當然也會有錯誤的現量或者因為錯誤地運用感官而產生的錯誤知識。然而與其說它們是感官，還不如說都是由人的理智產生的東西。因此現量知識有可能以下面這四種方式存在：一種是嚴格意義上的錯覺，也就是我們所說的fata morgana即海市蜃樓，這肯定來自人的理性，也正是因為人理性的分辨作用才會把由某種光線組成的幻象看作是沙漠裡的水。第二種，人一切經驗的感覺認識都源於先驗的錯覺，因為人錯誤地把眼睛看到的物件表象當成了物件的實體。第三種，所有推理（比量）和推理的結果被錯誤的當成了現量。例如，當我們言說「這是煙，它就是火的表徵」或者說「火因為煙之存在顯示」時，這種種推斷儘管含有感性判斷的形式，可事實上它們全是憶念性的。第四種，所有記憶和欲望都是因為以前的經驗在作怪，所有它們是由知性產生的，雖然說它們也經常被人錯誤地賦予感覺形式。

陳那把虛妄概念作了引申推廣，並將經驗的錯覺（fata morgana）與經驗知識整體所代表的先驗錯覺等同起來。陳那提出的現量是純的感性活動，這個活動中不會夾雜任何憶念成分。因此，對於他所說的純感性活動，並不會有不錯亂特徵，因為這種感知即不存在錯誤也說不上有什麼不正確。陳那這樣做的真正目的只是為了，把人的感覺能力和作為我們有目的性的行動的，又毫無自相矛盾的思想構造能力區別開來。

關於陳那的部分現在我們只談到這兒。他的弟子法稱剛好在這一觀點上和他有所分歧。法稱之所以要重新引入「不錯亂」的定義，看來是出於以下因素的考慮。

在法稱看來，我們必須區分感官和知性的錯覺。倘若我們錯誤而固執地將一根繩子當成蛇的話，那麼這一錯覺的出現一定是因為認識者的知性對感覺所提供的資料加以錯誤的理解才導致。我們一旦確信這個物件是繩子而不是蛇，那麼我們的錯覺就會自動終止。但這個人要是得了眼疾看到雙月，即便是他被人肯定地告知天上只有一個月亮，他所說的雙月的錯覺也不會因此而消失。

此外還會有一些錯覺，其中之一就是所見之象都是當下存在的，而且還帶有直接的感覺認識的一切生動性，且無概念思想特有的一般性與模糊性。我們不可以認為所有的這些錯覺是理智的，而誤將一物描述成另外的一物，因為根本就不存在那種事物。假若我們堅守這一個定義，認為所有概念活動都是錯覺，因為我們錯誤地把一物當成了另一個物，那麼我們也是必然會得出以下荒謬的結論：人的幻覺是正確無誤的，因為這裡不存在將一物錯誤地認為是另一物的情況。

去討論幻覺和錯覺的這件事情本身就會讓我們感興趣，可假若我們對幻覺和錯覺的細節作詳細的論述，也會遠離我們將要討論的東西。法稱堅決的認為，人錯覺的存在是由人的感官所引起的；因此，作為人認識來源的現量中包括非錯覺的特徵就不顯得多餘。我們還是用法上的一段話來對這一爭論進行總結：「形成錯覺的因素有很多種，它既可以是外部物件帶來的，也可以是起源於觀察者本身。也許是因為人的感官疾病造成，也許又是因為人心理方面造成的。就像是患有精神病那樣的人所看到的幻象一樣。可這一切都是牽涉到人的感官，而在這個時候，人的感官卻是處在一種異常的狀態裡的。」

因此，感官雖然不能做判斷，不管正不正確，它並不包含判斷，可是那些還處在異常狀態裡的感官還是會將知性引入歧途的。

法上得出的這一結論能讓我想到康德的那個觀點：「人的感官不可能會犯錯誤，那是因為感官是完全沒有判斷的，無論正確和謬誤都不可能。人的感覺能力假若從屬知性，作為知性行使功能的物件，那麼它就會是人真正的知識來源。假若它影響到人知性本身的活動並導致它做出判斷，那麼它就會是錯誤的原因所在。」

另一個是，法稱好像不太認可陳那對我們認識活動裡知性的評論，即陳那說的——既然知性不是對實在的直觀而只是構築表象，那麼知性就是錯覺的根源。雖然法稱也認同陳那的某些觀點，可對於法稱而言直觀能力比感覺活動的範圍相對要寬泛得多。他還覺得，感覺和感性直觀並不是直接認識的唯一種類，因為二分對立是不在感覺和概念之間的，而是在直接與間接的認識活動之中。法稱認為，感性直觀並不是我們唯一的直接認識方式，除此之外，還有一種理智直觀存在。在他看來，每一限量之中都含有理智直觀的剎那。

現量或者說直覺的種類

意現量

現量這個詞在古梵語裡較感性知覺的範圍很廣——指直接知識和直覺，它與間接知識及概念知識相針對。感性直覺僅僅是人本身直觀的一種，人身上還存在另一種叫做「理性的直觀」的東西，但這個天賦不是普通人所能具備的能力。這種具有神力般的東西只有修習瑜伽的人才有機會獲得。這種存在於人每一個知覺裡的剎那，被認為是追隨人純感知之後的理智剎那中的第二個剎那。也就是繼外來刺激來影響人的感官剎那之後的第二個瞬間的人感官注意力的那個階段。在對兩種知識來源進行了嚴格區分之後，對感官和理智的解釋在佛教的認識論那裡變得迫切起來。當佛家將感官與理智做了分離後，隨著佛教認識論的發展需要，他們又開始覺得有必要重新將感官和理智相互結合在一起。佛教早期哲學理論中感性知覺的起源，被他們解釋成三種相互依存的元素：外在的「色法」（物件）、內在的或者肉體的「根」（感官）、第六感覺（內在的識）。只有在這三者和合時才會產生感覺或感性知覺（現量）。由於在理論上已經建立起對感性和理智的根本區別，陳那在此基礎上才取消了前期佛教裡的第六識，而改用純感知替代內體的感官。這樣一來，他們對於一塊顏色的感知就被說成了：現實一瞬間的純感覺，然後是理智的構造，在顏色與其他印象的範圍之內，給特定的感知確定位置，成為了他們知性的任務。但據說在佛教那裡人的知性活動的第一瞬間和純感覺活動是類似的，也是直接的、直觀的與非概念的。也就是說，在佛教那裡，第一剎那的現量也可以被說成是「感性的感覺活動」，而第二剎那的現量就是「理智的感覺」。為了給修瑜伽者（yogi）的神祕直觀能力，保留下理智的直覺的這一用詞，我們將第一瞬間稱作純的感覺剎那，第二瞬間稱作感覺剎那，因為第二剎那中人的意識感覺是介於純感覺和知性這兩者之間的中間步驟，這一點，在後面的論述裡還會講到。

瑜伽的現量

人的直觀在任何時候，它都是感性的。並受限於生動和鮮明的實在的剎那，然後，我們又試圖用模糊且一般的表象概念，對之加以解釋的知性活動。假若我們可以具備由理智支配的直覺，那麼我們就能在感覺的第一剎那，像感知實在那樣很直接地去理解它；我們對於事物的認識就能避免我們本來會有的局限性，在透視遙遠過去時彷佛像透視眼前的，視過去如同當下了。我們可以設想有情之物（being）在擺脫了自身感性局限性後，它們毫不費力就將兩種完全不同的人對於世界的認識手段結合起來，用此求得知識結果；也無需在乎借助拐彎抹角的辯證概念來得到認知實在。對於它們只存在一種認識方法，那就是直觀。在日常生活狀態中，我們無法判斷別人是不是全知的，如果非得我們去判斷，那麼除非我們自己本身已經是無所不知，無所不曉的。但我們也可以設想憑藉著我們有局限構造，費盡心機地去接近實在，而對於修習瑜伽者來說，他們是可以憑著他們精神的直觀直接把握實在的。我們知道生起性的想像活動是一種先驗的錯覺，它內在於我們認識活動，只有聖者或者菩薩的理智直觀才能擺脫它的糾纏。

如此看來，佛教為了用說明性的對照形式指出我們所受到限制的認識活動的特點，人的兩種知識的來源以及它們局限性的理論——表象活動的空泛，和人感性的盲目等，這些都恰好需要一種作為其對應物自由的直觀能力。看來佛教理智直觀理論的邏輯價值恰巧在此。法稱所提倡的不可知論，態度明確、邏輯性鮮明，剛好表現出這些。法稱理論裡的，全知者是人類的認識所不能到達的極限所在。

內省或自證現量

瑜伽行派——經量部的基本命題是：「人所有的意識都是能夠自證的（自我明瞭的）。」在他們看來，人對於事物外部物件的每一個認識同時也是自己對自己的那一認識的認識。一方面是人的每一種感受和意志都會和某一認識物件相聯繫，另一方面人的感受和意志又是可以自證的（自我明瞭的）。只有如此人才會具有「對自我認識的瞭解」（an awareness of our awareness）。他們還認為，知識也具有自我顯明性。這就像燈盞在照亮事物的同時也照亮自身那樣，是無需別的光源來照亮燈盞自身的。同樣的道理，人的認識也是自我顯明的，因為這也是無需另外的意識之光的照亮才會使得人自己被意識到。而數論與其他宗派主張，人的認識是某種類似人生理反射出來的東西。在他們看來，知識本身是不能自覺自明的（unconscious），知識這個東西只能從人的靈魂（神我）那兒獲得假借的意識了別（consciousness）。對佛教而言，意識並沒有被分離成靈魂與內感官兩個部分。佛教的內感官就是所謂的第六感官，亦如小乘佛教那樣否認了靈魂我的存在。經量瑜伽行派，對此的主張是，假若我們從來就不知道我們所看到的是一塊青布，那麼我們就絕對不可能認識它。法稱說：「不管是心所法（精神現象）抑或是心法（意識），它們都是自覺地，自證和自我明瞭的。」也就是說，簡單的心識——只對我們感知範圍之內的某物的了知，以及心相應行（一切構造的、複雜的精神現象也稱作：表象、觀念連同意志、感受）等，一切意識現象，它們都是自我明瞭的。意識現象，它們都是自我明瞭的。

但這些都不妨礙依然存在著本能性的思想和行為這一事實的存在。印度哲學裡的本能、習慣、業等觀念仍然被經量瑜伽部繼承和保留，而且還在它哲學系統中具有重大的意義。在他們看來，由於那從外到內的刺激之後總直接追隨某一個預期的行為，使得人有的行為是半自動的。但一切也只能說是好像如此和不可確定的。對他們而言，因為這種複雜的過度是習慣性的和非常迅速的，所以才很容易避開推理性的內視。可這些也並不能說明它就是無意識的或不能自我明瞭的——當一個嬰兒停止哭泣而吸食母乳之時，這個嬰兒的行為就帶有這種意義上的自覺。因而就此意義而言，自我意識和生命是一碼事。

要弄清楚自我意識的所有意義，我們就必須將與它理論類似別的宗派做一番比較，且考察它在印度本土和西藏地區的形成發展過程（而這一過程的本身就足夠我們專門立項做個專題討論了）。而現在我們在此只能稍作簡略介紹。

之前我們已在文章裡提到過醫學派別和數論派的一些立場觀點——自我意識的東西只是個體我的靈魂。靈魂是永恆的、不變易的、單獨的精神實體，也可以說成是，只有靈魂的我才是自我意識的東西。對此所有的認識過程，全部的認識形式與感受以及意識本身都是無意識的東西。數論派認為，整個宇宙存在著五種意志本身的認識外部物件與感官，與此同時還存在一個內感官，這個內感官具有三種功能：一是我慢，即，一種對個人的無意識感受；其次是一種對可欲望和不可欲望的無意識感受，其三是一種無意識的判斷。這些功能之所以能成為自我明瞭的東西，那是因為它們依靠了靈魂投射其上的光照亮的緣故。同理，人的感官對外部物件的認識自身雖不是自覺的，可經由靈魂的反射人的認識就獲得了自明性也可稱為自覺性（consciousness）。數論派就是使用這一種方法來說明外部感覺認識，並解釋人內省也稱自證的活動。在他們看來，人的五種感覺器官以外就是靈魂，或者感知外部物件的器官，人的第六種感官也就是靈魂認識特有物件的工具。

印度實在論的各派不但依照外部感知模式描述人的內省，他們同時在言論裡保留靈魂、感官與物件三者合一的形式；他們也承認佛教所說的第六種感官——內感官。內感官和他們提倡的五種外部感官並列。只不過這個時候，所謂的靈魂已不再是由人的純粹意識構成的非變易實體了。靈魂也具有內在於其中流逝的精神現象的「屬性」。他們還認為，這些精神現象並不會被靈魂直接認知，因為在他們看來認知即使一種行動使自己不能作為自己的物件的，這就像刀刃不能對自己進行切割一樣。彌曼差派覺得，靈魂和意識這兩個詞是同義詞，認為意識並不是靈魂的屬性，而是靈魂的本質。而在正理一勝論派的系統裡，意識（自明性、自覺性）只不過是靈魂透過和人內感官的相互作用才產生的一種短暫現象，意識本身像「石頭那樣」是毫無自明性的。印度實在論裡的兩個大宗派對靈魂觀念的不同說法涉及到天明各自對內省不同的闡釋理論。自我意識這個概念對於彌曼差就是比量的概念而對於正理一勝論派來說，自我意識則是單獨的一支現量。當一個瓶子被人認知時，在彌曼差派看來，就有一種被人知性的新屬性從這個瓶子裡生起，也正是因為這一個新的屬性存在於這個瓶子當中，我們才得以用比量推知，有某一個認識也存在於我們的自我中。依正理一勝論派來看，這些除非借助人的感覺，否則我們什麼都不能認識，這一個規則不管對事物外部，還是對事物內在物件都是適用的。他們認為當一個物件外在的時候，譬如：當那一個瓶子在靈魂這個概念中，以「這是一個瓶子」的形式產生時，對此的認識（自我感知）就會以一種新的判斷形式相隨而生了。這種形式就是「我被賦予了關於這一個瓶子的認識」。「當人內在於靈魂中的苦樂悲傷等屬性被人把握之時，人的內感官和人身上的哭樂悲傷等屬性之間的相互作用，就會和人的視覺與那個瓶子上色的屬性之間的相互作用完全一樣和相同。」甚至於人的自我也是用同樣的方式給人自己認識到的。當人的內感官使用自我的形式產生出對靈魂這個概念的認識時，這一認識是一種在人先前的無意識靈魂裡衍生出來的新屬性。而在這一整個過程裡，人的感知器官是人本身內部的感官，其物件是無意識的靈魂，對它認識時靈魂裡生起（衍生出來）的新屬性。

在小乘佛教中不管是作為實體的抑或是作為屬性的靈魂都是會消失的，但它還會保留意識、感官和物件三者的結合。在這同時，小乘佛教對自證（self-perception）的描述也是依照它對外部感知的描述方式說明的。對他們而言，某些第六感官依然存在，人所有的精神現象都是第六感官的物件——這代表著流逝的純意識系列，直接以人的精神現象作為物件，依據外部事物作為間接物件，依據相依緣起的規律，和五個外感官來配合其行動。

陳那對小乘佛教的這些理論斷然否定，他反駁道：「樂等不是所量，也不是意根所緣。」（他的意思是：人的感受並不是什麼物件，人的理智也不是什麼第六感官。）

小乘佛教各個分支系在第六意根的闡述上從未統一過意見。其中的一切有部認為第六意根和理智是一樣的。一切有部認為人的純粹意識、內感官與知性（理智）本來就是一體的。可上座部的其他分支在他們的描述中設定了內感官也成第六感官是意識性的成分。佛教與正理派論戰時，陳那在駁斥的同時請他們注意正理派的各個感官的列舉情況僅有五種。但伐差耶那始終在堅持認識者（靈魂），除非透過某種感官，否則它是不可能認識任何事物這一原則。接著他又說，不管現量場合，認識者或靈魂都要經過人的感官來作出判斷，因為若是我們取消掉感官，那麼與它呼應的結果判斷——它的形式，比如：「我被賦予了這個瓶子的認識」等——就無法產生了。伐差耶那的反對者反駁他說：「既然這樣，那麼你給我們說說，關於人的自我，或者感受或者觀念的現量認識，這一些到底是怎麼回事？」伐差耶那回答了他們，他解釋說：「這一些都是透過人的內感官完成的，因為內感官確實是人的一種器官，儘管在正理經裡它是被單獨提出的，那是因為它與其他感官有很多不同的地方……在正理經裡並沒有特別否認第六感官的存在，在我看來這種沉默就是對它存在的默許的表示。」對此陳那不屑一顧，他反駁道：「假若你所說的不提及就是贊同的話，那麼正理經裡就根本沒有必要再提到其他五種外感官了，因為它們本來已經被承認了。」

陳那不認可內感官的這一理論，取而代之的是他提出的「意識的或者理智的感知」也稱意現量。他還認為，一切的認識活動都是能夠分成主體和客體的。但意識本身卻不能劃分為二。能取和所取是主體與客體的對立面，但是能取不可以分開用一部分去觀察另一部分。倘若我們使用我們對外部物件認識的那種方法描述我們的內省或自證的話，我們就會犯錯。

法上是這樣來論證自己所主張的真正連續性的內省活動：他先提問自己——在直接的現量活動的意義上什麼是認識？然後回答，認識是一個過程，它的一剎那是人不確定的感覺，接著才是人對認知物件的表象構造。法上接著說：「我們是可以認識到物件的形式（對此形式，那只標示某物存在於我們感知範圍裡感知的直接作用）總是為物件的表象所追隨。在我們的一生中毫無疑問，我們都有過對自我自身統一的感受，感受過我們自己，可這種感受之後就是關於我們自我的表象？那肯定不是了。這種感受只不過是伴隨我們的每一個意識狀態罷了。在我們看到一塊青色的時候，同時卻體會到一種舒適的感受，那麼這種舒適感受絕對不可能是相應於青色所生感覺活動的表象。可在某一個外部物件，比如：一塊青布被我們認識到了，與此同時，我們會意識到其他的東西，一種令我們感到愉悅的東西。這一愉悅的感受就是對我們自我狀態的感受。」「而事實是，正是在這一種自我（這裡的自我，不是佛經裡的「我」）在其中被感覺的形式，才是直接感覺的自我認識」，即自我明瞭的（self-conscious）。如此一來，在經驗達到一種視覺活動的同時，我們也同時經驗到別的某物，附加的、伴隨我們某一精神狀態的不同於我們所能看到的外部物件的東西。我們離開它是絕對不可能有任何一種精神狀態的。在這裡的這個「它」就是自我（Ego）。

因而就存在著對認識的了知。這毫無疑問是一種心理事實，是我們對自我的感受——它是直接的，非構造的，並且還是非錯覺的，因此被劃歸到現量而成為我們另一類感覺的知識了。

在這裡我必須提醒大家，這一理論並不覺得有什麼漠然的無所謂的意識狀態，他們的自我永遠在某一程度上處於激動不安的狀態裡，雖然這種激動不安有可能是很微弱的。他們的對象或是所欲求的，抑或是非欲求的，但絕不會是漠然的。它們要不為所欲求到達，要不就被所欲求規避，實在論者假設出來的漠然只不過是表面上的東西，它們實屬於他們要避開的那類東西，因為不欲追求的就是要避開這些。對他們而言，有生命者的意識之流是不可能被中斷的。即便是人在熟睡和完全走神的狀態裡，依然會存在某一種有意識生命的活動在進行著。還有就是，他們認為意識本身就是本質上的準備行動，因此意識不可能是絕對漠然，而自我作為一種關注的成分，它總是在伴隨著人每一個意識狀態。

所以，古印度哲學裡的自我在奧義書時代，就被人們奉為至高的「梵」，只是在稍後時代出現的數論派哲學裡才成為純然實體。隨後，「梵」又在小城佛學裡降格為帶有第六感覺功能相對簡單的思想相續系列。這之後，「梵」又在佛教邏輯派別中甚至也失去了這個較為低級的地位，而成為人每一個意識狀態的伴隨部分——「先驗的統覺」。之所以說它是先驗的，那是因為人的意識分為主體與客體，並總是先於可能經驗的緣故，所以它就成為了經驗之所以成為可能的先決條件。但是，以後我們就能夠看到，在它發展過程的終點，在改造的吠檀多哲學、中觀以及中觀自立量派、中觀隨應破瑜伽派的哲學裡，人的自我概念的地位重新得到了提升，再又重建了它至高梵的地位。

古印度哲學裡的現量觀歷史發展

成體系的現量觀點首先出現在數論派的哲學裡，以他們描述——在前文已經提到的——萬物一切各種變化著的現量認識都是人勝利的反映，其自身並沒有自覺性（自明性），只不過是因為靈魂投射在認識（perception）上的光才被我們獲得假借的自明性。人內部的感官配合自明性才有作用的有我慢和意，內感官是人原初物質第一級衍生物，也稱作大（mahat）。這是因為大的行動是無限的，因此大包括了人所以可以認識的物件。大有五種各有自己認識物件範圍的感官輔助自己，這五種感官在各自的認識行動中各自發揮著各自的作用。外感官認識世界，內感官作出判斷，而靈魂照顯它們。

醫學派在其理論中也設有靈魂、內感官與五種外感官的概念。組成它們五根（感官）的材料和五種外在物質是相互對應的，它們認為，每一種感官只能在它自己的限定範圍裡活動，因為它們必須遵從類同者也只能為類同者認識的原理。這一原理我們也很熟悉，它是和古希臘哲學家所設想的一樣。在古希臘哲學家看來，人的視覺器官所能認識的知識事物的形體和顏色，因為人的感官和物件本身的顏色本質上都和四大元素之一的火元素是相對應的。人的內感官也是物理性質的，他是由某種特別的原子（極微）材料組成的，以無限速度的運行存在人的身體內部，從一個感官運動到另一個感官，又隨處建立起靈魂和人的外感官的聯繫。因此它能夠被假設成人的某一種假想的神經流，它作為仲介物來聯絡人思維的靈魂和人生理性器官。

內感官除了在我們認識外部物件的時候配合外感官，它也有自己的活動範圍，不僅僅是適用於外在可以被我們感覺的物件，還適用於我們心智的內在活動，包括我們所認識所能反映的一切活動。人內在的或可理解的物件是靈魂、判斷、內感官及其心智活動的特有物件，也就是我們的情感、觀念、意志等東西。它們都是經由我們內部感官所直接被認識的。

我們從而可以這樣去做以下的配置：有人的內感官協助他的外感

官認知外部物件。內感官在反思我們心智活動的同時，用本能地對我們所欲和不欲的物件加以區分。判斷力（覺，意欲）——人另一內感官（內感官的另一作用）是產生清晰而分明的現量認識，但這一整個過程必須是從靈魂所發出的光的照射下才會得以明顯。靈魂讓這一過程成為了有意識的或者讓人明白的。希臘的這一理論配置本質上和數論的理論一致。人的理智有時被當做是第六感官，有時數論又只是提及五種外感官。對此《迦克拉帕尼》一書中講到，並不存在什麼抵牾的地方，因為醫學是一切學問的基礎，因此，可以看具體情況來認許那衝突很明顯的看法，因為這裡面本身就還有特定上下文的規定。這本書在專門論述人感覺官能的那一章裡指出，人的諸感官各有各的特點，它們因此和人的理智區別開來，因為理智是非感性的反映官能的獨特範圍。但在此書的其他章節裡，伽羅卡（Caraka）把人的理智歸納在感覺觀念之中，並且還像勝論與數論那樣列出了人的六類官能和器官（有可能是11種）。

實在論的各派，像正勝、彌曼差、耆那教等都在哲學上承認靈魂內感官和外部感官，可在認識生成的過程中，內感官和外感官所分擔的作用是各不相同的。

在他們看來人真正的認知，就是人判斷力的功能活動從內感官轉移到靈魂上去。按照正理—勝論派的理論來講，就是人的這種認知是靈魂的屬性，在他們看來，因為它是在和內感官發生接觸，才在人的靈魂上偶爾生起的。彌曼差派覺得這種認知就是人的知覺本身。只有這樣，認知才會成為靈魂透過感官的一種判斷。一是，透過靈魂與內感官、外感官和內感官的雙向接觸作用於外部的可感物件的判斷；二是透過內感官的仲介環節作用於內在的物件、感受和意志以及觀念等。雖然內感官在這裡失去了平時的判斷作用，但仍然還是保留了協助外感官的功能，並且還有幫助人認知人的心智自身活動的功能。因此，現量包含了人的感覺判斷，而不能確定人的感覺活動，雖然實在論各派承認，可只是在很弱的程度上承認有這種認識活動。

小乘佛教徹底捨棄了靈魂（神我），但是他們所提及的內感官卻被精神化了。他們把人對事物整個的認知活動交給他們稱作的內感官處理。這一內感官被他們認為是在人認識外部物件配合人的外感官並且直接作用於認識心智的內在活動。因此，理智成為了和其他五種外感官（也就是所謂「根」）並列的第六「根」一起在人認識自己內在世界時，有的特別物件。世親在轉述毗婆沙師的話時說：「眼識生時，意識了別。」

按照佛教相依緣起的原則，佛教早期把人的認識活動描述成人的純粹意識、物件和感官，這三種東西的共在。也就是說，根、境、識，這三者和合就有了人的感覺活動。對事物的表象、概念活動——判斷的產生——是因為概念成分的加入，但是人的所有對事物的認識活動裡都不會缺少純粹意識這種東西。純粹意識在諸法的體系裡屬於意根（也稱作第六官能），然而在這個問題上世親這麼說，假若以其他五根作為人的感官，那麼人的理智就不是感官了，他們之所以也稱人的理智為感官，那是因為為了和前面的五根對稱的緣故。因為眼根和眼色之間的關係與意根的純意識和我們心智活動的對應關係非常類似。人的這些活動都是意根的特有物件。可人在對外部物件的感覺認識中，意根只有輔助的作用。因此，我們就不難看出，即便在佛教早期的哲學裡，雖然官能和物件（根境）搭配不一樣，可純感知和概念活動的界限依舊是存在的。雖然在佛教另一套諸法配置的系統裡，意根成了後來佛教哲學邏輯的一個非常鮮明的特點。佛教第六根的概念取代了數論哲學的第六感官和實在論各派提出的第六根和靈魂的概念，它在佛學裡又被列為心法（純意識一類，即識蘊）和佛學中的概念類（想蘊）等做了區分。

佛教的這種諸法配置在後來的大乘佛教那裡有了根本性的改變。這裡就不提否認普通邏輯的中觀派了。佛教早期的觀念論者無著和世親，他們在否認外部世界真實性時，將人整個對世界的認識活動轉換成對人自身心智活動的觀察過程；他們不承認外部世界卻又在描述中為我們假定了「藏識」。可他們的這一提法遭到了法稱與他老師陳那的反對，稱無著和世親的這一做法是偽裝的「神我」。隨後陳那和法稱在佛教邏輯體系裡新增了完全異類的兩種成分：非構想的純感知與構造性的（概念的綜合）。並將這種理論連同我們的內省自爭論、表象論一起看成是佛教認識論的最基本內容。

從這一發展過程中我們不難看出，純然的無表象意識觀念在印度哲學裡是始終存在的事實。在數論和醫學派的神我裡我們看見過它；我們也在實在論者的無表象認識活動裡看見過它，在小乘佛教的識蘊和第六根以及佛教邏輯的純感知中遇見過它，但只有佛教邏輯才提倡「現量是純然的感知」裡沒有任何憶想的概念成分。對於其他的哲學派別，他們已在自己的理論系統裡引進了不確定的和確定的現量區別，他們之間的差別只是在引進的程度上，感知不是很完全的現量，人真正的認知是經由確定現量而產生的。可這些對於佛教徒剛好是相反的，佛教徒認為，真正的知識是純感知，因為它本身沒有構造性，所以，它也是非主觀的、非造作的；它是人與終極實在與物自體以及純粹物件或者純有（純存在）的觸發點。這些也就是為什麼吠檀多派後期要和佛教邏輯相互通氣的原因所在。在引用《奧義書》裡的格言時，他們都將現量規定成「非間接的」認識，而在這點上我們都知道，正是佛教給真正定義的。佛教將此等同於對絕對者，獨一無二者，無自身差異的純然的「梵」的直接接受。

實在論對此的定義是，現量是感性刺激產生的，並且還包含了人感覺的判斷。

無著對此的定義在字面上看和法稱一樣，只不過無著的定義裡，不包含它所有的暗藏意義在內。

世親也曾提出過兩種定義。其中之一是他在《論軌》一書中提到的：「現量是從物件本身升起的知識。」續而他解釋說，這一「本身」就是強調最後的真是物件——指點剎那（point-instant）的效能。他的這一定義遭到了陳那猛烈地抨擊，因為在陳那看來，這一定義和實在論者的定義的前半部分太近似了。實在論者這麼說：「（現量）由物件和感官的接觸而生起。」這樣一來，世親的定義極其容易被誤解成實在論的觀點。世親在隨後的新作《論式》裡也對這一定義做了修改，是它和陳那的說法變得一致起來。由於這本書已經遺失，後來的我們就無從考究原因所在了。

在歐洲類似的理論

現在我們已經清楚了，佛教認識論及其印度反佛教認識論者之間的爭論焦點：嚴格的講，他們的爭論在於——現量本身是否包含人的感覺判斷。這個爭論可以另釋為：人純然的感覺直觀和純感知是同樣一種實在的東西嗎？這個問題也涉及到其他的說法是否真的有感知與知性，這兩種相互獨立的知識來源這個問題？這樣我們就明白了，說一切有部的大師們都很嫻熟地掌握人入定時的心理技巧，注意到他們的感官能強烈的進入到對青色的冥想（觀想）之中，與此同時，他們的知性卻對此能毫不察覺，甚至沒有「這是青色」的判斷。我們明白了法稱要求我們進行重複的內省實驗，是為了讓這一事實證明純感知成分的真實性。這一期間，實在論者在某種程度上對此也做了讓步，同意有兩種現量——

不確定的混亂和確定的包含有判斷在內的。佛教的要點在於他們認為人存在著純然的感覺活動或直觀活動，然後才是人的感覺判斷的追隨（vikalpena-anugamyate，隨順分別）。與此對立的觀點卻認為這裡還存在著確定的以及混亂的現量。前者已經包含了人有感覺的判斷。它們之間的差別看似無足輕重，而實際上是關乎根本的。因為這是決定著整個佛教哲學大廈是否會因此傾覆的問題。同時這些和佛教的剎那是與本體有密切的關聯。在我們日常的感覺活動中，我們的純然感覺活動是沒有持續性的，這也就是說，我們的純然感覺活動只保持一剎那的時間，因此它就在我們的經驗裡是不可認識和不可言說的東西。不可說性就是它的特徵。我們也因此稱它為我們認識裡的先驗成分。儘管先驗成分本身在我們的經驗上是不可認識和不能為我們感覺表象所揭示，但它卻是我們的經驗認識的活動，也是我們要獲得的一切真的知識的先決條件。

歐洲哲學史上是不是有部分或全部類似佛教認識論的哲學系統，我想還是留給更有經驗的同行去評判吧。我的任務是透過對比的方法來讓這一個印度哲學理論變得清晰。佛教的邏輯基本原則很清晰，感性和知性是他們完全不同的兩種知識來源，這不僅在程度上而且還在本質上都不相同，這兩者簡直是相互否定又相互作用的東西。要區分它們只在人的經驗認識活動裡是不容易做到的。佛教的整個認識論大廈就建立在這一劃分上，因此，在我們的討論中也就不得不時常地回到這一劃分上談問題，並以此指出這一劃分的邏輯結論與暗含意義所遭遇到的麻煩。倘若歐洲哲學也在類似的關節上有相同的問題存在，那麼正好證明這個問題是本質上的，內在於問題本身的。

里德（Reid）在歐洲哲學家中的突出地位正是表現在，他能旗幟鮮明地將人的感覺活動和人的感性認識以及觀念的復甦後兩者區分開來。「感覺活動」對於里德僅意味著人主觀的某一狀態，而不是什麼外部物件的了知（awareness）。人有某種感覺只是意味著因為作用於人感官的某一印象（impression）而產生的某一感受。人純粹的感覺活動也會是人純的情緒感受意識。一旦人的感覺活動相認傳達了某種意義，那麼這個就不再是人純的感覺了，它這時已經成為了人感性的認識。這一種意義並不是來自人的感覺，而是另有來源，這個來源和憶念以及想像的來源相同。里德的這一理論是很接近印度哲學裡關於無分別限量——純感覺活動，亦即和想像活動並列作為感知的感性認識，同稱「唯想量」的純想像或者觀念的復甦這二者區分。雖然這兩種認識活動的區別被里德明確的表述了，但他並沒有由此總結出具有深遠意義的哲學結論，並且這一區分在他後來的哲學後輩那裡消失了。

不管是洛克的「觀念」（外在事物給人留下的確定印象）抑或是休謨的「觀念」（變得模糊了的感覺），它們都沒能充分的區分人純粹的感覺活動和人完全的感覺認識。

雖然萊布尼茲很清楚根據機械論的理由，不能清楚的說明人的感覺認識，並且因為自己發現了感覺認識的先驗來源而感到困惑，但人的感覺活動對於他本人依然是混亂不堪的。

但我們清楚康德在他自己的批評時期剛一開始就重建了這種區別。在他看來，由於哲學裡幾乎完全取消了這一本源性的區分，其結果對哲學本身是非常有害的。對康德而言想像活動（表象活動）是經驗知識不要的組成部分。康德理論到這時和里德以及印度哲學裡我們所談論的認識論相吻合，但對純然的感性活動和表象活動的區別也發生了一定的困難。這是因為康德在區分感覺活動和直觀活動以及時空的先驗直觀形式之時，純然感知的問題變得相對複雜起來。我們很清楚佛教徒所說的時空並非我們頭腦裡時空的那個概念，而是經由他們生起性的想像力構造出來的，它和其他所有可感知與抽象的形式並沒有什麼不同。在佛教看來，作為純然感性的感覺能力本來就是沒有任何形式的。至於我們生起性想像裡（vikalpa，分別），在佛教邏輯還包括了除感性能力外的一切東西。因此，佛教哲學裡的這個東西包含了康德的生起性想像力及其知性、判斷力、理性與推理。對此二分原理沒有任何例外，這是因為二分原理把人所有的認識活動都區分為感性的、純感覺的意識以及理性的、純自發的想像的意識。佛教徒認為人的感覺活動和人的想像活動，它們各自有自己的物件與作用。人的感官的作用只是使物件，純的物件在當下呈現（make present）。人的想像作用則是構造出來的表象。在佛教看來，沒有人感覺的活動，人的知識就會是「空無實性」（所緣是空，所依法空）。對此，康德是這樣說的：「人離開了感性直觀，人的知識就會失去認識的物件，從而人的精神就會陷入到空虛中。」「倘若人所有（在借助範圍裡）的思想離開了人經驗的知識，也就會失去對物件的認識，因為人僅憑著自己的直觀是不會產生思想的。」而法稱這麼說：「沒有人的感覺判斷，純然的感覺活動好像就根本不存在了。」康德是這樣說的：「沒有概念的人的直觀實際上是盲目的。」佛教說：「離開概念只是依靠純感覺，我們是不會知道思想會向什麼地方運動，也不知道如何避開危機。」在康德看來：「這一兩種人的知識能力與官能的功能是不可互換的。」康德的知性不能視聽，感官不能思考的哲學理念和佛教的反覆強調完全一致。「唯有二者合一，才能產生知識。」康德如是說。佛教這麼說：「這兩種知識方式的結合才是人正確認識世界的正確手段，但是這僅僅是對人有目的的活動而言的，即僅在人經驗的範圍內才會正確。」康德說：「這兩種功能沒有優劣可分。」佛教是這麼說的：「現量並不是二者當中占主導地位的東西，現量和比量這二者是平等的。」康德說：「人的純粹直觀和純粹概念活動都是先天存在的。」根據法上的表述：「純感知之所以能作為知識來源是在這樣的意義上——現量判斷（好像也可以這樣說）忽視了自身的概念作用，而承擔了感覺的功能活動，亦即指明某種物件之存在於感覺範圍裡。」對這樣一個純粹感覺活動的詮釋然後過渡到了概念和判斷。

歐洲哲學與佛教理論中的這些基本原理和某些措詞的相符合，我認為是值得引起我們的重視的。

現代心理學和認識論都已摒棄了這種把感性與概念活動看作是本源的兩類立場，他們反過來認為這些不過是複雜性的或者程度上的區別問題。詹姆斯是這樣表述他的這一看法：「不可以明確地把人的意識劃分為貧瘠的或豐富的，之所以如此是因為我們一旦超出最初的粗糙感知的話，人的所有意識都只會是一種聯想，又因為這些都只是同一個聯想機制的產物，因此這些聯想便會漸次地相互滲透。在較為直接的場合裡，人的意識成分就會少些；而越是間接，人的聯想過程也就越會變得活躍。而在這一刻，便超出了人最初的粗糙感知。」佛教大概會將詹姆斯的這一粗糙感知看作是它的純的現量，而其餘的東西就是詹姆斯的聯想了。這一看法在理論上非但沒有矛盾，反而證實了佛教的第一剎那並非聯想的描述的準確。就是說它是純然感覺的活動。在佛教看來既然實在的本質是暫態性的，那麼純粹感知假若只能持續一瞬間就不會和實在的本質相違背，反而會佐證它的存在。他們的這種實在並不被推論性的思維所認知，因此不好描述，可這也正是人感覺活動裡所揭示的終極實在的特徵所在。「因此，就像柏拉圖很早就教育我們的那樣，（雖然他的這個教導，好像都在要求每一個時代的哲學家對它做重新的描述）符合一致的感覺論並不是所有的語言所能表達的。」

哲學家羅素認為：「從理論上看（雖然有可能實際上我們未必只能做到這點）在人對某一物件的感覺認識裡，人是可以把屬於自己過去經驗的部分，和有物件特徵引起的並沒有記憶成分的部分作以區分的。」

「人的感覺活動是實際經驗的理論核心——感覺知識。」羅素的這一描述和印度實在論者的看法是有著一致性的，印度實在論者認為，「確定的感覺知識」就是真正的現量。羅素在補充自己的那一描述時說：「在貫徹這一劃分在原則上是非常困難的。」在他看來，最基本的難處在於當人暫態的感覺活動和任何一點憶念分離之後，就會演變成法上說預言的那樣——根本不存在知識，「只是成了不存在的東西」。而康德的猜想和印度實在論對此不能不承認，它並非是知識而只是知識的先驗來源。

依照哲學家施瓦特（Sigwart）的說法：「這是黃金」的感覺知識形式，並其中已包含了邏輯推理。「一旦說出『這是黃金』，就已是將這種現象透過一個普通概念來描述並進行了一個將它歸屬於類型的推理。」這也意味著人的每一感覺知識裡都包含了邏輯推理過程（在嚴格的意義層面，積極而直接的倍感值得東西全都是擺脫了思想闡釋的）。在施瓦特看來，人的純然感知只傳遞了人對顏色的認識。「一個看到彩虹的人只能說出所看到的顏色的排列。」佛教說：「我確實看見了青色，可我並不清楚它就是青色。」一旦我們說出了它是青色，那就說明我們已將它和不是青色的顏色進行過比較，但這已經不是人感覺活動的任務了。始終是一致的（契合如一）感覺活動是不可言說的。

現代哲學家柏格森曾嘗試在感性與知性之間重建藩籬時說：「過去哲學主要的錯誤在於只看到純然感覺認識和憶念程度的區別，而不懂得這二者的本質不同……人的感覺認識裡有的東西是在人的憶念裡根本就不存在的，而這恰巧就是直觀地被把握的終極實在。」他的這一主張似乎和佛教的現量把握終極實在的理論有著契合之處。只是對佛教而言，這一觀點還是有一點與他們不一樣，終極實在是先驗，它只是人的感覺而不能經由推理的思想概念言說和認識的。

第四章：終極實在

終極實在是什麼

我們從前面兩章以及引言中，可以大致瞭解到佛教對終極實在的解釋。佛教認為，實在具有效能，而且實在並不是觀念。一切觀念的東西都是構造出來的，是出於想像的，由人類的知性製作而成。經驗的事物產生於人類根據感知對生起性表象活動的綜合。而終極真實的事物則僅僅針對純粹的感知活動。雖然經驗物件混合了感知成分和想像成分，但我們必須將純粹真實和認識中的純粹理性加以區分。這樣一來，經由想像構造出來的部分認識或許才有可能被我們理解和表達出來。能夠被我們認知的，並不是實在本身，而僅僅是對實在的表層結構的假想。

在這裡，或許有必要強調一下，無法付諸於語言的實在本身所依據的能夠表述出來的各種說法，如下：

1、純物件：也就是感官在純粹的感覺活動中所認識到的物件。這種純粹的感覺活動是純被動的（svarasika），就其類別來講，它與理智的自發性活動是截然不同的。

2、在整個三界中，它是「唯一的」，絕對獨立的，和宇宙中的其他一切物件都沒有任何聯繫。

3、有法則說，任何物件都和其他物件多多少少有相似的部分，但它並非如此，因為它和其他任何物件都是完全不相似的。

4、在時間上，它沒有持續性，在空間上，它沒有廣延性；雖然有這樣的說法：在時空中可以定位未知物件所引起的不確定的感覺活動，但定位本身就是知性的——也就是知性在構造和想像出來的時空中確定物件的位置。

5、它是實在之點，而且無法被分割成前後兩部分，它是最小的時間單位，是一系列存在的事物中的微分。

6、它是最終的單一，它不包括任何部分，也無法分割。

7、它是純粹的實在（也就是純有）。

8、它是純粹的真實。

9、它是嚴格受自身限制的事物的「自性」。

10、它是極端的具體，以及個別意義上的特殊。

11、它是且僅是效能。

12、它鼓勵知性和理性對表象和觀念的構造。

13、它是先驗的，而並非經驗的。

14、它是無法付諸於語言的。

那麼，它究竟是什麼呢？它究竟是不是某種東西？它是某種事物，是不可知曉的某種事物，但它並不是無。至少，它可以用數學意義上的零——也就是正負集合之間的極限——來譬喻。它是一種實在，而且就是實在本身，也就是終極真實的存在元素。除了它以外，再沒有其他的實在之物。其他一切真實性都由它而來。與感覺活動以及可感覺到的實在無關的一切物件都只是純想像，或僅僅停留在語言層面，或只是形而上的物件。無論是實在、真實，還是可感覺到的存在，抑或個別性、物自體，它們的意義都是相同的。它和觀念性、一般性以及思想構造是相對立的。

個別者是終極實在

認識物件有兩種，一種是一般的，也就是共相的，一種是個別的，也就是自相的。只有個別的物件才是真實的，一般的物件僅僅是非真實的（avastu），或者根本就不是物件（an-artha），只停留在語言層面。

雖然研究自吉洛姆・奧卡姆以來的邏輯史的人對這種理論相當熟悉，因為奧卡姆就認為「只有個別的才是存在的」，然而這種理論在佛教邏輯中的意義非常特殊。佛教邏輯中，一般和個別的差異比學者們對其的想像要徹底得多。無論是一個人、一頭牛，還是一個瓶子，都不算是個別。這裡所說的個別，指的僅僅是那些基本的能夠被感覺到的點的有效實在性。思想構造出的一般表象，對於這些實在之點來說，僅僅是一種共相（一般）。只有可以感覺到的點才是真實的，它就是終極實在的物自體。佛教說：「透過經驗認識到的個別，並非終極實在。」能夠烹飪食物的燃燒著的火是真實的火，也就是說，烹飪食物和燃燒是真實的。然而思想構造出的所有火，指的卻是真實火的一般形式，因此它並不具有真實性。這種火僅僅出於想像，它不能烹飪食物，也不能燃燒。

印度的實在論承認三種可以付諸語言的存在。其一為可以表達出來的個體，其二為種類或形式，其三為抽象的共相。個體和形式相當於佛教所說的個別。然而在佛教看來，它們和個別依然有本質上的區別。就像正理派所說的，個體和形式屬於語言層面。而佛教恰恰認為，一切能夠付諸語言的事物都是一般共相。個別是極端的單一體，是物自體，因此它是無法付諸語言的。

綜上所述，我們可以得到這樣的結論：個別和一般可以被認定為是彼此對立的，它們兩者之間有著這樣的關係——真實和非真實（vastu, avastu），有效和非有效（samartha, asamartha），非構造性和構造性（nirvikalpaka, kalpita，也就是無分別和分別），非人為和人為，非表象和表象，不可認識的事物和可以認識的事物，不可付諸語言的事物和可以付諸語言的事物，自相和相，不具有延展性的事物和具有延展性的事物，唯一的事物和不唯一的事物，時空中重複的事物和不可重複的事物，簡單的事物和複合的事物，不可分割的事物和可以分割的事物，先驗的事物和經驗的事物，從本質上來講不可分與的事物和可分與的事物，外在的事物和內在的事物，真實的和虛假的，非辯證的和辯證的，有意義的和沒有意義的，非形式的和形式的，物自體和現象。所以，存在的就是個別的，或者引用萊布尼茲的說法就是：「存在的事物是單子，也就是單一的存在物。」

實在是無法付諸語言的

從觀念性和思想構造物的定義來看，它們都是可以付諸語言的，因此，與之對立的純實在就是無法付諸語言的。純粹的實在不帶有任何關係和構造，不處於時空中的任何位置上，也沒有特殊屬性，因此它無法付諸語言。當一塊青色帶來某種感覺認識時，我們就可以在這種視感覺中對兩個截然不同的事實加以區分。感覺活動的起始剎那帶來的是真正的新知。在這一剎那，我們看到了青色，但並不知道它是青色。視感官雖然帶來了青色這一知識，但還無法確定它就是青色。接下來的工作由協作者——知性來完成，知性利用感官所提供的感覺材料借由憶念而進行構造，這一過程是概念活動，是唯一可以付諸語言的。自在之物從本質上來講是不可分與的，這一本質無法付諸語言，因此自在之物是無法命名的。無論是概念還是名稱都和諸多剎那相聯繫。而實在僅限於一個剎那，因此它不是概念，也無法付諸語言。

既然實在是不可思想、不可付諸語言的，那麼就說明，透過無矛盾的邏輯方法是無法認識它的。因此，實在是無法被認知的。

實在帶來生動表象

因果效用標誌著終極實在的另一個特性。這一特性關係著我們可以感知到的元素。它指的是：終極實在產生一個感覺活動，而這個感覺活動追隨著生動的表象。但是，當對不在場的物件進行思想和表述時，憶念中的表象僅僅是模糊的。對此，還有另外一種說法：距離物件越近，表象就越清晰生動。這一事實簡明扼要地說明存在於當下的物件能夠帶來生動的表象，而距離遠的、不在當下的物件則帶來模糊的表象。這種特殊的觀點是由剎那存在論得出的。根據這一觀點，每一個剎那都會有「另一個」物件。一個真實的物件不可能在某種情況下帶來生動的表象，而在另一種情況下又帶來模糊的表象，這是自相矛盾的。但根據這一觀點，一個物件就會同時帶來兩種表象。實在論認為，生動和模糊屬於認知範疇，而並非指物件。對同一個物件而言，同一個觀察者能夠在不同的時間看到它的不同表象，不同的觀察者也能夠在同一個時間看到它的不同表象。因為表象並不是先天的（a priori），而是後天的（a posteriori），它們符合外部實在。實在論者並不認為它們是根據不同的實在之物構造出來的產物。

但是，感性表象的生動性和抽象觀念表象的生動性是截然不同的，甚至是相互對立的。在瓦恰斯巴底的記錄中，有這樣一個有趣的爭論：這一爭論以外在廣延性物體的表象為中心，佛教認為，外在廣延性物體是由生起性想像或抽象思想構造出來的，因此是虛假的。實在本身是可以感知的系列之點，並不具有廣延性和持續性。它之所以會產生集合的表象，僅僅是由於理性將各個剎那綜合起來。所以，想像只不過是精神層面的一種假想的綜合過程。實在論的觀點則恰好相反，他們認為，這種過程不可能產生統一體。所以，具有廣延性的物體是真實存在的，而且是能夠被直接感知的。在證明這一觀點時，實在論提到了佛教對於生動性的解釋，並且引述法稱的話說：如果廣延性物體是由思想構造出來的，那麼它就完全不可能帶來表象，因為他曾說過，「一個物件不可能透過想像（或抽象的概念思維）產生生動的表象。」對此，佛教回答道，這裡所說的生動性並不是直接的。廣延性物體的表象是由概念思維構造而成的。這種表象是模糊的、普遍的、抽象的。但因其伴隨著感覺活動，所以具有間接的生動性。這種生動性是以感性為基礎。

顯而易見，佛教的觀點是，與觀念的抽象思維和生起性想像無關的生動性對應的是純粹的剎那，因此它不可能具有廣延性和持續性。但是，實在論也反駁了這一觀點。他們說，根據佛教的說法，廣延性物體是無法被感知的，也就是說，如果無法被直接感知，那麼物件就不可能產生生動的表象。

針對這一問題，寂護和蓮花戒都進行過討論，並且收入其著作中。生動的影像和模糊的影像是完全不同的。它們之間的區別，可以用視覺和味覺之間的區別來譬喻。因此，能夠付諸語言的或是概念上的一般表象至少不是純粹的感覺活動所反映出的真實存在。一個被火燒傷的人所認識到的火的表象，和一個僅僅從語言層面瞭解「火」的人所認識到的火的表象不可能是相同的。火燒身體帶來的灼熱感是實際感性經驗的物件，這種感知具有生動性。與此相反，語言層面的「灼熱」就不會帶來實際的感覺，只能帶來非常模糊的觀念。

所以，模糊性與程度無關，而僅僅是所有精神構造物的內在特性，它對物件的反映絕對不可能是具體生動的。

終極實在具有能動性

法稱曾說：「現量的認識物件是這一物件的個別本質。」對此，他進一步解釋道，這一個別本質也就是能夠產生生動表象的本質。表象有生動的，也有模糊的。只有當下存在的物件才能帶來生動的表象。我們甚至不能將其稱為表象，因為我們還沒有意識到它的特徵，它只不過是生動的印象，當它消失後，清晰的表象就會取而代之。這種清晰的表象是知性的產物，知性根據印象，也就是物件所引起的刺激作用，將表象構造出來。但是，這種表象是內在主觀的構造物，它來源於外部真實的剎那之點。這種實在僅僅是刺激我們理智的依據，和物件完全沒有相似之處。我們在前文中探討佛教因果論時已經對這一點進行了充分的證明：原因和結果沒有必要有相似之處。

然而，這樣的疑問就產生了：為什麼只有這種和表象完全沒有相似之處的個別本質才是純感覺認識的唯一物件呢？外部世界中，我們眼前的火和表象呈現出來的火難道不是同一回事嗎？法稱回答，絕對不是同一回事！外部世界中只存在著個別本質，因為它是唯一的終極實在。這是為什麼呢？為什麼個別本質是唯一的終極實在？法稱回答說，因為它們是唯一具有效能的，而終極實在從本質上來說就是具有效能的，在我們看來，實在僅僅是純粹的效能。而表象是不具有效能的。火並不是當下有其形狀的燃燒著的事物，而只不過是一種具有熱能的剎那，其他的一切都出於想像；瓶子也不是我們想像中具有固定的顏色、形狀、質礙、持續性等各個特性的廣延性物體，而僅僅是裝水剎那所體現出來的效能，其他一切都出於想像。而且，它並不是裝水的一般圖像，而僅僅是一種極其個別的事實。

當人的腿被木棍打斷時，只有腿斷的那一剎那才是唯一真實的。無論是棍子、腿，還是擊打，都僅僅是想像活動針對同一事實作出的解釋。只有個別的點才是真實的，其他都是根據個別的點擴展出來的一般假想。

外部實在既不是廣延性物體，也不是材料或物質，而僅僅是能夠激發想像活動的效能。外在事物呈現出來的表象只不過是外部世界有效實在的結果。

所以，實在具有能動性，組成外部世界的元素只不過是效能。

單子和原子

我們說過，終極個別或極微（原子）是無窮微小的外部實在，那麼它們兩者之間有著怎樣的關係呢？我們在前面已經討論過佛教有關物質的理論，它認為組成物體分子的極微至少有八個，其中包括四個基本的——堅濕暖動四微，以及四個次一等的——色香味觸四塵。四個次一等的極微是透明的，分別都需要四個基本極微的支持。因此，組成每個分子的極微有二十個。如果這個分子是有共鳴的，那麼就再加上一個聲塵極微。這樣一來，組成分子的極微就是九個或二十五個。然而這些極微都具有特殊性質，首先，它們是可以分割的。勝義認為，極微是堅實而不可分割的，佛教對此強烈反駁道，當兩個極微相結合時，它們是一面接觸，還是各個面都接觸呢？如果是各個面都接觸，那麼就相當於兩個極微聚合（coalesced）成一個，這樣一來，構成整個宇宙的極微就只有一個了；但如果是一面接觸，那麼一個極微就至少應該有六個面。這些極微的另一個特殊性質就是，它們並不是某種物質的微粒。堅實的極微並不是具有堅實屬性的極微材料，暖熱的極微也並不是具有暖熱屬性的極微材料。極微僅僅是效能，暖熱的極微是暖熱的效能，動的極微是動的效能，堅實的極微意味著排斥，濕的極微意味著黏聚。一種古怪的詞源學將物質——也就是色——解釋為暫態性，而不是物質材料。這些極微還有另外一個特點：所有物體都是由相同的分子構成的。當一個物理現象呈現出火，而另一個物理現象呈現出水或金屬時，它們之間的區別並不在於其相應的元素數量是多還是少，而是在於其強度是強還是弱。因此，我們可以將佛教的物質論視為力本論（dynamic theory）。針對這一理論，說一切有部有著完備的解釋，而觀念論的各個派系也保留了這一理論。數論則有著相反的觀點，他們的物質觀是機械論的，他們認為，統一原理和統一的物質材料是無處不在的，而所有變化都可以因其而得到解釋。

但是，佛教和數論都反對勝論的極微說。勝論認為極微有四種，這些極微具有本源性的、明確的、實在的性質，具有創造力，能夠根據複雜的法則生成分子或者聚合物的特殊性質。

佛教的物質論與實在就是效能這一定義以及能動的因果理論完全相符。終極實在具有能動性，純粹的實在就是效能。自在之物僅僅是人類的感性受到外部實在影響的方式。

法上曾說：「我們所說的終極真實，是指所有能夠透過引起一定結果的力來驗證的事物……。這一點也恰恰說明我們所說的有目的活動，為什麼只針對能夠直接感覺到的物件，而並不針對想像所構造的物件……反之，能夠直接感覺到的物件產生了有目的行為。因此可以得到這樣的結論：只有個別的（也就是效能之點，或物自體）才是真實的，而經驗的物件則並不是真實的。」

實在就是肯定

終極實在還有另一個特點：它本身就是肯定，或是肯定的本質。法上曾說：「（與否定相反的）肯定就是那個事物」，而「那個事物也就是終極實在的另一個名稱」。「終極實在就是終極個別」或是絕對受自體限制的事物。

想要理解一個事物和判斷由於思想的作用而達到的同一，尤其是在一個實在和思想構造物被嚴格區分開的邏輯體系中，我們就必須牢記：佛教邏輯家認為，從根本上來講，認知活動是肯定，並不是概念。因此，肯定過程就是被肯定的事物，概念形成就是概念，感知過程就是感知，認知行動就是認知內容。一頭牛的觀念形式就是「這是一頭牛」這一判斷。在這一判斷中，肯定的本質對應外部實在之點所引起的視覺存在，這種視覺將理性對於牛的綜合構想激發出來。而在「這是空花」這一判斷中，並沒有真實的肯定，因為視覺無法觀察到空花，它僅僅出於錯覺或幻覺。肯定的本質與牛的概念或空花的概念無關，它僅僅在直接感知外部實在（自相）的當下剎那中。從這個角度來講，實在就是肯定。即使如「這沒有瓶子」這一否定判斷，雖然它是否定的判斷形式，但由於它指向某種視覺活動，因此它也包含著某種肯定。概念也許能夠清晰到極點，然而它不可能是自身存在（自在）的。我們可以說「這有牛」或者「這沒有牛」。但是假如牛這一概念是自身存在的，那麼就根本沒有必要說「這有牛」，因為它只是對即有事實的重複。而「這沒有牛」這一判斷則是矛盾的。只有具體的感知活動，剎那之點才是存在的。「有存在」（existence is）的說法是不成立的，因為這是一種重複；而「存在不有」（existence is not）的說法也是不成立的，因為它自相矛盾。關於這一問題，不僅佛教對其進行了討論，歐洲哲學中的唯理論者及其論敵，也對其有關本體論證的真實性方面進行了長期的爭論。概念的清晰並不能演繹出實在性本身。與之相反的是，概念的清晰意味著這一概念是由思想構造出來的，因此，概念是非實在，是與之對應的實在之上的增益假設。一切概念和判斷的真實性都假借於與之對應的感覺活動。從這個角度，我們可以說：肯定或者肯定的本質就是物自體。

反對說法

非佛教派系和佛教內部的中觀派對物自體的說法進行了激烈的駁斥。這一說法針對佛教的批判哲學作了集中總結，因此難免成為反駁的中心。這種駁斥對於中觀派來講非常容易，因為他們認為，我們包括有限的和無限的，可分的和不可分的邏輯概念在內的所有概念都是辯證的、矛盾的，所以是非真實的。「物自體」意味著事物能夠自我規定，如果這是真實的，那麼就相當於說刀能夠切割自己的刃。然而事實上，這種關係是邏輯的、辯證的、非真實的。

耆那教對物自體的駁斥雖然在目的上與中觀派不同，但在方法上，他們二者是相同的。耆那教認為，相對性無法證明事物不是真實的。因為事物本來就是相對真實的。無論是邏輯還是實在自身的本質都是辯證的。永恆和無常，有限和無限，都是實在的；實在性不僅是特殊的，同時也是一般的。必須承認，實在的本質包括各種矛盾。

關於物自體是終極的絕對個別，因此其不具有一切一般特性的觀點是沒有依據的。它和其他所有事物一樣，都既是個別的，也是一般的。物自體這一概念已經包含了所有，因此它是一般的。除此以外，因為每一個別都和其他個別不同，所以它必然具有「別性」（otherness，它性），這種「別性」屬於知性層面。而物自體的「純粹性」（purity）則出於假設或幻想。和一切邏輯觀念相同，它也是辯證的，既是個別的，也是一般的。但這並不說明它是非真實的。因為耆那教認為，實在本身就是辯證的。

據說，有一個外號叫「無慚」的耆那哲學家，運用了一種不為哲學史家所熟悉的論證方法。他說，一切事物本身都包含著某種相似或某種相異，相似就是普遍性，相異就是特殊性。如果真的有絕對特殊的事物，那麼這種事物也就和其他任何事物都完全沒有關係，是絕對相異的。這樣一來，這種事物就是非存在的，是無，例如「空花」。但是，如果一個事物不包含任何差異，那麼它就和其他一切事物都有關係，這樣一來，就沒有了多樣化的存在。實體必定是單一體的觀點並不正確，因為實體包括兩方面，它既是存在的也是非存在的，既是運動的也是靜止的，既是一般的也是個別的。實在從本質上來講就是辯證的，也就是說，它具有雙重性。對此，佛教回答道，同一的一般和個別必定消失於一個統一體中。因此，這個統一體必定無法具有雙重性。但如果一般和個別不是同一的，那麼它們就必定是差異的，因此就有兩個實在，這也證明了實體必定無法具有雙重性。假設實體是同一個事物，只有狀態或屬性上的區別，那麼就會出現這樣的問題：這些屬性究竟是真實的，還是出於想像的？如果它是出於想像的，那麼佛教並不反對。然而耆那教認為它是真實的，但由於一個實體必定是一個統一體，因此真實的屬性不可能包含著相互矛盾的兩方面。如果一個事物同時也是另一個事物，那麼這一事物就不具有同一性。除瘋子以外的所有人都必然承認矛盾律。我們知道，終極個別的實在，以及嚴格受自身限制的個別事物的真實性，恰恰是以這種矛盾律為基礎。

有關實在觀的演化史

印度的所有哲學體系提出的理論都是有關解脫的理論。所以，終極實在涉及兩方面問題：一、終極實在是指個體生命在世間演化的終極成分；二、終極實在是指這種演化過程在涅槃中的永恆停止。

在數論的理論中，演化的終極成分是三種極端微小的實在物，這些實在物透過各種不同的組合方式生成多樣化的物件以及變易，這種變易過程受到中心力量——「業」（karma）的影響。這一演化過程的永恆中止就是涅槃。

早期正理勝論認為，終極成分是四種極微，它們在業的刺激下創造世界，並且促使世界演化發展。這個過程在涅槃中的永恆中止就是永恆死亡，因為意識和演化都消亡了。而後期正理勝論則認為，永恆和涅槃這兩者都是永恆對神的神祕和靜止的觀想。

小乘佛教用三種元素或能來代替數論提出的三德以及勝論提出的四大極微。它們所說的永恆性是無意識的，是業消失後的結果，是一種永恆的寂滅狀態。

早期大乘佛教用幻的力量代替業的力量。他們認為，永恆的世界是不可磨滅的，是消除了幻覺的境界。吠檀多派也承認這一觀點。到了大乘佛教發展的第二個階段，終極實在被認為是物自體，它將自身分為主體和客體，並將這兩者的差異展示出來的過程就是世間過程，這一過程受到業力的制約，直至涅槃，差異就消失了。涅槃是純有（自性身），以及純意識（智身）無法付諸語言的永恆性，主體和客體在涅槃中合二為一。

因此，物自體不僅是外部物件以及認識活動的終極原因，還是終極絕對的主觀和客觀的交融點。

勝主慧曾說：「從此性（thisness）的角度來看，也就是從終極實在和物自體的角度來看，主體和客體二者之間完全沒有區別，但先驗的錯覺會妨礙我們……我們所認知到的一切卻全都是透過主體和客體構造出來的具有差異性的間接現象。」

小乘佛教的理論中已經有了「自性」的概念，也就是關於每個元素嚴格受自身限制的本質的概念。這一時期的中心概念是存在的元素，它被認為是「自身本質的承受者」，然而這個概念在之後的發展中發生了各種變化，但在當時，實在性和觀念性還沒有被嚴格地區分開。各個實在元素被劃分為物理的和精神的，或是被劃分為物理的、精神的和能的，它們全部都具有實在性。但此時實在性還沒有被認為是有效性。而各聚合物的真實性則是此時討論的重點。從能動的立場進行解釋，如此細緻地分析物質，精神成分又彼此交融，這樣的結果就是色和心之間的區別消失了，它們兩者合為力能。

小乘佛教的各個派系始終沒有確定關於實在之點的自性的觀點。每個派系都各自有其關於元素的清單，即使這些觀點從本質上來講並沒有分歧。

早期瑜伽行派將所有元素分為三大類：

純想像活動（parikalpita，遍計所執的），純真實的，以及它們之間彼此依賴的一類（paratantra，依他起的）。這樣的分類已經體現出了實在性和觀念性之間的本質區別。法稱則規定了這一理論的最終模式。他認為，實在性就是有效性，並且與一切觀念性對立。因此，真實、實在就等同於純粹的存在，以及物自體或終極個別。它的對立面是「非存在」，非存在就是由精神所構造的一般性以及觀念性。

吠檀多派沿用了根據純粹的感覺活動認識絕對者，也就是物自體的思想。「既然對物件差異的認識出於妄想（savikalpaka），既然只有對差異的認識才能引出個別物件，那麼純粹的感覺活動（nirvikalpaka）也就只能認知純粹的存在。」

歐洲的此類理論

綜上所述：終極實在論根據佛教批判論而確立，它從建立之初就包含了以下九種意義：其一為絕對個別；其二為純有；其三為存在的系列之點；其四為唯一的非相對的事物；其五為能動性，非廣延性，非持續性；其六為刺激理智活動帶來相應表象的能力；其七為表象所具有的生動性；其八為肯定能力；其九為不可認知也不可付諸語言的物自體。

在漫長的哲學史中，針對終極實在而進行的研究經歷了幾條平行路線。它們根據多多少少有相似之處甚至完全相同的論據，提出了相同或完全不同的理論，但仍然沒有得到完全一致的結論。

佛教邏輯用「自相」這一術語表示終極實在。從某種層面上來說，它和亞里斯多德的第一實體相類似，它被表述為Hoc Aliquid（此唯一者），和被解釋為Kimcid idam（如是少分，如此些微）的「自相」也是相同的。佛教認為，終極實在受其自身嚴格限制，因此是無法付諸語言的。「亞里斯多德無法確定實體或本質是否具有相對性，他似乎認為只有第二本質才是相對的，而第一本質並不具有相對性。然而他最終也沒有確定這一說法。」但印度佛教卻斷然否定了第一本質的相對性。

但是，「亞里斯多德的觀點最重要的特色就是，它不僅保持了同一性，而且還可以根據自身變化而分別承認矛盾的事件。」我們知道，佛教並沒有這樣的觀點。在佛教看來，每一個變化都是本質上的變化。除此以外，亞里斯多德提出了十種本質，而佛教則認為，只有「自相」才是唯一的本質，其他一切都是「非本質」。這些非本質只有在建立於第一本質之上時，才是間接的本質，它們的實在性也是假借而來的。亞里斯多德似乎也認同這一點，因為他也曾說過：只有第一本質才是真正的存在。這恰恰與佛教的「自相」相似。「它是其他一切範疇所必須的主體和基礎。」

在哲學史上，關於實在、存在、實體、本質，有著各種各樣的理論，我們暫且不比較它們之間的異同，即使對此進行詳細探討有利於我們看清理論的實質。首先，我們來看一下萊布尼茲的單子論，它有更多相似的地方。我們知道，萊布尼茲反對一元論、機械論、原子論的立場和法稱非常相似。萊布尼茲反對的是史賓諾沙的一元論、笛卡爾的機械論，以及原子論的不可分實在性等；同樣，法稱反對的是中觀派吠檀多的一元論、數論的機械論，以及勝論的極微論。

和單子一樣，「自相」也具有能動性和瞬息性。萊布尼茲說：「運動是一種連續性事物，它絕不存在於時間之外，因為它的各個部分不可能同時存在。……而且，在每個瞬間，力或作用力都是絕對存在的，這種力或作用力必定是真實存在的事物。」不僅如此，萊布尼茲還否認了持續性、廣延性以及運動實在性，而他所提出的論據與佛教幾乎完全一致，也就是說，它們不可能同時存在於同一剎那中。萊布尼茲說：「純本質中的實體不可能脫離活動而存在，實體從本質上來講是具有運動性的。」這種說法相當於佛教所說的「存在就是有效」、「效能就是實在」。更相似的地方是：「單子是強烈的中心，或是力的單位，它們必定彼此排斥，單子之間不可能互相影響，也不可能引起變化。」而佛教理論中的自相單位雖然不具有效能，但也並非作業者，因為它們是「無所作為的」。關於比較，我們就談這麼多。萊布尼茲所說的單子是一種生命原理、一種靈魂，在這一點上，和亞里斯多德所說的「第一本質」相符；但佛教所說的自相則是指外部實在之點。

很多哲學家都提出了兩種實在論，也就是經驗事物偶然的實在性，以及終極實在不可知的先驗起源。在此，我們不妨說說康德，因為他的理論和佛教的理論不只是零散的相似點，而且整個思維活動都是相似的。我們可以對以下幾點加以重視：

一、康德承認知識只有兩種來源，並且指出它們二者本質上的區別，在這一點上，他和陳那的討論方式是相同的。

二、雖然它們二者有本質上的區別，而且從理論上來講可以彼此分離，但從經驗角度來看，它們卻體現出混同。它們之間的差異並非經驗的，而是先驗的。

三、其他所有哲學體系都承認這一點：清晰明確的思想能夠保證真實性。感官只能雜亂地認識現象；而理性或知性則可以清晰地認識終極實在，也就是真正的自在之物。康德在他的批判時期把這種關係倒了過來：清晰明確的認識對應現象，而「現象中對應感知活動的部分則是組成一切物件的先驗材料，也就是物自體」。我們都知道，佛教認為，物自體是由純感覺認識到的。只有物件化了的表象，才能被清晰明確地認知到。

四、康德說，物自體是無法被認知的，感覺表象並不能對其進行描述。認識活動的極限就是物自體。而佛教認為，終極的個別也是認識無法達到的。

五、然而，物自體依然是存在的，而且是有效的。康德說，它僅僅是外部實在對我們的感受性造成影響的一種方式。法稱說，只有終極個別才具有效能，因此它是實在的。

六、實在性是雙重的，也就是物自體的最終極實在性和經驗物件的實在性；因果性也是雙重的，也就是物自體的最終極因果性和經驗物件的因果性。物自體本身就是最終極實在性和因果性。佛教針對這一觀點已經表述得非常準確了。但研究康德的學者們卻對此感到困惑。因為他們所設想的實在是一個綜合範疇，是具有持續性和廣延性現象的實在。

康德所說的物自體和法稱所說的「自相」之間的區別就是：法稱所說的自相是與感知剎那相對應的實在之點。從這個角度來講，印度的物自體是先驗的——單一的剎那之點不能被綜合地經驗地認識。而康德所說的「先驗的物自體就是與感覺活動相對應的現象」則與印度的第一本質相符。此外，佛教認為物自體和純存在顯然是同一的，在這一點上，佛教的觀點和康德的觀點也是不同的。純存在既非謂詞，也非範疇，而是一切判斷的共同主體。

佛教針對終極實在的觀念所運用的邏輯方法則與此有關。所有判斷的終極主體（主詞）就是終極實在。我們在後面有關比量的內容中還將討論這一點。康德所說的物自體和佛教所說的「自相」還有一個重要的區別：康德認為，每個經驗自我的背後都有一個內在物自體，這就相當於他所認為的每個外在物件的深層都有一個物自體。這樣一來，似乎就有了兩套物自體，它們之間是相互對立的關係。

佛教卻不這麼認為。它的「自相」是受自身嚴格限制的，不存在任何與之相關的外在事物。而與之相應的內在之物則是純粹的感知，是非構造的。但純感知的真實性和與之相應的純物件的真實性並非一致。它們分別為一個終極實在所分裂而成的主體和客體。引起這種分裂的仍然是構造性的想像活動，這一想像活動受二分辯證法支配，整個經驗世界都是由其構築而成的。

然而從邏輯的角度來講，只有外在的「自相」才是終極實在。既然所有哲學最終都必定是一元論的，那麼從超邏輯的層面來講（translogical plane），則存在著主體和客體不分的終極絕對。就如法稱所說的，它是無法付諸語言也無法被認識的東西。也就是說，它是最終極的絕對者，比無法被認識的點剎那還要遙遠，而法身佛陀則是它的擬人化形式。

與康德相比，佛教提出的純感知的物自體更符合經驗範疇。而康德則認為物自體是完全先驗的。僅僅從一個剎那的角度無法確定佛教的物自體是經驗的。

我們注意到佛教理論中提到的存在和肯定從本質上來講是同一的，我們由此可以聯想到赫爾巴特（Herbart）的一些與此類似的觀點。赫爾巴特同樣認為存在就是「絕對的肯定」，也就是「承認那些無法從思想的角度進行否定的事物」，總之，從本質上來講，它就是無法被否定的。存在的觀念只不過是一種判斷，它的意義僅僅是簡單地對某一事物加以肯定而已。他說，「物件一旦被表達出來，就可以懷疑它們已經徹底消失了。

但實際上它們並沒有消失。對某一事物的判斷仍然存在，只不過它發生了變化，它所指向的東西和先前不同。屬性（也就是一般共相）可以因懷疑而消失，然而那被判斷為肯定的東西（也就是終極的個別）則不同，它是無法被認識的事物。」

每一純感知中都包含著「絕對的肯定判斷」，只是我們未曾注意到它。沒有人會相信無是存在的，因為如果它是存在的，那麼它就應該是可以被看到的。存在具有的特性是：它是最終極的簡單事物。它並不遵從於否定。純存在和實在的可感性的同一，它被規定為無法認知的物件，也就是簡單的事物、終極個別的事物，是完全無法被否定的；它對立於屬性，也就是絕不包含肯定，而可以被懷疑的一般共相（一般共相既可以肯定又可以否定的）——以上所有論證性的思辨都和佛教理論相類似。

佛教用終極實在的剎那之點來代替微分，用理性的作用來代替數學計算，而歐洲哲學史上也有與其某些內容相似的理論。在康德之後，哲學家所羅門・邁蒙（Maimon）曾發表過著名的《感覺的微分》。他說：「微分是物件的本體，而它所構成的物件則是現象。」

第三部分

被構造出來的世界

第一章：判斷

從純感知到概念活動

佛教邏輯家們首先從真實的範疇內排除了一切想像，然後將終極真實總結為剎那之點，接下來，他們便面臨了一切試圖建立有關外部世界兩種知識來源的體系必定會遇到的困境。這種困境一方面來源於各個感官的消極感受，另一方面來源於想像力的自發創造性。我們在前文已經說過，終極真實不具有持續性或廣延性，不具有任何屬性或運動，不包括一般共相，也不包括具體個別。而在想像力為主導的經驗世界中，則包括假想構造的時空、多樣化的屬性、運動、一般共相以及具體個別等。先驗的非想像的世界和經驗的想像的世界是完全不同的。

這兩個世界之間只有因果聯繫，除此之外就再也沒有其他聯繫了。剎那之點是有效能的，它能夠將知性激發出來，使其得以在想像活動中構造出各種雜亂的表象，而人們很容易以為這種表象就是實在本身。實在論的各個派系都受到了這種因果性的嚴重挑戰。實在論認為因和果必定是相似的，但佛教認為因和果是完全不同的。點剎那與表象或想像活動在實在之點的激勵下所構造出的概念之間，有著某種「相符」（相似相符），我們也可以將其稱為某種相似（similarity），但這種相似僅僅是「完全不同的事物之間的相似」。佛教提出的相依緣起的因果律並不會對因果之間的差異性造成妨礙。實在之點和感受性意識能夠帶來感覺活動。對一個感知剎那和一個客觀實在剎那功能上的依賴，同樣能夠帶來相應的表象。

然而，有些佛教邏輯家不知道怎樣才能將純感覺和與之對應的憶念表象聯繫起來，不知道怎樣才能將被兩種完全不同的知識來源分割開的知識統一起來。顯然，要想解決這一根本問題，就必須找到絕對實在和經驗實在之間的關係，我們知道，實在僅僅是效能，對表象的構造活動僅僅是邏輯，如此一來，就是在邏輯和與之相應的效能之間建立起某種聯繫。

針對以上，提出了邏輯學方面和心理學方面的兩種說明。邏輯學方面的說明，我們將在後面有關佛教唯名論和共相論的內容中再作討論。而心理學方面的說明，則僅僅是指有關注意或「意現量」（精神感覺活動）的理論。

意識現量或理性直觀剎那緊隨純感知剎那或感性直觀剎那之後。因此，一個思想相續系列中包含著緊密相隨的兩個剎那，這兩個剎那之間是因果關係。由於它們屬於同一個思想相續系列，因此它們的性質是相同的；但前一個剎那是與外感官有關的感覺活動，而後一個剎那是與內感官有關的感覺活動，因此它們的性質又是不同的。從經驗論心理學的角度來講，它注意或關心的僅僅是純感知剎那。在早期佛教中，心智（mind）是特殊的第六意識的認識器官，而實在論則將其與神經流等同起來。在這裡，它相當於「意現量」（精神感覺活動）的注意剎那或和內感官有關的感覺活動，區別於和外感官有關的感覺活動。到了這種感覺活動的第二個剎那，感知範圍內就會呈現出物件，所以，將第一個剎那的感知和第二個剎那的物件結合起來，就產生了理智的直觀。在接下來的一個剎那，也就是第三剎那中，憶念得以覺醒，各種感知消失，理智也就根據它的規律帶來了抽象的表象。

雖然從經驗角度來看，第二剎那的感覺活動僅僅是注意剎那，然而從認識論角度來看，這一剎那卻是直接的、非綜合的、單一的。雖然它的特徵被認為是理智直觀的，但實際上，理智的最大特徵卻恰恰是它所缺少的：和純感知剎那相同，它也是無法付諸語言的，是並非出於想像的。因此，我們可以說它是半理智的，處於純感知和與之對應的理智表象之間。

普通人只能把握這種將物件限制於感知範圍內的理智直觀。

然而，如果我們能夠具有並非將物件限制於感知範圍內的理智直觀，那麼我們就可以無所不知了，這樣一來，我們就和現在不一樣，也就是說，我們不再是人，而成為了超人。

陳那最先提出這種憶念表象緊隨理智直觀之後的理論，以反駁實在論所認為的神經流形式的心智是聯繫外感官和靈魂的一種流動的極微。法稱將這一理論進一步深化，之後，法上對其進行了精準的確定，依據法上的說法，雖然純感知也是所有經驗知識的必要條件，但它依然是可以被認知的實在。就像我們知道的，它的存在已經透過了內省體驗方式的驗證。然而理智直觀的剎那卻完全是先驗的，並無事實或任何實驗方法能夠證明它是存在的。法上說，理智直觀的剎那僅僅是知性的構造活動的起始剎那。它具有獨特的效能，因此是獨特的剎那。我們知道，純感知（現量）的作用是在感覺範圍內標識出當下存在的物件。而理智直觀的作用則為「引出自身物件相應的表象」。

由知識的角度來看，理智直觀處於感覺活動和概念活動之間。然而實在論並不承認這種說法，他們認為，點剎那和表象是完全不同的兩種東西，它們不可能結合起來，否則，「蒼蠅和大象也能夠透過驢子而具有相似性了」。

因此，實在論最先對理智直觀剎那進行了反駁，他們既反對感性和知性的區別，又反對剎那存在論。瓦恰斯巴底彌希羅曾說：「感官無法反映分離的剎那，所以理智不可能對那產生一個簡單反映剎那之後的剎那進行把握。它能夠把握的僅僅是感官認識到的同一個物件。」

針對這種理論，佛教內部也有著各種各樣的解釋。中觀瑜伽行派似乎最先反對法上對感性和知性的嚴格劃分，而多多少少認同實在論的觀點，並且涉及了某些關於因果相類似的偏見。嘉木樣措證實道，中觀隨應破派這一極端相對論者承認感性和知性有可能同時達到一種俱時性的認識。注家慧相護也是這樣認為的。然而智藏則堅稱意現量（理智直觀）的剎那之所以被創造出來，是因為感性到概念活動需要一個東西來做媒介。否則，一個概念活動怎麼可能理解一個與之完全相異且毫無聯繫的感知呢？理智必定要透過某種媒介，才能作用於純感知。而這種媒介就是意現量（理智直觀），它具有純粹直觀的特性，因此也就和純感覺的性質相同。而且，它又是理智的直觀。由感知到概念的過渡便因此具有了可能性，而這一觀點也因此維護了佛教的同類因果關係。

然而法上並不同意這種解釋。他認為，各種因果之間都包含著相依緣起的關係。感覺並不需要媒介就可以引起概念活動。當感官活動停止，理智便開始它的工作。否則就無法區分感性活動和知性活動，這兩者之間就只能有程度上的區別，這樣一來，感知就成了混亂的概念活動，或者說，所謂的純感覺活動將不復存在。

堅稱純感性直觀和純理智直觀同時存在的說法是荒謬的。依據相依緣起論，只有當外在感知活動完成了工作，完全消失後，才會產生理智直觀。在兩個剎那中，只有當其中一個剎那停止了，另一個剎那才能開始，否則感性和知性就無法被嚴格區分開。

意識現量是剎那，因此它並非經驗可以認知的；單一剎那必定是先驗的，是表象所無法描述的，因此不可以付諸語言。這種將兩種知識來源嚴格區分開的理論體系一直在強調以上這一設定。

知性的開始

在認識活動中，知性具有主動而自發的特點。它的工作是將僅僅負責接受的感官所提供的少量純實在轉化為豐富的經驗世界。它開始為這些材料提供形式。外部的點剎那是終極實在的物自體所具有的特點。但是從嚴格意義上來講，即使是這點也是無法付諸語言的，因為它在起始瞬間僅僅是簡單的內在感覺活動，而非其他任何東西。然而當知性被喚醒後，這種感覺便立即被知性劃分為內在事物及其根源，分化成主體和客體，區分為感知自身及與之對應的外部原因。這是第一個由心智構造出來的事物，它是一種「先驗統覺」，是一種特性，它使得其他深入的認知和自我（Ego）意識相伴而來。我們知道，早期瑜伽行派已經將其視為思想構造物，但因明家們卻依然將其視為直接感知。此後，心智開始了或樂或非樂的「低語」的感性活動，然而它激發了意志。外部物件成為所欲求的或非所欲求的。心智則開始「瞭解」活動，並且根據心理活動所具有的五個基本範疇或觀念來構造物件。之後，它將「低語」活動拋棄，宣稱這一真實是一種屬性或一個種類等。

我們將在後面的內容中再對陳那的範疇表進行討論。在這裡，我們只強調這一事實：心智被描寫為與自發性（思慧異，意志的發動）彼此配合，歐洲哲學中同樣有這種觀點。然而，意志在這一覺醒階段不僅包含著意志活動和理解活動，還包含著尋求活動和固著活動。

世親認為，潛意識和自覺的認識活動中已經包含了這種雙重活動。在一個概念形成之前，必定存在著一個由一系列感覺剎那的直觀活動組成的心相續系列。理解的綜合在概念的識別之前。

在下意識活動中，已經包含了以上所說的雙重活動。只不過，它在意識領域之下是「意志的低語」，而在意識領域之上卻是理解。針對理解的綜合和概念的識別這種雙重活動，世友進行了解釋。他舉了一個例子：陶工做了一批陶罐，他根據陶罐被敲擊時發出聲音的音調高低來判斷陶罐的品質。他輕輕地一個接一個地敲擊這些陶罐，直到把品質差的挑出來，然後他說：「就是這個。」檢查陶罐的工作就如同思想在多樣性感受系列中所經歷的活動。找到品質差的陶罐就如同先於概念形式的思想固著（ｆｉｘａｔｉｏｎ）。概念形式是原始的，體現了思想的「粗大性」；而思想固著則是詳盡的，體現了思想的「微細性」。因此，我們說理解的綜合在概念的識別之前。

什麼是判斷

綜上所述，兩種知識來源中的現量因而被認為是認識的感性核心，也就是每個細微去除了思想構造成分，去除了想像活動之後所剩餘的部分。然而它僅僅是知識的先驗來源。經驗的認識活動將物件限定在感知範圍內，此後的活動則將物件的表象及其構造同一於感知。在類似「這是牛」的感覺判斷模式中，這種同一得以完成，而「這」相當於自身無法被認識的感性核心，「牛」則相當於透過某個內涵名詞進行表達的，而且透過一個施設行為而和對應感知活動的一般概念等同起來。實在論者斷然否認先驗的知識來源。他們認為，這種判斷來源於感官，也是一種感覺活動，每個感覺知識中都包含著這種判斷。佛教則將感性知識和感覺活動區分開，即使感性知識緊隨現量而產生，但感官根本無法獨自完成判斷。

知性以感覺知識的判斷為基礎，可以定義為判斷的能力，所有知性活動歸根結底都是判斷。然而純感性認識的否定性定義包含著知性的根本行動。知性是一種非感知，是由思想構造出來的，是類似「這是牛」模式的感覺判斷。我們在前面已經說過，「這」的感性核心成分指向無法被認識的絕對者，因此我們可以用x=a這一公式來描述這一判斷。因此，判斷是一種思想行動，它連接著感性活動和概念活動。因為僅憑純感知活動或純概念活動，是無法得到任何知識的。只有透過感覺判斷，將兩者結合起來，才能得到真的知識。知識的真實性、具體性、生動性和有效肯定由感覺來提供，而知識的普遍性、邏輯性、必然性和清楚分明則由概念或構造表象來提供。

我們通常使用「決定」這個詞來翻譯判斷的梵文詞彙，它恰恰意味著判斷、判決和意志行動，西藏人將其翻譯為「意志」（zhen-pa）。從更加特殊的角度來講，它決定了兩個事物同一化。它也被當作術語，用於印度的詩歌修辭中。這些修辭方法分為兩大類，其一為簡單比較，其二為等同。後者在詩歌中用於斷言兩種完全相異的事物的同一性。例如說圓月是少女的臉龐。而感覺判斷同樣對兩個完全不同事物的同一性進行斷定。判斷是綜合的，它體現在將兩個不同的事物聯繫起來。這種判斷使得實在之點在時間剎那系列中得到其相應的位置，在具體的時間中，實在之點便成了持續性物件的一部分。對相續剎那的特殊綜合使其成為具有廣延性的物體，而對所有剎那的特殊綜合則又使其獲得了一切可感覺的性質以及其他的性質，因此，它也就成為一種共相一般。

判斷和概念的綜合

除了以上所說的將表象結合於感知的綜合以外，每個感覺判斷還包括著另外一種將感知和經驗歸於一個綜合表象、一個一般概念或是多樣性的印象之下的綜合。一個佛教徒在對外部世界真實性進行討論時提出了這樣的問題：「什麼是判斷？」也就是說，我們在對一個表象及其相應的外部實在之點進行同一時，是以什麼樣的意志行為作為依據的呢？他回答說：「判斷就是思想。」比量（推理）和感性知識中都包含著判斷，然而比量和概念活動有著直接的關係，「從本質上來講，它是思想的行動」，而現量（感覺）或感覺判斷則是「喚醒概念活動」的感知，因此是間接的思想行動。然而，如果一個判斷不僅僅是判斷或決定，同時也是一個思想活動，那麼「概念」又是什麼意思呢？回答是，思想就是想像或對想像中的物件的構造，思想所構造出來的物件就是假想的物件。生起性想像表明了引發差別中的統一，透過綜合來構造出不同時間、不同地點的（假想）統一物。這種綜合以「這是那」（tad eva idam）為表現形式，「這」和「那」分別為非綜合的「此性」和綜合的「彼性」。

因此，感覺判斷和概念活動之間就不再有本質上的區別，而生起性想像、表象、概念以及一般觀念之間，也不再有本質上的區別。個別的概念、個別的表象、個別的觀念都是不存在的。從形而上學的角度來講，那些聯繫著某些個別者的表象，實際上卻是一般的。

的確，認識者個體具有感覺能力和表象能力，瓦恰斯巴底對此引述了佛教的說法：「當認識者個人以為他感知到了一個表象，而這個表象實際上是由他自己構造出來的時，其實他僅僅是誇大了感覺認知能力，而掩蓋了表象能力。這種想像能力是心智的特點和自發性，它以某種自然構造能力為基礎，這種構造能力使得物件的一般特性得以被構造出來。既然表象因一反映而產生，認識者自然會以為自己看到的是當下存在於感知範圍內的表象。然而實際上這一表象僅僅是由認識者透過生起性想像活動創造出來的。」

判斷和命名

然而，概念性的和非概念性的這兩種知識來源並非包括了心智的所有思想活動。某些基本的分化活動和統一活動就沒有包含在內。例如：感覺首先被分化為主體和客體；對各種雜亂印象最初的析取活動，心從這些印象中經過（vitarka，尋），在其中某些印象上停留下來，直至這些印象穩定下來，並且可以確定它們的名稱。在一個邏輯體系中，以上這些活動都是被忽略的。

那些直接作用於感覺判斷形成時的想像活動（conceiving activity）可以經由其徵象加以區分。這種徵象在於它可以付諸語言的性質。就像感性是無法付諸語言的一樣，概念是可以命名的。法稱說，我們所說的心智的自發活動指的就是：當感覺和概念相對比時，將包含對某個心理反映的清晰認識的思想構造物和某個語言名稱結合起來的活動。所以，印度人和歐洲人各自對「概念」的理解多多少少是相同的。因為他們都假定了「概念」的主要特徵是：「概念」和名言有關聯，以及「概念」具有普遍性。就像歐洲的邏輯學證明了概念和名言彼此為對方的形成所帶來的影響。陳那也曾說過：「名言和概念互為來源。」

我們在前面的內容中已經說過，純感知和與之對應的物自體的特徵都是無法付諸語言的。我們可以根據這一規定得到這樣的結論：概念和判斷具有名稱的成分，是可以付諸語言的。

綜上所述得到這樣的結論：概念包含著所有可以付諸語言的思想，而不包含任何其內容無法付諸語言的純感知。所以，在一切標準型的判斷中，謂詞必定是一個概念。謂詞僅僅是謂詞，從它的名稱上就可以看出，它僅僅是可以斷定的，或者是可以付諸語言的。它相對於非謂詞，也就是主詞，主詞是純主體，是無法付諸語言的。如果所有思想歸根結底都是判斷，而所有判斷又直接地或者間接地是感性的判斷，那麼我們的認識活動就有了這樣的特點：它是對可以付諸語言部分和無法付諸語言部分的結合，也可以說是使概念從屬於純物件。就像法稱透過內省證明了純感覺具有實在性，內省同樣證明了概念和名言之間狹隘的聯繫。當我們發揮想像力的作用，完全自由地沉浸在想像活動中時，我們就會發現，我們見到的和夢到的都有內在語言相伴隨。寂護說：「每個人都必須承認，想像和語言是彼此交融的。」純想像是不具有實在性的想像活動，純實在則是不包含想像的實在。每一個判斷、每一個認知都是想像，這種想像和實在有著客觀的聯繫，它在某種可以付諸語言的關係上意味著某種無法付諸語言的事物。

範疇

所以，名稱的類別也就是判斷的類別。我們知道，所有認識活動都是判斷，而所有判斷都結合了某種非綜合成分和某種綜合成分，那麼，這樣的問題就產生了：究竟什麼才是那最根本的名詞或謂詞的範疇？這裡所說的範疇並非一切可以付諸語言的事物的範疇，因為它僅僅涉及物自體這一種事物。它是最終極的實在，無法再分解或是分類，從本質上來講，它就是一。它無法命名，因為它不是名言，而是非名；它不是謂詞，但是在所有謂詞描述的判斷中，它都是必要的主詞。然而，在對其進行表達和稱呼時，則可以使用不同的方式，因為事物的各種名稱都直接地或間接地對應它的不同屬性。因此，那種最普通的關係，也就是從第一本質（First Essence）和其他屬性範疇關係的角度來講，和通常的判斷範圍或認識範圍相同的關係，就是實體和屬性之間的關係。

因此，佛教所說的範疇和實在論所說的範疇也就有了很大的區別。

正理勝論派最終確定下來的範疇表包含實（實體）、德（屬性）、業（運動）、同（共相）、異（殊相）、和合（內在因）、非有（非存在）七項，這七種存在（Beings）或句義是以名稱作為標誌的。陳那針對正理勝論派提出的這個範疇表，建立了有關實在的五項範疇表，其本身僅僅是對名言進行分類。這五項包括：名、種、性、業、實。它們都只是名稱。實際上，這五項分別代表著：專名、類名、性名（形容詞）、業名（動詞）、實名（名詞）。和亞里斯多德一樣，陳那僅僅列出名稱和例子，而並未對其進行定義。他說：每個事物都可以用某個聲音隨意命名，也就是說，名稱本身是毫無意義的專名，例如僅僅是一個毫無意義的聲音。而「牛」就屬於類名，「青」、「白」等屬於性名，「煮」、「食」等屬於業名。實名則受到另一個實體的制約，例如「持杖者」、「有角的」、「有角者」等。

這種範疇表引發了以下觀點，它是以將認識活動分為綜合和非綜合兩大知識原則為基本原則的。綜合的成分相當於一般、概念、謂語成分或名言等等。這些名言是以印度語法中即有的準則為分類標準被分為五類的。嚴格來講，專用名也是類名，而並非真正的個體名稱。蓮花戒說：「雖然通常也承認這種名稱是專名，然而它實際上是指一個相續系列的存在物，包括了從產生到消滅的各個刹那。名言無法指稱那只存在一刹那且與其他事物完全不同的實在個體。名言所指稱的物件也是某個事物內在的類。這一事物具有持續受限於時間流逝的特徵。」然而，既然名稱是毫無意義的，那麼在範疇系統中，它就可以作為單獨的一項。「在日常生活中，『牛』這種名詞被視為類名稱，而這種名詞則被視為專用名。」因為並不是所有人都明白名詞必定是一般的，而專用名也是如此，所以才對專用名和其他名稱加以區分。

因而，根據陳那解釋，名言的範疇包括了其他的範疇。根據印度人只在分類裡列舉後面的項的方式，因此我們有必要設想陳那的五重範疇表區分了名言和非名言，接著將名言分成了四類。

「持杖者」、「有角的」和「有角者」是對實體範疇進行說明時所舉的例子。我們將其稱為所有形容詞，事實上，它們是次等的實體。其他實體受到這種實體的規定。除了事物第一本質以外，其他所有實體對於其他物件都有成為謂詞稱述的可能，因此它們從本質上來講都不算是實體，而是次等的具有比喻性質的實體。它們不僅是實體，還是屬性。而物自體則是所有屬性最終真實的擁有者。對它來說，所有構造物都是屬性，當它們的特徵是擁有其他實體時，就可以被比喻地稱為實體。

與勝論建立的範疇表相比，陳那建立的範疇表中也包括了這三類基本範疇：實、德、業，但前提是，陳那的各個範疇都僅僅是名言，而並非實在。而共相範疇則不再作為單獨的一項，因為所有範疇實際上都是共相。而殊相作為終極個別也不包括在內，因為它並不是範疇，而僅僅是每個物件最基本無法付諸語言的成分。和合性和非有也不包括在內。我們將在另一個範疇表中看到它們二者或其功能。這一範疇表以比量判斷而非現量判斷為根源。

被當作分析的判斷

有趣的是，前面所說的有綜合之意的梵文詞彙，在相同概念活動中，也可以被解釋為分析和分解（division）。它是一個中間詞。分析和綜合這兩種解釋似乎就是透過構造的觀念連結起來的，而後者從其詞根來看意味著其演生了世界。構造的觀念自然發展成了心智的構造或者在表象活動裡組合起來的觀念。因此，它非常適合用於表達唯理論的觀念，也就是製造出一個表象，並且將其放置到外部世界中的某種意識的觀念。它由此開始具有了人為、非真實、施捨以及錯覺等含義。從另一個角度來講，同一個詞源又可以衍生出另一個詞彙，它所具有的意義是二分構造，一分為二，二難境地，思想的一般的辯證傾向等，除此以外，還有分析的意義。從表示差別中的統一概念角度來講，分析和綜合這兩個詞是彼此結合的。當在思想前景的層面上討論統一性時，它就是綜合；當討論統一性的組成部分時，它就是分析。若是將概念活動視為在實在之點上結合構造表象的判斷，那麼它既是綜合也是分析。從實在之點到表象的思想運動是從統一到多樣的分析或分化，而從表象到實在之點的思想運動則是從多樣到統一的綜合。從本質上來講，起始階段的概念思維、生起性想像以及判斷，這三者具有相同的含義，它們是起初的統一感知剎那的分裂，分為主客兩者，也就是說，由起初的統一體構造出「能取」和「所取」兩者。然而佛教邏輯認為這一過程的最初階段是點剎那和表象的結合的判斷力，主詞對應點剎那，謂詞對應表象的判斷，而心智的構想或衡量活動則被認為是離散的過程。起初的實在分裂為能夠加以考慮的諸多觀點。實際上，針對同一個實在，理智能夠選取的觀點多至無窮，例如，對於「陶罐」這一物件，它可以將其解釋為廣延性、堅實的物體，或是具有形狀、顏色等性質的實體，但這些思想構造物只有有效的點剎那這一個核心。我們同樣可以針對火提出各種解釋和理論，但從本質上來講，只有灼熱的感覺剎那才是它所具有的實在性。我們可以將這諸多觀點視為一個單一實在之點所散發出來的光線。因此，生起性想像所針對的物件也就是自在之物。佛教說，「所以，不可分割的物自體也就被這樣地分析假想了。」如此一來，它就具有了一般特性和特殊特性。「它就是各種構造、假想的思想分別的領域。」從此，發散開的光線又會聚到物自體這一中心。因此，判斷中的知性活動既是分析也是綜合，如同光線由中心物發散，又會聚到中心物上。

客觀角度的有效判斷

當以「這是牛」為例的感覺判斷被視為具有此特性時，也就是它作為心智的活動，將終極具體且個別的事物和一般概念連結起來，或是將某一暫態感覺歸於某一穩定概念，佛教邏輯家承認這種定義中含有矛盾。這種矛盾指的是「使兩個完全不同的事物具有相似性」。一切內在的一般東西都不可能與外在的單一東西同一。這恰恰是實在論者否認表象存在的一個原因。他們把表象置於外部世界，使其具有實在性。他們寧可承認這種觀念實在論，也不肯承認將內在表象和外部世界結合起來是不協調的。對於那些認為表象和表象的外部形式（external pattern）都是實在的觀點，他們持反對態度。他們說，假定事實如此，那麼我們就有必要在「這是青色」這一判斷中認識一個雙重的顏色，也就是同時認識兩個顏色，一個是內在的，一個是外在的。對此，佛教回答說：世界上的一切事物都是相異的，並不存在絕對相似的事物。如果在某種程度上它們達到了相似，那僅僅是由於它們之間的差異被忽略了。因此，兩個事物之間的相似程度和對它們之間差異的忽略程度成正比。這是佛教根據不可分辨的事物的同一律得出的必然結論。所有牛之間的差異都是必然的，然而若是忽略這種差異，將其與馬或者獅子進行比較，那麼所有牛看上去都是同一的。只有忽略了事物表象和與之對應的外部實在之點之間的差異，才能將它們二者同一起來。判斷也就因此成為了表象向外部世界的必然投射，也就是表象和與之對應的外部實在之點的必然同一。「這是牛」這一判斷必定是將客觀實在進行知性綜合。

佛教問：那麼，究竟什麼才是每個判斷中必然的客觀化過程呢？法上回答說：「判斷就是對自身並非外部物件的內在反映進行處置。然而我們認為，它確實是外部物件。」這種同一化過程既不是根據其表象對某個外部物件進行「把握」，也不是將表象轉化成外部實在物件，也並非將兩個事物真正地連結起來，也並非真實的施設（imputation）或者用一物代替一物。它僅僅是一種錯誤的施設（迭加 imputation），是人類的錯覺。表象必定是內在的，然而因為我們的知性具有微妙的難以付諸語言的必然性，所以它被投射到了外部世界中。對此，法上說：「被生起性想像認為是和與之對應的物自體完全相同的物件的外部形式，實際上並非外在的東西，而僅僅是我們的觀念。」

在語言表達中，用作為實詞（erbum substantivum）的聯繫詞「是」來表示這種外在化過程，它將具有具體表象的客觀統一和主觀統一加以區分。「是」直接聯繫著外部世界的實在之點，也就是純粹自在的事物。蓮花戒說：「當我思考『是』的意義時，我只能想到物自體的意思。」

綜上所述：首先，判斷是——

1. 判斷力，也就是人類知性的一種決定。

2. 這種決定將概念和某個客觀物件聯繫起來。

3. 它和概念活動是一樣的，因為概念作為真正的知識也必定聯繫著某個客觀物件。

4. 它包括了雙重綜合：其一為事物和表象之間的綜合，其二為概念中統一起來的各種感覺的綜合。

5. 也可以將其視為一種分析，因為被判斷的事物的具體統一性是由判斷謂詞的各種不同方面體現出來的。

6. 它不僅是必然的，而且是虛幻的表象客觀化的過程。這一判斷從數量上來講是單數的，而從「這」（this）作為持久的主詞來講，它甚至是終極的單數。而且，它的謂詞必定是一個共相一般。

這一判斷從品質上來講是肯定的。否定或者不受限制的判斷是以一種特殊原則為依據的，屬於較晚的思想演變階段，且無法並列於感覺判斷。這一判斷從關係上來講是直言式的，可以轉化為假設判斷或虛擬判斷，關於這點，我們將在其他內容中進行討論。這一判斷從模態上來講是必然的。斷定和必然是一體的，但或然的東西必定不是判斷。法稱用同樣被用於表達分析性判斷中主謂聯繫的同一詞（也就是決定、確定）來表達這種必然性。「肯定的必然性包含於每一個以充分意識肯定陳述的判斷中。」對此，瓦恰斯巴底引用了佛教的話：「判斷（或者決定）、概念活動（或者綜合）和必然性（必然的必然性）都是一樣的。」

既然判斷是這樣的，那麼什麼是非判斷呢？法稱說，非判斷是一種反射。他說：「對任何人來說，感覺都不包含著知識的必然性，它並非透過無條件必然的方式來理解物件，而是透過簡單的反映（影像）來理解物件。現量產生相應的確切斷定的程度，和其擁有正確知識來源的程度成正比。

判斷論的歷程

印度哲學的歷史始終包含著有關感覺和概念的內容，只不過在不同時期不同體系中，它們在關於認識的討論中扮演的角色也不同。早在印度哲學初期，以下這些特徵就已經存在了：純感知和判斷行動之間的根本區別；認為判斷是決定的意義行動；整個認識活動被認為是純意識和半潛意識的反映的非正當結合等。這些特徵也存在於數論和醫療學派中。實際上，在這一時期，純感知活動被視為獨立的精神實體，而一切精神現象以及其中最重要的——起決定作用的判斷都被認為是屬於生理學上的反射活動，它們是由純粹靜止的自我（ego）「映射」出來的，其本身是無意識的。

小乘佛教又對這些角色進行了重新分配。將兩種實體的二元論替換成根據因果律結合起來的各個分離元素的多元論，並且使其再現於相依緣起論中。純感知成為了一類元素，概念成為了另一類元素。它們代表了兩個不同的剎那思想相續系列，這兩個系列是平行的，沒有任何相交點，但卻始終彼此相伴相隨。

醫療學派、數論、瑜伽派、耆那教和小乘佛教都對印度的心理學，尤其是有關出神冥想的現象作出不同的貢獻。他們發現意識覺醒的起始階段，並且跟隨其脫離潛意識狀態後的發展，達到逐步深層的入定，直至毫無知覺的出神（cataleptic trance）。他們對一系列心理作用和狀態加以證明和描述。對於他們分別對認識論所作出的貢獻，我們以目前的認識材料還不足以進行評估。但他們都提出了相同的哲學解釋。數論和有關的各個派系都認為心理現象是物質性活動，而意識則來源於外部世界的某個實體。佛教認為永恆實體是不存在的，一切分離的精神成分只能由因果律來維繫。

實在論的正理勝論派和彌曼差派的理論中並不包含關於現量判斷的內容。感知（sensation）僅僅是雜亂的感性認識，而感覺判斷則是清楚明晰的感性認識。它們只有程度上的差異，並沒有本質上的差異。認識活動在這些體系中是由神我發起的。一切認識物件則處於外部世界中。神我透過感官來思考物件。如同數論所說的神我本身是無相的靜止的。

到了大乘佛教時期，現量判斷論自然而然地成為了對應於感覺現量論的部分。極端觀念論的中觀派雖然和正理勝論的立場不同，但在反對現量和現量判斷方面，卻和後者有著相同的觀點。最先採取行動的是經量部，它把純粹的意識變成充滿表象的意識。外部世界因而失去了某些真實性，成為了表象的假設的原因。然而這個派系的著作以及世友（vasumitra）、童受等的著作都已經找不到了，因此，對於它們對佛學所作出的貢獻，我們很難進行評估。而自立量中觀派的資料雖然保留下來一部分，但也很難對其進行考察了。

此後的瑜伽行派觀念論者則完全放棄了對外部世界的假定。而無著又是最先將非構造的世界與構造的世界區分開的人。他因此為現量和現量判斷理論開闢了道路。在邏輯方面，陳那和法稱則傾向於經量部（Santrantika）的觀點。他們認為，外部具體個別物件——也就是物自體——是實在的，而現量判斷則作為媒介，連結著純感覺所反映的終極實在和理性所構造的表象。

陳那之後的學者始終在探討如何對現量判斷論進行正確的表述。有的人認為，理智具有概念性判斷的作用，它的特徵並非是將感性實在歸於某個範疇，而只是命名的活動。範疇僅僅是更加詳細的命名。陳那的觀點可以用兩種方式進行解釋。法稱、法上等人都認同他的觀點。他們認為，構造性的心智或感覺判斷力能夠對可以付諸語言的表象加以理解。因此，這種判斷行為具有可以付諸語言的特性。從某種層面上來講，判斷也就成了「表達出來」。

印度邏輯自佛教消亡以後，就不再包括判斷論了，因為判斷論僅僅是現量論所導致的必然結論。在對這一理論體系進行介紹時，雅各比（Jacabi）教授對其進行了正確的評述，他說，由於它與現量或比量完全不同，因此這種邏輯並不包含判斷論。

因此，佛教邏輯的判斷論僅僅是印度哲學中的一段插曲。

歐洲的此類理論

印度哲學經典中經常會出現比量這個詞。然而即使是對比量非常熟悉的歐洲學者，也很難找到一個合適的歐洲術語來翻譯這一概念。亞里斯多德的著作是歐洲語言中哲學和邏輯部分的根源。然而印度佛教絲毫不受其影響。它有自己的獨立傳統，與歐洲哲學是平行的。所以，重視印度哲學和歐洲哲學在同一個概念或同一個理論上的相同觀點，是非常有歷史價值的。而這一理論的真實性也可以由此間接地得以證明，因為真理只有一個，而錯誤才會是多樣化的。如果一個命題是由兩個或兩個以上命題推導出來的，那麼這必定是一個三段論式論題。而在探討知性活動的特徵是否由構成判斷來決定時，首先必須瞭解判斷究竟是什麼。然而，針對這一問題的觀點是數不勝數的。每一本哲學辭典都記錄了對這一問題的各種矛盾的說法——歐洲著名的哲學家們對這一問題都有其獨到的觀點。大部分觀點認為判斷是「兩個概念之間陳述性的連結」。然而布倫塔諾（Brentano）卻強烈反對這種說法。他認為，判斷和概念活動是完全不同的。但舒佩（Schuppe）卻認為它們二者是相同的。大部分觀點認為判斷是一種綜合活動，但馮特（Wundt）卻認為判斷是一種分離活動。總而言之，例如存在的這種感性的和不包括人稱的判斷是最讓人不知所措的了。然而佛教對判斷行為的描述以及與他人不同的看法只是部分零散地存在於歐洲各個學派中。例如，洛克（Locke）的著作中提及的簡單觀念也就是我們所說的現量判斷。「這是白的」、「這是圓的」之類的感覺判斷，被認為是連結著某一當下的感覺和某個持久的思想物件。

對於判斷的看法，佛教和歐洲哲學之間的分歧是：歐洲哲學只針對兩個概念的形式，並不包括它們所指向的客觀事物；但佛教卻始終包括了概念和它所指向的客觀事物。兩個概念的判斷是一種推理性判斷，是一種比量。而真正的判斷僅僅是感覺認識的判斷。有必要在這裡說一下施瓦特教授的觀點。他強調了這一事實：作為規則，在一個判斷中，只有謂詞有必要付諸語言，主詞或者「被描述的主體則可以不透過語言來描述」，而僅靠指示代詞或手勢進行說明。他說：「這種判斷意味著人類思想的開始。」「當孩童透過閱讀圖畫書來認識動物並且說出動物的名稱時，這就是判斷。」佛教完全可以承認這一觀點。所有判斷都是將一個完全無法付諸語言的成分和一個完全可以付諸語言的成分連結起來。因此，不包括人稱的判斷（impersonal judgement）是最基本的判斷形式。

我們在前面的內容中已經討論過康德的觀念，他恰恰將知性視為非感性的知識，將判斷視為知性的功能。此外，他還駁斥了在他之前的哲學家提出的判斷的定義，那些哲學家認為判斷是兩個概念之間的關係，而康德說：「我們並不知道這種關係在何處。」他認為，判斷僅僅「是一種將特定的認識置於統覺的物件統一體中的方式；而這恰恰是連結詞『是』（is）要達到的目的。」康德的這個定義說明了某種綜合，也就是我們所說的判斷中最顯著的特點：主觀表象向客觀外部世界的投射。如果我們在此基礎上添加有關感性直觀的各種析取（vitarka，尋）以及將其固著在某一點的理論（這兩種理論相當於康德所說的直觀中的瞭解，以及概念中的識別），我們就必須承認，在這方面，康德的思想和佛教的理論有極其近似的地方，即使康德為了遵從亞里斯多德所建立的體系，而始終用兩個概念構成的判斷來舉例。

彌爾父子是歐洲哲學家中最先提出每個判斷的本質特點是決定、同意以及相信的，而布倫塔諾也同意他們的觀點。詹姆斯・彌爾說：「我們必須對這兩者加以區分：（1）提供心智有關感知或者觀念的順序，（2）指出這種順序是突然的。」「這一區分是最重要的，而且是最根本的。」「與堅持感覺和思想之間有著本質區別相比，堅持這一區分要更加容易。」我們知道，對佛教來說，真正的「根本的區別」指的是純感覺和純知性之間的區別，而判斷是將這兩個成分連結起來的某種決定。所以，真正的判斷活動只包含一個概念以及它所指向的客觀事物。布倫塔諾也是這樣認為的。他說：「認為每個判斷都是兩個表象（representations，也指觀念）的結合或分離的觀點是錯誤的……單獨的表象也可以是相信或者不相信的物件。」此外，他還認為一個判斷中最重要的部分是「是」（is）。因此，所有判斷最終都可以歸結為「A is」（A有或A存在）這一存在判斷形式。例如，可以將「這個人是病的」歸結為「這個病人是存在的」。然而，這種判斷並不是為了在A成分（也就是概念）和存在觀念之間建立起描述關係，而是A成分本身被相信是存在的。布倫塔諾這樣認為。我們知道，佛教認為，所有判斷都必定會歸結為現量判斷，而非存在判斷。存在並非謂詞。「純肯定」物自體中並不包含謂語性的特徵或關係。

歐洲的判斷論中，在分析感覺判斷方面，和佛教最接近的觀點是由布拉德雷（Bradley）和鮑桑葵（Bosanquet）提出的。他們二者也認為一個純實在和一個構造的概念是由基本的判斷連結起來的。主詞表示的是「某種獨一無二的，自身相等的」而且只在它的「剎那世界裡」存在的，只能表達為代詞「此（這）」的東西。而謂詞表示的則是「一個觀念內容，一個符號」，或者一個概念。

第二章：比量

判斷和推理

我們有必要去區別人的感覺判斷（判斷本身）和那種被稱作推理的判斷。既然所有的對實在的認識（正智）都能夠被歸結到判斷這個範疇裡（對感覺的概念性的闡釋），並且既然一切的認識都能夠劃分為直接和間接的，那麼所有的判斷也只能是直接和間接的兩種。這兩個的前者是現量，後者就是比量。直接的判斷是感覺和概念的綜合體，間接的判斷是感覺和兩個概念的綜合體。直接的詞項有兩個，間接的詞項則有三個。在佛教邏輯學裡直接判斷的形式可以歸結為「這是青色的」或者「這是煙」。間接判斷的形式則是「這是火燃燒時產生的煙」或者「這裡有火，所以或產生煙」。煙是被感知到的，去判斷「這就是煙」則是感性認識到的，也是直接的。火在燃燒之前是隱藏的，「這裡有火」之類的判斷是比量的（推論的），也是間接的。時間所有的事物都能夠被分為可見與不可見兩者。經由可見到推知不可見是邏輯推理（比量）——一種間接的認識，〔經過其「標誌」性的特徵（徵象）而抵達認識的物件〕，一個隱藏的物件一定會有某一徵象。反過來，它的這一徵象就是實在物件（實在之點）的特徵和標誌。

關於對實在之點的認識，因為它本身就具有雙重徵象（標誌的標誌），因此被我們看作是邏輯推理——事物屬性的屬性，也稱作此事物的屬性（nota notae est nota ipsius）。我們在對現量的感覺判斷中，透過概念A這個符號去認識（含有這個符號）事物X；而在推理的比量判斷裡則依照其雙重的符號A和B去認識這一物件X。

在邏輯學裡符號A和B是理由和結論的關係，在他們看來當符號A被人認識後，符號B也必然會被隨後認識；既然X是作為A和B兩屬性的依存者——兩個謂詞的主體是不確定的，始終同一的，那麼我們就可以不對X加以表述。不必有任何形式的描述也必然可以瞭解到X的存在。在這樣的一種情況下，這個相互關聯的A和B兩成分（屬性）把代表全部的比量抑或是比量判斷。因此，這一判斷很明顯就只能由兩個概念組成，而且它們相互之間是理由和結論的這種關係，它們的其中之一是稱述另一個必然不可或缺的基礎。

比量的判斷也就是關於遍充關係的判斷。法上說：「比量或借比量認識的物件或者所推知的屬性及其負載者一道的複合觀念，或者當人抽象地考慮理由及推知的屬性的兩者之間的不變共存性時，所推知的事實就如同是和它的理由相屬不離的性質。」在前一個情況下，我們會得到一個比量的或推理的判斷，在後一種情形下，我們會得到關於遍充情況的判斷。前一個相當於小前提和結論的結合，後一個相當於亞里斯多德的三段論推理的大前提。在印度邏輯裡它們在本質上是一種認識，就像由它們的徵象所推知的對火的認識那樣。

判斷「火生煙」、「那有煙的地方都會有火」、「那沒有煙的地方一定無火」等這些就如同「青是一種顏色」、「牛是一種動物」等，究其本質都是對實在者的認識，都把握真實性言，因此必然會以這樣一種「此有火，以有煙故」形式作為歸結。「這是樹，由是辛巴沙故」、「此為動物，以是為牛」等，假如這些都沒有「此」（here, this），那麼無論被理解還是被表達都不會是我們對實在的認識。

但並不是我們的每一種認識活動都包含了這其中之一為另外兩個性質負載者的三個詞項。只有在這樣的情況之下，它們其中那二屬性是必然相互關聯的，它們其中的一個從另一個裡面推演出來才算代表一個比量。比如我們判斷「此為有煙之山」，雖然這裡面也有三項，但其中都並沒有必然的關聯。而我們判斷「彼有火，以有煙故」卻是比量性質的，這是因為其煙被描述為和它的原因火是有必然的聯繫的。

它們之間這種必然關係，還是留在後面再加討論。

邏輯的三項

每一個比量或推理都會含有三個詞項：邏輯主詞、邏輯謂詞以及它們間的聯接者——理由或徵象也稱標誌。

邏輯主詞是最根本的形而上主體或真實性主體。邏輯中最終的真實者是純實在之點，它是「這」（此，this）的成分（在前面講現量判斷的時候，我們就瞭解「此性」（thisness）是非持存的實體（the non-subsis tant substance），一切其他的範疇對於它只是屬性），代表那必然作為一切思想構造物基礎的實在性的負載者。

邏輯的第二等或形而上的主詞就是被推知的實體、屬性，這是和第一的先驗主體比較而言的。但在邏輯進一步的推理當中，第二等主詞被當成承擔者，其表現好像是諸屬性的負載者。這和比量「此有火，有煙故」是一樣的，這裡的「此」的成分代表了真正的主詞，而在「此山有火，由有煙故」的比量裡，主詞的「山」替代了那個真正的主體和基礎，這個「山」本身是被我們部分推知的。

法上說：「這一比量裡的主體是由一個實際被感知的具體地點與一個並沒有看到被推知的部分構成——是某種直接認識的和不可現見的

東西的複合體。……『此』（這）就是指可見的那一個部分。」因此，在其結論所描述的並不是單一的，而是一種一般性判斷的任何情況下，比量的基礎，或主體，就是我們直接所見和實際並沒有看到的部分的結合。比如，在我們推定聲音都是進鬥的剎那存在的時候，直接所知的只是某種特別的聲音，而其他餘下的剎那只是被推知的……。比量的主體代表一種負載的底層，一種基礎的實際存在，它上面被我們移植了相應於謂詞的概念，而這被顯示為，有時候，由直接現知者和非現知者——推知、比知——所構成。

佛教邏輯裡的一個比量的主體就如同亞里斯多德理論裡的小詞，從本體論的這一角度看，作為最終極主體相當於亞里斯多德的第一實體或第一本質，「它只是主語，而絕不會表現為對其他的任何東西的謂詞。作為Hic Aliquis（在此者）或者Hoc Aliquid（此者），它處在所有稱謂活動的或隱或顯的底層。」

伐遮塞波底說，依據陳那作為實在的真實擔保者的觀點，現量並沒有像我們指明煙所在處的某一廣延位置，例如：有煙之山。這座山不過是我們想像力構造的東西。因此，所有比量推理裡的真正最終極的主體——不管這個東西是被言表的還是只是被理解的——都和現量判斷力的情況一致，只不過這是「此性」（thisness），是點剎那，第一實體，Hoc Aliquid（此者），在本質上它就是主體，而非為一種屬性或者謂詞。

邏輯推理（比量）的第二詞項是邏輯結論或所證（probandum=sadhya）的邏輯謂詞，代表了那經由此比量而認知的主詞屬性，也稱被比知屬性。也可以被描述為像「火」那樣的實體名詞，然而對於主體——主詞——而言，它只是屬性，是特定位置的「火性」。它和主體一起，這一屬性代表有比量所能認識的「物件」（anumeya 所比，所量）。法上繼續解釋道，這一比量所認知的物件可能是以下三種：其一，它的屬性被希望被認識的基礎（負載者）。其二，連同前者屬性（同屬性 dharma）一起的基礎（負載者）。其三，或僅是作為這一屬性，當它和邏輯理由（中詞）的聯繫，並由此聯繫可加推演地被抽象的考慮的時候，比如：「彼有煙處，皆有火」或換一句更為準確的話說，「彼有煙性處，皆有火性。」而陳那是這麼說的：「所有比量的關係都是基於實體和屬性的關係。這是我們知性的構造，但它並不代表事物最終的實在。」

實際上，不管邏輯結論還是邏輯理由，倘若就其作為它們基礎的最終極實在而言，是必須把它們看作是構造出來的屬性。抽象看待是由邏輯推理（比量）而推知的屬性或者邏輯謂詞，相當於亞里斯多德哲學裡的大詞。

作為邏輯標誌理由的是第三詞項，這也是主詞的一種徵象或稱屬性，它是由謂詞標示出來的，等於亞里斯多德哲學裡的中詞，且還是邏輯推理中最關鍵的部分。因此，比量式能被描述為：「S是P，M故」或「此有火，以有煙故」抑或是「此有樹，是辛沙巴（樹）故」。在前面我們已經說過，我們在日常生活中經常會省去對真正主體的描述，而這些比量都表現為對共存關係（concomitance）的判斷形式，就如「辛沙巴是樹」、「煙在，則火有」或者「煙有火生」等。

對比量的種種定義

比量的定義就是：透過一物件的徵象而認知它。法上解釋說，這一定義是比量的根源而不是本質。對於隱祕之火的認識就是經由它的徵象來顯示。徵象只產生該徵象所屬物件的認識，而認識的根源在於徵象。

比量的另一種定義是從研究物件的方面著手是對所推知者的認識——一個不可見者的認識。所以研究物件無非是當前的存在或非存在。現量把握現存者〔the present （當下存在的）〕，比量把握現時不在者（the absent）。

比量的第三種定義，它強調徵象和所比物件間不可分割的聯繫，並且它還將比量推理定義是一種不可分關係的結果，或是某個被我們注意到的這種關係者，它對兩個事實間不可分關係的運用。因此，在一些邏輯例子裡，對那個隱蔽的火的認識就成了那種不可分的因果聯繫結果。它理清並將煙及其原因——火——聯繫起來。這些是在先前的經驗裡被認識的。

陳那在他的著作裡一開始就說，量有兩種形式，現量和比量，由能量是二，那麼所量也是二，也就是說自相以及共相，所以，共相由比量認知，自相則就是諸根（感官）的認知。

不過，其存在被推知的火和那存在被視覺所現知的火，同樣是個別的和顯而易見的。一旦離開構成物件的這個火拼作為世間所有火的屬性的普通特徵，那個個別的火也是絕對不會被我當作火被認知的。被推知的火倘若沒在想像活動裡聯繫到每一個實在之點，它同樣也不會被我們當作實在的認知。但是，邏輯的推理活動裡我們所注意到的特徵的一般性和物件所提供給感官的個別性之間怎麼說都是有區別的。

依照法上的理念，比量都會有一個假設的物件，比如想像力的火作為比量的物件，因為比量所認識的不是就在眼前存在的物件，所以這個物件只能靠想像，而不是外貌直接透過感官直接去把握。而這一過程則是我們把要想像的物件歸屬於某個實在之點，所以它最終結果和現量裡的情況是相同的，是經由一個構造的符號再對真實之點的認識。這兩者在我們的思維運動過程裡的差別是它們互為相反。在現量裡，我們的認識活動把握個別而構築符號，而在比量中，卻是我們把握那個符號再來構造出個別。也只是在這一種意義上，普通的才能成為比量的物件，個別才會是現量的物件。要不然，感覺的和推理的判斷之間在這就沒有任何區別了。就像佛教所說的，兩者是「同一個認知」代表「感覺與非感覺、概念和非概念、想像和非想像」的綜合。這就是說，它包含著一個能感覺的核心與知性對它的描述。現量和比量的區別在這裡就成了感性和知性的區別了。感性和非感性以及現量和比量是我們人類的兩個知識來源。很明顯從上邊我們所說的這些裡就可以看出，比量並沒有被我們看作是，需要其他的兩個命題或者判斷推演出來的，一個命題或者判斷，僅只是我們的一種認知實在的方法而已。這一方法的根源就在於它具有徵象這一個事實。在一個比兩粒真正被推知的是具有某一確定符號的實在之點，比如，那不可見的被推知有火的山。陳那因此說：「有的人認為被我們推知的東西是在某處發現的事物的新屬性，因為它是和那藝術性之被發現的徵象聯繫在一起的。還有人覺得，比量裡我們所認識的並不是什麼的屬性，而是這一物屬性和本身（屬性負載者）的聯繫。那為什麼，我們不設定那被推知的屬性正是那具有被推知的屬性特徵的負載者本身呢？」陳那這話的意思是，在比量裡揭示的事物既不是大詞，也不是邏輯大詞和小詞的聯繫，僅只是那特徵為它所推演出的符號所標示的實在之點。在這一個觀點上，陳那和法稱是一致的。世親的觀點也和他們差不多，只不過，世親在他的《論軌》中，對他的這一觀點的描述遭到了陳那的嚴厲批評。

邏輯推理和邏輯結果（比量和比量果）

既然比量是我們所有知識的一大來源，那麼我們就會面臨：知識來源和知識結果，認識行動和認識內容如何區別它們之間的差別，推力行為或者推理過程與作為結果的比量（認識），這一些概念間有什麼差別問題。和在現量裡的態度那樣，佛教不太承認它們之間有什麼區別。認為這是同一事物是因為我們看待事物不同的角度導致的。比量只不過意味著我們的認識經由物件標誌或徵象而認識我們相應的物件。這「一個認識」，即一個有效知識的行為，在它後面伴隨一成功的行為。其中它包含了一個表象和表象的客觀所指。這就如同我們在現量認識裡主觀表象和客觀實在間也包含「符合」或者「相應」。倘若我們願意我們就可以將此符合認為是我們知識產生的最近原因。因此這一種符合就意味著它就是我們對事物認識的來源，而它所使用在特定的實在點也就是我們命定的量果。可知識的符合與知識本身說明白了其實就是一種東西，它們的區別只不過是我們從不同角度看待事物的結果罷了。

實在論者它們不承認有表象這個概念，所以在它們的理論和言說裡也就不存在表象和外部實在符合了。他們認為，人的任何行動，包括人的認識行動都是能和作者，所作物件以及能作工具過程方法與結果分離開來。在比量裡量果就是結論。操作過程和工具據某一派認為，這是對理由和結論間遍充關係（vyapti）的認識。而另一派則認為，這是對比量裡的主體（詞）的徵象（標誌）的認識，因為這一步驟部分第和所謂小前提的功能是相吻合的，又由於這一步驟包含了遍充性標誌——小前提和大前提的結合關係——所以內容很豐富。有了這一步驟，結論馬上就會得出。依照烏地約塔卡拉（Uddyotakara）的說法，以上的兩個步驟代表比量的行動，都是緊緊靠著結論產生之前的生果之因。佛教自然也不會否認這些前提的存在和意義，只是佛教認為這些本身就是認知，佛教只是否認每一知識內部的所知和認知的區別。認識的物件目的性和認識本身本來就是一碼事。法上就這事說到，假設我們經過比量而知道了一種青色存在某一地方，就這個來說，我們所推知的結果就和我們從現量那裡所知道的是沒什麼不同的。他繼續解釋道：「這種一開始頗不能確定的想像的青色表象生起；接著它作為一種明確的自我明瞭或者自證的青色被我們確定下來。在它和所有不是青色的顏色形成對照後，這種對照配合可以視為這種明確受到限制的表象的來源，而這一想像分明的表象也就被我們當作量的結果出現了，因為正是由於經過配合和對照，青色的明確表象才能為我們意識到。」

因此「青」和「青的相似是相符」是同一種東西。青意味著和世界所有的青色之物是相似的，也意味著宇宙裡所有不是青色的東西並不相似。相似和不相似兩者就構成了我們關於這種青的認識內涵與這種青的認知。不管這種青的存在是看得見的還是透過想像而來的，這並沒有什麼差別。能量（知識行動）和量果（知識的內容）也是沒有什麼差別。

在何種程度上，比量是真的知識

在這裡，知識來源被定義成和經驗不相衝突的第一剎那的新知。因此，第一剎那的新知必定是擺脫了任何主觀憶念的或想像的特徵（nirvikalpaka）的。我們都知道只有感性認識到的第一剎那，那所謂的純感知才能符合這一條件。但也正是因為其相當不確定，這種感知才無法對我們的預期行動有所指導。因此，我們想像的介入就把確定性賦予了這一粗糙的感覺材料。

這樣一來感覺判斷就成了新舊知識的混合產物，是客觀實在和主觀詮釋的混合產物。它在我們面前取得了正確的新認識的資格或來源地位，雖然依照嚴格的意義來說，它沒有充分的權力這樣做。因為比量本身就距離人的純感知很遠。假若人的感覺判斷尚不能為新的認識，那麼比量推理就更加無權被稱作真正的正確知識來源了。因此，法稱說：「比量只是幻象，它所涉及的僅僅是它本身的想像，並且被我們錯誤地認為是同一於實在的非實體（non-entia）。」

從抽象化了的知識高度來看，人的純感知被認為是代表最終極把握物自體的正確知識，而人的感覺判斷因為混合有憶念與主觀想像的成分，所以它只能是半知識（half-knowledge）的。至於比量因為它更深入我們的想像——有三分之二的部分，即，三個詞項裡有兩個都是由我們想像的——因此它更加是先驗的幻象了。陳那在闡釋自己哲學的宗旨時說的很明白，兩種能知（知識來源）、兩種所知——自相和共相。讓人倒覺得好像他在說兩種能知存在的權力平等，兩個所知物件又都是俱為真實的——俱為客觀實在的。而這一事實只能從正理一勝論的傳統來加以闡釋，因為陳那雖然在其著作裡先作了這一方面的描述，然而到後來他又一點點地消除了它全部隱含的意義。首先是共相絕不是實在，它僅僅是純粹的想像和名言，因此，那註定只可以對付那些構造出來的概念的比量，這樣它也就不是正確知識的來源了。不但如此，就是感覺判斷也只能算是一半正確，雖然感覺判斷直接能抵達物自體，可在面對其不可忍知性的時候，它依然是凝滯無力的。我們也只能依靠著想像力才能活動於半真實的世界裡。就這個特點看，比量是輔助現量人的感性認知的和感覺判斷的方法，它的職能是糾正人認識世界時明顯的錯誤。比如，當聲之剎那性在人的感知中被理解、在感覺判斷裡被詮釋，我們就會遇上彌曼差的理論，他們認為語言之聲是永恆的實體，而在暫態的現象裡顯露自己。這個時候，比量就走到了前面，它會首先依照瞬息存在的一般特性，接下來再依照一條特殊規則，也就是一切有意識作為的都不可能是永恆的，推演出勤勇所發之聲的剎那性。因此在比量被我們用來糾正幻象的時候它是我們知識的間接來源。法稱就此解釋道：「感覺是無法向任何一個人傳達的，倘若感覺認識論某一東西，它是以被動反映的方式而不是有人的判斷來完成的。單就感覺活動有潛力激發隨後判斷的作用來說，它也僅是在這一方面才稱得上是正確的知識。但在另一方面而言，由於諸幻覺的本身原因它又沒有能力產生正確認識，所以，我們才會有另一個認識來源產生作用。由它來清理一切的錯誤想像，只有如此，我們才會有另一個知識來源比量的推理來抵達認識活動的前列。」

蓮花戒也有和法稱一樣的論證過程。

我們知識的來源確實在於它不和我們的經驗相互的矛盾，而是從我們的經驗裡感性的核心中被我們挑選出來當作關於終極實在知識的真實來源。其他的知識儘管也代表了不矛盾得到經驗，但是表現出來的卻是我們某一先驗的幻象。「儘管從我們經驗的角度看，它是不矛盾的，」蓮花戒說，「但我們卻不能承認它能代表我們終極的真理。」因為任何一個外在物件最終都要被我們感覺、思想和命名，比如我們提到的火就是這樣。一旦我們的感覺（nirvikalpakam）因這一物件引生，我們的注意力就會被喚醒，我們身上的知性就開始確定它在時空裡的位置，並產生某一二分。全部論域就把它分成火和不是火的兩類物件。在它們之間不存在中間物，這兩個部分物件完全矛盾對立。我們身上的矛盾律和排中律就開始作用，與此同時產生出兩種判斷——肯定和否定，「這是火」、「這不是花」（也就是我們常說的非非火）。

我們的知性在鼻梁當中的活動非常複雜，在我們從煙比知有火時，我們的論域就一分為二了，一部分是有煙便有火，另一部分就是非煙隨非火，這兩者之間沒有過度的中間地帶，也絕沒有非火而生的煙。

我們心智的這種二分活動是天生而來的，在我們分析佛教的否定論（anupalabdhi）、矛盾論（virodha）、辯證理論時，我們再將論述。

因三相或邏輯理由的三個方面

雖然比量和比量果、現量（我們的感覺）判斷和比量（邏輯推理）判斷之間並沒有什麼差別（因為它們都是給予我們概念的客觀指導），可是在某一種意義上它們還是有所差異的——因為比量包含了這一指向行動的邏輯理由。比如，在我們把某一點剎那和妹妹有直接看到的或表象聯繫起來的時候，我們就有充分的理由了，因為我們看到了火燃燒時有煙伴隨的情況。因此，煙是火存在的明確標誌且還證明了我們的這種結論的合理性。

這種合理說明或理由從而也就為我們指明了感覺判斷和推理判斷的差別鮮明突出的特徵。儘管在這兩種場合下我們認識的都是二分的。

我們的認識就其不是被動的感覺而是我們頭腦構造性的功能而言，它就是一種二分的活動。首先它總是要把我們認識的物件分為相似的和不同的，總是在使用契合差異法——和相似者契合，和相異者分離的方法所展開的活動。符合法一旦被表達，差異法也相應而生，為了認識的精確和正當，符合和差異這兩者都應該在我們的認識當中表達出來。

那麼比量裡的相似例證（同品）與不同例證（異品是什麼呢？法上定義說，假若有某一物件「因為自身和比量所求知的物件具有共同作為邏輯謂詞的某一種屬性而相似於比量物件的話，那麼它就是一種相似比例（同品）。」在我們上面提到的例子中，所以具有「火性」的都是同品，法上接著解釋道：「這是謂詞，是代證的事物（pvobandum），只要比量還沒有得出結論，那麼它就是未證的；但它又是屬性，那是由於其存在受某一基礎（屬性負載者）的制約，所以，它是被稱謂的派生出來的屬性。」他接著說：「自相個別絕對不會是邏輯謂詞，因為謂詞永遠是共性一般的，因此，比量裡的所知物件是一共同屬性，是被稱謂的屬性同時也是共性。同品是相似於比量所認知的物件的，這是因為這兩者都屬於那被稱謂的屬性之共同性（universality）而被我們理解。」

由此我們得出這樣的結論：一個個別的謂詞是絕不可能進入到比量推理的過程中的，除非這個個別的謂詞使用的是不自然的奇怪表述法。

那麼什麼是異品呢？異非同，同的反面。一切所比物件都不存在的情況（比如水中無火）皆為異品。它們或是該屬性的簡單缺乏，或是不同事物的存在，或是正好相反對立的事物。因而凡是缺乏的，別異的和反對（於所求證物件）都是異品。缺乏是直接的異品，別異和反對是暗含的異品。

因（邏輯理由）和負載者（比量的基礎）的聯繫是一個方面的原因；和同品與異品的聯繫是另一方面的原因。在陳述這些聯繫時，世親使用了三條規則來規範，陳那和法稱也肯定了世親的這些規則，這就是佛教著名的因三相理論（邏輯理由的三個方面）但印度的其他邏輯派別，出來改革後的勝論，沒有不強烈反對佛教這因三相理論的。

佛教的因三相：

一、理由充足於比量的主詞上——存在於有法上（遍是宗法性）。

二、理由一定存在於比量所知的相似品類上——存在於有法之法的同品當中（同品定有性）。

三、理由一定不存在於比量所知物件的相異品類上——存在於法之法的異品當中（異品遍無性）。

法稱為了準確的說明這一表述方式，他運用了梵語的一個明顯特徵，即將強調的小詞「just」（正、恰、等）和連接詞（謂詞）結合起來。在第一情況下，它使斷定具有了不可能不當下在場的意義。在第二情形下肯定和謂詞相異的不可能。因此，佛教的因三相可以這麼表述：

一、因(理由)於小詞(主詞)中有,其存在確實有,而不是沒有。

二、因(理由)於同品中(相似例證)有,只存在於同品中,而絕不存在於所有異品(相異例證)中。

三、因(理由)由異品中排除,其存在確非有,其於異品中絕對沒有。

很顯然第二條和第三條規則,它們是相互蘊涵的,假若邏輯理由只存在於同品中,那麼它也就從異品裡被排出了。倘若是從異品裡被排除出來,那麼它就只存在於同品裡,雖說它並不會必然地存在於所有的同品裡。儘管在正確的比量裡,其中之一的規則包含著另一條規則,可我們應該把這兩者都陳述出來,在一個錯誤推理裡,因為違反了這些規則會經常地導致不同的結論。因此法稱還在他的規則的每一天描述裡增加了「必然的」這個詞。所以法稱制定的規則最終形式應當如下:

一、因(邏輯理由)在主詞全體裡必然有。

二、因於同品裡必然有,雖然無需於同品的全體裡都有。

三、因於異品的全體裡必然無。

倘若使用含蓄簡明的梵文或者藏文表述,則如下:

一、於主詞完全有。

二、於同品即可(但有)。

三、於異品絕無。

倘若邏輯理由不存在於主詞(主體)之全部當中,謬誤就會隨之產生。比如,耆那教的推理(比量):「樹有知覺,以有眠故。」這就是典型的謬誤過失的例子。因為只有少數樹木的葉子到了晚上才會捲起來呈現睡眠的樣子,而不是所有樹木的葉子都會這樣。

倘若比量的規則要求理由應當存在於一切的相同品類之中的話，那麼反駁彌曼差派立量所說的「聲是無常實體，勤勇無間所發故」就不是正確的量了。因為從人的意志所生（勤勇所生）的東西只可能是非常恆物類的一個部分，而不是全部的無常類屬。

同一論式還用變化的方式對自身加以描述，比如，「聲乃勤勇所發，無常故。」這種做法是違背因三相裡第三條規則異品遍無的，因為無常的特性同樣存在於異品中，例如閃電是無常的，可它卻是人的意志所發的（非勤勇的）。

假若因三相第三條的措辭和第二條一致，僅是要求邏輯理由在異類裡不有。那麼比量例子中的「聲是無常，由勤勇（意志）發動故」就是非正量的，因為意志所發的東西並非只在異品中沒有，而且這東西也存在於同品（無常）的事類裡，比如閃電等。自然界裡的閃電當然是無常的，這毫無疑問，因此，閃電自然就是無常的東西的同類，可是閃電之上並沒有「勤勇所發」的因存在。

很顯然因之後二相原理就相當如亞里斯多德的三段論裡的第一第二的大前提，而因三相裡的第一條原則就是小前提了。

邏輯推理前提的位置是倒置的，小前提在這些規則裡佔據了第一的位置。但它符合我們知性在推理裡的自然過程，邏輯推理常常是首先從一特例到另外一個特例，只是在我們更進一步的對事物的認識中才被喚醒那一般的原理來。邏輯推理的一般原則要經由兩次陳述，它陳述的方法是肯定和否定，或以換質位的形式（Contraposed form）。這些我們會在後邊單刀佛教三支比量時還會做分析。

法稱關於邏輯裡各種關係的論述

在我們看來，比量的建立在於：（1）二個概念或者事實之間有必然的聯繫。（2）它們的這種聯繫的事實被納入客觀實在之點。（1）規則如同亞里斯多德理論中的大前提，（2）指出小前提和結論的關係。按照佛教這種比量觀點，事物間關係的問題具有首要意義。因為在它們看來，比量只不過是證明兩個事實之間的相互必然關係，而這一種必然又是指向客觀實在之點。在推理裡的三詞項之間，它們的關係是由因三相理論確定——每一個邏輯理由都滿足的形式條件。可我們並沒有被告知，這一種相互的關係是什麼，也不清楚相關的物件，以及它們之間的關係本身是不是真實的，它們是不是借助我們生起性想像才附加在認識物件上去的。它們聯繫事物之間的關係到底是什麼？是某一種事物或者根本就是不存在的虛無？倘若是某一實物，那麼它必然代表著相聯的兩個統一體間的第三者；倘若是虛無的，那麼這兩個被聯繫的實物依舊是無關的，因為它們間並沒有什麼關聯。而佛教對此的回答非常明白清楚。它們說，事物的關係是偶然和隨機性的——並無最終實在性。終極實在並不受任何關係的約束，它是非關係，是絕對者。事物間的關係是我們知性構造出來的東西，實際上，它並非存在。可印度實在論者卻堅持關係和事物一樣是實在的，它能被我們感官現知的這一原則。烏地約塔卡拉解釋說：「物件和物件標誌的聯繫是比量由以出發的第一步驟。」按照他的觀點，被聯繫的事物和聯繫本身都是由我們的感官所認識的東西。

法稱對這些非常的重視，他除了在自己的重要作品裡經常討論邏輯關係這個問題外，他還專門寫了一個25頌的短文專事討論這個問題。法稱的這篇文章叫做《觀相續論》。大婆羅門的商羯羅難陀在注法稱此論的疏記裡指出：「本輪討論的是實在性的問題，並成功有力的駁倒了主張外部實在性的實在論者的觀點，與此對等的還有著作者所提出的終極實在論也在廣泛的回應中得到了確立。」實際上只有取消一切關係，那個被我們當作終極實在的無關係的東西才會在我們面前顯露。法稱在他文章的首頌裡就為我們指出了結合或關係都意味著相互的依賴。因此「從最本質的意義上而言，所有存在都並不是真正獨立的存在。」法稱的另一位注釋者律天（Vinitadeva）在他自己的注疏中說，像這些「和別他相關」、「依賴於別他」、「由別他支持」、「從屬別他之意志」等，這一些都是能夠相互置換的用語。因果性、接觸、內在因（合和性）及對立也都是無自性的非實在。在他看來，除了我們的想像活動，並不存在那些關係的「負載者」。一個實在永遠就是一個實體，它不能是一的同時不會是表現二的東西。法稱也在自己的短文裡說：「因為因果循環不會同時存在，它在什麼情況下才能存在？假若因果循環分別在兩個不同的地方存在，那麼我們又怎樣去證明它們是真的因果循環？倘若英國關係不是分別存在，我們有透過什麼證明它們之間的相互關係呢？」

所以，因果性是在人的知性在實在上建立起來的，是我們對實在的闡釋，而不是實在本身。伐遮塞波底引用了一個佛教徒的觀點，這名佛教徒認為倘若這些關係都是實在的，那麼它們無異於在買賣中買了貨又不願意按照貨量付錢的奸商，人們一方面叫喊著想獲取知識，但是又沒有因為自己的獲得而對知識付出應有的代價——使得意識獲得知識形式（方法）。在它們看來，假如每一個事物是獨立又統一的實體，那麼它就必須自身擁有可以賦予意識的形式存在，這一形式就是事物的表象。可比量一旦離開相關的事物，它的關係並不存在任何可辨的形式。因此，律天說，就比量的依賴特徵來說，比量裡的關係不太可能是客觀真實的，也不可能是部分真實的。在律天看來，部分真實就意味著它是真實的但又不是真實的。「實在的東西並沒有全部和部分的這個概念。假若有部分的，那麼它只可能是我們真實的經驗，但絕不是終極實在的東西。」

因此比量除去終極的個別（實在之點），就沒有實在的東西存在。因為實在之點是事物最終極呈現的原因。也只有它是脫離關係的、獨立在所有事物之外的東西。

邏輯中相互依賴的關係

可比量和事物最本質的獨立非但無關而且還和事物的實在無關。推理的條件是事物終極實在和事物表層結構間的關係。「所有邏輯理由和邏輯結論關係，」陳那說：「都是建立在由知性所組成的東西、負載者（邏輯理由）和負載者屬性間的關係，比量本身並不直接向我們反映事物終極實在性或非實在性。」

既然我們知道了終極實在是沒有網路結構的和獨立的東西，那麼和它相對應的經驗和想像的實在就是相互關聯和相互依存的東西。可事物關係並不是兩個事實的偶爾並存，而是某事物在場時，必定有另一事物在場的共存，因此，在事物的每一個必定關係裡都存在能依賴與所依賴的部分。也就是說一部分被緊緊綁縛在另一部分上。我們所有的經驗存在都是相互依賴性的存在。因此，一個事實之所以依賴另一個事實只因有兩種形式的出現：它們中有一個是另一個部分，或者它們中的一個是另一個結果，除此不會有第三種情況出現。因為按照二分原則的規定，排中律不允許我們假設第三種並列項出現。二分原則給了我們以兩種基本的邏輯推理類型（比量）：「一」是建立在同一律上的，即，我們可以稱同一性為當物件存在兩個相互聯繫的方面時，其「一」是另「一」的部分。因為這兩者身上都存在同一個所指，它們的物件所指也完全一致，它們間的分別完全是邏輯意義上的分別。

因果性是佛教另一類型的推理。在他們看來，萬物的每一結果都必定有它們自身原因的前提存在。一切起因的存在我們能透過它的結果看到（比果知）。但這不能反過來證明，因為從原因我們並不能絕對和必然的推斷結果——起因有時候不會產生結果，而某些不能判斷而言的情況卻總能影響到結果的產生。

前一類型的佛教邏輯推理能用下邊的比量例子加以說明：

「此為樹，是辛沙巴故。凡辛沙巴皆樹。」

另一個例子：

「聲無常，勤勇無間所作故。勤勇所作者皆無常。」

這裡雖然無常和勤勇各自的屬性不同，但它們卻都指向同一個客觀的物件：聲音。而辛沙巴和樹木也一樣聯繫到同一個實體，它們的差別是排除性差別。除了排除不是樹的物件，它（辛沙巴）還排除不是辛沙巴一類的樹。但這裡的兩個詞項都指向一個實在者。所以可以判斷它們間的相互聯繫的本質是同一性的，或者一個同「一」的客觀所指。

佛教另一個在邏輯推理經常使用的範例是：

「此有火，以有煙故。無火則無煙。」

這裡的火和煙因為客觀的指向並不相同，所以它們都不是由同一性而相互聯繫的。火與煙指向兩個雖然必定相依卻又各不相同的實在剎那之點。因為我們清楚了事物的因果性只是相依緣起與相互依存的，因此除了火和煙的因果聯繫外，它們實際上在沒有什麼別的真實的依賴關係。事物的依賴性，倘若不僅僅是邏輯上的，那就必定是因果關係上的。

這樣一來，我們的邏輯推理或者因果推理性的判斷就分為，依存於同一性的與不是同一性的兩種方法。依存於同一性的意謂所指物件的同一，非同一性的指事物間的因果性。這一種嚴謹的邏輯劃分依靠某一種二分原則。

法上說：「因果或邏輯判斷裡的謂詞也許被肯定描述，也許被否定……當它竟有某個徵象被肯定的時候，這一徵象或許和它在存在的這一方面是同一性的，或許，當它們不是同一性時，便代表了它們（謂詞的）結果。在這兩種情況下，它們都具有因的三相。」也就是說，在這兩種情況之下，事物都有必然的依賴關係。

邏輯中的分析判斷與綜合判斷

佛教邏輯學家在考察比量時涉及到邏輯分析和邏輯綜合判斷裡的諸多問題，他們以經驗（也叫：因果性）為基礎的比量判斷是綜合性的，在這一點上，他們之間從來沒有分歧。此外，佛教從來就承認的一種並不以事物的因果性作為基礎的判斷，它裡面的謂詞，其本身就是主詞的一個部分，所以我們僅憑主語本身就能準確推知它的謂詞。佛教的這種區分到底是不是已經到了極限呢？它的去分界線是不是算得上非常明確清晰？它們的這一種區分是不是也符合康德的區分？現在我們暫時不需去考慮。可在印度，比量就是推理性的判斷，比量把兩個很清楚的又是必定相互依賴的概念結合起來。在這一點上是我們已經充分瞭解的。在佛教邏輯裡，兩個相互依賴的概念，或說是，擁有同一客觀所指，或者有兩個不同但是卻又必定要相互依賴的客觀所指；除此之外，在他們看來沒有可以居中的第三者存在。突然的看，佛教的這種劃分法好像從邏輯上沒有任何破綻可挑剔。

嚴謹來說，佛教邏輯的這兩種判斷都是綜合性的，因為知性本身與它的判斷也是綜合性質的東西。比如：辛沙巴樹這個概念是綜合的，樹的這個概念也是綜合的，辛沙巴和樹兩者的結合也是綜合的。他們引述的火和煙及其連結的概念活動也是如此。理性只能在其曾經結合過的位置被分解開。但是，還有一種情況，謂詞是主詞的一個部分，並且好像是由分析從中抽取。另一種情況是，謂詞並不是主詞裡的一部分，而且謂詞只能附屬主詞，因此，我們只能從經驗裡去發現它。

佛教的這種綜合判斷總是經驗性的，他們的分析判斷也總是推理性質的。佛教的知性概念有著雙重的作用，或純邏輯（這個純邏輯把秩序和系統性賦予概念活動），或經驗的，借助觀察和經驗來建立因果聯繫。法上就此處的因果性解釋道：「它們是我們普通生活裡所熟悉的概念。我們很清楚事物的因果性出自所有『果』存在的地方，並且還有對『因』的經驗，也可以出自假若沒有『因』也就沒有『果』的否定經驗。」佛教的分析判斷立足的同一性是不熟悉的概念，所以法上定義道：「同一性是當主詞本身獨立到足夠被作為演繹的時候，推演『一』謂詞的理由。也就是說，當謂詞是主詞的一個部分的時候，我們就能推演出該謂詞的理由。」因此，它並不是完全的同一，而是歐洲哲學家認為的局部同一。法上接著解釋說：「那個被包含在自己謂詞裡的邏輯理由是何物呢？它所具有的特徵如下：只要理由存在便可以確定的，那麼謂詞也就存在。一個謂詞的存在倘若僅是要靠著理由存在，並且剔除那作為理由的事實存在又不需要依靠任何其他的條件，那麼它就是這種和理由不可分離的（當然它還可以透過分析性的從中推演出來的）謂詞。」歐洲邏輯學家（也包括康德）對綜合和分析判斷所作的討論與佛教的看法，它們之間的差別，在後面我們會加以討論和評述。

佛教的最終範疇表

根據我們瞭解到的情況，要給自己列一張關於佛教的最終規範表——一張符合於康德與亞里斯多德那樣的邏輯範疇表格——應該不算是什麼困難的事情。

就像我們之前講到的那樣，人類的知性行為總包含著雙層的綜合作用：它是個別感知和一般概念的結合；它還是那些概念中多樣性的綜合體。在後一種綜合中，有五種極為普遍的範疇，它和亞里斯多德邏輯的十大規範很近似——倘若我們把部分對應和其他涵蓋物都算進去的話。佛教邏輯的範疇表還包括邏輯學的本體論內容，它把存在劃分成一個共同主體及其五種謂詞。它是在人的感覺判斷裡得到表達的，它裡面的五大名言都被聯繫到這一共同的主體上了。這也就是一切謂詞與共同主體的關係。

只不過知性的綜合功能，它不僅僅是安置在一個概念下的多樣性直觀，它還聯繫同一共同的主體，把兩個以上的多個概念聯繫在一起。它的這一種綜合不再是對多樣性直觀的綜合，而是兩個相互依賴概念或者事實之間的綜合。所以，除了最一般的名稱表，我們還會列出另外一張最一般的關係表。這一關係表直接和比量相關聯，因為比量是建立在兩個概念之間事物必然關係的一種認識方法——這兩種概念裡其中之一是另一個的標誌。這也是佛教邏輯和西方歐洲邏輯哲學範疇表最主要的區別。在佛教中，名稱表和關係表是不同的範疇表，而歐洲將名稱與關係表混合置於同一個範疇表裡。實體和屬性的關係，更準確一點來說，第一實體和一切謂詞的關係是最一般的關係，因為它和判斷以及知性搭界，所以，它本身就包含了兩大範疇表裡的各項。這一關係包含了一切種類的關係，它既是一概念及其客觀所指的聯繫，也還是兩個不同概念的聯繫仲介。

這樣一來我們就有了關於可稱名的事物範疇表與諸概念之間的關係範疇表，兩種不同的範疇表。

第一實體其實並不在範疇表內，因為第一實體是所有範疇的共同基礎（substratum）而並非範疇，是非範疇的。它本身沒有普通的屬性，因為普通屬性涵蓋全部範疇。第一實體和謂詞或者範疇是共存並處的。事物簡單的屬性是最終的感覺材料，一般它出現在「此為青」這類的感覺判斷裡，更準確點說就是「此點具有青的特性」。複雜點的屬性是多種多樣的，比如，在「這是牛」的感覺判斷裡——這話的意思是「這一實在點被綜合成具有牛這個東西特質的東西」了。邏輯學理的第二十題是形而下的第一實體。按照「具有牛的性質」的這一實在的類比，牛的本身也是可觸的一個實體，它被我們認定為是具有「角性」種類的屬性。佛教裡這種實體例子，被陳那稱作「角之具有者」或者稱作「有犄角的」，這一類我們將視作是所有形容詞。

根據印度哲學在分類裡例舉的根本專案的方式，萬物只有三種類型的關係：否定的、自性的和果性的（因果的）。在這三類關係裡不再有從屬和派生的，而那些包含了自性和因果兩者肯定的下屬也不會列出。

佛教的範疇表是不是符合邏輯劃分的原則

那麼佛教範疇表裡的各項是否互為排斥呢？它裡面的各個部分是不是能相互包含？它裡面的各項內容是不是和其他部分的論域重疊？它的劃分是無止盡的嗎？我們很清楚亞里斯多德和康德在這一方面存在很大的漏洞，那麼佛教的邏輯範疇論又到底怎樣呢？法上就佛教所謂的三個根本項就是同一、因果和否定問道：「同一、因果和否定是比量所依賴的種種關係。可為什麼我們只列出這三種呢？它的種類是可以無窮無盡的嗎？」法稱對此的答覆是：「邏輯推理認識，要麼是肯定的，要麼是否定的；而肯定的有兩層意思，即，同一性或者基於因果性的。」這就是說，分類既然是按照二分（dichotomy）的原則來分的，那麼它們中的兩部分就是互為排斥的，在它們二者中間不存在任何仲介物。因為排中律在這裡拒絕任何無窮盡的錯誤。世間一切都能分作肯定和否定兩種的原則是按照嚴謹的邏輯原則制定的。是從亞里斯多德那個時代開始，也是亞里斯多德親自把這一劃分法引進邏輯判斷定義的。因此，把這些劃分出的各項和其他的劃分法的各項並列一起是極其錯誤的，因為那樣的話，這些劃分的各項外延就會發生重疊的現象。

人對事物的肯定判斷又是能分為可分析的和可綜合的，即，按照事物中的同一性和非同一性。非同一性就是非同一事實間的相互依賴或者綜合只能是因果性的。因此，同一和因果的劃分也許和這個一樣——把所有判斷劃分成可分析的和可綜合的，這些都是按照二分原則，它們都必須因為其符合排中律而肯定邏輯上的正確性，即，倘若分析和綜合被放進佛教邏輯裡的二分意義上去理解的話。法上堅定的認為這樣的劃分是嚴謹且符合邏輯的。他說：「邏輯判斷裡的謂詞有時候是肯定的意思，有時是否定的意思。既然肯定和否定是兩個完全相悖的態度，那麼否定和肯定，這兩者各自的依據必然是不相同的。肯定自身又只可以是差異的和非差異的某個東西，即，同一的或者非同一關係。差異和非差異由於矛盾律而互不相容，在判斷中它們的理由也就必定不一致。」

我們千萬不能忘記佛教邏輯裡的同一者既是客觀所知的同一，或者成為了外延同一的兩個概念的合併物，抑或是它們中的一個是另一個在外揚上的包容體，可這二者都是與它們的同一個客觀事物相聯繫（所指同一）。雖然兩個在概念上有所不同，但是它們的客觀所指的物件是同一個。比如：一、辛沙巴樹和樹的概念雖然不太一樣，可它們所共通依附的那個具體之物是同一個東西。二、邏輯裡的一個概念有可能指的是同一個東西，或概念之間有我們無法分辨的差異，可是它們所指向物件的客觀實在卻是完全不同的。比如，同一棵辛沙巴樹在不同瞬間就是不同的。依據佛教的說法，在兩個剎那間的辛沙巴樹是因果聯繫關係而非是不同的兩棵辛沙巴樹。即使在火和煙的兩個概念中，火和煙的這兩個概念與實在的物件也各有不同。可這同樣的因果關係就如存在於煙的剎那狀態和在煙生成火之前的剎那一樣也存在於相繼的兩個煙的剎那。因此，邏輯綜合是指兩個不同事物的綜合，而邏輯分析則是指兩個不同概念的結合。

以上的這種方法來描述的綜合和分析判斷是互為排斥的，同時，我們也不可以像西方邏輯裡的主張綜合在多大的程度上為我們所熟知，就在多大的程度上變成分析性的方式處理。

因此，這就證明了佛教的邏輯範疇表裡的各個部分並不是相互包含的，它具備有序性與系統統一性。有待我們去考證的是這個範疇表是不是有它的極限。

佛教邏輯裡的關係表是可靠的嗎

法上就此問道：「難道再也沒其他的描述可靠理由的關係存在嗎？」「為何就只有否定、同一、因果這三種關係才可以描述可靠的理由呢？」法稱就此回答道，邏輯關係即依賴。法稱繼續解釋道：「一物件只有在其本質上依賴於另一物件的時候，才可以表達出後者的存在。」這句話的意思是，那被當作理由的，成為比量基礎的關係必定是相互依存的關係。對此法上解釋說：「在每一個邏輯物件的理由需要我們綜合推理的時候，或每一個物件的本質屬性需要我們去分析推論的時候，那推論結果從本質上說出依賴它的原因（是由分析推論出來的），物件的屬性本質上依賴推論並根據從中推論出概念。這兩種邏輯的關係其實都在本質上相互依存。」這裡我們暫時不說不可得關係（否定的）它在邏輯裡所依靠的特殊性原理，我們在稍後再說。必然依賴的關係只有兩種：一是這種關係或是具有同一個客觀所指的兩個概念在邏輯上的相互依賴的關係；二是假設這兩種關係它們的客觀所指不是同一物件時，便有兩個真的事實——它們中的一個是另一個的結果——的相互依存。這個結果必定是依賴於它的「因」。對於佛教而言因果性不過就是相依緣起罷了。除了相互依存的這兩種關係，邏輯的和實在的，不存在其他的依存關係。

印度實在論者對於佛教邏輯的這一兩點主張痛加斥責，他們既不承認事物存在著基於同一性的分析性判斷，也不認同所有事物必然的綜合性判斷是建立在因果性這一基礎上的觀點。依照實在論者的觀點，佛教的這一分類並不是終極的。他們給出的理由是，首先那個根據物件同一性的分析判斷根本就不存在。在兩個概念同時一個的時候，它們中的一個不可能成為推導出另一個的理由；而且這樣的演繹是根本沒有任何意義的。倘若要去反駁這樣的說法——實在是一個物件，而那些附著在它身上的概念會有不同和變化，那麼，實在論者就會反駁，倘若連概念都在變化不定，那麼相應的實在物也會相應不同——「倘若概念都不是實在的，那麼它們就不可以成為概念。」比如，「塔魯是毗喀莎」的判斷是建立在統一性的這個基礎上，那麼判斷「辛沙巴是樹」就不可以建立在同一性的基礎上，因為辛沙巴和樹對於實在論者來講是兩個不同的實在，這兩者都是我們在經驗裡認知的。經驗顯示給實在論者的是樹在辛沙巴上的不變共存性和內在性。

並不是所有實在的關係都能夠追溯到因果關係上。世間已經存在大量無矛盾的經驗所確立的固定關係，它們是無需我們去歸納成因果性或同一性的。比如，太陽的升起落下必定會讓我們聯繫到昨天的日出日落；月亮在地平線上露出一半也必定會讓我們聯想到月亮的另一半被遮住。月亮升起必定會影響到潮汐的變化。以上所有這些都不是建立在因果性不變遍充關係（vyapti，共存關係）上的。再如，倘若我們在體驗每一東西從它的香氣裡就可以推知到它的顏色，那是由於我們清楚這一香氣平時總是和某一種顏色相關，它們具有共存關係。但是事物的這一不變的聯繫並不是佛教所說的因果性關係，因為這兩種現象是同時發生的，而佛教的因果關係說的是事物的必然結果。他們認為，世間一切的關係都是能追溯到因果性上的，問題是我們必須正確的理解事物的因果關係的這一概念。的確，每一個味覺材料，於我們的剎那，都是依靠著它在之前的這一種材料所提供給我們的材料，所構成的視覺、觸覺以及其他的經驗的複合體。這個和香氣同時在我們印象裡具有色彩的顏色，只不過是經由我們之前的剎那之仲介——我們的視覺、觸覺以及其他感覺經驗的複合體——才和香氣在事物相依緣起的功能上被我們聯繫起來，色彩出現的剎那是在我們聞到香氣之後才出現和生起的。實在論稱作物質材料的，佛教一般說成諸剎那感覺材料的複合體。所以透過香氣來推知顏色確實是用一共同因的同時產生作用的這一原理作為基礎的結果。以微觀的理論看，佛教覺得事物的因果性是「點」的結果。佛教認為，任何一個真的事物都能夠分解為點剎那的相續，而每一個隨後繁衍的「點」都必定依賴於之前諸剎那的複合。每一個真的實物都隸屬這一根本的因果性，或事物相依緣起性。對此，瓦恰斯巴底似乎有間接性的讓步。瓦恰斯巴底說：「從某一氣味而推至顏色是平凡人所能做到的事情。這些凡夫俗子粗糙的感知能力還沒到達可區分事物終極真實的點剎那差異的程度，可哲學批評家又不被允許超越我們經驗的範疇去改變確實存在的現實現象而遷就自己的學術理念。因為倘若他們那樣去做的話，他們就會遠離哲學的範疇而不再是哲學批評家了。」他的話似乎間接承認了佛教的觀點，對哲學家來說，所有世間的事物真實相依都必定最後歸結到事物的因果性上。佛教就此結論說，因為每一個事實只有當它們必然相依於另一個事物物件時，才會傳達後者的意義，而世間萬物所有真實的相依都是因果性，所以，世間萬物除了依照事物的因果性的判斷就再也沒有其他綜合的與必然的判斷。因此，佛教認為，把事物必然關係劃分成相依於同一性的這個基礎上的，和相依於因果性基礎上的，這二者都應該是最終極的劃分。法稱解釋說：「因為，當一個事實和另一個事實既不是存在同一，又不是該事實的產物的時候，它們也就不是必然的依賴關係了。」

法上對法稱的言論也進行了他的補充：「既然不是存在上的同一，又不是某一個確定了事實的結果，實際上它們並不能必然地依賴這另一事實，從存在方面來看，後者既不是它的原因，也不是同一個實在。正是因為如此我們才說，除了因果和同一，世間萬物並不存在其他的必然關係。倘若有某個事物即被其他非其原因又非本質和它同一的實在所規定的制約，那麼除所指的同一性和因果性規則外，這一種必然的事物聯繫只有依賴另一種關係。這裡的必然或者本質上的聯繫事實上是指事物的相依存在。可是，既然是除了作為某物之果的狀態，以及它在存在方面而不是非邏輯方面的，和某物同一狀態的這二者之外，就沒有事物其他可能的依存，那麼某物的依存（指它的必然共存或者遍充關係）只可能發生在兩種情況之下：它是某物確定原因之果，或者，它在本質上是那同一實體的一個部分。」

所以，邏輯判斷之所以被分為分析判斷和綜合判斷，這必然是有賴於邏輯關係分成因果和同一存在。這種劃分是邏輯最終極的劃分，只要我們把其綜合判斷理解成因果性質的或者經驗性質的，也就是說，從綜合的概念裡除去了先天的聯繫。

佛教邏輯裡的共相一般和必然性判斷

法稱就這一概念定義說：「不管我們的經驗是肯定的還是否定的，都不能在那種不可分的聯繫中產生嚴謹必然性的知識。因為這一種知識永遠要依靠著事物的因果律和同一律產生。」這就是說，不管我們的經驗本身是肯定的還是否定的，他們都只能給我們的知性提供構建概念的構建材料，單就它本質而言，我們可以感知的經驗只不過是一大堆混亂無序的直觀罷了。只有在構造概念的時候，我們的知性才會合理安排，並賦予它們秩序和系統的統一——有的是在垂直的深度上，有的是在水準的廣度上。所以，我們的知性組成了按照垂直方向排列的作為因果的一個又一個的實在片段，並且還在此基礎上衍生出一種穩定的互為區別的概念系統，並且這些概念又由它們同一所指的法則被組合起來。在這裡，法稱並沒有提到佛教邏輯的矛盾律，但很顯然法稱向我們暗示了它是作為一切否的判斷原則。所以佛教的矛盾律、因果律以及同一所指的邏輯規律就是我們知性本質上具備的三個規律，這三者並不是來自我們的經驗，而是先於我們經驗並使它們成為可能。因為它們排除了我們經驗中的偶然事件，而成為了必然和一般的真理。

可印度的實在論者對此並不買帳，他們比承認佛教知識的普遍性與必然性，更不同意知性能夠劃分為一定數量的基本而必定的原理。在他們看來，所有的知識都應該來自我們必須審核的人生經驗，然後它才有可能為我們產生非常可靠的認知規範，可我們自己是沒法擔保我們的普通知識不會受到新的意外經驗的干擾。既然經驗是我們所有知識的來源，那麼我們就不可能為自己建立起終極的關係表，因為關係表就如同我們無常的生命一樣，裡面的種類和數量都是不可計算的。伐遮塞波底就此解釋說：「因此，這一種被我們觀察到的結果的一致性，究竟是不是由某一特別的附加條件引發的，我們還必須謹慎的加以研究，倘若我們並沒有在那裡發現什麼，我們才有可能作出結論判斷它並不存在。要判斷這個被我們觀察到的一致性，這是唯一有效的方式。」

從以上舉例的資料我們也不難看出，印度哲學裡也出現了類似歐洲哲學關於真理來源的爭論。印度的實在論者和觀念論者的哲學討論也環繞著這樣的一個問題：被當做純知性的人的知性能力，其本身是代表了tabu a rasa（白板）——經驗把在它上面解釋邏輯物件和關係的白紙——呢？抑或是它僅先於經驗而成為一種主動能力，經驗自身就天生具有一整套能把直觀複多材料綜合起來的原則？換成印度哲學術語來說，以上的話是這樣的：普通的正確認識以及個別描述裡的比量到底是代表了一種純然的光（和物件無關，只是剛好照亮了物件的，可將其比喻為燈光）呢？還是認識中，尤其是邏輯推理和那個被認識的物件之間的必然聯繫？如果是後一種情況，那麼知性必定是由某些確定的原則組成的，因為後者與感性經驗不同，它不會隨機偶然的發生；它們必須是先於經驗並必定會讓經驗成為可能的東西。在這一情況下，人的知識就有了兩個比較清晰的來源，人的知識框架由人的知性提供且還帶有一定數量的基本原則；人的知識內容就是由人的感性經驗的偶然材料。正理、勝論、彌曼差和耆那教這些印度哲學的分支都很堅定實在論的這些觀點：人的知性從原始的狀態看是能比喻成純然的燈光的白板，在實在論者看來，人的經驗還未進入而以很多是偶然的事件或規則甜蜜它以前，知性本身是不包括什麼表象的，理性裡也沒有既定的規則可言。

在印度哲學其他支流強調以上觀點的時候，佛教則堅持存在有一組並不是由經驗之燈所照顯的必然法則，在他們看來知性本身就如同那盞照亮自身的燈盞。同一律、矛盾律、因果律都是我們知性在開始尋找經驗之前預先用以裝備自己的三大武器。倘若人們在得到經驗之前並沒確信，那麼他們所看到的煙必定是有其原因的，更準確地說，每一種煙生起的剎那必定有賴於之前的各種剎那的存在，人們斷不可從因果的果的存在上去推知火的存在。我們一旦脫離了那個全知的存在，就完全不可能做比量的推理。倘若如實在論者所宣導的那樣，辛沙巴和樹是兩個概念，這二者在同一負載的基礎上俱時的內在因果是偶然的，雖然這樣說並不存在什麼矛盾的經驗，那麼任何脫離了全知者的我們也不能說辛沙巴必定永遠是樹。雖然青的顏色和不是青的顏色是偶然的經驗所揭示的東西，可在我們還沒看到顏色之前就已知道同一物件是青色的，絕非不是青色的，這一個事實卻是確定無疑的。

因此，具有一般性的真理和必然性的真理的這一事實內在聯繫如下：邏輯具有天生就有先於經驗的認識的原則；邏輯還具有數量不多也不少的範疇。

佛教概念裡純知性的使用界限

可即使矛盾律、同一律和因果律是人們知性基本具有的，儘管在根源上它們就獨立於所有感性經驗之外，可知性原則的運動範圍並不會超越經驗的應有界限。假若有這麼一個物件：它從根本上來講是處在每一種可能的經驗以外，它們是形而上的，就它們所處的時間、方向和位置，它們另有的屬性來說，它們都是不可企及的。這樣一來那純粹的理念也就無法認識它們了。法上解釋說：「這種形而上的物件，它們和其他事物的矛盾關係、因果依賴性以及種屬關係（同一性所知關係）都是不可能被我們確定的。所以，也就不能確定和它們相對立的矛盾是什麼東西——無論是因果性方面的還是和它們相聯繫。

由於這一原因，矛盾事實、原因和結果只有經常被我們觀察之後，才適宜我們對它們做出肯定或者否定的判斷……相互依存概念裡的矛盾性、因果性以及種屬性，這些在每一別的事實裡都必定會建立在我們感覺材料的不可得（non perception，非感性）這一基礎之上。」也就是說，建立在否定和肯定的經驗基礎上與現知和非現知的基礎之上。

構成佛教邏輯因果關係的事實是透過現量和現量判斷來進行識別和認識的；它們之間的因果聯繫只有在比量判斷裡或者在關於遍充性的判斷裡才會得到我們的識別和認識，這是因為因果本身——因果關係並不可以由我們的感官而進入我們的大腦，而是透過我們的知性因其本性而添加上去的。法上說道：「當某一結果出現時，我們並不會真正地體會到因果性作為可感的這一事實，可那真的事物之果的存在卻總是預定了事物之因的存在。所以，這一關係是間接性的真實存在。」它們是由人的理性按照某一個實在的基礎構築出來的東西，而事物因果性原則的本身，就是我們知性本身早就擁有的東西。法稱用他很有名的偈頌清楚的表述了以上譯文的意思，他的這個頌後來常被學者引用。

佛教邏輯裡比量觀的歷史概論

佛教邏輯學是在印度辯論學的這個基礎上發展起來的。比量這個術語是辯論學歷的一種論證方式，其作用是什麼並不重要了，這種方式已經消失在人們公開辯論所運用的各自技巧之中。它在佛教裡的地位提高的同時，在印度辯論術上的地位卻下降了。佛教裡的小乘佛教幾乎沒有推理和推論式的出現。伴隨著印度哲學的各個派別的經典形成的新時期的到來，比量或推理被它們當做一種知識來源吸收進各自哲學理論裡。這一時期，在兩派依據的相衝突的理由裡，我們發現它們都否認比量是我們真知的來源。這兩個派別是正統哲學裡的彌曼差，還有一個是唯物主義者。彌曼差認為不管比量還是現量都不能被認為是宗教責任的認識來源。而唯物主義者則認為只有現量才能為我們提供知識。陳那之前處於這兩個極端中間的派別是數論哲學和正理一勝論派。世親是佛教參加這一運動的代表人物，在他的《論軌》的著作裡，佛教第一次提出自己的比量定義，所有這一些關於比量的定義，包括自己老師世親的、勝論、正理和數論的，甚至彌曼差的否定的態度，都遭到了陳那嚴厲的批評。正理派對比量的定義是：先於現量的認識，對理由和結論之間聯繫的認識。比量在數論派看來是當某種聯繫被我們感知時，根據另一個事實來做的證明。勝論的說法比較簡單，他們認為比量是由物件的徵象產生的東西。世親在《論軌》裡對比量的定義是：「它是和另一個物件有必定聯繫的某一個物件的知識，前一個部分是人自己從現量裡感覺並瞭解了的。」

陳那駁斥這些定義時是從語言表達的準確度這個角度，並且針對這些定義而制定了一條總原則：「關係不可能是現知的。」它所涉及的知識概念，也就是一般共相，而且這一共相也是不可現見的；比量絕對不會透過我們的感官進入我們的認知裡。陳那的這一觀點是把人的感覺認識看成純感性活動造成的結果。現量這種人的感覺認識並不是延續很長的人類的主要知識來源，比量就其重要性等級而言，也非是隸屬現量知識的來源。我們的這兩種認識知識的方法應該一開始就是平等的。這裡提到的比量和感性相對而言都只是我們一般知性的東西。僅憑著人的感官我們並不會得到確定的知識，如勝主慧說，只有外行才會說我們的感官能為我們帶來確定的知識。從另一個角度看，我們僅憑知性想得到任何有關實在的認識也是完全不可能的事情。這兩種人知識的重要來源，單獨來看，它們都想成為我們知識來源上玥顯是過於單薄了，而它們一旦組合起來就變得有效。可知性或其中涵蓋了先於經驗的知性原則的比量，它就具有讓我們認識必定性真理的可能。這一觀點好像是陳那所主張的，但是在他的言論裡，他並沒有非常明確的表述清楚，這一觀點直到後來才由他弟子法稱完成。陳那不贊同正理派的論點，即，倘若我們認識到了原因，就能得出結論，所以我們能從現存的原因裡知曉我們未來的結果。對此陳那反駁道：「結論並不是由現有的原因成立的，這個原因可以是現有的，可它會受到某些東西的妨礙，其他次一等級的原因（條件或緣）可能會因此失效，這樣一來，結論就不會被得出了。」對於數論所提出的「不相容」（相互破壞）關係的理論，陳那也不認同。可我們是可以從所生的因去推斷無常性的，因為這類關係是建立在同一這一原理的基礎上的，這就像我們可以按照因果性的原則，由所生果推斷出形成果之前的剎那一樣是可以確定的事。

印度非佛教哲學各派在這些基本概念上都和佛教存在分歧，只有勝利的哲學理論和佛教的近似。我們能從他們對比量的定義和分類這些方面看出這一類似性。佛教和蘇倫都承認四類關係：因果性、同一基礎（負載者）中的與合性（內在因）、簡單的結合（簡單的伴隨性）以及反對關係（否定性）。倘若我們把內在因（合和性）理解成同一所指並將它們結合的關係省略掉，那麼勝論哲學裡的關係分類就和法稱所提倡的沒任何差別了。也就是說結合性很多餘，或者是結合性讓其他的三個範疇變得多餘起來。可瓦恰斯巴底卻認為，這四種劃分的目的是為了更加詳盡完善，因為這四種劃分的各項之間都是護衛排斥的。

陳那在其著作裡詳細記錄了在他的那個時代，勝論派對知性的概括活動及其步驟（即，從一個特殊例子向一般性前提的運動）的解釋。勝論派將此看作是一種超自然的直覺能力。很顯然這僅僅因為它無法從經驗裡為我們提供充分解釋的原因。但是勝論派最後還是摒棄了關係具有數量的這一觀點。普拉夏斯塔巴達解釋說：「倘若我們的《勝論經》說到了因果性，那只不過是為了舉例，其實並沒有要開裂範疇表的那種意思。這是為什麼呢？那是因為在我們看來，經驗證明其他的關係也是有可能的。比如，當輔祭（adhvaryu）發出『唵』這個聲音的時候，只不過是為了表明大祭師已經到場，即使輔祭並沒看到大祭師；再如，月亮升起意味著潮汐……；夏天吃糖裡的清水和阿伽陀（Agastya）星的升起有關。在《勝論經》裡所有這些例子都在我們提到的四種關係範疇之中（即使它們沒有被很具體地被歸到某種別類裡），因為《勝論經》的意思並不是為我們列出詳盡的關係表，而僅是為我們指出一般性的共存伴隨關係。」

當我們一旦意識到經驗在某一程度上總是偶然的——經驗本身並不會為我們提供必然的真理——也不為我們給出確定種類關係的時候，我們試圖為自己開列出的那張劃分詳細完整的範疇表的衝動就會停止。

普拉夏斯塔巴達的這些話也間接解釋了，在陳那早些年就存在這種哲學爭論，他們討論的問題是，是否真的存在某種不可以追根溯源到因果性的關係。儘管陳那在頭腦裡有可能形成了我們後來在法稱那才會看到的那種清晰的關係分類，但是陳那本人在自己的言論著作中確實沒有對此加以規範，他把這項工作留給了自己的高足完成。

這兩個佛教哲學大師還有點波折，因為陳那的另一個徒弟自在軍否定認識裡有嚴格的必然與一般的原則，在他看來，所有缺少全知的未成正覺者都不可能具有一般和必然的知識。他在這一點上和勝論派是一致的。自在軍很明顯的表現出自己不相信老師著作裡會出現法稱證實的理論內容，所以也只能靜候法稱清除掉這些方面的疑難，到最後建立起佛教邏輯的關係範疇表。

歐洲的此類理論

佛教邏輯裡的比量，在部分歐洲哲學中被稱作判斷（命題），也有部分成為推論式。陳那旗幟鮮明且嚴格地為佛教理清了「為自比量」的推理認識，也為佛教的「為他比量」的推理論證了形式——這是一種完全形諸語言的歸納演繹推理，其本質不是認知過程，只能算作是知識的來源（量）的比喻說法。

佛教的比量，在很多歐洲邏輯看作是直接和不完整的明顯推理（enthymema）的東西。首先佛教那運行於因果間的條件命題，在歐洲人那裡被看作是判斷，或者是假言三段論，又或者是直言推理。在他們看來，假設有一果，那麼就必定有一因；假如其因不存在，那麼其果也必定不會存在。德摩根（De Morgan）說：「這一種把假設和必然結果聯繫在一起的思維模式非常有特色，我們可以將它看作是比三段論更基礎，而且還要將它運用在三段論中，而不是相反。」他的這一觀點到後來我們才瞭解剛好與佛教的觀點一致。理由是：三段論是對我們觀察得到的因果系列的演繹的描述。我們的推理有一半的思想活動是建立在因果律這一基礎上的，而相應的邏輯判斷在我們無法直接感知的那個部分又總是推論性的。培恩（Bain）說：「在一個事物是另一個事物的徵象（標誌）的時候，這一同樣的條件形式最後還是靠得住的。」也就是說，「不只是在果為因存在的標誌的時候，而且還在除了果以外的其他標誌也……至始至終和那另一個物件聯繫在一起的時候（這同樣條件的形式總是有效的）」既然所有的推理和推論式都能夠歸結成「一物為另一物的徵象」的事實（nota notae，事物屬性的屬性），那麼我們就可以以這一種方式來理解培恩的話了：它向我們暗示出所有推理都或是因果性的或是非因果性的。這一意思也正和佛教的看法一致。透過某一事物的徵象（標誌）來認識這一事物額度方式，在歐洲邏輯裡就是三段論推理式的公式（nota notae est nota rei ipsius，事物屬性的屬性，即，該事物自身的屬性）。這一公理顯然就是我們大腦在每一個推理認識裡具有的最基本特徵。因此，明白點來說就是，倘若我們不將它看作是公理，而是作為比量（推理）的定義並且將它和三段論推理式做區別的話，就更加合適了，因為後者也正是陳那的態度。

印度哲學和歐洲哲學對於邏輯判斷與推理的分界線所確立的標準並不完全一致，儘管邏輯判斷、綜合與知性都是等值的同義詞，所有的邏輯推理就都會隸屬於判斷這一項之下。不過判斷或可描述的一事實，或可描述兩個事物的都是必定相互依存的關係。前者可以看作是感覺判斷，而後者則可以作為推理。陳那主要的邏輯原則是劃分出感性和知性，分別開純感知、感覺判斷和推理。其真實的目的是分別開感性和知性，可為了服從佛教哲學傳統，他把這些分置於現量和比量（sense-perception and inference）這兩項的裡面。當康德描述知性的各種活動裡都包含著綜合的時候，他這樣說：「或許是對人直觀裡的多樣性的聯合，或許是對幾個概念的綜合。」康德在這裡不經意地暗示了兩種完全相反的綜合——多樣化的直觀在一個該努力的綜合，以及兩個互相依靠的概念的綜合——裡面，不同的知性活動。

對於判斷，歐洲邏輯定義成兩個概念間稱謂的關係（綜合）。通常這種判斷的形式，在印度哲學看來他們比較適合與比量判斷和三段論式。實際上，總在描述兩個概念（大詞和中詞）的相互依賴關係的是三段論的大前提。對於大詞和中詞，它們都是建立在小詞這一基礎上。

即使我們不加說明其實大家也都知道，它是所有謂詞的主體，所以是事物的第一本質。如此一來三段論的大前提就真正包含了整個推理。培恩說：「當我們肯定一個普通命題的時候，也就已經用盡了真實的推理。」這一句話表面上也就是以上的這個意思。在我們假設「人都是要死的」這個命題時，我們就做了最為勉強的推理，也犯了非常嚴重「輕率歸納」（inductive hazard）的邏輯錯誤。就普遍判斷的這種莽撞行為，數論派將其解釋成超人直觀。陳那和法稱對此則有另論。

有待我們解決的問題依然是綜合性或者分析判斷的問題。根據康德的術語意思，我們將其翻譯成分析性判斷，但它的字面意思是「自性比量」（own essence infer ence）。「自性比量」這一術語暗示出這個判斷裡的謂詞隸屬作為主詞的「自身本體」並且我們「僅從主詞（體）自身的存在」就能推知到這些謂詞。也就是說，並不需要訴諸其他的來源，比如，我們的感覺經驗，單就主詞自身就足夠我們推理出謂詞。之所以謂詞可以輕易從主詞裡被推知，那是因為謂詞本身就被包含在主詞裡的緣故。「辛沙巴是樹」的判斷對於康德而言，就是一個非常典型的分析判斷的例子。因為，事實上這句話就意味著：「那棵辛沙巴樹就是樹。」

既然邏輯的一切普通的知性活動以及一切特殊判斷都是綜合性的，那麼邏輯分析性的判斷就可以說是它矛盾的稱謂（contraditio inadjecto）。實際上，康德也並沒有把分析性判斷看成是新知。對康德而言，這是人們知性的第二等行為，它把已經聯繫起來的東西分解後，又在一個完全沒有認識價值的判斷裡被重新組合。康德解釋道：「所以，分析性的肯定判斷是一種謂詞和主詞在其中被我們認為是靠著同一性聯繫起來的判斷，而其他一類其中被我們認為無此同一性的聯繫的判斷，我們就稱它們為綜合性的判斷。」試著將康德的這段話和法上所說的做下比較。「那已被肯定的謂詞或和主詞差異或和主詞同一」，在這裡這個所謂的分析性判斷是綜合性的，可它卻是建立在同一性這一基礎上的。那純粹的綜合判斷則包含了沒有同一性的綜合。印度邏輯和歐洲邏輯觀點雖說不同，但他們在術語上卻是契合的。

只不過同一性一詞的內涵意義於康德而言並不完全與佛教邏輯的意思一樣；並且對印度哲學裡所謂的分析判斷作用，也是和歐洲哲學裡認識論中的所產生的微不足道的作用不同。康德堅信先天存在的現成的觀念可以分解並綜合。倘若那一新的東西被附加在這一概念上的話，那麼就是綜合判斷，比如，「所有物體皆重」的這一個判斷。因為這個「重」並沒有被包含在原來的那個「物體」的概念裡，它是後來被加上去的，所以這句話就有了新的知識。但從佛教的角度看，那個能夠加到一個現成概念上去的，舊有的特徵和新有的特徵都會因為包含在這個概念裡，並和這個統一體中的同一性結合在一起。因為兩個非同一概念的同一在於它們的客觀所指的同一。辛沙巴和樹，這二者就不是同一的兩個概念，可它們的客觀所指是同一的。這二者的同一既可以是樹也可以是辛沙巴。因為佛教的這種判斷部分和康德的術語類似，因此我們稱它是分析性判斷。法上說：「即使是在比量以同一性為基礎的（也就是基於客觀所指的同一性）場合裡，仍然有能依和所依的兩個部分，也正是因為這個能依擁有傳達出另一個部分存在的能力，而所依（另一個只能從屬於它的部分）是一個被推導出的部分。」

儘管樹和辛沙巴這二者都指向同一物件，可它們本身卻不是同一的。這二者相互依賴，因此它們其中之一就有能依的部分，它們另一個所依部分也就必定存在，反之它們就不是分析性判斷了。雖然樹這一概念並不依賴辛沙巴這個概念，還不是辛沙巴這一劃分的樹，可所有的辛沙巴必定是樹。

依康德「所有發生的東西都有原因」的觀點上的這個判斷是綜合的，因為「原因的概念完全是處在那一『發生的東西』的概念以外」，而「絕對不會包含在它的表現之中」。康德的這一觀點是完全和印度的觀點不一樣。在前面我們就充分描述了所有發生者、所有存在者都必定有因；沒有因的絕不存在；實在是效能，而效能就是原因。因為這個判斷是有關同一所指的，而且那被稱為是存在的同一個東西也被稱為原因，所以這一判斷是分析性的。

5+7=12的這種判斷，於法稱而言肯定是分析性的判斷，因為這一判斷是建立在同一所指上的，它們都指向12這樣的集合體，它們能以5+7或者其他的分解方法加以組合。

從這一意義層面來說，「諸法無常，無物常住」的判斷也屬於分析性判斷。被「實在的思想」的謂詞完全不在主詞的表象裡，而是邏輯的被包含在主詞之中，雖然要證明這點有可能比較費勁。這一分析判斷是值得我們重視的，因為在我們的認識活動範圍裡，它幾乎佔據了一半的位置。倘若一種必然的結合不是建立在因果關係的這一基礎上，那麼它必定是建立在同一所指這一基礎上的。除此不會再有其他的可能存在。倘若必然聯繫不是以同一性為依據，那麼它必定以因果性為依據。因果性是一事物對其他事物的必然依賴。

康德說：「邏輯中的謂詞和主詞的連結屬非同一性的判斷是綜合性的。」而法稱卻將它們看作是因果性的，在法稱看來，連結在這裡意味著一事物對與之不同的其他事物的依賴。這樣的必然依賴就是因果關係。因此，一事物對其他事物依賴關係的比量判斷的劃分（那些劃分成依據同一所指的以及建立在非同一性上的卻仍相互依賴的關係判斷）是終極的，因為這一劃分是建立在二分（dichotomy）原則上的。

所有判斷劃分成綜合與分析性的這一做法，對於印度哲學來說是關於必然關係範疇表不可或缺的組成部分。但這一劃分對康德而言卻是外在於他的範疇表的，因為康德的範疇表中不包括分析性判斷。

從認識論邏輯的特殊角度看，對於印度和歐洲的這一個理論突出部分的溫和與差異，我們不能視而不見。康德的邏輯範疇表以及康德對分析和綜合判斷所做的分類，後來被證明是失敗的，在這一觀點上人們的意見基本是一致的，但康德體系依然是歐洲哲學的最高峰。雖然有不少思想家想努力去破壞康德體系，但他們都沒能成功，更不用說使用另一個和康德體系一樣有權威的體系取代它了。儘管康德所做的範疇表在細節上失敗了，可康德依舊堅信：

a. 我們的知識在經驗之前就自有一套規則。

b. 這些規則都是一般但又是必然判斷的基礎。

c. 一定存在著一個終極的範疇表，並且它的數目不多也不少。

康德的這一信念在印度哲學的類似步驟裡得到了支援，這一支持至少在分析性和綜合性判斷上得到了印證。

第三章：為他比量（三段論式）

為他比量的定義

佛教邏輯的目的是對知識來源進行審查，試圖在已知世界中找到終極實在，並且將其與認識過程中的想像區分開。為他比量（三段論式）並不是知識來源。它是由命題組成的，以傳播現有知識為目的。因此，它被稱為「為他人而推論」。如果一個人想要將某個推理傳達給他人，那麼這個推理就會複現在他的頭腦中，從隱喻角度來講，它僅僅是比量。在被傳達者的頭腦中，它能夠產生某種推理的原因，所以，它的定義是：「將因的三相傳達給他人的推論形式。」

我們已經在有關比量的理論中討論過因的三相。它相當於亞里斯多德所提出的三段論中的大前提、小前提和結論。從推理形式角度來講，它們有著相同的本質，只是在排列順序上有所區別。從根本上來說，推理是找到一個特例和另一個特例之間的相同點，由此推出前者的過程。而那將所有特例連結起來，並且根據某些例證得以證明的一般性規則結果則成了兩個特例之間插入的聯項。而三段論則與之相反，它以對某個一般原則進行申明為開始，接下來引用某個例證證明這一原則，然後由一般推出個別。因此，佛教三支比量中前提的秩序和亞里斯多德三段論中的第一格是相同的，前者以大前提開始，然後是小前提以及結論。

「為自比量」（更準確地講是「在自比量」）和在被傳達者頭腦中

產生推理知識的、作為原因的比量是極其不同的。前者包含了三詞項，是一個認知過程；後者由幾個命題組成，是一個傳播現有認識的過程。

我們要想理解陳那對此的觀點，就必須牢記他所規定的正確知識來源的概念。他說，正確的知識來源並不是識別，而是起始剎那的新知。因此，只有起始剎那的新的感覺活動才是真正的正確認識。現量判斷已然是由理性主觀構造出來的，比量與終極的正確知識來源之間的距離就更遠了。當被傳達者接受到知識時，從某種意識上講，他頭腦中產生的起始剎那的新知可以比作其來源或原因是組成三段論命題的新的感知。

對於三種「為自比量」以及與之相應的「為他比量」之間的區別，可以透過以下例子來說明：

為自比量

1. 聲是無常的實體，因為它是由意志發動所作，例如瓶等。這是一個以「無常」和「所作」這兩個概念的同一性為依據的比量。

2. 這座山有火，因為有煙，例如在廚房中等。

這是一個以兩個事實的因果關係為依據的比量。

3. 這裡沒有瓶，因為沒有見到，所以我們沒有見到空花。

這是一個以否定為依據的比量。

與之相應的為他比量

1. 一切由意志發動所作的都是無常的，例如瓶等。

而聲音就是這樣的。

2. 有煙的地方必定有火，例如廚房等。

這座山就有這樣的火。

3. 如果我們沒有見到一個事物，那麼就否認它的現存性。

就像我們否認空花的存在。而我們在這裡沒有見到任何瓶——即使瓶已經具備了可見性的各個條件。

為自比量和為他比量之間的區別在於：比量判斷的形式往往是人類實際的思維過程，而三段論式更加適合科學或公開論辯。在論辯中，最先被提出的是作為推理基礎的普遍性命題，接下來是一個被稱為小前提的應用命題；然而在人類實際的思維過程中，普遍關係的判斷並非以其必然性呈現在我們的頭腦中，而似乎隱藏在我們的意識深處，如同在幕後對整個思想過程加以控制。

我們的思想由一個特例跳躍到另一個特例，而跳躍的理由似乎是自動出現的。顯然，它和謂詞之間的普遍必然聯繫在本能中處於休眠的狀態，只有適當地注意到它，才能使其顯露出來。我們仍然將個人的思想過程稱為比量的，因為它更符合由一個特例轉移到另一個特例的自然過程。我們用「為他比量」來表示演繹推理，因為它和亞里斯多德的邏輯的第一格相近似。實際上，要想將屬於思想過程的推理和語言表達形式的推理區分開，是很難的。因為思想從某種層面上來講是無法和語言分開的。對於這種困難，我們在實踐中是這樣解決的：將有關推理過程的定義、「公理」、規則以及對思想綜合過程產生制約作用的基本關係的問題都歸為「為自比量」；將三段論式以及邏輯謬誤歸為「為他比量」。然而這種劃分方式不夠徹底，法稱就將有關否定性比量的格的問題歸入「為自比量」。因為，根據他的觀點，我們必須反覆思考否定因的各個方面及其表述方式，才能對否定判斷的本質加以瞭解。

然而，雖然最先列出作為推理基礎的普遍性命題看似是正確的，但是，西藏和蒙古寺院保存下來的資料中卻只有為自比量的緊縮形式。無論是在教學論辯還是在實驗（peirastic）論辯中，它都並非開始於普遍性命題，也並非使用命題的形式。答難者總是先列舉出三個項——主詞、謂詞和中詞（理由），並不賦予其命題的形式。而詰難者則考慮以下兩個問題：（1）主詞是否必然包括全部理由；（2）謂詞是否必然包括全部理由。確定了這兩者之後，辯論才能開始。如果按照亞里斯多德的邏輯來表述這兩個問題，則是：（1）在小前提中，中詞是否周延；（2）在大前提中，中詞是否周延。在幾個世紀以來的實踐中，這種三段論式被認為是檢驗謬誤最方便的方法。只有當三項都完全清晰時，真正的邏輯功能才能生效。然而真正的詞項總是隱藏於冗長的命題形式中，讓我們難以察覺它們。

為他比量的各個分支

我們可以從以上所舉的例子中看到，演繹的比量形式含有兩個命題。在陳那對邏輯進行改革之前，正理派確定了邏輯演繹形式的五支比量。他們認為，這五支比量代表了五個相關的先上升再下降的推理步驟。它以一個論題作為開始，以一個對論題完全重複的結論作為結束。這五支分別是：

1. 論題（宗） 這座山有火。
2. 理由（因） 因為有煙。
3. 例證（喻） 例如在廚房中等，如果有煙，那麼就有火。
4. 應用（合） 現在這座山有煙。
5. 結論（結） 所以這座山有火。

陳那在改革中僅保留了這五支中包括例證在內的一般原則，和包括結論在內的應用。實際上，和一切為自比量相同，三支比量的要點也在於大前提所表述的兩個詞項之間的必然關係。其次就是在某個特例上運用這一必然關係。比量的真正目的恰恰在於此，也就是根據對某個物件徵象的認識來認識這一物件。當這兩個步驟完成了，也就達到了演繹的目的，而其他各個分支都是不必要的。所以，為他比量就是由一個普遍關係原則及其在某個個別場合的應用組合而成的。

然而，正理派的比量式更為詳細，首先列舉一個單獨的命題，以及一個單獨的結論，雖然從其內容的角度來講，命題僅僅是重複結尾的結論。這種比量式就像數學的證明式一樣，首先列舉一個求證物件（probandum，所證），在結尾完成證明。陳那和法稱都對正確論題（宗）的定義進行過詳細的討論，這個問題顯然是當時各個派系論爭的中心。他們認為應該正當地表述論辯中提出的論題（宗），然而同時他們又認為，在所有演繹式中，論題並非不可缺少的一支。當去掉論題並不影響對論辯過程的理解時，則可以省略論題。他們認為，論題應該是被立論者確信的、真正（bona fide）值得證明的，而絕對不可以是荒謬的、矛盾的以及不值得證明的。如果一個論題是立論者所反對的，那麼這種邏輯就是相當失敗的。筏遮塞波底舉例說，如果一個勝論哲學家在公開的辯論會上使用彌曼差派的理論來構造自己的論題，例如聲的永恆性等，那麼在他講完理由之前，權威的仲裁人就會打斷他，並且宣佈他的論辯失敗。

因此，為了滿足需要被證明的論題而建立了一套完整的規則。然而隨著時間的流逝，有關正確論題的部分漸漸地喪失了意義，因為似因（有缺陷的理由）理論已經取代了一切似宗（荒謬的、錯誤的論題）的理論。

因此，陳那和法稱認為，比量式只有兩個真正的分支，即邏輯過程只有兩個必要的部分：其一為普遍關係原則，其二為這一原則在某個個別場合的應用。前者確定了各詞項之間的必然關係，被稱為不可分離的關係。後者在具體的論點應用這一必然性，被稱為（根據這種不可分離的關係）限定主詞的屬性。

實際上，就像一些歐洲哲學家們也發現的，結論和小前提是無法分開的，就像大前提和小前提也是無法分開的。如若將結論算作單獨的一支，那麼論題也必然是單獨的一支，就像正理派所說的，首先就用所證形式將論題重複一遍。陳那說：「我反對這些邏輯家的觀點，他們認為，在比量式中，宗、合、結是彼此分離的。」

法上說：「將結論單獨陳述出來是完全沒有必要的。假設已經認識到因（理由）和推理所得的屬性之間有著不變共存的關係（如此一來也就知道了大前提），如果在此之後又認識到某個確定的位置存在這一理由（也就是知道了小前提），那麼結論也就由此得出了。完全沒有必要將這一結論再重複一遍。」

因此，三支比量式中真正的各個分支和為自比量中已被證明了的因三相是一樣的，只是它的秩序在為他比量中有了些許的改變。

它們是這樣的：

1. 同品僅有（同類事例中才有）不可分離的共存性或遍充性（不相離性）。

2. 異品絕無（異類事例中絕對沒有）。

3. 遍是宗法（完全存在於小詞中）＝應用（合）。

我們在前面的內容中已經說過，事實上，1和2是一樣的，僅僅是表達方式不同罷了。

比量形式和歸納

陳那說：「然而，如果是這樣（也就是說：如果宗、合、結都並非獨立的一支），因為喻支只是說明理由（因）的意思，那麼陳述喻例不就另成一支了嗎？」他的回答大意是：「〔為了體現：理由（因）除了在小詞上存在以外，還具備另外兩種條件〕因此需要對正面例子和反面例子加以分別陳說。然而喻例不應該和大前提分開，它並不是獨立的一支，而是包含在大前提之內，而且它實際上和大前提是同一的。」

印度邏輯中的比量式並非只是對一個演繹推理進行陳述，它還包括了所有演繹之前必有歸納的說明和陳述（indication）。被稱為「例子」的個別事實的普遍化（歸納）建立起了大前提。例子說明並且證明了原則。例子本身就包含了這個一般原則，如果沒有例子，那麼也就沒有這個一般原則。例子如果不包含一般原則，那麼它也就不是例子。如此一來，我們會發現，範例和原則是相同的。範例必須具備正反兩面，才能避免不完全歸納。也就是說，應該使用契合差異的方法。如果既舉不出同類的範例，又舉不出異類的範例，那麼也就不可能得出結論，結果也僅僅是謬誤罷了。然而，正理派認為，在比量式中，例子是單獨的一支，並且為它下了定義。法稱則認為這純屬多餘。因為只要正確地界定了理由（因），例子也就隨之得到了界定。只有同類例子中才存在著邏輯理由，異類例子中並不存在著邏輯理由。這些例子關聯著理由，只要界定了理由，例子也就因為它們和理由的關聯而被界定下來。對此，法稱說：「我們一般將邏輯理由的本質界定為：僅僅在同類例子中存在，而並不在異類例子中存在。此外，應該顯示出因果性理由和分析性理由，這樣才能表明前者代表著一種結果（根據這一結果，可以得到與之對應的因；後者代表著一種必然共存的屬性），僅僅根據這一點，就足以推演出那個結論。當理由這樣顯示出來時，我們就可以知道：（1）只要存在著煙，也就存在著火，例如在廚房裡；如果沒有煙，也就沒有火，例如水塘或者其他異類事物中。（2）一切有所生的事物就有變易，例如瓶等；如果某個事物不變易，那麼它就是非所生的事物，例如空間。實際上，理由絕不可能存在於異類例子中而不存在於同類例子中……除非是：（1）已知存在著果，透過因果聯繫而得出存在著與之對應的因；（2）陳述一個分析性原因，並且透過分析方法得出其中必定包含的屬性。除了以上這兩種方法，其他任何方法都無法體現一般特徵。只要顯示出這些一般特徵，也就同樣顯示出範例，因為，從本質上來講，範例不會包含其他東西。」

三支比量式的格

我們知道，三支比量式只不過是以命題形式表達出來的推理，那麼顯而易見，推理有多少種，比量式也就有多少種。比量被定義為：透過某個物件的徵象而對這一物件的認知。而這一徵象，或者說是具有三相特徵的理由（因），僅僅是兩個詞項之間所具有的必然相依關係的一種情況。這兩個詞項之間有多少種聯繫，也就相應地有多少種比量式。我們知道，我們只能透過三種必然關係來根據一個事物認識另一個事物。其一為，由結果認識某個事物；其二為，由一個事物是另一個事物的必然屬性來認識這個事物；其三為，由一個事物否定的對應部分來認識這個事物。因此也就得到三種形式的比量式：因果性的（果性的）比量式、分析性的（自性的）比量式，以及否定性的（不可得的）比量式。有關這些，我們已經在前面的內容中作過舉例說明了。

然而這些差別的依據並非比量形式，而是內容。它們以不同的邏輯聯繫為依據。法稱所制定的範疇表則嚴格規定了這些聯繫。這裡還有一種會給比量式的形式帶來影響的差別。同一個事實，透過一個物件的邏輯徵象對這一物件的同一種認識，可以使用兩種方式將其表達出來。我們可以將這種區別稱為格的區別。每個邏輯徵象都具有兩個主要特徵，只和同類事物一致，而和異類事物不一致。陳那認為這絕不是兩個徵象，而僅僅是同一個徵象。一個徵象如果沒有被證明在異類事物中不存在，那麼就絕對不會僅在同類事物中存在。然而，實際上，恰恰是因為這是同一個徵象，所以我們才能夠在認識它的肯定方面時，也暗示性地領悟它的否定方面，或者反過來說，我們在認識它的否定方面時，也暗示性地領悟它的肯定方面。這一認識領域從整體上來講是受契合差異法制約的。然而既然它的肯定方面和否定方面是彼此平衡的，那麼在對其進行表述時，只需要提及一方面就足夠了。或是相異的，或是相符的，同時必然地暗示出它的反對面。正是由於這一原因，我們才說每個比量式都有兩個格。在這種情況下，格並非推理中詞項安排的扭曲或濫用，致使其中推理的真實核心——也就是兩個詞項之間必然普遍的彼此依賴關係——變得難以理解了。這裡所說的格，指的是以兩個詞項之間必然的彼此依賴關係為基礎的兩個普遍的等值對真理的認識方法。我們知道，「這是火」這一現量判斷僅僅是認識到某個和所有火相同的，並且和所有非火相異的物件。透過煙，也就是火的徵象來認識並沒有看到的火，由此也就認識了這個火和所有兼具煙、火這兩個徵象的物件的相同性，以及這個火和所有不具備煙、火這兩個徵象的物件的相異性。

所以，印度邏輯認為「要從某個現象之前的各個事件中挑選出和這一現象具有真實的，透過不變法則聯繫起來的事件」。契合法和差異法就不僅僅是「最簡明的方法」，而且還是能夠證明一切聯繫、判斷的普遍方法。契合法是「比較出現這種現象的各個事例」；差異法是將出現這種現象的事例和不出現這種現象的事例進行比較。陳那堅稱，兩種相異的方式是不存在的，只有相符和差異的混合法，想要達到同一個目的，可以透過採取這種方式的肯定方面，也可以透過採取這種方式的否定方面。其顯現出煙而知的山中有火，可以根據它和煙、火這兩種現象都被看到出現之處相符合來證明；或者根據它和這兩種現象絕對不會出現之處的差異來證明。契合法透過比量式的大前提進行表述，而差異法則透過其逆否形式進行表述。在比量式中，它們是邏輯理由的兩則。比量式中大前提的肯定形式就是邏輯理由的前一相；而與之相對的逆否形式（contraposition）則是邏輯理由的後一相。然而在這裡，我們沒有必要將兩個格都列出來，因為我們在前面的內容中已經說過：「一個肯定表述中暗含著與之相應的否定表述。」法稱說：「如果一種表述方式直接體現出理由和結論是相符或者必然共存的關係，那麼它們的差異，也就是逆否命題或普遍性命題是暗含於其中的。」「即使沒有明確地表述出逆否命題，但只要透過肯定的形式對共存狀態加以表述，也就隨之暗示了逆否關係。」法稱說：「如果不這樣，理由和結論之間就並非不變共存的關係了。」這兩種方法也可以證明兩個事實或者兩個概念之間的相依必然性的事件。法稱說：「可以證明，不管怎樣，能依的存在事實僅有兩種。依賴的部分（能依）所表明的要麼是和那同一事物的聯繫，要麼是作為其原因的另一個事件的結果。」逆否命題必定表明了兩個相繼事實的同一個必然相依，或是針對同一個事實的兩種觀念之間的必然聯繫。這種因果和分析的相依性「僅僅是肯定形式的普遍性命題。……而恰恰是這一普遍性命題——它要麼直接表述，要麼透過它的逆否形式表述——宣佈了邏輯理由的徵象在同類事物中必定有，而在異類事物中必定沒有。」

所以，一切比量式都可以透過兩個格來表述，其中之一和nota notae est nota rei ipsius的公理相類似，而另外一個則和repugnans notae repugnat rei ipsi的公理相類似。這兩個格是真正邏輯的格。

因為比量被定義為在兩個詞項之間依存普遍的必然聯繫，並且依據主詞的全部（外延）範圍內都必然存在著邏輯理由，所以我們能夠得到這樣的結論：特稱判斷在比量式中沒有地位。而對於否定的比量式，由於逆否形式從本質上來講並非是否定的，我們將在後面有關矛盾律的內容中再對它以及它的格進行討論。

三支比量式所具有的價值

綜上所述，我們可以清楚地發現，三支比量式之所以有價值，僅僅是由於它可以向他人準確地表述並且傳達現有的知識。它並非真正的知識來源，並不能獲得知識或者擴展知識。在因果關係的比量式中，這一點是明白的。法稱說：「可以肯定的是，只有已知因果關係，要推理得出原因時，結果才是邏輯理由。」假如我們從來都不知道火，那麼就絕對不能僅靠推理就演繹出那被看到的煙之所以產生的原因。「然而在廚房之類的地方，我們根據肯定經驗和否定經驗，證明了煙和火之間有著某種體現因果聯繫的普遍性和必然性。」比量自身就是在個別事實上應用這種普遍聯繫，並且向他人傳達這一事實。而那透過比量式來傳達的事物從本質上來講就是這一結果依賴其原因的必然性。我們在有關比量論的內容中已經討論過這種原則以及這種關係的特殊內容，它的經驗部分和先驗部分的證明方法。比量式只能透過命題的形式來表述，除此以外再也不能添加任何東西。

人類的所有知識都和關係有關，就像我們知道的，只有兩種必然關係。我們在這裡暫且不提否定關係。如同我們在前面的內容中解釋過的，關係被運用於兩個詞項之間的必然依賴，或是兩個相繼的事實或兩個共存的事實之間的彼此依賴。我們總是可以由兩個相異事物的共存必然性追溯到它們二者之間的相繼必然性或因果必然性。因此，共存性本身就成了某個獨立事實範圍內的兩個必然概念之間的某種共存。這種共存被置於兩個相異概念的共同基礎的同一性之上。那麼，這種同一基礎涉及的兩個概念的必然共存——以同一性為基礎的共存——的經驗內容，也就是透過經驗而非比量式來證明的。即使是在理性活動中，後者的作用也僅僅是正確的表述。法上說：「其實，一個邏輯理由對於某個事實的認識並不是偶然產生的，它並非像燈那樣，偶然將某個事物照亮，由此認識這個事物。它是透過邏輯必然性來產生知識。邏輯必然性是有關不變共存關係可以確定的事實。實際上，產生有關未知事實的認識恰恰是一個邏輯理由的作用，同時也能夠體現確定理由和這一事實之間不變共存關係的意義。（在準備環節中）我們首先必須確定我們的邏輯理由的當下存在必定依賴所陳述結論的當下存在，（在以同一性為基礎的分析性判斷中）我們必須根據矛盾律做到這一點。此後，我們透過已知的普遍關係命題進行比量形式的推理。從這種命題中，我們可以看到，主詞和謂詞始終相隨，例如『所有所作者都是無常的』。接下來，我們將這個總的原則和某個特殊事例結合起來，得到『聲音是無常的』，大前提中包括了憶念的記錄，代表著有關邏輯理由及其共存性的知識。比量式本身包含於下一個環節中，當我們在小前提中想到聲音所包含的生起之因必定和非常（non-eternity）的屬性相伴隨時。若是如此，那麼對於某個未知事物的認識僅僅是對於不變共存性的某種認識。因此才說：以矛盾律或同一律為基礎的分析性演繹之所以行得通，就是因為已知演繹出來的特徵必定存在於一切肯定有邏輯理由之處，而非其他地方。」既然邏輯理由中已經包含了謂詞，那麼透過理由的存在必定能夠推出結論。

然而如果如此，如果已知一個分析性判斷中的主詞包含著謂詞，並且能夠由主詞自動引出謂詞，那麼這一演繹就毫無價值了。

法上問：「那麼，為什麼還要去追求已經被確認的東西呢？」

答案是：雖然分析性演繹中的理由和結論（或分析性判斷中的主詞和謂詞）都以同一性為依據而必然連結著，但是我們依然可以進行這種演繹或判斷。同由果推因的情況類似，我們首先必須透過經驗知道那些現象之間就如因和果一樣是必然聯繫的；同理，我們首先必須透過經驗或者其他來源知道同屬於一個實在的兩個特徵是由同一性聯繫起來的。它們的同一是共同基礎的同一，是並存性或同時共在性。

雖然我們的一切觀念都是由知性創造出來的，但是對它們的理解、意旨、種屬劃分、彼此排斥，都只能透過經驗來認識。我們在前面的內容中已經證明了，我們的知性本來就包含著同一律、矛盾律以及因果律。然而它們的活動又僅僅限制在感性經驗的範圍內。法上舉例說明道，假設一個人從來都不知道樹，當他看到了一棵很高的阿輸迦，並且別人告訴他這是阿輸迦時，他可能會以為阿輸迦之所以是樹都是因為它的高度。當他再看到一棵很矮的阿輸迦時，可能就無法認出這是樹。他必須明白樹是普通名詞，阿輸迦僅僅是樹的一種。然後，當他得知某個地方沒有樹時，就會知道那裡也沒有阿輸迦。一切概念的下屬關係都是透過「感知和非感知」（perception and non-perception）的經驗建立起來的。這一點和兩種現象之間的因果性或不相容性一樣——它們也是透過肯定經驗和否定經驗建立起來的。只有借助複雜的推理，才能在兩個概念之間建立起分析性關係。如果這種結論是邏輯理由所包含的，那麼就不應該從心理學的角度對其進行理解，因為一個事實必定是在頭腦中呈現出來的。分析性關係是邏輯的，而且它在外延上是無限的，有時候，它隱藏得非常深。法稱說，所有分析性判斷都必須根據與之相應的適合的證據建立起來。「一切元素都是無常的」這一總原則就是佛教透過複雜的論證確立下來的。這一論證還可以無限延伸出去。這兩個概念之間具有分析性的關係，它們受到矛盾律的保護。如果存在並非一直在變化，如果它是像空那樣的無變易的存在，那麼它也就並非是存在。但這並不相當於是說，有存在觀念也就有轉瞬即逝的概念。分析性的關係說明了非因果的必然聯繫，因為必然性只有同一性或非因果性以及因果性或非同一性這兩種。存在和點剎那指的都是同一個事物。它們二者是透過同一性連結起來的。它是前一個點剎那（point-instant）的結果。只有同一或者因果，而再沒有其他的暫態關係。每個關於這種關係的單獨例子都必須透過經驗建立起來，或者按照法稱的說法是根據「它自身的證據」建立起來，無論這種關係是分析性的概念關係還是點剎那的因果關係。三支比量式只能正確地表述有關這些關係的認識，而並不能再為其增添任何東西。

為他比量的三支論式的歷史

法上說，陳那是最早將為自比量和為他比量區分開的人。陳那將比量視為認識過程，也就是兩種知識來源之一，並且將其命名為「為自比量」或是「在自比量」。陳那並沒有將為他比量視為知識來源，它僅僅是透過一系列命題準確可信地向聽者傳達知識的一種方法。我們知道，這種說法只是依據原則對兩種知識來源進行劃分的必然結果。知識來源有且僅有兩種，因為被認識的「相」（essence，本質）只有兩種。感官只能認識終極的具體和個別（自相），而比量則只能認識一般共相。由於比量是和感性相對的知識來源，因此可以將這一術語替換為知性，實際上，我們也已經透過分析證明了推理（比量）僅僅是變相的判斷，而判斷僅僅是知性活動過程的另一個名稱；推理和一般共相的關係，就如同純感性認知絕對個別或物自體。我們應該將這種比量（推理）和向他人傳達知識的命題系列加以區分。如此一來，我們不僅有了陳那這一權威作者直接證明的為自比量和為他比量的區分，還能夠對這一區分的理由進行說明，因為它恰恰是陳那哲學的基本原則的必然結果。

現在我們知道了，法上所說的話可以透過印度邏輯史加以證明。陳那以前的所有著作中都未曾涉及「為自比量」和「為他比量」，而喬達摩、迦那達、伐差耶那，抑或世親等人也都不曾提過這兩者。然而陳那之後的邏輯著作幾乎全都提到了這種劃分。最早將其納入勝論學派的很有可能是和陳那同時代的普拉夏斯塔巴達。

在正理派那裡，陳那的這一創造所受到的遭遇稍微有些不同。值得注意的是，喬達摩在他最早的著作《正理經》中已經將比量視為知識來源之一以及五支論式。他並未將「五支論式」納入四種量（知識來源）中，而是歸入十六論議中。陳那的創造似乎是直接引用了喬達摩的規則。然而正理派認為，五支論式並非是被傳達者頭腦中浮現出的推理，而是對推理過程的各個思想步驟詳細準確的描述。在向他人傳達推理時，要一一重複這些步驟。而五支論式其實也是另外一種十支論式的精縮。正理派學說中早就包含了語言形式的十支論式。它以對推理過程中的漸進步驟進行描述為目的，開始於起始剎那的探尋，以推理的結論作為終止。這個派別對於五支論式的觀點主要是心理學方面的。

根據正理派的心理學觀點，每個思想持續三個剎那。到了第三個剎那，思想就會停止下來，要想使其產生效能，就必須重新將其喚醒。首先是探尋的剎那，由此帶來五支論式中的第一支（宗）論題。接下來是理由（因）以及範例（喻）。當範例出現時，論題的剎那已經終止了。而剎那中所包含的作為思想的共存關係也就隨之終止而不再具備活動力，小前提的剎那帶來的間隔使其無法引出結論，只能在那個前提中作一次重複。這種重複被稱為「再思慮」或者「第三次喚醒標誌」。首次考慮標誌就如同感知到廚房裡的煙；第二次就如同當下看到山上的煙，第三次是在小前提中再次對其進行考慮。因為這種重複考慮，也就是「這裡有那伴隨著火的煙」，結論也就有了直接且與之相鄰的因，由此得出「所以這座山有火」這個結論。

顯而易見，正理派首先並沒有將他們所說的五支論式視為僅僅向被傳達者傳達現有知識的命題。然而烏地約塔卡拉倒是承認陳那的觀點。正理派按照勝論的做法，將「為他比量」納入他們的邏輯教法中。而甘格夏及其之後的新正理派著作中都涉及了有關區分為他比量和為自比量的內容。

這裡還要補充一下，印度邏輯的另一個特徵，也就是有關比量式的格的理論，也同樣適合進行這樣的評價。比陳那早很多的印度哲學派系就已經承認了有且僅有兩種真實的格，而且一個比量式中不包含任何特稱判斷。而陳那則發現了這個事實的真正意義。

正理派早已承認了肯定和否定這兩個格，或者更確切地說，是肯定前件式和否定後件式，而數論或許更早就承認了它們。然而實在論卻認為它們是兩種分別獨立的比量式，而佛教則認為所有比量式都可以用肯定方式或者否定方式進行表述，它們兩者是相等的。正理論為了證明這兩種方式是完全不同的，於是引用了以下這種事實：「純粹肯定的」（kevala-anvayin）演繹是存在的，它並不包含與之對應的否定部分。反之，「純粹否定的」（kevala-vyatirekin）演繹也是存在的，它並不包含與之對應的肯定部分。佛教否認了這種觀點，他們認為，所有名言和判斷從本質上來講都必定是否定和肯定的，而所有演繹也同樣必定是肯定和否定的。

「火」這一名稱和「這是火」這一判斷代表著有一個真實的點實在，從一方面來講，它和一切火相同，從另一方面來講，它和一切非火相異。除此以外，不存在任何中間情況，介於火和非火之間的第三種事物是絕對不存在的。同樣，比量和比量式也是這樣。

數論好像是最先廣泛運用否定後件的方式來證明其因果理論的。他們堅稱果和因從本質上來講是同一的，也就是說，因本來就包含著果。他們以此來證明其有關永恆物質（自性）的觀念，而且將作為結果的整個宇宙納入這唯一且普遍的自性物質的理由之中。他們建立了一個透過反面排除法（modus tollens，否定後件）來表述的五個比量式的規則，以此來證明他們的觀點。這個規則如下：

1. 如果果不是事先存在的，它不能產生於無。然而它產生了。

所以它必定事先存在於它的物質因中。

2. 如果果沒有事先存在於它的物質因中，那麼它就不會和這一物質因的性質相同。然而布和紗的性質是相同的，而和紡織工（他同樣是因）的性質是不同的。所以果事先存在於它的物質因中。

3. 如果果沒有事先存在於它的物質因中，而且如果它並沒有事先存在於任何地方，那麼布就並不是由紗線產生，而是由稻草等產生的。然而布是由紗線產生，而不是由稻草產生的。所以布事先存在於紗線中。

4. 產生某個事物的能力需要一個可以作用的物件，如果物件並沒有事先存在，那麼作用力就無法產生效果。然而作用力產生了效果。

5. 因是和果相對應的，如果果沒有事先存在，那麼因也就不存在了。然而因是存在的，所以果必定事先存在於它的因中。

在數論看來，以上這五個透過否定後件的方式表述的混合假言三段論是獨立的證明方式。而陳那則認為它們並非是獨立的。因為，事實上，每個否定後件式都預設了另一個從本質上來講與之同一的肯定前件式（modus ponens）。法稱準確地證明了相同的比量式和相異的比量式同屬一個三段論，並且是這個三段論中的兩個格，而且它們所證明的是同一個東西。所以一切比量和比量式都擁有肯定和否定兩個方面。

「純粹肯定」的比量式和「純粹否定」的比量式僅僅是烏地約塔卡拉發明的。他非常忌恨佛教，強烈地批判了陳那的比量定義、因三相的理論、比量格的理論，以及邏輯謬誤的分類體系等。他對這些理論的批判大多是雞蛋裡挑骨頭，讀者不僅難以被他說服，而且還會越發混亂。他所提出的這些觀點後來幾乎都被捨棄了，只留下有關純粹肯定和純粹否定的理論，而且在之後的很長一段時間內，這一理論始終是正理派論辯教義的一部分。在正理派看來，佛教最常用於舉例的比量式，例如「所有有因的都是無常的」，就是純粹肯定的，否則就是邏輯謬誤。然而在佛教看來，任何沒有因就產生的事物都是不存在的，因為一切存在的事物都必定有其原因，沒有原因的事物也就是不存在的。然而佛教又提出還有一種否定例子（異喻依），也就是那無處不在的、靜止的乙太或空。一個否定例子（異喻依）倒未必是實在的。作為對比，類似永恆的空這種喻依就足夠實現邏輯論證的目的了。

而「有生命者就有靈魂，因為有動物功能」這種比量就是「純粹否定」的。因為並不存在能夠證明有生命者和靈魂之間共存性的肯定例子（同喻依）。在實在論者看來，有情和靈魂之間的不變聯繫是可以透過這些例子來證明的。然而佛教則認為這種比量是謬誤，無法證明什麼。異喻以同喻為基礎，如果同喻不存在，那麼真正的異喻也就不存在了。

歐洲的推論式和佛教的推論式

以我們目前對印度推論式的瞭解程度，尚且不夠將其與歐洲邏輯進行全面的比較和評估。即使是這樣，我們依然可以透過這方面的嘗試，更好地理解印度人的觀點，以及印度邏輯家們在有關比量式的獨到見解方面所作出的努力。我們需要注意亞里斯多德邏輯理論中的以下幾點：

1. 對於一般三段論的觀點；2. 對於以例證為基礎的三段論的觀點；3. 對於歸納的觀點；4. 有關三段論的真正肢；5. 有關真實的格；6. 有關混合假言三段論的公理，以及它的意義。

亞里斯多德和佛教各自對三段論的定義

亞里斯多德認為，三段論是：「一種言辭，如果其中對某些東西進行斷定，那麼不同於這些斷定的另外一個事物就必然由於它們的被規定而被引出，並且成為結論。」這一定義意味著存在著至少由三個命題所組成的三段論，這三個命題中的一個（結論）必定緊跟在另外兩個（前提）之後，不過，三段論顯然不僅僅是一種言辭，言辭中不僅包含著語言表達，還包含著它所表達的事物。亞里斯多德透過dictum de omni et nullo的三段論公理對三段論內容的特徵進行規定，也就是：「肯定或否定任何一類物件，都是肯定或否定這一類物件的所有部分。」依據這一規定，所有三段論都包括由一般到特殊的演繹。有關這個內容，這裡還有另外一種表述方法，也就是三段論公理的內涵表述。即nota notae est nota rei ipsius以及與之相關的repugnans notae repugnant rei ipsi（「事物屬性的屬性也就是這個事物本身的屬性」以及「和事物的屬性相矛盾的，也就是和這個事物本身相矛盾的」）。根據這個公理，三段論包括了由中間的標誌而獲得的物件認識，這是一種間接認識，不同於透過感官而獲得的直接認識。我們在前面的內容中已經說過，佛教對比量的定義是：透過物件的標誌（徵象）而認識這個物件，這一說法與nota notae（屬性的屬性）的原則相符。它是透過一系列命題表現出來的，這也和亞里斯多德的「言說」相符。因此，我們可以看到，歐洲邏輯中也有某種與印度邏輯對比量和比量式的劃分相應的規則。然而，實際上，這兩種理論之間依然存在著巨大的區別。

準確地講，佛教的比量（為自比量）並不包括任何命題，至少不像亞里斯多德的三段論那樣包括了必不可少的命題。對「聲是無常的實體，因為它是由意志發動所作，例如瓶等。」這種形式的認識是單一命題所規定的。命題並非重要部分，而三項才是重要部分——如果算上例證（喻依），則為四項。那麼我們也就得到了兩種有關三段論的定義。其中一種將其定義為：「由前面兩個前提引出結論命題的『言辭』；另一種將其定義為某種表述三相邏輯標誌，也就是三個詞項之間的關係的言辭。」

所以，雖然從本質上來講，兩種三段論「公理」是同一的，然而它們在其各自所規定的「言辭」中強調的意義是完全不同的。亞里斯多德認為，比量以一組三個命題開始，接下來表述公理的外延（dictum de omni et nullo）；而陳那則認為，比量以三個相關的詞項開始，接下來表述一個普遍原則，並且應用兩個命題而得出邏輯結果。

亞里斯多德以例證為基礎的三段論

除了對三段論的定義以及三段論所表述的實質內容加以區分，亞里斯多德的理論中還有另外一種區分，亞里斯多德將其特徵規定為「為我們的（pro nobis）三段論」以及「本質本身的（notius natura）三段論」。這裡所說的「為我們的」就意味著類似於為自比量。

亞里斯多德認為，他的哲學的主要特點就在於區分了有關自然的認識和有關我們自身的認識。有關自然的認識類似感覺認識，大多屬於人類的認知範疇，並且能夠形成經驗。而有關我們自身的認識則更接近最終極完善的知識，可以算得上是科學。

亞里斯多德列舉了很多種三段論，將其納入自身的知識範疇中。它們的區分原則就是由例證而來的三段論還是由歸納而來的三段論。

其中，由例證而來的三段論和印度的為自比量最為相似。這裡所說的例證同樣被視為除了大詞、中詞、小詞這三項以外的第四項。推理則被認為是由特殊到一般再到另一個特殊的過程。

例證所包含的並非普遍的情況，而僅僅是一兩個特殊的情況。推理過程首先由這些特殊情況到整個類，接下來再到這個類所包含的另一個相似的特殊情況。推理過程分為兩個部分，其中一部分是上升的，另一部分是下降的。推理過程是由一個特殊例子到另一個類似的特殊例子，中間要經過一個一般前提（大前提）。如果沒有明確表述出這個前提，那麼就是例證始終包含了這個前提。根據這一觀點，正理派的五支論式對於這種兩個步驟的推理應該說是完全可行的。實際上，它的前三支包括了四個詞項。前提的次序被顛倒過來，推理由結論也就是命題開始，接下來是小前提，再接下來是例證。大前提並不是獨立的一支。因此我們得到了以下這種三段論式：

論題（宗）——聲是無常的。

理由（因）——因為它是由意志發動所作。

例證（喻）——例如瓶等。

這種三段論式代表了理性從一個特殊例子到另一個特殊例子的自然步驟。雖然它並沒有明確地提出大前提，但是意識深處已經隱含了這一大前提。而下一步的演繹則將其顯現出來，由此得出以下形式：

論題（宗）——聲是無常的。

理由（因）——因為它是由意志發動所作。

例證（喻）——例如瓶等，一切由意志發動所作的都是無常的。

應用（合）——聲就是由意志發動所作。

結論（結）——所以聲是無常的。

亞里斯多德似乎恰好是用這一論式來證明存在著由例證而來的三段

論。他將其納入為自己的認識一類（notiora quoad nos，屬自我的認識）。然而正理派認為，為自比量僅僅是論式中的前三支再加上精簡的大前提，而完整的五支則是為自比量，或是被用於公開辯論中。

由此來看，彌爾所提出的著名的現代理論——也就是認為三段論是以一個特殊例子開始，憑藉一個精簡的大前提，向另一個特殊例子移動的推理——從其主要方面來講，和正理派的理論是相同的。

推論（比量）和歸納

佛教和亞里斯多德都同意大前提是透過歸納特殊而建立起來的。歸納過程是三段論必要的先決條件。亞里斯多德明確主張，要想獲得命題，就只能透過歸納這一個管道。被憶起或是被對比的個別事實組成了伴隨著一般觀念和聯繫（conjunction）的經驗。法稱說：「聯繫或大前提只能依據與之相應的個別事實建立起來。」果真如此的話，那麼把思維的自然過程區分為歸納和演繹兩部分的做法也就是極不可能且極不自然的了。歸納和演繹是彼此互補的，在除抽象以外的一切情況中，它們都是不可區分開的。我們可以看到，歸納和抽象之間有著相當密切的關係，甚至如果不考慮歸納的原則方法，就難以將正確的論式和格建立起來，而我們之所以會將歸納和演繹區分開，是因為我們在現實生活中只注意到歸納過程，而忽略了演繹過程，這也就是所謂的為自比量；或者是我們先假設歸納過程已經完成了，而只注意到接下來的演繹過程，這也就是所謂的為他比量，或是真格的亞里斯多德三段論（notiusnatura，本質自身的）。亞里斯多德將歸納和演繹的過程命名為三段論。他認為，由歸納而來的三段論是一種特殊的三段論，它並不包含真正的中項，因為假定的中項和大詞是彼此互換的。它的前提順序是顛倒過來的，這一點和類比推理三段論相同。而它的結論是第一前提或大前提。

亞里斯多德補充道，真格的三段論是本質自身的（notius natura）推理，它由中項顯現出來。從認知活動的角度來講，它是首要的，而且是更為有效的；而從「為我們的」（pro nobis）角度來講，由歸納而來的三段論則更為清晰明確。

根據亞里斯多德的設想，由歸納而來的三段論必須具備以下形式：

結論（＝命題）：一個人或者所有可以被觀察到的人類都會死亡。

小前提：他們代表了整個人類。

大前提（＝結論）：所有人都會死亡。

這種三段論不僅僅是一個由特殊到一般的過程，更代表了一種並無保障的由可以被觀察到的某一類跳躍到絕對總體的過程。然而，亞里斯多德認為，重複且不包含矛盾的歸納本來就是確定且必然的，因此頭腦中也就產生了由特殊而來的歸納過程所達到的一般。

陳那和亞里斯多德都僅僅是承認了推理過程中的歸納作用，而更加重視分析的演繹作用和限制演繹的法則。

一些批評家針對亞里斯多德的做法進行了駁斥。他們指責他將歸納變成了特殊形式的三段論式，從而消除了推理過程中上升過程和下降過程之間的巨大差異。他們認為，演繹三段論的制約力或必然性最能夠體現這兩個過程之間的差異，而歸納是無法體現這一差異的。他們認為，每個歸納都包含著並無保障的、危險的、由特殊到一般的跳躍。而三段論演繹則不包含這種跳躍，它只包含著嚴格的必然性。這些批評家指責亞里斯多德為了將歸納與三段論演繹式混為一談，而錯誤地利用了個別的總體和類名詞意義之間的區別。亞里斯多德說：「歸納三段論中的小詞項必須被視為由全體個別構成的；因為歸納恰恰是由它們而來的。」根據這些批評家的觀點，歸納中允許包含著由個別到類的無保障跳躍，而且歸納並不會因此而被破壞。然而三段論中不應該包含這種跳躍，否則就會破壞三段論的尊嚴。關於這一點，有必要考慮一下印度人的觀點。問題的關鍵在於知識自身的內部，它不可能由於將推理過程一分為二並且將其納入其中一部分就自動消失。而另外一部分也不可能由於與之相對的那部分有誤而成為正確的。判斷的普遍性和必然性是所有邏輯的中心，它必定需要以某種方式進行說明。如果沒有說明，那麼無論是歸納還是三段論式都不會完全無誤，難免有錯誤暗含其中，按照印度人的說法，也就是潛伏著「癌症」。我們已經在有關比量的內容中討論過了佛教的解決方式，我們之後還將針對這一問題進行討論。

佛教的三支比量式包括兩個命題

亞里斯多德認為，三段論必定包含著三個命題，其中兩個命題的作用相同，而且它們由於都是結論的「前提」而彼此聯繫。佛教則依據其比量的定義，認為比量式只需要兩個命題，其中一個命題表述理由和結論之間固定的共存關係的一般原理，而另一個命題則表述這一原理在某個特殊例子上的應用。實際上，與那兩個所謂的前提之間的聯繫相比，小前提和結論之間的聯繫要狹窄得多。洛采（Lotze）與施瓦特明確指出：「小前提事先對結論進行了假設。」小前提和結論一起形成了應用主詞（小詞）或者稱述限定（the Application or Qualification of the Locus）。顯然，歸納和演繹是三段論式中不可缺少的兩個部分，三段論中的結論之所以能夠被證明，都是因為它結合了所有特殊例子的小前提，而並非結合了大前提，大前提同樣是由特殊例子歸納出來的。佛教邏輯比量式的兩支分別為例證和應用，關於這一點，我們在前面的內容中已經討論過了。

逆否命題形式

有關命題的主詞和謂詞之間的換位和換質的問題，印度邏輯只有當聯繫到比量與比量式時才會提及。換位只限於大前提或基礎命題中。而在小前提和結論結合的應用命題中，主詞的位置則是固定的。基礎命題表述了以下這種事實：理由（中詞）永遠包含於同類事物中，而不包含於異類事物中。這便是大前提的兩個彼此暗含的規則。因為，如果理由只包含於同類事物中，那麼它也就相應地（eo ipso）不包含於異類事物中。然而為了說明理由必然依存於謂詞，就必須將這兩個方面要麼清晰要麼隱晦地提出來。這兩個方面中，前者是斷定，後者是其逆否命題。

肯定命題是根據契合的歸納法建立起來的。而它的逆否命題則是根據與之相應的必然結果，也就是差異法建立起來的。它們是同一個思想的兩種方式，所表述的是同一個事實。我們可以輕易看到逆否命題的邏輯價值和可靠性。顯而易見，如果中項（理由）必定依賴於大項，那麼它也就包含於大項之中，它的否定範圍也就必定比大項的否定範圍更加廣闊，而這一廣闊的程度恰恰與大項比中項廣闊的程度相符。

舉例來說：「一切所作的（M）都是無常的（P）」和「一切恆常的（非P）都並非所作的（非M）」；或者「一切有煙的地方（M）必定有火（P）」和「沒有火（非P）也就沒有煙（非M）」就是這樣的關係。M的整個範圍都包含在P的範圍內，因此，非P也就處於大圓圈之外，而非M的範圍則比非P的範圍更加廣闊。所以，非P也就包含於非M之中。

顯然，全稱否定是可以被換位的。如果主詞和謂詞完全無關，那麼這種無關也就是兩者彼此間的。

然而全稱肯定卻不可以被換位。它意味著一項依賴於另外一項。這樣的關係不可以顛倒過來。就像結論裡的主詞一樣，普遍命題裡的主詞也是不可換位的。對這一規則的忽略導致了很多邏輯謬誤。舉例來說，我們如果將「一切由意志發動所作的都是無常的」這一命題稍微顛倒一下，那麼就得到了「一切無常的都是由意志發動所作的」。這就是不定因的失誤，因為「無常」這一理由同樣包含於例如瓶這種同類事物中以及例如（閃）電這種異類事物中。

亞里斯多德對換位進行了形式上的語法方面的處理，他嘗試將主詞和謂詞的位置顛倒過來，然後發現，在某些情況下，這種倒置的過程是可行的，而在另外一些情況下則不可行。

施瓦特（Sigwart）的觀點和印度邏輯的態度相符，他堅稱：「只有真正的謂詞才能佔據謂詞的位置。」「當我們將逆否關係應用於假言判斷形式時，這種關係的意義就能明確地表現出來。也就是說，當我們不說『所有A都是B』，而是說『如果某個事物是A，那麼它必定是B』時，就能得到『如果某個事物不是B，那麼它也就不是A』這一結果。」「一個好的意義以及一個有邏輯價值的意義，應該滿足純粹的否定命題換位和命題的換質換位這兩種狀況。它們從各個方面對一種斷定進行表述，一個謂詞必定要麼屬於其主詞，要麼不屬於其主詞。其他情況只能引出特稱命題，這也就意味著無法得到確切的結論。」

因此，印度邏輯才將特稱命題從其邏輯理由中剔除。邏輯只討論普遍的必然關係的命題。

格

亞里斯多德將三段論分為直言三段論以及假言三段論，而且將直言三段論分為四個格以及十九個式。這種四格十九式的劃分理論和換位理論都基於中詞在兩個前提中的位置的語法原則。從語法角度來講，中詞可以作為大前提的主詞以及小前提的謂詞，或者作為小前提的主詞以及大前提的謂詞，抑或在大前提和小前提中都作為謂詞。此外，兩個前提之一可以是否定命題或特稱命題。然後將中詞位置相異的四個格分別配合那個否定的或特稱的前提，這樣便得到可靠形式的十九式。然而，亞里斯多德認為，只有第一格（Barbara）才是「最終的」（final」真正的格。其他各格都可以透過繁瑣的推導而間接獲得。

歐洲中世紀的和近代的形式邏輯幾乎都是由這一整套複雜的理論構造而成的。我們有必要在這裡討論一下印度邏輯在這方面的理論。首先，印度邏輯剔除了一切特稱判斷。在特稱判斷中，理由並不是完全包括在主詞範圍內。它違背了三相規則的第一條，因而導致了謬誤。佛教又將否定的結論納入一個特殊種類，與全稱的肯定判斷完全無關。因此，第三、四格也就被從印度邏輯的比量式（三段論演繹式）的範圍內剔除出去了。所以，對於印度邏輯來說，那些為了使歸類和格式更加可靠而制定的各種規則也就完全沒有必要了。而且，印度邏輯中也不包含著將中詞在大前提裡換位成謂詞以及在小前提裡換位成主詞的規則。在比量的三個詞項中，小項是主詞，是真正的、邏輯的主體，除非是在錯亂的表述情況下，否則它不可能被換位成謂詞。小前提的主體也就是結論的主體，在表述正確時，它們的位置也應該是相同的，小前提的主體是應用命題的主體。中項是大前提的主詞，因為這一命題意味著中項依賴於大項。從語言學角度來講，也就是中項被納入對大項的稱述之中。施瓦特說：「使謂詞成為所稱謂的。」謂詞的換位是毫無意義的。因此我們也就只有第一格（Barbara）的各式以及第二格（Cesare）的各式——後者可以視為是前者的逆否形式。我們在前面的內容中已經解釋過了，在一個換質換位的命題中，中詞和大詞可以彼此互換，因為這兩種形式都是對同一個事實等值的陳述。它們並非隨意變換主謂位置的結果，而是因為它們兩者分別代表著兩個普遍的，也就是歸納的和演繹的認識過程。

佛教的邏輯理論將比量和比量式從內容上分成了三類——分析的、綜合的（也就是因果性的）以及否定的演繹。從形式的角度來講，這三者又可以根據其是契合的方法或是差異的方法而表述為：肯定前件的或否定後件的混合假言三段論。

陳那認為，比量式的格有且僅有兩種，這依據其大前提是被表述為肯定命題形式還是逆否命題形式來確定。這兩種形式都是有可能的，而且彼此互補，它們表述的是同一個事實，當二者之一被表述出來時，另外一個就算沒有被明確地表述出來，也已經是暗中確定了的。

它們相當於因三相規則中的後兩相：也就是理由只包含於同類事物中，而不包含於異類事物中。法上說：「比量式以傳達資訊為目的。它表述真實的事實。這一事實關係到契合法比量式和差異法比量式。這兩種比量式所建立起來的事實是完全相同的。實際上，比量式以表述邏輯關係為目的……即使方法不同，但表述出來的卻是同一種邏輯關係的事實。……它們的表面（prima facie）意義各不相同，但目的卻是完全相同的。當透過大前提的形式表述出直接的或者肯定的伴隨狀況時，其後也就必定暗中跟隨著其逆否關係……同樣，如果表述出了逆否形式的共存狀況，那麼其後也就必定暗中跟隨著其肯定形式。」

如此一來，如果說歐洲的三段論式有十九個式，而印度的三段論式只有兩個式的話，那麼這樣的問題就出現了：（1）如果歐洲的十九個式和印度的兩個式相對應的話，那麼它們是怎樣對應的呢？（2）印度邏輯剔除了兩種邏輯的第三、四格。因為由第三、四格得出的結論是特稱判斷。對於印度邏輯來說，如果不將這些結論加以還原，它們就完全沒有意義。同理，他們剔除了第一、二格的第三、四種式，因為這些式也只能得出特稱判斷的結論。第二格的第一式意味著隱含著某種真正的錯誤表述。這樣一來，第二格剩下的只有第二式（Cesare），也就是第一格第一式的逆否形式，因此相應於陳那所說的肯定的格或直接的格。而第一格的第二式（Celarent）的否定只是語言學方面的。我們能夠發現，所有真實的否定結論都可以變形為以下這類例子：「這裡沒有瓶，因為我們沒有看到它。」然而既然一切名稱都是肯定命題或否定命題，那麼我們就必定可以用一個否定判斷來代替一個肯定結論。舉例來說：

所有人都不可能永遠活著，

蘇格拉底是一個人，

他也就不可能永遠活著。

以上這個結論與「蘇格拉底會死亡」這一結論之間的區別，就只是語言學層面上的。

再舉一個印度邏輯中的典型例子：

一切所作的都不是恆常的，

聲是所作的，

所以聲是無常的。

我們沒有必要僅僅由於語言學層面上的區別，就建立一個單獨的邏輯形式。既然每一個名稱或判斷都可以表述為肯定形式或否定形式，那麼如印度邏輯一樣，把否定的問題當作隨時會出現在思維過程中的單獨的特徵，這樣可以省去很多麻煩，而完全沒有必要把格和式擴充一倍。

這一批評也可以用於針對區分全稱及特稱命題結論的式，因為全稱命題結論包含著特稱命題結論。對此，法上說：「直接被認知的部分和實際上並沒有被認知的部分結合起來而成為了比量的主詞、大詞以及主體……舉例來說，當推理得出聲音代表了某種轉瞬即逝的存在時，這僅僅是陳述出某個個別的聲音，其他聲音實際上並沒有被感知到。」這意味著，以上例子中的「聲」指的是「所有聲」、「某些聲」、「某個聲」，然而如果將其分為三類不同的項目則完全沒有必要，因為它們之間的區別並不重要，而且這種細緻的分析是毫無意義的。

所以我們才說，陳那所提出的兩種式相應於亞里斯多德所提出的三段論的第一格的第一式以及第二格的第二式，也就是Barbara和Cesare。

我們在討論比量式有且僅有兩個格時，也提到了在亞里斯多德的理論中，這兩個格隱含於人為的十九個式的結構中，這樣一來，就不得不對兩種邏輯的價值進行比較。

有人認為，由陳那比量式的格式表如此之簡單就足以看出它是低級的。然而其他人的看法則相反，他們認為，複雜的理論不及簡單的理論。施瓦特曾說：「若是將第一格中的演繹過程所依據的必然法則進行轉化和歸納，那麼我們將會得到『如果某個事物是M，那麼它就是P』這一公式。如果我們再假設S是M，那麼將得到S是P。」

他還說：「第二格也受到這一規則的制約，因為僅僅根據概念關係不可能得到其他結論。然而，在這裡，我們是根據必然結果的不存在而推理出在其之前的必然理由的不存在。」所以，「亞里斯多德三段論的前兩個格完全符合於我們在前面的內容中所說的。」也就是說，三段論有且僅有肯定前件和否定後件這兩種真實的式。「我們可以透過一個簡單的事實說明第一格和第二格之間的聯繫和差別。第一格是由先行理由的存在得出必然結果的存在，而第二格則是由必然結果的不存在得出先行理由的不存在。」這兩個格相當於混合假言推理中的肯定前件和否定後件。

凱因斯（Keynes）也承認這一點。他這樣評論混合假言三段論的兩個式：「它們二者分別符合於直言三段論的第一、二格，因為第一格是從理由到結論，第二格則是從結論的否定到理由的否定。」

在康德看來，第二格有著這樣的原則：「對於一個事物來說，只要是和其標誌相矛盾的，也就是和其本身相矛盾的，」這恰好是三段論的公理——和事物的屬性相矛盾的，也就和這一事物相矛盾。接下來，康德證明了第二格必然可以透過換質換位而轉換為第一格。這一觀點也符合佛教的理論。佛教邏輯認為，比量式的兩個格只是大前提及其逆否形式，或者僅僅是「理由存在於同類事物中，而不存在於異類事物中」這兩條規則。

在探討亞里斯多德的格式體系時，我們會發現以下幾點：

1. 他並不願意將主詞和謂詞，在前提中的相對位置進行改變。

2. 在他的體系中，除了否定後件或逆否命題以外，想要引入別的否定式是很麻煩的。

3. 引入特稱判斷是毫無意義的，因為它只有當可以轉換為第一格時才是可靠的。

康德說：「必須承認的是，四個格都有可能得出正當的結論。然而邏輯的目的並非增添混亂，而是防止糾纏不清。在說明事物時，要儘量簡明，而不可隱晦。」「我們可以輕易地看出亞里斯多德如此細緻地劃分邏輯格式的出發點。他最先將邏輯演繹式依次寫成三行，將其視為棋盤，然後嘗試變換中詞的位置並且仔細觀察各種結果。當發現可靠的結論時，他就像是發現某個名字中隱藏的字謎一樣驚訝。這簡直是幼稚的行為。」康德將亞里斯多德的格式體系稱為「虛假的細緻劃分」。施瓦特將其稱為「沒有必要的細緻說明」。而他們所提出的兩個格恰好與陳那的理論相符，在印度哲學中也存在著這種「虛假的細緻劃分」和「沒有必要的細緻說明」，其程度比亞里斯多德的理論更甚。例如烏地約塔卡拉就將中詞劃分出或錯誤或正確的2,032種情況！

因果的三支比量式和假言的三支比量式

根據法稱的說法，所有論據都只有同一性和因果性這兩種基礎。在這裡，我們談論的僅僅是肯定的論據，而否定的論據將留作專門的討論。我們所說的同一性並不是兩個概念在邏輯方面的同一。法稱所認為的同一指的是兩個概念所指向的客觀實在的同一。這種同一將這兩個概念聯繫起來。一個概念並不是由純粹的想像虛構而成的，而單純地從它所指向的客觀實在來講，它仍然是真實的知識。我們也可以將法稱的原則表述為：兩個概念之間的所有邏輯關係的基礎要麼是其所指向的同一個客觀實在的同一性，要麼是其所指向的不同客觀實在之間的相依性。

如果兩個概念所指向的是兩個不同的且相依的客觀實在，那麼這兩個客觀實在可以要麼是相同的，要麼是不同的，但是，即使是不同的，它們兩者之間也必須具有必然相依的關係。在「辛沙巴是樹」這一判斷，或者「這是樹，因為它是辛沙巴」這一推理中，包含有三個詞項，其中兩個的實在性以另外一個為基礎。這兩個概念之間存在著某種間接的同一性，歐洲的一些邏輯家喜歡將其稱為「部分的同一」。從這個角度來講，它們之間並不相衝突，也並不是不相容的。一個單獨的實在不可能兼具兩個彼此矛盾的概念，因為它們都包含於同一個事物中，所以它們也是同一的。辛沙巴必定是樹，而不可能不是樹。因為，如果它不是樹，那麼它也就不是辛沙巴了，這樣一來，我們就得到了一個既是樹也不是樹的物件。佛教的矛盾律規定道：如果兩個屬性或者兩個概念彼此不相容，那麼具備這兩者的實在就不可能是同一的。這是概念之間的邏輯規律，同樣也是實在的規律。這樣來理解的同一性也就相當於因果性的實在關係，它是因果性必定會導致的結論。在同一性中，客觀所指只有一個，在因果性中，客觀所指則為相互依賴的兩個。

那麼，究竟什麼是因果律的本質呢？我們知道，其公式為「這個事物存在，所以那個事物存在」。它意味著每個實在之點都必定依賴於在其之前的各個剎那之點。它透過假言判斷的形式表述出來。既然實在的每個剎那之點都對應著一個概念，而且點剎那的實在必須經由概念來認識，那麼這些實在之點所對應的概念之間的關係也就等同於這些實在之點之間真實性的關係。煙經由火而產生，也就是說，因果的紐帶存在於緊密連接的剎那系列中，它連結著火這一概念所包含的部分與煙這一概念所包含的部分。只是這些概念之間的關係與實在之點之間的真實關係恰好相反。因為邏輯中的關係是必然的，然而原因之後卻不一定追隨著結果。總會有某種東西來妨礙必然的結果。因果性判斷絕不可能具有必然性。然而那相反的關係卻是必然的。結果必然是與之對應的因的結果，如果沒有與之對應的因，那麼這一結果也必定不存在，而且如果這一結果並非與之對應的因的必然結果，那麼它必定不是結果。所以，邏輯的因果律實際上是結果律。這一名稱是由法稱提出的，他將其稱為「經過果」的比量。

從這個層面來講，邏輯的因果律和實在的因果律相反。在邏輯的因果律中，原因並不是理由。原因並不能充分地預言結果。然而結果卻可以充分地斷定在其之前的原因是存在的。從這個層面來講，因果律和同一律都屬於矛盾律，如果一個事物並非其他某些事物的結果，那麼它也就不再是事物。

因此，因果律不可以並列於矛盾律。矛盾律比因果律更加普遍，所有共相或概念，以及所有實在或剎那之點都受到矛盾律的制約。然而只有剎那之點的產生才受到因果律的制約。

布萊尼茲認為矛盾律和充足理由律同為所有論據的原理，施瓦特則不同意這種說法。它認為布萊尼茲所說的充足理由律僅僅是因果律，而將其與矛盾律並列起來是錯誤的，因為充足理由律是實在的而不是邏輯的。而法稱的觀點也包含著一個充足理由律，它是一個普遍法則，一切論據都依賴於這個法則，同一性原則和因果性原則也只是對其進行細緻的說明。我們可以將這一規律稱為因（hetu=gtan-thsigs）或是邏輯三相律。我們已經知道了它的表述方式。

1. 遍是宗法性。

2. 同品定有性。

3. 異品遍無性。

根據這一規律所具有的兩個主要的格，我們還可以將其稱為斷定及其換質換位的規律（law of Position and Contraposition）。如果將其表述出來，則為：當理由被斷定了，那麼結果也就必然被斷定了，而如果沒有必然的結果，那麼也就沒有與之相應的理由。

用假言判斷的形式來表述佛教相依緣起的因果律，也就是：「如果這個有，那麼那個有」；我們同樣可以用假言判斷或者假言三段論的形式來表述佛教的充足理由律。這一規律的肯定論斷相當於混合假言三段論的肯定前件式，而其換質換位的形式相當於混合假言三段論的否定後件式，既然這一規律不僅實現於以因果性為基礎的演繹中，而且還實現於以同一性為基礎的演繹中，那麼我們就可以說，所有論據都是以因果性和同一性為基礎，而且果比量和分析性的自性比量也就具有相同的地位。

歐洲邏輯理論斷然否認因果演繹是一種特殊的比量式。現代的理論認為，因果性或同因生同果的一致性原則是歸納的基本原則，而歸納又僅僅與演繹或者三段論相反，演繹或者三段論則以分析性的同一原理為基礎。歸納無法得出普遍性和必然性的結論，而三段論的演繹則恰恰可以得出必然性結果。

亞里斯多德並不這樣認為。在他看來，歸納也是一種三段論形式，而因果性同樣以分析性的同一原理為基礎。他的因果性三段論僅僅是由原因推出結論。他認為，原因和中詞是一致並且同一的，而結論中大詞的位置則由果來佔據。然而這種以因果性為基礎的演繹並非是並列於分析性演繹的另一個種類，而是包含於其中的，甚至與此相反，分析性演繹是包含於因果性演繹中的，因為一般被視為一種原因。亞里斯多德認為，原因必定是一般的，而其結果則是特殊的。尋求一個事物的原因，也就是尋求中詞。我們要想認知因和果之間的普遍聯繫，就必須對特殊例子進行歸納。亞里斯多德所規定的四種原因也就是我們可以由其推理出結果或者大項的各個中詞。因的本質也就是產生結果，就像三角形從本質上來講就具有三個內角等於兩個直角之和的原因以及基礎。

學者和現代哲學家們從亞里斯多德那裡繼承了將因果性視為分析性關係的觀念。而當原因或理由（Causa sive ratio）被史賓諾沙等同起來時，也就意味著這一觀念達到了最高程度。這導致了因果性三段論被忽略，並且成為附屬品或者根本被剔除出去了。當分析性的因果論被休謨從心理學角度，以及被康德從先驗角度毀掉時，因果性三段論仍然沒有得到與分析性三段論並列的地位。休謨認為，所有因果系列都並非必然的和普遍的，而康德雖然賦予了它們先驗的基礎，卻認為它們和假言判斷是相同的，並且為分析性的演繹賦予了直言三段論的形式。

關於康德由假言判斷演繹出其因果性範疇這一點，我們可以發現一個有趣的現象，這一理論是由康德的觀點演繹出來的，康德本人並不對其負有直接的責任。要想解釋這一理論，就必須從印度的相似觀點進行說明。這一理論將共同內在性表述為「一切A都是B」這種直言判斷，而將因果關係表述為「如果A是存在的，那麼B也必定是存在的」這種假言判斷。它似乎承認了所有論證只依據共存和因果這兩大原則。接下來，我們可以輕易發現，假言判斷的形式並非僅適用於因果關係，而是同時適用於這兩者。實際上，「所有A都是B」這一普遍關係的前提意味著，如果某個事物是A，那麼它必定是B。和因果性一樣，這裡的必然性關係也是透過假言的形式表述出來的。「A必定產生於B」這一普遍關係的前提意味著「如果A是存在的，那麼在它之前必定存在著B」。如果將這一理論稍作修正和補充，它也就能夠對應於印度的理論了。實際上，所有論證都受到一個總法則的制約。我們將這個總法則稱為因（理由）的法則、充足理由的法則或是有關三相的法則，這一點是由佛教提出的。如果用假言判斷的形式來表述，那麼它就意味著：假設理由存在，那麼其後必定跟隨著結論；而如果沒有必然結果，那麼也就沒有理由。這一法則還可以稱為斷定及其換質換位的規律（law of Position and Contraposition），它相當於假言混合三段論中肯定前件式和否定後件式這兩種方式。它有三個方面的規則：（理由）全部存在於主詞之中；只存在於同類事物中；絕不存在於異類事物中。它完全符合對三段論公理的內涵和外延的表述，也完全符合我們所有論證所依據的同一性和因果性的普遍原則。印度人的比量式舉例如下：

如果一個事物是所作的，那麼它就是無常的，例如瓶等。

如果一個事物是恆常的，那麼它就不是所作的，例如空等。

聲是所作的。

所以聲是無常的。

與之相應的歐洲三段論如下：

如果一個存在的事物是人，那麼他必定會死亡，例如這個人和那個人等。

如果一個事物不會死亡，那麼它必定不是人，例如上帝。

這個人是人。

所以他會死亡。

我們也可以將數學的演繹式轉換為這種形式：

如果一個事物是直線，那麼它必定是兩點之間最短的距離。例如這條直線或那條直線。

如果一個事物並不是兩點之間最短的距離，那麼它必定不是直線，例如曲線等。

這是一條直線，

所以它是兩點之間最短的距離。

從形式上來看，這種演繹等同於因果性演繹。我們再舉一個印度的例子：

一切有煙的地方必定有火，例如廚房中等；

一切沒有火的地方必定沒有煙，例如水中等；

這裡有煙。

所以這裡有火。

這兩組例子之間並不存在著形式上的區別。它們都可以被納入斷定及其換質換位律、三相邏輯標誌法則或是假言判斷的兩種方式的規律中，如果非要說它們之間的區別，那也只是因果系列的普遍性並不完全等同於以同一性為基礎的關係的普遍性和必然性。

總結

透過比較以希臘為代表的歐洲邏輯體系和以佛教為代表的印度邏輯體系，我們可以作出以下總結：

一、人類思維的本質由一個基本程度構成，希臘哲學和印度哲學都竭力追尋這個本質。他們渴望明確地區分它的實質和形式。這個基本程式也就是比量或三段論。在佛教看來，比量過程也就是一般的思想過程，因為知識只有現量和比量這兩種來源，它們相應於感覺和知性。

二、這種探索在歐洲和印度都受到了一般哲學立場的限制。在希臘哲學家們看來，整個世界是現實化概念的系統，而三段論式則規定了各個概念之間所有或部分的聯繫和非聯繫。印度哲學家認為，世界是剎那之點的流動系列，人類透過凝固化的概念對其中某些點進行說明，並且在預期性的行動中對其進行把握。

三、演繹式在希臘邏輯中被規定為三個命題的系列，這個系列中包含三個項；根據各個相在三個命題中的不同位置而得到十九個式。而比量則被印度邏輯規定為認識真實以及把握真實的方法。這種方法並非直接認識實在，而是透過兩個概念之間的必然聯繫來間接認識實在。

四、實際上，關於三段論包含著推理性認知的內心過程這一點，歐洲邏輯學家也是很清楚的，然而他們認為，這個過程對於透過那主詞和謂詞可以換位的三命題得以充分傳達的東西來說，是不完備且不完善的形式。而印度邏輯中的比量式則與之相反，它服從於內心的推理過程，規定了命題中三項之間的關係，因此，三項在與之相應的命題中的位置也分別是固定的。

五、雖然三段論依然被亞里斯多德視為歸納法與演繹法的一般形式。然而其後學卻認為三段論的性質僅僅是演繹。但現代歸納法的興起動搖了嚴格的演繹三段論的地位。很多哲學家指責它是毫無意義的經院哲學形式，不會對知識過程發揮任何作用。歸納和演繹在印度邏輯中是不可以被分割開的，它們之間有著彼此包容、彼此證明的關係。演繹之前必定有歸納，即使是純粹的演繹科學也必定基於歸納之上。而歸納只有結合特殊事例來應用，才能具有意義。

六、因此，佛教的比量式只包含歸納和演繹這兩部分，它們兩者相當於思想的基本過程和應用過程。

七、因果性推理式包含於佛教邏輯體系中，對於歐洲體系來說，因果比量式一開始是被從分析性三段論中剔除出去的，然後又被從三段論中剔除出去。

八、佛教邏輯體系認為，我們的所有論證以及三段論式、比量式都以彼此平等的因果性和同一性這兩大根本原則為基礎。

九、充足理由律或三相因的規律表明了因果性和同一性在形式上的統一。

歐洲的三段論理論並不包含有關分析性和因果性聯繫規律的內容，也不包含有關充足理由以及分析判斷和綜合判斷的結合問題。然而印度邏輯卻將它們視為一個整體。理智（intellect）僅僅是理由（因）的另一個名稱，而理由僅僅是充足理由或是代表同一性和因果性在形式上統一體的原理。一般理由等同於具有三相規定的三段論的理由。

十、三相規則中的後兩相相當於混合假言三段論中的肯定前件式和否定後件式。所以，真正三段論的格只有斷定形式的及其換質換位形式的這兩種。所有比量式的基本原則也就是混合假言三段論的原則，也就是「理由之後必定追隨著必然的結果，而且必然結果的否定意味著因的否定」。

十一、因三相的規則、混合假言三段論的等值原理，以及斷定形式及其換質換位形式，都是邏輯必然性的規律，都可以用來表達充足理由律。在西方邏輯中，混合假言三段論並非真正的演繹三段論式，它是次一等的，主要被作為一種輔助。然而佛教邏輯則將其視為基本原理。

歐洲的三段論和印度的三段論之間的差別很大，然而它們兩者都試圖對人類認識原則的基本問題進行解釋，但與亞里斯多德的答案相比，陳那和法稱的答案則更靠近康德和施瓦特的觀點。

我們在前面的內容中已經討論過康德對亞里斯多德「虛假細緻劃分」邏輯格式的批判。然而康德和佛教邏輯思想的相似之處並不止這一點。我們還需要注意康德的以下幾種思想：他說，「判斷就是將一個事物與它的標誌進行比較」「理性的推理（Vernunftschluss）就是透過標誌的判斷。」他還強調了換質換位原理，並且將透過陳述肯定的大前提以及逆否命題而得出結論的三段論式稱為混合的推理方式。在他看來，肯定的三段論也就是亞里斯多德三段論的第一格，而其換質換位的形式則是亞里斯多德三段論的第二格，其他的則都是「虛假細緻劃分」。既然康德多次強調斷定的及其換質換位形式的三段論，那麼實際上，即使他沒有明確地說出來，他也承認了演繹論式是以包含了肯定前件式和否定後件式的混合假言三段論原則為基礎的。康德認為，即使四個格是毫無必要的，但不可否認三段論是亞里斯多德創立的。事實上，真正以混合假言三段論為基礎，建立自己的演繹體系的，只有施瓦特一個人。

施瓦特確實堅稱「混合假言論式是一切推理最普遍的形式」。「顯然，只有承認了『如果A為真，那麼X也必定為真』這一無條件的普遍命題，才能假設A判斷是真的，而且其後追隨的X判斷也是真的。」他還說，每個特殊場合下的思想運動決定了前提的順序。這一觀點和陳那的觀點相一致。陳那認為，人的思想活動是由小前提開始的，而在論辯時則是由普遍性命題開始的。

施瓦特還說：「肯定前件式和否定後件式的混合假言推論形式是一切有關簡單陳述的演繹的必然基礎。否定後件式是肯定前件式的變形。」所以，他認為兩種式是相等的，因此或許可以說，他和陳那的觀點是相符的。

他還說，深入探討推理理論就會發現以下這個問題：「A判斷和X判斷之間的聯繫是如何成為必然的呢？由這種必然追尋有限的幾種原則是否完全沒有可能呢？」這一問題和印度理論所持的態度非常接近。他並未對這些問題給出明確的答案，即使他還曾說「同一性也是思想之間的關係」。然而，如我們所知，除此之外的必然相依關係還包括兩個相依事實之間的非同一性，也就是因果關係。在印度人看來，基於這一觀點，只有因果和同一這兩種關係，而並無其他關係。

我們知道，所有必然聯繫都以同一律、因果律和矛盾律為依據。

施瓦特的有關換位、換質換位以及特稱判斷的觀點，因為和印度的一些觀念非常接近，而得以聞名於世。我們在前面的內容中已經針對這一點進行過介紹了。

第四章：邏輯謬誤

邏輯分類

陳那非常清楚只有確立了嚴謹的比量式原則，才會在同時解決掉嚴謹的邏輯謬誤準則這一問題。在他看來，所有的謬誤都會是對某一原則的背叛，倘若這些原則在數量上是確定的，並且還以系統序列組織起來，那麼它所違背原則的過失也必定是等量的，而且還可以用系統的方法編排在一起。邏輯的每一個命題的定義都是雙重的，即，肯定的和暗含否定的。一個原則總是在肯定什麼的同時又排斥它的反面。每一個比量式的原則都會向外宣佈其相應的謬誤。

邏輯比量式的原則有以下三條：

1. 理由存在於推論的主詞裡（它必定是存在在主詞的全部外延的範圍內的）。

2. 它只能存在於相同的品類裡（因為它存在於推演的謂詞範圍裡，且還只能存在在相同的品類裡）。

3. 它必定在相異的品類裡缺失（在和被推知的屬性想法的品類裡缺失）。

因此在佛教看來任何虛假的理由都是對以上三相原則違背，只不過需要我們區別對待罷了。實際上根本就不存在違背因三相中後兩相虛假的理由，因為後兩相只不過是和第一相的正反兩個方面，倘若理由並沒在同品裡，那麼也就相應的或全部或部分地歸屬到相異的品中；所以邏輯謬誤主要有兩類：一是，對比量式原則裡的第一相的違背；二是，對後兩相的違背。換成歐洲邏輯語言來表述就是，一種是對小前提的違反，另一種是對大前提的違背（小前提裡的中詞不周延，大前提裡的中詞不周延）。這是由於邏輯比量或三段論必須是：（1）兩個項之間必定會是相互依賴的事實（不可改變的共性事實——大前提）；（2）兩個必定相互依存的項交叉的某一個實在點（小前提）。

既然小前期包含了兩項交叉的某一實在點的邏輯結構，那麼，對這一原則的違背就意味著和實在不相符合的錯誤。因為是一個和實在理由不能聯繫的理由，故而可以稱作是「不實在理由」。邏輯大前提是邏輯理由對其結果必然依賴關係的描述，因為倘若邏輯原因是某一必然依賴於結果的事實，那麼它的存在就必定會導致邏輯結果的存在，因此，所有不具有這一方面理由的都是錯誤的，這不是非實在性的錯誤（reality）而是一致性（consistency）這一方面的錯誤。因為沒有確定的結論，所以理由就成了「不確定的因」。兩相間的不變共存性就被證偽了。因此，違背了實在性（reality）的和違背了一致性（consistency）的成為了兩大邏輯錯誤。違背一致性的是一種嚴格意義上的邏輯錯誤。

佛教邏輯裡的不成因過（和實在性相違背的謬誤）

什麼是和實在性相違背的邏輯錯誤，之前就說過，當邏輯理由和邏輯結論的不變共存關係得到建立，而邏輯理由在邏輯主詞裡或者從來就沒在或者它的存在還沒得到證實（有此過失），換一句話說就是，因的第一相未曾滿足，比量式的第一原則被違反，這就會產生出因非實在的邏輯錯誤。

在之前就說過以上的這一現象，就是西方形式邏輯裡在先前他上的邏輯錯誤。倘若邏輯理由（因）在小詞上不存在或是可疑的，那麼邏輯結論就會是錯誤和荒謬的。當兩種事實之間的必然共存（遍充）關係毫無問題，可它們同時又在一個特例裡被顯現的地方卻又不可確定（是不是存在）的時候，那麼這一種謬誤的典型案例便產生出來了。

設若我們聽到了孔雀的鳴叫，毫無疑問那聲音就是孔雀存在的標誌。但在我們眼前有許多洞穴，那隻孔雀到底在哪一個洞穴中我們卻不能確定。所以要求具有明確性的結論就無從談起了。我們就會用以下的論式來判斷：

大前提——有孔雀叫聲的地方，就會有孔雀。

小前提——孔雀的叫聲（大概）是從那個洞穴裡傳出的。

結論——孔雀就很有可能在那個洞穴裡。

結論是不可確定的（可能性的，這本身就是一種邏輯錯誤），就稱為非實在過失類。不久以後我們會看到一種叫做不確定理由的過失類的另外一個特徵。

對於規定比量判斷的實在性的困惑不僅僅讓理由不實在，它所建立的這種非實在性，更近一步地把一切和它聯繫的理由，都變成非實在的過類（不成因過）。比如，之所以佛教不承認靈魂被作為單獨的精神實體，那是由於靈魂是非實在的客體（物件）。其結果呢——所有作為理由和它相連結的謂詞，都因此變成了不具體實在性的相似因。

在勝論派看來個人的靈魂是無所不在的實體，靈魂自身無意識且不動（他們的觀點是，因為靈魂無所不在，所有靈魂不動）。而樂和不樂的感受雖然屬於靈魂我的內在，但它並不是無所不在的。因為它們只顯示在靈魂裡的偶然相合於身體以及人內在器官的部分上。樂和非樂是在我們內在器官和靈魂我的交互作用，在遍處所有地方的靈魂的某一個確定了的部分裡的特定時刻才會發生。樂和非樂是隨著我們身體自身的變化，和一個人不動的靈魂的其他部分產生出的相應感受。

我們可以用以下的比量式來描述它們：

大前提——其屬性是：隨處可感知的實體是無所不在的，比如空。

小前提——靈魂我是屬性隨處可知的實體。

結論——靈魂我是無所不在的。

邏輯理由和其結論間的共存關係沒有任何問題，大前提絕對正確，可小前提是錯誤的，邏輯理由實在性缺失，由於被應用之點——兩個相互依賴概念的表層結構所基於的實在之點——是虛假的。佛教認為，並不存在什麼無所不在的單獨實體的靈魂我，因此，整個的推理也就只不過是一種不真實比量式錯誤——這是由於它違反了佛教比量原則三相裡第一相的緣故。

雖然佛教認為靈魂我作為單獨的實體不是實在的（unreality），並且他們還認為任何一個和靈魂我發生關係的謂詞也不是實在的，可只不過在靈魂我佔據比量裡小詞這個位置，也就是結論裡主詞地位的時候，它才不是真實的，這是因為它是邏輯和實在連結點的緣故。倘若實在點（基礎或負載者）或被稱作是制約整個推理過程的是在本身缺失的話，比量式的錯誤就是非實在性的邏輯錯誤。而在別的比量式中，假若靈魂我不在小詞位置上時，那麼從邏輯一貫性的立場來看，就能認作是並不是專門針對佛教無我論的。

如果我們從純邏輯學的角度來看待以上的，我們就可以認為這並不涉及到實在和非實在的問題。因為實在性的錯誤是針對邏輯小詞或小前提的真實性也沒有的比量錯誤而言的。

這樣一來，佛教和勝論的兩派，無論是公開辯論還是在推理認識上，很自然就都認為雙方應該使用共同一致內含的意義詞項。這一點很重要，因為如果討論的立論一方在某一意義上運用了一個詞，而另一方卻給予這個詞新一層意義的理解，那麼雙方的討論就根本算不上是誠懇的（bonafide）。

可當辯論一方有意在不為對方許可的意思上運用一個詞的時候，就有可能出現這樣兩種狀態：1. 比量無可指責——對立論方來說；2. 比量不在——反方根本不承認，並認為比量非實在。耆那教的論式如下：

大前提——剝皮後會死亡的有機體是有知覺的。

小前提——樹就是這樣的有機體。

結論——所以樹是有感知的。

這一結論於耆那教而言是完全正確和正當的，因為他們自己有一套對死亡和知覺的理論。佛家對死亡和感知另有看法，因此他們並不認可耆那教的說法。在佛教看來樹在這裡並不是實在之點，耆那教的這種比量與他們而言屬於沒有實在性的邏輯謬誤，因為問題就在小前提的設置上。當然佛教亦可以對耆那教的大前提進行反對，「剝皮後會死亡的有機體是有知覺的」，這對於佛教是屬於另外的一個問題了。以上的例子裡唯獨這一原則既沒被佛教認可也沒有對它生出疑惑。可即便是這個大前提完全正確，但在佛家看來它仍不適合對樹的討論，因為佛教對死的看法有自己另一番理解，對佛教而言死是有意識生命的中斷，而這一點在樹的身上並沒能被發現。

除此以外，耆那教還有一個與此接近的論議，即「樹有眠，於晚間捲起樹葉故」，這說法佛教認為是不實在的。在佛教看來，並不是一切樹木在晚上都會捲起樹葉，這一現象只不過顯示在少數樹的身上罷了。耆那教的這一議論又是在小前提方面犯的錯誤。因為在正確的比量式裡是不允許有特稱判斷的，所以，耆那教的「有的樹於晚間卷起樹葉」的議論不會引出結論。

和這情形相反的也會偶爾發生。有時候是小前提對引用它的議論者本身也不真實。有的時候，反方論者並不接受正方的觀點，卻為了從對方的觀點裡獲取能助自己論點的方便而引用對手意見。這種從異己身上獲取，且自己都不信服的理論來討方便的做法遭到了陳那的譴責。

比如，數論就認為所有的苦樂一類的感受，其自身是沒有意識的（非自我覺察），因為只有神我（靈魂我）才具有自我意識，而神我是不一邊的，所以他只能照顯不含任何感受。他們還覺得，感受是自性（原初的物質）的衍變，從此種意義上來講，感受也就是恆常不變的。這是因為，組成其本身的材料永恆自性。數論為了證明感受沒有自我意識（自我察覺），他們就想借用佛教不認可任何恆常實體的那套理論。即，感受來去並沒有內在於某一恆常物質的理論。接著數論論證說，倘若感受是非常的東西，那麼它就不會有自我意識。因為，只有神我的靈魂實體才會有自我意識。

作為過失，這一做法也是不實在的，因此陳那譴責了數論的這一做法。在陳那看來，這一做法既便是對立論者來說，也不是實在的，況且立論者本想從立論裡獲得支持。

當然我們也可以把這些看成是不一致及不實在的兩種錯誤的組合。可在這一情形下，這些會經常地被歸納在不真實的小前提上——因為邏輯理由的真正存在，還是在於它在主詞當中的必須首要滿足的條件。

佛教邏輯裡矛盾理由的錯誤（相違因過）

佛教的相違因過是牽涉一致性方面的，關於共存（遍充）情況的錯誤。這一邏輯理由，或者邏輯中詞代表的並不是自然的（意欲證明的）結論的不變伴隨性，卻還真是和欲證的結論相反的不變伴隨所可抵達的結論（自認結果）剛好相反。相違因在陳那九句因的圖表裡佔據第2和第8的位置，它們的意義就在於向我們提示出邏輯理由有可能所犯最大限度的錯誤是什麼。人對真理及一致性的自然傾向會強烈的抵制這種理由。可是當這一理由的描述不明確、不被肯定且還難使他人充分領悟時，我們就經常會看見它只不過是一個似是而非的論證。陳那的九句因圖式裡相違因的第二和第八的位置間的區別在於，前者的錯誤裡邏輯理由遍於異品，而後者理由在過類中涵蓋的僅是異品的一個部分。而它們的共同特點正在於，本來邏輯理由應當必定存在的同品範圍中它們不在。一個哲學家在任何時候假若他想出示一個一經分析，就和自己所認可的基本原則相矛盾的論據的時候，他就建立其這樣的一個掩蓋起來的相違因。

下面我還將講到一個隱蔽的相違因的例子：

數論想建立的感官是某一個人的感官，也就是說神我的。對於數論而言，神我是個單獨實體，而感官是符合的生理實體。因此，他們提出了這一普遍原則——複合體是為簡單體存在的，而各種感官的複合體是為神我存在的。數論的這一論證的正品都被其模糊不清的描述遮蔽起來了。實際上，「為某人的緣故而存在」就意味著要直接或間接的影響「某人」，而影響也意味著在「某人」身上會引發變化，但「某人」的變化進對複合體才有可能，神我那樣的簡單體是不會有何變化的。

所以數論的眼感官等這些為靈魂而在的論據和他們有關靈魂是單一、非合成、不一邊的理念是互為衝突的。

數論這種掩藏相違因，在哲學中會經常出現。像《正理經》裡，這類情況就被稱作過失。陳那也覺得這是一類錯誤而矛盾的邏輯理由，可法稱卻不這麼看，法稱主張這些屬於陳那因果表（九句因圖式）裡的第二和第八兩種，在法稱看來這些已包含在相違因裡了，雖然這些是隱藏著的。

佛教中的不定因過（邏輯不確定理由的謬誤）

陳那因輪表裡中間一類是具有最小內涵的邏輯理由（不共不定因）。這些理由是在同品和異品裡皆不存在的。因為它和邏輯主詞的外延部分剛好一樣，所以讓它作為邏輯理由，它是不能引出邏輯結論的（無推論力）（證宗）理由。假如我們說吠陀的聲是恆常實體那是因為聽見的原因，那麼可聽見就完全存在在主詞「聲」裡面了，它並不會有任何的同品和異品，因此，它作為邏輯推論的理由過於狹隘了。而當它用這一未經修飾粗糙的形式被描述時，這一的論證只能是理論意義上的東西；但和相違因一樣它是被掩藏在某一尚未被充分分析的，不能確證的概念或者用於下面時，它就可能存在某一實際意義。在所以的情況下，它都代表了可結論性的最低極限，它的論題實際等於零。

在陳那的因輪表裡，那在中央的理由錯誤的上下兩方都是正因（正確的邏輯理由）；左右兩邊是相違因；四個角是不定因。在法上看來，確定性是歸宿（issue），它是能得出結論的比量式的最後目標。不能得出結論的是不定因，它是結論和結論否定都不能斷定的場合，它的相反是唯一的結果是讓人疑惑不解，我們把讓自已在結論及否定結論二者之間遊動的邏輯理由稱不定因。

一切不定因的共同特點就是，在於大前提的逆否形式或是可疑或是錯誤，它們是對因三相最後一相的違背——因之不存在於異品當中要麼是虛假的要麼是可疑的。儘管第三相僅是第二相的另一種描述，但一切的不定因過失都能歸納在這一原則的未能滿足中。所以世親和陳那才會去劃分這兩個原則，這就像他們在區分合法比量式及差異比量式，或劃分混合假言三段論的肯定前件式（modus ponens）及否定後件式（modus tollens）時所做的一樣。

我們知道四種不定因居於陳那因輪表的四角，都包含了對第三相原則的違背。位於左上下兩格的共同特徵是，它們愉悅了同品範圍而遍充於異品。而位於右側上下兩個的特徵是部分存在於異品裡。

倘若我們順著因輪表畫的對角線看過去就會發現所有的都交叉於中心點是「過於狹隘」，不共不定因在把圖表中四角的不定因連結起來；同時又有兩條線把確定因與不定因劃分開；而四角的確定因裡中間上下兩格是正確因，兩側中間則為相違因。這確實是很神奇的事。

在陳那的表格左上角是過寬的不定因，它是作為理由在同異品裡普遍存在的，是無法引出結論的邏輯理由。這個不定因和過於狹隘因一樣是錯誤的。倘若我們說：「聲是永恆實體，因其可知故。」那麼這種可執行的理由，既可以在永恆實體如空裡發現，又可以在無常實體如瓶裡發現。它之所以不可以推論出結論，那是因為過於廣泛的緣故。它的理論是可以理解的，因為它顯示出一個逾越範圍的因所可以抵達的極限，這道理和過於狹隘因顯示出最低極限一樣。在實際當中我們很難看到這種簡單形式的不定因，但以隱蔽方式出現的這類東西則是有可能有的。歐洲邏輯也證明，當可執行的邏輯標誌得出只要牽強的結論，就屬於邏輯錯誤範圍；而審查出這種粗糙形式的邏輯過失卻需要經過很多帶人的努力。

在因輪表左下是存在於同品之部分上，並溢出同品進入到異品，又完全覆蓋這一範圍的第二類不定因。法稱為了更好地說明，他例舉了「聲非勤勇所作，無常故」這個例子。在法稱看來此例中的「無常」理由只是部分存在於同品（「非勤勇作者」）中，這就像閃電這樣的無常物，而「無常」因卻違背了因三相原則裡的第三原則，遍存在一切瓶罐這類的異品裡。因此，任何認為的造作，無不是具有無常性的。這話的意思是說，「勤勇所作者」是非勤勇者的異品。因此這一過失很像相違因的同時又不以明顯的方式出現。只不過「聲音」；「恆常」或者「不變存在」； 「因果相生」或者變易存在及其下屬的概念「勤勇所作」，這三個詞項間的正確位置之間在排除掉所有不正確的相互位置之後才可能被建立。它們的正確邏輯位置只能從一方面清楚的時候才會建立。要不就是在邏輯理論能清晰地顯示，在這一情況之下它拍出了什麼，否則無法明確告訴人們，這裡面到底包含了什麼。同理，倘若我們把亞里斯多德的「蘇格拉底會死，因為他也是人的緣故」裡的三個詞項進行換位；倘若我們把「蘇格拉底」、「會死」、「人」試著調換下它們的每一個所處的位置，以求去除其中的錯誤判斷，在「蘇格拉底不是人，因為他會死亡的原因」的這個形式裡我們也會得到第二類不定因，因為這裡有「死」性包含整個一片範圍「人」，因為人沒有不死亡的。可這些並不是相違因，這是因為這些有部分的存在，有「死」在人類裡普遍存在，於非人類裡也是部分存在的。

陳那因輪表右上角是第三類不定因，是存在於一切同品範圍裡且部分溢進相反異品範圍的東西。第三類不定因和正因比較接近。遇見它是經常的事，它很大程度上是由我們不當的換位造成的結果。倘若一切由勤勇所生的東西是無常，並不會產生一切無常的東西都由勤勇所生的命題。倘若煙總是用火生出的，我們並不能因此說火總生煙。倘若說一切人必死，那麼也不能斷定必死的都是人，這一錯誤情況亞里斯多德早就注意到了，並命名這一情況為秩序顛倒錯誤（Fallacia Consequentis），這是由邏輯理由和邏輯結論間的不正當換位造成的。當然這一邏輯錯誤的意義及其價值被清晰的抽引出來的時候——透過一張羅列圖表清晰的表現出理由可能佔據的所有可能位置，這一錯誤就出現了。

因輪表右下方的不定因的第四類錯誤表現在理由於同品與異品裡都是部分的存在，陳那舉了「聲是無常實體，以無質礙故」的例子，這裡質礙是指有體積的物理實體。它於恆常實體的同品範圍裡，我們知道勝論理論中，極微是常亦是體，他們也將無體而恆常空（ether）；在異品裡，我們所看到的有瓶罐的無常體，也會有非質礙體而無常業（運動）和極為類比，聲音能是不易變的東西，與運動類比，聲音又是無常的東西。邏輯理由所在的位置並不能確定，在這個例子裡不確定性地達到了極致的境界。

非共存關係的極端就是相違因，不一致性裡面包含範圍的最大極限是「共不定因過」（the over wide fallacy）；裡面範圍最小極限是「不共不定因過」（the over narrow fallacy）和不確定性的極端；這些之中，我們最容易違反的且還屬於自然違反的是不定因。

佛教邏輯裡相違決定因過（二律背反中的錯誤）

陳那除了在圖表中列出中項所處的九種位置外，他還在言論裡提到了另一種奇特的不定因。儘管因輪表被人們認為是劃分詳細，各類間互不包含，但是倘若將那種奇怪的不定因放在因輪表裡，它就能佔有正因（左中或右中）的位置或者與之相違的（上中或者下中）的相違因的位置。這是因為這個不定因同時是正因又是相違因，因此是相持不下的平衡的東西。普通的不定因一般都是在相反的兩個極端搖擺，他們這樣的特性使其不能決斷，引發猶豫心態。但當具有同等能量相反的兩個結論被我們判斷的時候，我們的心理狀態就不再是猶豫而是果斷的；同時就出現了兩個確定因，雖然按照矛盾律的規則他們本該是相互排斥的，這時在意義上它們依舊對峙，這就是勝論的共相實在及相對的共相非實在的相違決定的例子。早期佛教關於時空有限無限的記載也能為我們提供更好的說明。陳那認為這一相違決定因過主要體現在宗教和形而上學上，就此他解釋道：「在這個世上一切理由的論據都沒有比現量和聖教量（經典權威）更加有力量的。」但他的這一說法還是遭到法稱的批評，說陳那把超邏輯的內容引進了因明中。法稱如是說：「正確的比量範圍在因三相的邏輯關係上（遍是宗法性），於同品定有，於異品遍無性上。只有在這三相關係是由肯定的事實建立時，才會產生比量知識……我們量知的主題既然只能是正確的比量，那麼我們就不能和那同時是正確與錯誤二者的因打交道……既正確又矛盾的雙重性因不是建立在實在事實上的東西。」比量的基礎既然只能是自省（同一性）的，果性（因果性）的和不可得的，「那麼為了使得真實的矛盾真的存在，果的存在必定不需要其真實因，性質的存在必定包括在它的概念以外，否定也會因此變得和我們所證明的東西不相同。」這些關係絕對無法引起矛盾以及相違決定。「當理由建立在以恰當符合實在事物的真實情況上的那個時候……它就容不下二律背反了。」在辯證比量式裡，有從某一原則襲取理論原則的錯誤，因為它並非由歸納法所得的原則裡推出結論。因此，相違決定的討論和真實論證比量式之間必定有區別。

法稱的一些補充

對相違決定因反對的態度，法稱的態度是非常明朗的。實際上，陳那自己也並不很堅持這種相違決定因。他的態度和法稱並沒多少差別。只是法稱抓住了機會去強調比量原則和邏輯錯誤種類間的嚴格對應關係罷了。法稱說：「有過失的邏輯理由有三種：非實在的不成因，相違因和不定因。他們都開始於比量原則之一或其中兩個原則的錯誤和不確定。分開來說，都意味著每一種錯誤取決於非實在性，或內在於正式性的困惑，或關於理由的困惑。」在這一個體系裡並不存在相違決定因，因此，我們可以從實質上拒絕對它的承認。

但很顯然邏輯並不可以在形而上及宗教問題上保持絕對的漠不關心。陳那為它們留下的入口被法稱關閉了，還對此補充了兩種謬誤，並從後面將它們引了出去。法稱本來覺得他的補充會為公認的因輪表所接納。於是全知者（佛陀）的宗教問題及靈魂都因為法稱而在終極的謬誤類體系裡獲得了一補充項。

下列比量式的描述是關於靈魂問題的：「擁有生命形式的都擁有靈魂，因為呼吸且具有動物感官功能的原因。」在法稱看來這一邏輯理由並非不真實，因為它在主詞裡存在，可是它的遍充關係確實不能確定（不定性的）。在實在論者看來，這一遍充關係是用「純否定的」方法來描述的。因為承認了動物功能在不具有靈魂物裡的缺失，它們的存在就變成了要從另一方面確證凡事具有功能的都有靈魂的可靠假設。解決這一問題，法稱的方法是運用純邏輯，而並沒有運用佛教裡的「無我」原則，但是法稱在邏輯上並不認可所謂的「純肯定」與「純否定」的這個概念。法稱只是為了方便辯論，才承認存在有靈魂的同品以及無靈魂的異品，並認同這一特徵也同時存在於有生命和無生命的事物上；只不過在中間和有靈魂這類的必然聯繫，以及和其他一類沒有靈魂的必然聯繫卻是不可證明的。因此，這一比量違反了因三相裡的後二相，即，有靈魂存在的某一地方必然在同品一類裡也是存在的，與異品類沒有的關係也依然是不能確立的。因為它是不定因，所以，法稱這樣說：「按照這一理由（因），我們不僅無法肯定靈魂和生命體有聯繫，也不能說它們之間沒有聯繫。」

法稱也對無所不知的絕對存在者的理論補充了一個似因，這和陳那九句因中的第七因——同有異分稍有差別，雖然它是在同品類事物裡存在，但是還沒有肯定它在異品裡的缺無。前邊的似因過類裡三相原則的第二和第三都不是能肯定的。而這一「過」裡的第二相雖是滿足的，但第三相卻帶有不可解決的矛盾。這一似因的表述是：「某種人是非全知的，因其有語言及一個人官能的原因。」人有語言功能這個是能夠被肯定的。因三相裡的第一原則的條件是得到了滿足，因為它並不是不真實，它還處在同品裡，這一點即便是普通人也可以確定；因三相裡的第二原則的條件也滿足了，可這一理由在異品，即，語言等官能於全知者裡的不存在卻是永遠不可被證實的，因為全知者是超邏輯和形而上的東西，還因為否定判斷必須依賴經驗，所以我們不能確認。正是因為這樣否定一個未經經驗過的東西是毫無用處的，它在後面的討論否定判斷部分將證明是毫無意義的。既然它違反了第三相原則，那麼理由就是不可被確定的。這一例子的產生有可能是出於這種考慮：絕對真實是不可言說的，全知者不會用人的語言來表述它，因為語言只能適合由想像構造的那些普通卻含混不清的觀念。這一表述剛好和法稱在其作品裡所講的觀念一致，他認為人既不可能認識也不可能表述全知者。全知者就像絕對真實或終極絕對，它因為不可認知才會不可描述，每個和它相關聯的謂詞，不管是肯定的還是否定的，都會引來爭議。陳那所舉例的很可能是為了純形式上的三個概念的不同排列。可這個例子也並不是沒有可能不含有反駁正理派純否定因的意思在內；既然凡人都是非全知的，那麼非凡人的就是全知；這一邏輯的推理之所以會受到批評完全是因為全知和語言並不是絕對反對的概念。二者屬性之一的存在無法證實它對另外一個屬性的否定就是正確的。

佛教的邏輯發展史

關於佛教論議的腳本

關於真偽科學的邏輯在印度剛一開始，就表現出更關心對邏輯謬誤的分類，而不是對真實的考察。在正確認識方法的理論還沒有形成體系之前，它們就已經擁有《墮負論》這樣的書籍。《正理經》裡也收錄了關於它的一個資料，很顯然它最初僅只是一篇單獨的論著。

在無著和世親活動的年代，佛教徒們也開始了對邏輯學的研究，並編撰了一些和《正理經》裡收錄的那篇論著在實際上並無不同的邏輯教本。《正理經》收錄的那篇論著列舉了22項辯論者在辯論中會犯的錯誤。辯論者正是因為這些錯誤招來了對方的駁斥，並被辯論主持裁判宣佈其辯論失敗。

一般的辯論裡會有立論者、質難者以及一個保持中立的裁判，質難者在辯論中擁有向立論者提問與評論的權力。很顯然，《墮負者》是為辯論裡的裁判而寫的著作，這本手冊的出現是長期論辯的實踐經驗的產物，人們在長期的論辯中建立起來一套關於論辯的典範和規則。在這冊書中，立論者透過實際或有意的過失可能會出現以下的情況：

1. 因為選擇例子的不當而使自己的論題不被確證。

2. 在辯論中轉換了論題。

3. 論題自相矛盾。

4. 在辯論中放棄了論題。

5-6. 在辯論時，突然改變理由或者話題。

7-10. 辯論中發表和論題無關的，無意義的和不知所云的美譽內在聯繫的或者不適當的論議。

11-12. 在辯論中，表述的事情多餘或表述的理由不充分。

13. 在辯論中重複。

14. 在辯論中沉默不語。

15. 在辯論中承認自己無知。

16. 在辯論時，不能理解問題。

17. 當看到自己無望取勝時，找藉口中止辯論。

18. 在辯論時，間接地承認對方的指責。

19-20. 在辯論中，有必要駁斥質難者時不駁斥，不需要駁斥的時候駁斥。

21. 在辯論時，不能堅持自己立場的。

22. 辯論中使用錯誤的邏輯理由。

值得我們注意的是最後的那項，因為它好像並不屬於原則性質的墮負，但觸犯者在辯論中註定會被剔除、被取代。《正理經》裡在另一章節裡，當敘述牽涉到比量式理論時，它再一次提及似因這個有錯誤邏輯的理由，還列舉了五種似因的例子。這也間接證明《正理經》是多種著述的混合產物，是在印度邏輯裡的比量式理論剛剛開始形成的那段時期。《正理經》的注疏者筏差耶那已在其著作中指出比量式就是真正意義上的邏輯，比量式還是正理學問發展的最高峰。他還說，能正確理解與使用合離法的是博學多才之人的主要特徵。

儘管是這樣，但和關於論辯裡的墮負章節相比，《正理經》對比量和比量式的討論就顯得太少了。沒做注釋前的《正理經》對辯論裡的墮負是做了很詳細的討論的。世親也好像寫過一本關於墮負的小冊子，可被陳那在自己的著作引述時做了刪減，陳那的理由是，那篇文字包含的內容有些是該在破斥性的比量式裡的，而有的則和邏輯本身無關，因此不該歸納進邏輯的範疇中。但最終關於墮負的章節再也沒有出現在陳那的著作中了。

印度早期邏輯學除了有關於立論者墮負的那章，更早期的文獻裡也還保留了一些質難人墮負的（錯誤駁斥，有破斥外表而無任何實質的）教本章節。這些破斥多數是基於虛假類比的相反論據。比如立論者說：「聲是無常，勤勇所為故，如瓶。」駁斥方就提出相反的破量：「聲有常，非有限方分體故空。諸無限之方分體者必是常。」《正理經》裡單就這些專門例舉了二十四種似是而非的破斥。世親也寫過專門討論這些的一個小冊子，但數量不多。陳那倒是沒有省略，只不過他將24例精簡到14個。在陳那看來，這一內容並不重要，並說這種似是而非的破斥論議的例子多得無法計算，且種類繁多。在陳那之後，佛教邏輯同樣剔除了這個部分。在陳那看來，錯誤的破斥就是錯誤的比量式，只不過是邏輯錯誤罷了，因此他建立起自己的窮盡邏輯體系。

引發語言謬誤與詭辯的最常見原因是模稜兩可。可在關於立論者墮負和錯誤的破斥那兩章都沒有提到這一根源，只是在專講論議類的那章裡，提到三種語言的曖昧帶來的曲解根源，也就是含混言辭、命題以及比喻推理。含混不清，模稜兩可的語言一般都為不誠實的論議犯規方使用，他們為了獲得辯論的勝利而不惜任何手段。

和古希臘一樣，辯論之於當時印度也就是教學宣傳或辯論時的詭辯術。在正規的辯論裡，議論雙方或者師生間都會有個仲裁人。辯論的論題和反論題都必定是運用誠實的方法來證明的，它們所依據的也應該是事實和可靠的材料作為前提。而詭辯不是這樣的，詭辯急於獲勝的一方並不在乎他所使用的手段，也不會在乎事實如何，因此會採用模稜兩可的言辭，虛假的破斥已經不真實的指責，他們的目的無非是掩人耳目去獲取辯論的勝利；而真正的（bona fide，誠懇的）論者不會如此，在他們看來，這些都不是主要的論議手段。倘若他在辯論裡已經運用了事實和圓滿的邏輯前體佐證了自己的命題，而反論方依舊運用不誠實的手段對他糾纏，他也同樣可以使用同樣的手段來對付對手。可這不是為了證明他使用手段論證的道理，而是為了揭露論敵的愚蠢。這就像種籽因為本身有刺而免遭鳥獸的侵害一樣。誠實的立論者也完全可以使用帶刺的詭辯來驅趕，想透過不擇手段的詭辯獲勝的反論方的妄想。

印度中觀派破斥性的比量式

在印度當時流行的這一套論議方法裡，陳那發現他們允許辯論雙方使用含糊不清的語言，不真實的指責以及不真實的破斥手法，可他們的目的是想得到不可變更的終極真理，而僅僅是為了自己的論議經得起在辯論裡故意違反規則的辯方的攻擊。每一場辯論一開始就是複雜的爭辯，雙方都使用詭辯術，只不過，這種詭辯論證分為兩種罷了，它們的共同之處只不過是，立論一方從不考慮邏輯而只是考慮如何在辯論中獲勝。在辯論的過程裡，印度的詭辯家都會提出要捍衛一個真實的概念，但在辯論的過程裡，他卻會運用不正當的邏輯手段去捍衛僅是近似自己主張的東西。而另一方根本就不準備這樣做（維護論題），他不管對方提出什麼論據都會毫不猶豫的破斥，從另一角度來看，破斥方還算是誠實的，他這麼窮追猛打只是他不相信邏輯而已。在陳那看來這樣的詭辯就不再是詭辯了，因為它喪失了既無不真實目的有無權宜算盤的詭辯特徵。他們辯論的目的只不過是為了讓對手陷入自相矛盾中。辯論裡的質難者倘若能讓立論者陷入自相矛盾，其目的也就達到。這於某一類的哲學家很容易辦到。我們的大腦無時無刻不在矛盾，從本質看我們的大腦是辯證的。倘若一個相信邏輯同實在是一致的哲學家，在辯論裡他竟然採用破斥一切的否定手段，那麼這個人就不是忠實的，其做法屬於不誠實且是在故意找人岔子。實在性和邏輯在佛教看來是不同的東西，對他們而言真實本身就是反邏輯的，因此他們相信，只有拆洗掉邏輯手段世界才會顯示出真實。而這一真實是神祕者的境界，它是由剩餘邏輯法（Logical method of Residues）認知，作為破斥邏輯手段的結果，是超邏輯的東西。印度中觀派所採用的就是此法，月稱解釋說：「儘管普遍的原則要求破斥者同一立論方為證明自己的論題而作每一論證，可中觀派卻不同，它不為其他人相信自己而去維護自己的論斷，他們也沒有真正的邏輯理由和邏輯例證。中觀派提出自己的反論題還會自己加以證明，可他們這麼做只不過是為了證明自己能與對手的主張並存，也能隨時摧毀對方的論證罷了。因此中觀派所提出的都是不能證明和論證的判斷，實在其本事也是矛盾重重的。當然他不可能讓論敵想像這一被想像出來的論題。而中觀派的論敵在這一情況之下，除了證明自己不能建立論題，還能提出更加有說服力的什麼駁斥嗎？況且，要真的提出進一步的論據，還會有這種必要嗎？」

按照中觀派的看法，所有的比量式都是錯誤的，因為比量式本身必定會招致一個相矛盾的比量——「隨應比量或敵比量」。因為這一特點，中觀派還得到了另一個名稱「隨應破派」。

所以，佛教在針對極端相對主義（中觀隨應破派）時，所建立的一元論並不是依靠邏輯理由，而是對邏輯的全盤否定。這種全然不顧邏輯的做法，後來在佛教中很快得到了改變。這一改變來自一個叫做清辯所創立的派別。因為他覺得不應該全盤否定邏輯。在清辯看來，即便是要證明一切比量的謬誤，也必須按照完美的邏輯理由來立量破斥。清辯一家為了和反對比量的派別相區別自稱自立量派。佛教最先提出菩薩諸學裡應該有辯論和邏輯的是無著，當然他也沒有放棄一元論，在世親之後，他還借鑑正理派進行佛教邏輯研究。所以，佛教邏輯是開始於世親，在陳那和法稱那裡得到了長足發展。

我們對世親關於邏輯謬誤的分類不甚瞭解，但佛教邏輯的比量式原則則是世親首創，既然陳那對於邏輯謬誤的分類嚴格依據比量的三相規則，而且勝論體系裡也有對邏輯錯誤劃分的要點，那麼我們也就不難假設世親的體系和陳那的體系即使不相同，也是差不多的。

陳那對邏輯錯誤的分類也影響到勝論正理，以下就是我要和大家說的，他們在似因理論所受到的影響。

受到佛教邏輯影響的勝論派邏輯體系

《勝論經》的作者迦那陀也沒有在書中著述關於論議爭辯的原則。但書裡已有了關於比量的定義，還例舉了作為比量的各種關係，書中提到了必須熟知邏輯主詞和邏輯結論的聯繫，也就是要確證這一關係。倘若這種聯繫都沒有經過確證，那麼它就是費力又或邏輯錯誤的東西。迦那陀在書中說，似因或是非真實的或是不定的。在他的時代這些邏輯術語的準確含有我們還不能完全確知的，因為古代注疏的參考書籍太少。可我們仍能從名稱的字面上揣測出它們大致上和陳那的兩大類雷同。儘管勝論派是實在論者，但其在這一點及其他地方他們好像確實是佛教邏輯的先驅。現在我們已經很難判斷，不知道是不是因為這點還是其他原因，普拉夏斯塔巴達才會將陳那發展得相當成熟的比量理論（這裡不包括認識論基礎）看作是起源於《勝論經》的。普拉夏斯塔巴達歷數了陳那因三相理論，並且他說未被這些原則裡的任何一個或其中兩條都會產生「非理由」的錯誤——不成因、不定因和相違因。接著他斷然宣佈這些理論原屬於迦夏巴，也稱迦那陀，儘管迦那陀關於過失的不真（不成）和不定兩類部分原則和佛教的分類體系相似。接著普拉夏斯塔巴達又使用和陳那的「相違」與「相違決定」的邏輯錯誤類似的兩類，來對迦那陀的理論的兩種原因進行補充。他這麼做也只是為了將自己的發現歸功於迦那陀，他還為《勝論經》做了手術，並很勉強地為這本書構建了四種而不是這本書裡實際存在的兩種邏輯錯誤——在不成因和不定因的後面加上了矛盾因與「零無」（不決斷）的因。矛盾因（相違因）是邏輯裡適得其反的理由，它對於原本指望它來確證的命題是反叛，倒是為其反命題提供了確證——這是似因抵達的的最大極限。比如：「這是馬，以有角故。」而本來應該說「這不是馬，是因為少了角的緣故。」普拉夏斯塔巴達的「零無」因是像首先包括不共不定因（例如「聲是無常，所問性故」）那樣的典型過類的混血兒。這一邏輯錯誤在因輪表裡處於中間（第五的位置），是能夠演繹能力的零點或最低極限。普拉夏斯塔巴達還把劃分進不定因的相違決定過失看作是等同於那種最為貧乏的似因（不共不定因）。他解釋道：「某些哲學家（顯然指陳那）認為，倘若有兩個相持不下的邏輯理由就會造成困惑疑問，這就是不定因了；但我們可以證明它不過是過於狹窄（不共不定）的原因，也就是「零無」因（不決斷因）。」在普拉夏斯塔巴達看來，兩個理由如果相互摧折，那麼只能在分開它們後單獨去考慮才成其理由，倘若二者合一與一個主詞，那麼只會是「非理由」（non-reasons），而這兩個理由剛好是被發現合一於一個主詞上的。在這一狀況下，那就是既無同品也無異品可舉。普拉夏斯塔巴達把這一不符合事實的，且很牽強的解釋強行塞進和它沒有任何關係的迦那陀的著作《勝論經》。陳那的相違決定的推理，因為它們是超邏輯的，因此不能確定，在範圍上屬於形而上的和宗教的問題。對陳那而言這是因為兩種邏輯理由同樣有力，所以它們是無法判斷的。而普拉夏斯塔巴達則認為，和宗教的矛盾就是跟真實相違背，因此，他把陳那的相違決定因一分為二剖成兩半：相違因的和不決斷因（零無因）的。普拉夏斯塔巴達認為，在宗教範圍裡和某種規定好的原則相矛盾的論據就是謬誤；可在世俗哲學範圍裡兩個同樣有力的矛盾理由，因為矛盾而其取消比量作用，所以必須和不共不定因一起被看作是「零無的似因」。

深受陳那影響的正理派邏輯體系

在對於佛教的態度上，正理派和勝論完全不同。事實上正理和勝論兩派，他們都從佛教哲學體系裡吸取了不少東西。只是勝論嘴上不提罷了，在這方面表現的很克制。而正理派卻毫不迴避，有時甚至不惜曲解和濫用佛教的理念。烏地約塔卡拉（Uddyotakara）說陳那的因三相理論是個很傻瓜的作品，他從語言到內容都猛烈地抨擊。在他看來，邏輯中詞（標誌）並不會時刻都具有三相的條件；有的是可靠的能推理的，即便是在沒有異品的情況下，僅有的同品也照樣能在推理中得出正確結論。而其他假若沒有同品，也可以僅憑著異品照樣也可以對其做推理。這就意味著陳那的總有同品和異品這兩個相互包含的離子的理由之外，還存在不含有異品的純同品與只有異品而絕對沒有同品的兩種理由。實際上將邏輯理由分為三類的正是正理派的烏地約塔卡拉，這三類是：純粹的肯定、純粹的否定以及混合的（既有肯定的又有否定的），他對陳那抨擊的結果是他自己正悄然地結果陳那的因論，用自己的純肯定和純否定對其不足做了補充。

在面對邏輯錯誤問題的時候，表面上烏地約塔卡拉同樣對陳那的劃分原則感到不滿，但實際上是他對陳那的劃分稍加補充，就將佛教邏輯錯誤的分類輸入到自己的體系當中。

伐差耶那把《正理經》裡的五種似因（不定因、相違因、無證因、無決定因和不合時因）和陳那的做了比較。他認為，《正理經》中的似因的前兩種和陳那理論中的似因相對應。其他的三種和陳那的理論時相互滲透的每一個都可以說成是無證的、無決定的和不合時宜的。那麼為什麼烏地約塔卡拉要對似因使用五分法？他自己回答說，是為了給邏輯理由做詳盡的分類。「可在人類大腦中到底有多少真或者似真的理由呢？」烏地約塔卡拉自己回答道：「這要由受到了時間、個人性格和物件種類等具體情況的影響而定，理由種類是無窮盡的；可就理由和演繹事實的因果純邏輯關係來看，系統的總結起來，有176種。」倘若進一步去考慮限制的條件，那麼理由的種類至少會有2,032種之多。

烏地約塔卡拉為什麼要做這種可笑鋪陳的分析呢？這是因為他知道，一切圓滿的原則一經濫用就會陷入荒謬的境地。烏地約塔卡拉只不過想在自己把陳那理論發揮到極致來嚇唬讀者，從而來顯示自己的智慧高超。陳那建立了九句因，而烏地約塔卡拉也用陳那的數學原則建立了2,032種因，其實他自己也承認數目的多少並不重要，自己不過是稍微改變了陳那的九這個基數而已，但重要的還是方法原則本身——邏輯過類數目是確定並可以透過系統的表格方式來編排的。176或2,032這些數目只不過是烏地約塔卡拉人為的發揮和誇張罷了，其基本的觀念還是源自陳那的九句因。烏地約塔卡拉自己也承認：一、有某些純邏輯錯誤源自中項溢入不應存在的異品，倘若此一處達到了充斥整個異類的地步，則會成為相違因。二、中項對同品和異品的關係（中項在它們之中的分佈情況）類別是能夠進行計算的。三、這些邏輯錯誤的樹木必須符合邏輯決定理由和同品異品關係的比量原則所規定的數目。這在佛教的原則規定是三個，因此似因也只有三種。在正理派的烏地約塔卡拉是不能隨意對似因的五類分法做更改的，因為這些是有他們的絕對權威喬達摩和伐差耶那制定的。可烏地約塔卡拉能對其做自己的解讀，並依據解讀構造出五種謬誤。五條原則如下：

1. 邏輯理由存在於主詞之中。
2. 邏輯理由存在於同品之中。
3. 邏輯理由不存在於異品之中。
4. 邏輯理由並非背反（相違決定的）。
5. 邏輯理由並非一開始就受駁斥的。

這裡的前三條和佛教的原則是溫和的，第四條和陳那的相違決定似因相符合；在第五條上取代了陳那的似宗概念——因為在烏地約塔卡拉看來，這裡的似宗是被當做似因被引入的，依照這一原則的緣故，因此每一過類都是由理由的過失才造成的。

這樣就產生了相應的五種似因：一、不定（這個和陳那的不定因一樣）。二、相違（這相當於陳那的相違因）。三、不成也叫作：非真實（相當於陳那的不成因）。四、背反（相當陳那的相違決定）。五、「被拒絕的」（這相當於陳那的似宗概念）。

歐洲的此類理論

在歐洲的邏輯裡，關於邏輯錯誤的這一部分有可能是最為混亂的。現代大多數的哲學家認為：真實性（truth）一般都有自己的規範，不會出現錯誤。錯誤的起源和種類就像是生活本身那樣的無窮無盡不可運用內在聯繫的手段來加以安排。所以，歐洲邏輯學家放棄了討論邏輯錯誤的章節。不管是施瓦特還是艾德蒙（Erdmann），或是舒佩（Schuppe）、馮特（Wundt）、布拉德曼（Bradmann）、鮑桑葵（Bosanquet），他們都沒有認真的思考過這個重要問題。在很多的現代哲學著作裡還保留著亞里斯多德的分類法，可這些分類法原則卻被人們看作是不符合邏輯的，或者被看作是應該重新安排的，雖然從本質來看，這種列舉並沒有新增什麼東西。大教主魏特利（Whately）也曾努力去改善這一分類，試圖讓它安排得更加合理，他說：「不管是哪一個謬誤歸屬哪一類分類，還是某一個別邏輯錯誤歸屬於某一種種類，在亞里斯多德那裡似乎都沒有準則可循。給邏輯錯誤分類的事情是令人經常感到困惑或者讓人覺得過於武斷的。」連亞里斯多德自己也在分解列舉13種不同邏輯錯誤後說，其實它們都可以歸納到一類謬誤，即，盲目論證——對一個真正的反駁條件的誤解和忽略；一個反駁僅僅是針對特定命題所提出的三段論。所有錯誤不管在何種情形之下，總違背或不能滿足那個構成可靠駁斥（Elenchus）或者可靠三段論原則條件。一個正確的反三段論原則和正確的三段論原則並沒有區別。魏特利的話等於是在說，有多少原則就會有多少謬誤。這個意思是和印度人在邏輯學上的態度一致的。既然注意力不在命題上，而是轉到了三個詞項上，特別是轉到了邏輯理由（因）的中詞上，那麼邏輯錯誤就會被看作是對邏輯的三條原則，它們其中一個或者兩個的違背。其餘並沒有違反任何一條邏輯原則的當然就數量無限了，可從嚴謹的角度看，這些都不是邏輯錯誤。在研究因三相時，法上就特別提醒我們，那些是被每一個原則排斥在外的相對應的錯誤。法上在介紹關於邏輯錯誤的那一品的時候說：「假若哪個人想用語言來描述比量三原則（因三相），那麼這個人就應該精通語言，除非他對三原則的每一原則的否定部分都能做到表述的精準。倘若，我們能瞭解哪些不在原則裡的東西是什麼，那麼我們就會更好的理解原則所接受的內容了。」佛教比量式是對因三相約束之下的事實語言描述。倘若在描述中有一條或者兩條原則違背了，那麼就會有邏輯錯誤出現。邏輯過失是不具有任何實在性（reality）而又很像比量的東西，它是因三相原則裡某一些部分被違反了的錯誤。

亞里斯多德沒有堅持這一簡單且又明瞭的觀點，我們能從他的目的看出來，他那些有時被看作是研究邏輯謬誤的著作，實際上是專門為發現詭辯和正確駁斥詭辯而寫的，在辯論中，詭辯本身就很少有運用錯誤推理為基礎的，其根源繁複龐雜，可以是邏輯這一方面的，可又有可能是心理或者語言上的。亞里斯多德的詭辯論著和印度的「論敵之謬誤」論著以及「立論者的謬誤」的論著近似。關於邏輯理由的錯誤在這些著作裡占的比例很小。

《詭辯的駁斥》是亞里斯多德針對蘇格拉底的反駁而寫的，蘇格拉底的方法是運用不斷向立論者發問方法來闡明事實真相，與之相反的詭辯的駁斥，則是透過不斷向立論者發問的方法來製造混亂。它是「強加於普通人的駁斥假象，透過這一手段使得他們把假的東西當做是真的東西而接受下來。」這恰好相應於被解釋成虛假駁斥的邏輯謬誤。在《正理經》中這類虛假駁斥多達24種，陳那就認可其中的14種，可這種吻合只不過是在名稱上罷了。在印度，顯駁（apparent refutation）確實代表了一種反駁議論。和反三段論近似。一個有謬誤的反三段論（似破量）是建立在虛偽類比這個基礎上的比量式，從狹義的角度看，它類似於盲目的反駁（Ignoratio Elenchi）。亞里斯多德的言辭表述謬誤（Fallacia in Dictione）類似於印度的含糊語言（曲論，chala）這類東西。它們都被看作是建立在語言含混基礎上的一些邏輯錯誤。其實亞里斯多德所例舉的六個邏輯錯誤並不是關於邏輯的，這些我們能從這一事實看到：一旦你試圖以另一種語言翻譯它們，那些本來的謬誤就消失了。按照亞里斯多德的看法，這些都是語言的，都是建立在言說（Dictione）表達的基礎上的，而剩下的7種都不是語言的（extra Dictione）表達，只有三種符合嚴格邏輯意義的錯誤，其他則是心理層面或實質上的東西。

魏特利把把謬誤劃分成邏輯和非邏輯兩種。可很奇怪的是，他分類的邏輯錯誤包含了亞里斯多德言說方面的，比如：一詞多義（Equivocation）、語句混亂（Amphibolia）等。魏特利的非邏輯謬誤，看名稱能確定就是非邏輯的，他把一切預期理由（petitio principii）和論題轉移（ignoratio elenchi）都算作這一類。但實際上，這些並算不上是邏輯錯誤，也就是說，這類失誤不是在邏輯推理中的中詞對大詞以及小詞的位置關係上的，而是在於缺乏三個清晰確定的詞項。預期理由謬誤是從頭到尾沒有大詞，因為預期理由和中詞完全能夠互換。盲目反駁裡的中詞沒有被固定才導致邏輯的錯誤。

不過魏特利對謬誤的劃分還是合理的，倘若我們把他的分類法當作是不確定的和不真實的兩類謬誤的話。他的前一類分類是嚴格的邏輯錯誤，主要問題出在大前提上；第二類分類本質上和半邏輯的，主要問題出在對小前提的違反上。這差不多和《勝論經》裡所說的規則一致。它的優點在於，劃分了人類理性的自然錯誤和詭辯家有意刁難的嚴謹界線。依古希臘和印度當時風行一時的辯論風氣來說，它們所經歷的歷史環境有共同之處。公開辯論使得這兩個民族產生出很多優秀的職業辯論家，這些人大多都善於利用民眾的自然好惡，運用毫無忌憚的詭辯博得大眾的好感。雖然伐遮塞波底說了，我們的思維有著自然傾向真理的一面，但是我們思想的另一面到處可能都有錯誤。烏地約塔卡拉也說，當我們虛假的學識為了謀利而宣揚詭辯的時候，我們的思維邏輯也就徹底完蛋了。只有誠實的辯論才是教學模式的，它不是為了獲勝才開始的，更不能是詭辯的。我們進行辯論是為了說服對方。這一種情境裡的邏輯錯誤並不是處心積慮下產生的詭辯，而是邏輯真實的自然對應物。因此，我們該把偶爾真正的邏輯錯誤和詭辯論者或者訟棍有意設下的語言圈套加以區分。亞里斯多德真正的目的在於去揭露詭辯者，因此，他所列舉的各種論辯錯誤裡，真正的邏輯錯誤只是在他著作裡極少的部分。

正是因為歐洲邏輯學並沒有完全擺脫掉亞里斯多德的邏輯框架，因此他們始終不能在嚴格的意義上建立起邏輯謬誤的理論。

另一方面，我們也清楚的看到了陳那按照比量原則建立起來的邏輯過類理論，並且他還把它們和根源於語詞含糊及其心理方面的缺陷的詭辯加以了區分。

法稱在這一方面更是進了一步，他反對陳那的相違背決定，因為在他看來，那在自然的邏輯思想過程裡是絕不會發生的。法稱認為，思想固然也許偏離原則的正確道路，可它不會同時既是偏離的又非是不偏離的，既不能同時是正確的又是謬誤的。對這一特殊情況（相違決定）的論據，法稱發揮了極大的作用。並充分揭示出比量理論或因論的實質。確實，因（理由）是什麼？它必定完全存在於主詞裡，僅存於同品中，還完全不在異品裡存在。這些原則規定了兩個方向是哪個的必然關係：對主詞的和對謂詞的。這些原則中的一個或者兩個，在自然思維的過程裡有可能被無意違反，可絕對不會有違反又不被違反。從內容來看，什麼是比量式呢？比量式是同一關係的狀況，或是因果關係的狀況，或者是否定關係的狀況。除此之外就沒有其他性質上的關係。我們的理性是可以由謬誤來對真實關係的過失加以言說的，可在我們理性活動的自然過程裡，是絕對不可以對此關係，同時是正確又是謬誤的言說。因此，事實上不會存在相違決定的錯誤存在。

對於印度和亞里斯多德邏輯錯誤的種類的對應關係，我們還得仔細考察。首要必須考察的是那種對亞里斯多德三段論與被陳那說成是錯誤的例子。比如這個三段論：「蘇格拉底很窮，蘇格拉底很有智慧，所以有的窮人是智慧的。」按照第三規則，這就是正確的三段論。可陳那並不會認同這一觀點，「有的窮人是智慧的」，這個判斷是比量判斷，它最多僅僅是現量判斷與觀察的判斷。那什麼才是陳那的比量呢？一個項，它必定並且普遍依存在另一項的事實裡，它是兩個項共存同一處的必定事實。倘若比量式也存在「任何智者必定窮困，蘇格拉底是有智慧的，所以他必定是窮困的」這一形式，那麼就其形式而言，它是真實的，也就是說這種演繹是必然的。可按照前面描述的形式，它的謬誤也是顯而易見的。雖然它的小前提正確——蘇格拉底是智慧的，可在這一基礎上，我們還無法判斷蘇格拉底是否貧困，因為他和貧困必然的共存關係在這裡並不存在。在陳那因輪表中，這個「智慧的」理由處在第九位置（同品分有異品分有），它既存在於某些同品「窮困」裡，也同時存在於異品「富足」之中。既然理由不能肯定，那麼結論也就無從說起。窮困和智慧「有時」之間的共存關係已經無阻中期了，因為「有時」貧困也和除了概念意外的任何可能出現的情況是共存關係的。依照陳那的原則，特稱判斷在正規的比量式裡毫無地位可言。

培恩以有所不同的理由為依據，並且認為，當我們審查「蘇格拉底是窮困的，蘇格拉底是有智慧的，所以有的窮苦的人是有智慧的」這種例證的時候，按照略有不同的理由原則，我們有充分的理由把這一例證從三段論裡剔除出去。因為這個例證裡並沒有「推理步驟」，只有「相等的命題形式和直接推理」。法上就印度很典型「提婆達多（Devadatta）不在白天吃飯，所以他在晚上才吃飯」的一個例證，也表達了同樣的觀點。法上認為，這是相等的命題，內容卻沒有增減，倘若它的意義是為了證明兩個詞項間一般而必然的聯繫，並且還把這一聯繫運用在某一個特例裡，那麼這就屬於比量式（三段論）的範疇了。

在另一方面，被亞里斯多德看作是邏輯錯誤的（非言說方面的，extra dictione），在陳那那裡卻被當成是不屬於似因範疇裡的東西而被省略，因為在陳那看來，它們並沒有涉及到中詞位置的關係，還不影響到中詞對小詞與大詞的關係，就像預期理由（petitio principii）那樣的邏輯謬誤。倘若把它用不掩飾的形式加以描述並運用典型的「常」和「非常」的論題，就有了「聲無常，無常故」或者「聲常、故常」這類的例證。依據佛教的邏輯觀點看，這裡面絲毫都沒有邏輯理由可循。這是為什麼呢？聲無常，無常故，這不就是說它是無常的東西嗎？因為在佛教看來，在實際運用裡，倘若論式是隱藏而又難以發現錯誤的就是一種謬誤。可在印度，邏輯學家還是會經常講到這一例證，在他們看來，從嚴謹的層面看，理由的位置系統（因在同異品裡的分佈情況）裡不存在這一似因位置。因為它從本質上成不了因（理由），即便是那個作為不共不定的狹窄因（它代表理由最低極限，但它還是理由裡的一個），也不行。「聲無常，所聞性故」這裡面至少預先留有「凡所聞者及無常」的這個大前提。而在預期理由的錯誤裡，大前提是能被轉換成「諸無常者即無常」的這個形式，而這就等於說完全沒理由，所以反駁的就必定要問為什麼或要求拿出理由。

亞里斯多德著作裡有三類嚴格意義上的邏輯錯誤：一、基於偶然性的邏輯錯誤（Fallacia Accidentis）；二、把有限制情況下的言說看作是一般意義的言說（fallacua a dicto secundm quidad dictum simplicter）；三、推斷的邏輯錯誤（Fallacia consequentis）。

這三類邏輯錯誤的共同點是，都能夠歸結成某一肯定性普遍命題的不正當換位，按佛教的描述是，喻體沒有得到證明，都屬於邏輯大前提方面的錯誤。它們都沒有中詞對謂詞的一般依賴性，因此，謂詞不能從中詞裡推出。它們都是陳那定義的不定因和相違因。

亞里斯多德和陳那相應的邏輯謬誤間的關係如下：

1. 基於偶然性的錯誤。亞里斯多德的例子是：「寇里庫斯不是人，因為他不是那個是人的蘇格拉底」，「這個人不是寇里庫斯，因為這個人是人，而人並不是寇里庫斯」。這兩種狀況都是不可以劃歸到「非實在的」東西的原因（不成因），是因為邏輯理由在主詞上是存在著的，只是邏輯理由和謂詞（大詞）的不變共存關係沒有建立。而被出示這些比量的一定會說：「此沒有共存性！」過失發生在大前提上。前一個例證裡，「寇里庫斯」是主詞，「非人」是謂詞，「不是蘇格拉底」是中詞理由。而「不是蘇格拉底就不是人」的共存性（遍充關係）是不能被確定的。不管是同品（非人）與異品（人）裡都存在中詞（不是蘇格拉底）。這屬於陳那九句因的第九（同分異分）無法引出結論。在後面的那一個例證裡，主詞是「這個」，謂詞是「不是人」，邏輯理由是「寇里庫斯」，這一例證中沒有共存情況，暗含著共存關係的應該是「所有是寇里庫斯的人（所有處在這一個名字之下的事情）都不是人」。而真的狀況是與之相反，這一例證的邏輯理由和謂詞間不存在共存關係。這是顛覆性的理由，因此，可以歸納到相違因裡，它是處在陳那九句因表裡第八的位置。寇里庫斯在同品（不是人）裡缺無，而在異品（人）裡卻是到處存在的。

因為詭辯家從論證裡的個別事例（如「寇里庫斯並非蘇格拉底」）而得出一個普遍前提的情形是司空見慣的，因此，亞里斯多德才跳出這些並不相同的謬誤歸納成一類。

2. 第二類非言說（extra dictione）的邏輯錯誤，是於它之前的邏輯錯誤很難區別的。亞里斯多德例舉道：「艾瑟爾比亞人是白牙齒黑皮膚的，所以他們同時是白和黑的。」「牙齒白，皮膚黑」的這個理由處在因輪表裡第二的位置（同品無異品全），因此也是相違因。這個理由（因）在完全既黑又白的同品裡絕不會存在，同時又存在部分白和黑的異品裡。

3. 推斷錯誤。這一錯誤是最自然的，是邏輯理由逾越溢入異品範圍的結果。它和正因很是類似，被引用到詭辯裡的價值不大。它的大前提反映了某種肯定描述的錯誤換位。它的邏輯理由（因）處在因輪表裡的第七位置，因在同品裡存在，在異品裡也有部分存在；同時它還處在第九的位置上——同品裡有部分存在，異品裡亦是如此。例如：例證中的「此人是賊，在夜晚出沒的原因」就是第九位置的，因為「夜晚出沒」的邏輯理由在同品（賊）和異品（非賊）裡部分存在。

4. 盲目駁斥（盲目回答，Ignoratio Elenchi）的錯誤，從本質而言，它並沒有前提的某物裡抽引出的結論謬誤——非因為因的錯誤（non causa Pro causa）的運用多種問題作為一個問題回答的（Plurius Interrogationum ut Unius）錯誤。這一些錯誤並不是嚴格意義上的邏輯錯誤，它們只是依存在某一誤解。

雖然所有一切邏輯錯誤都是出於我們錯誤的領會，但亞里斯多德還是把它們統一的歸結到盲目回答（Ignoratio Elenchi）這一概念裡。

亞里斯多德說的，「倘若被問難一方面對一個虛假的駁斥性三段論時，他就必須審查虛假三段論式用哪種方式，出現在哪一個前提裡的……」這一句話其實和陳那的結論非常近似。倘若亞里斯多德堅持這一原則，倘若他也排除一切語言和心理方面的因素，他也許會得出一個和陳那邏輯體系很近似的自己的邏輯體系來。

第四部分

否定

第一章：否定性質的判斷

否定的本質

我們已經知道，在佛教看來，每個認識都是對外部的某個實在之點的直接認識或間接認識，而且他們只對認識論方面的邏輯感興趣。那麼，對他們而言，否定問題就是一大困難，於是，他們對其進行了徹底的分析。那麼，究竟什麼是否定呢？它究竟是認識活動，還是對實在的認識？它究竟是直接的還是間接的，也就是說，是在現量中討論它，還是在比量中討論它呢？從表面來看，答案或許應該是非認識，是消除了認識；或者，如果其本質是認識，那麼它所認識的必定是非實在或者無。然而它的確是存在的，而且它所認識的的確是某種事物而非無。實在論認為否定是一種特殊的認識方式或特殊的存在方式。

佛教所持的態度卻與之完全不同。佛教所說的實在是點剎那的終極實在，對點剎那的認識就是與之相應的純粹感覺活動。非實在或者不存在於當下的事物是由想像構造出來的，它無法帶來直接的感覺活動；然而那些能夠帶來感覺活動的肯定事物卻可以被認為是另一個不存在的事物的非有。所以，只有純粹的感覺才是忌想最直接最本質的態度，而否定則並非這一態度。激發意念性表象的知性恰恰是從否定的角度對某種特定的感知進行闡述的。倘若我們具備以下這種形式的認識：「這裡沒有瓶」或「瓶不存在」，直接的認識並非由瓶的不存在所引發，而是由空無的空間所引發。不存在的瓶僅僅是由記憶激發出來的，由知性構造而成的，而非感官直接獲取的表象。這樣看來，佛教的觀點似乎是完善的，實在論要想對其進行反駁似乎是很難的。然而，持極端態度的實在論者也自有一套說法，他們認為，不存在的事物並非出於純粹的假想。有某種實在的聯繫存在於不存在的物件和空無的空間之間。佛教則嚴格區分了實在和假想，以及感覺活動和表象活動，因此，在對否定的假想性進行設定時，也就毫無必要再糾結它到底是實在的還是非實在的。佛教因而輕易地駁斥了實在論的觀點。然而依然有某些問題沒有得到解決：「這裡沒有瓶」這樣的判斷是否應該和「這裡有瓶」這樣的判斷一樣，都屬於現量判斷呢？或者由於它是某種透過可見的標誌而被認識的不可見的事物，因而屬於比量判斷？因為，從本質來講，比量所認識的東西並不屬於感覺。然而，現量和比量之間並沒有非常明確的界限，因為，與純粹的感覺現量不同的現量知識中存在著大量的意念成分以及知性的綜合成果。從另一個角度來講，每個比量還可以作為某種獨立的知性活動，作為基於純感性的單一概念。因此，在比量中，既有可見的部分，也有不可見的部分，既有非構造的部分，也有構造的部分，既有非想像的部分，也有想像的部分。因此，我們可以將「這座山有火，因為可以看到煙」這一比量看作一個以感性活動為基礎的煙火的綜合構造表象。現量知識和比量之間只有程度上的差別，而並沒有原則上的差別。在比量中，想像活動佔有優勢地位。在「這裡沒有瓶，因為我沒有看到」這一否定判斷中，佔有最高地位的依然是想像。因此，否定應該納入比量認識的範疇中。即使我們也可以將其視為既包含可見部分也包含不可見部分，既包含想像部分也包含非想像部分的單一概念作用。

因此，否定首先是想像活動。這點意味著它和實在論的觀點恰恰相反，實在論認為，否定是以對當下不存在的物件的肯定性認識為基礎的。而佛教則堅稱，否定斷定是以對某個當下存在的事物的否定性現知為基礎的。然而，不可能有對當下不存在的事物的現知。這種說法是自相矛盾的。只有當下存在的事物才是現量認識的物件，而當下不存在的事物則不是。然而它是怎樣存在的呢？當下存在於想像之中，也就是說，具備了所有當下能夠看到這一事物的必然條件，它當下必然能夠被看到；然而如果它當下不存在，那麼只能對其進行想像而無法當下看到。它是在想像中被當下看到的。施瓦特強調：從一般的實在論角度來講，「這裡沒有火」或者「火沒有燃燒」之類的命題本身就是自相矛盾的。如果沒有燃燒，那麼它為什麼被稱為火呢？如果某個人並沒有在爐子裡面看到他想要看到的火，於是就說「這裡沒有火」，那麼這意味著並不存在著想像中的火。因此，是假想中的火以及假想的可見性被否定了。法上說：「舉例來說，如果瓶是當下不存在的，那麼它又怎麼會是現量的呢？那是因為它在假想中是可見的，即使實際上它並不存在。我們可以這樣進行假想：『如果它是當下存在的，那麼它必定能夠被當下認知。』從這個角度來講，一個事物即使當下不存在，但它依然可以被假想為可見的，然而被假想的物件究竟是什麼呢？是在那空無的空間被看到的事物，因為已經具備了當下看到它的所有必要條件。那麼一切條件都具備的時候指的是什麼時候呢？當同一個認識行為中所包含的另一個物件被我們實際地看到時（也就是當否定活動所對應的事物被我們看到時，或者說在那空無的位置看到被否定的物件時），我們所說的『包含於同一個認識行為中的事物』是彼此聯繫的、對應於同一個感覺官能的兩個物件，是所有感覺器官能夠捕捉到的某種物件。事實上，如果當下存在著兩個這樣的物件，那麼現量活動就不能僅僅限制在其中一個物件上，因為它們同樣有可能作為現量認識的前提。因此，如果只有其中一個物件可以實際看到，那麼我們自然就會想像：倘若另外一個物件也是存在的，那麼它同樣可以被感知到，因為已經具備了當下看到它的所有必要條件。」這樣一來，這個物件也就獲得了假想的感知力。對這樣的物件的非認識（non-cognition）也就是否定。然而它只是對某種假設的可見性進行了否定，因此，那並不存在著瓶的空間，以及聚集於這一空間的認識，都被理解為否定了某種可能的可見性，因為它們都是否定判斷的真實來源。否定的物件是那當下不存在的事物，以及對這一事物的認識。每一個認識，之所以被稱為認識，都是因為它所認知的是實在。法上還說：「因此，否定的認識活動並非僅僅是沒有知識，而是一種肯定的實在，以及對這一實在的斷定性的認識。簡單的無屬性特徵的缺無認識無法傳達任何知識，因為它不包含任何斷定。然而如果說它從本質上來講否定了假設的可感知性，那麼這必定意味著當下存在著純粹空無的空間，以及對這一空間的認知；從這個角度來說，它是空間，也就是：如同空無的空間被看到一樣，如果在這個空間中當下存在著一個事物，那麼它原本也是能夠被看到的。」

如此一來，我們對否定的考察也就是從邏輯和本體論兩個方面。它不僅是當下存在的空無空間，而且還是對這一空間的認識。

否定也是一種比量

我們知道，所有認識都是對實在的認識，而否定同樣受這一規則的制約。從表面來看，否定似乎是對非實在或非存在的認識，體現出的是假想的非實在。我們知道，實在、真實、存在以及事物，這些詞語的意思都是相同的，它們對立於假想、非存在、表象以及概念——這四者指的都是非實在。然而，有的假想是與實在完全無關的，例如「空花」；而有的假想則與實在有關，例如聯繫著某個真實之點剎那的花，它可以透過感覺活動顯露出來。在這兩種假想中，否定屬於後者。它雖然是觀念，但它是可靠的觀念；它雖然是想像，但它是生起性的想像。它是一種知識來源，可以對我們的預期行為進行指導。

然而，倘若否定只是伴隨著心智構造對真實事物的認識，那麼從原則上來講，它也就無異於現量認識了，因為現量認識也僅僅是一種伴隨著所知表象的感知。否定的認識物件並不是某種當下不存在的但是可以看到其標誌的事物，否定也不是透過標誌而對此標誌所對應的事物進行認識。也就是說，它並非比量。在否定中，並沒有由已知到未知的思維活動。然而，既然知識來源只有直接知識來源和間接知識來源這兩種，那麼從原則上來講，否定也就無異於現量認識了，它將並列於感覺知識。那麼，依據實在論的觀點，就有肯定的現量認識和否定的現量認識，以及肯定性的感覺判斷和否定性的感覺判斷了？實際上，倘若否定並無其他實在意義，而僅僅是指某個空無的空間，以及對這一空間的認識，那麼「這裡沒有瓶，因為我沒有看到」這一比量也就只是在說「這裡沒有瓶，因為這裡沒有瓶」，或是「我沒有在這裡看到瓶，因為我沒有看到」。法上曾說：「將某個當下不存在的瓶說成是當下存在的，是由於它被假想為當下存在的，被假想為在具備了所有可見性的條件時被認識到的，被假想為存在於預期其存在的某個空間中——相應於那當下不存在的瓶並且於同一認識行為中聯繫著瓶的空間，然而這個空間卻是空無的……因此，我們將其稱為否定或取消現量的僅僅是某個聯繫著這一認識的物件的當下存在，以及對這一物件的認識……」也就是說，「一個當下存在的瓶的不存在僅僅是對某一實在的肯定認識」。法稱說：「如果它具有真實性，那麼就無法對其進行否定。」也就是說，如果不存在如實在論所設想的那樣是實在的，那麼就不可能有與之相應的否定認識，也就是不存在認知活動，是絕對的空無。然而它是假想出來的，而且並不是如空花一般的假想，而是基於對某個真實存在事物的認知。這就證明了為什麼說它同樣是一種可靠的知識，並且可以對我們的預期行為進行指導。

我們已經說過，有關非存在的問題，佛教和實在論的觀點彼此對立。實在論批判佛教所說的非存在是空無或零，因為它本身不是任何東西，而僅僅是一種負載基礎，是一個不包含差異的統一體。它屬於與之相應的肯定性的事物。而佛教則批判實在論所設想的實在的、被實體化了的、具有形色的非存在物，因為它僅僅是想像出來的罷了，然而，從原則上來講，以某種肯定的感性知識為依據而想像出來的非實在物，和伴隨著知性所構造出來表象的簡單的感性知識之間並沒有任何差別。它並不是一種推論的結果，而是某個終極實在本身。我們不可以將「沒有看到假設的物件」這一事實當作中詞，並且以此推理出物件的當下不存在，因為事物的當下不存在僅僅意味著假想其在某個空無的空間存在著。然而，既然陳那和法稱認為現量是認識活動中純粹的感性成分，而且否定也並非透過感覺活動而成為否定的，因此他們將否定納入比量的範疇，而知性的構造作用依然在這一知識來源的範疇中佔有主導地位。

況且，如果物件的當下不存在是感知到的，而不是推理而知的。這種對空無空間的感性認識如此不同於直接感知這一物件的實際結果，甚至它能夠證明將否定納入間接知識範疇並非是無憑無據的。法上說：「被推理而知的並非是瓶的當下不存在，而應該是否定判斷所對應的實際結果。」這種結果指的是否定性的命題以及與之相應的目的性行為，還有被描述為基於否定性感覺知識的認識所達到的成功結果。然而，除此以外，還有另外一種否定，它並不是對某個想像的當下存在性的否定性認識，而是有關非當下存在性，以及對某一非想像的當下存在或無法被想像的當下存在的否定性認識。這種否定認知並不是正確的知識來源，它無法指引我們達到成功的預期目標。有關否定性認識的細節，我們將在後面的內容中進行討論。

根據將否定納入比量範疇的理由，法上說：「我們知道，『這裡沒有瓶』這樣的判斷產生於對某個空無空間的現量認識。然而，我們現在又將其納入由現量而產生的比量所推理得到的實際結果中。」既然空無的空間是透過現量而被認識到的，而且「這裡沒有瓶」這一否定性判斷又是依據現量的直接作用而產生的——也就是說，物件透過這一作用直接在感官中呈現出來——那麼，緊緊跟隨在空無空間的現量之後的否定性判斷就必定是感覺認識判斷。實際上，根據之前對這一理由的解釋，現量知識能夠直接帶來否定性判斷，因為，被屬性所制約的現量恰恰能夠帶來對當下空無空間的判斷。但是，否定本身的作用到了下一步才能體現出來。物件可以是當下沒有被看到的，但這只會帶來對物件當下存在的困惑。如果這種困惑沒有消失，那麼否定就毫無實際意義，它也就無法對我們的預期行動進行指導。在此之後，想像加入進來，引發否定性的演繹活動，非存在物的觀念才因此具有了實際意義。既然我們並沒有實際感知到那個被我們假想為當下存在於某個特定空間的物件，那麼我們就可以得到以下判斷：「它不在這裡。」所以，非存在物的現有概念是被此類對某種假設的當下存在性的否定賦予生命的比量的。這種概念本身並不是由它重新造就的。我們因此得出結論，雖然實際上是引起了否定判斷，而且生活中所適用的比量過程只是經過演繹性的，但想像活動參與的比量被激發是否定判斷所取得的實際意義，具有否定性質的事實經驗是其在邏輯上的理由。因此在我們將一個非存在的觀念運用到生活上時，否定性質的比量便指導了我們所採用的步驟。

否定性三支論式及其格與簡易否定格

否定的作用和本質到這裡就可以被確定下來了。其本質必定是某種假說的可現知性。否定並不存於外部世界，其與實際的直接認識完全不同。本質的否定特性也可以作為此承載的基本和對其的認知。否定因此特性而具有「合法性以及意義」，雖然其仍屬於空想範疇。用某個特殊方式使我們有目的的行動受指導就是它的作用。知識的比量形式和知識正當但間接的來源就是它，承載否定的中詞作用與其實在性根基的假象性可見事實亦是它。因此否定的通常形式與本質即為否定此類假說的可現見性（可現量性），這形式存在於每個單獨的否定實例中。當否定的表述是以比量形式出現時，我們就可以像比量那樣選擇差異法或契合法。這樣一來，我們就可以看到契合於被否定的事實而被表述出來的否定，也就是從正面來表述的否定；以及相異於被否定的事實而被表述出來的否定，也就是從反面來表述的否定。後者就是由肯定演繹出否定，因為一切否定的否定必定是肯定。這些比量的差別只是形式上的、表述上的。我們至今還未瞭解到否定所指的到底是什麼物件。

否定所對應的可以是某個事物，也可以是某種關係。我們已經知道，事物可以分為五種範疇；而關係則分為兩種，其一為存在的必然同一性，其二為存在的必然因果性，也可以稱為存在的前後相繼性。五種範疇指的是個別、種類、屬性、運動以及實體。它們五者都能夠作為簡單否定的內容，但卻不足以為否定的分類提供任何基礎。而因為關係是彼此依賴的，所以我們可以將關係視為能依部分和所依部分之間的關係、因和果之間的關係，以及包含者和被包含者之間的關係。除此以外，這些關係還可以交叉，舉例來說，兩個事物之間的關係可以是其中之一為包含項，而另外一個為因項。當對其中一個進行否定時，這一否定就是基於同一性和因果性這一雙重關係之上的。

如果把所有可能的結合情況都算上，那麼就有了十一種格式的否定性三支比量式。能夠成為比量式的支的只有全稱判斷，而特稱判斷則要麼被完全當作非邏輯的結論，要麼是邏輯謬誤。

在這十一種否定格式中，首先是簡單否定。它包含於每一個否定的現量判斷中，即使它由於認識的是不可見的物件而並不是現量判斷。它是透過那具有非現知作用的標誌才被認識的。既然推演和被推演的部分沒有太大的區別，既然當下沒有認知到和當下不存在是完全相同的，那麼我們就可以設想，被推演出的部分也就是伴隨著否定判斷而產生的特殊行為。通常來講，每個認識都是為某種行動所作的準備。否定的各種格式從本質上來講是相同的，它們本身並沒有被區分開，它們都取消了假設的可見性。然而它們帶來的結果卻是不同的，我們也就因此得以對否定的表述公式加以區分。簡單否定得到的結果是一種相應的行動。我們也可以將肯定性的感覺判斷看作是一種比量，也就是根據當下看到的事物而推知所量物件的當下存在，而推演所得的結果也就是與之相應的行為。然而具體表象的直接生動性是現量的特徵，也恰恰因為這一點，使得現量區別於比量所考察的當下不存在的事物的模糊表象。它的作用和本質都是不同的，而且，我們必須將它的格式同肯定性比量式的格式區分開。

綜上所述，我們可以透過契合法或差異法的公式來對簡單的否定格進行表述。透過契合法的公式表述為：

大前提：對某個可表象的物件的當下不可見即跟隨著與之相應的否定行為。

例證：如空花是看不到的，那麼其後不可能跟隨著採花的行為。

小前提：這裡看不到可表象的瓶。

結論：這裡沒有瓶。

小詞涉及了「這裡」這一概念，而整個推理的實在性都以這一概念為基礎。大詞中則提出了「這裡看不到瓶」這一否定行為的概念。中詞消除了假設存在的被否定的事物。大前提指明了共存狀態。確實，就像柏格森所說：「由消除到否定的過程更為普遍，因為它只需要一個步驟！」法上說：「這說明，一個可表象的事物的當下不可見有可能帶來否定這一事物的預期行為。」當下不可見既是被包含的部分，也是依賴的部分。否定或否定行為既是包含的部分，也是所依的部分，它是必然的結論，其外延具有更大的範圍。

對邏輯理由必定伴隨著邏輯結果進行表述，也就是對伴隨關係進行表述。這與比量式的所有規則相符，也就是理由和與之相應的必然結果之間的伴隨關係（也可以說是主詞和賓詞之間的伴隨關係），這需要：一、賓詞必然包含於主詞中；二、主詞絕不超出賓詞的範圍。

例證用個別事實進行舉例，大命題表述伴隨關係，透過歸納法對其進行概括。每一個當下只在假想中存在的物件，實際上，從客觀角度來講，都是不存在的。透過列舉這些可以對總原則加以證明的事實，能夠充分地證明伴隨關係。

在確立了總原則之後，比量過程便開始在小前提中應用於某一具體個別事例，例如「我們在這裡並沒有看到可表象的瓶」。這種方式是透過假想將當下不存在的瓶假設性地置於一切必要的可見性條件中。這也就是「如果這裡有瓶，我必定當下能夠看到它；然而我沒有看到它，所以這裡沒有瓶」這樣的假言判斷。

因此，所有否定性的經驗都能夠被看作是包含著一般總原則的個別事實，所謂非存在是指那些在其他情況下本來可以被看到的事物。從另一個角度來講，由於否定只是消除了假想，所以我們不能否定那些沒有看到的，無法假設其可見的，無法對其本性進行想像的事物。

我們還可以透過差異法來對同一種簡單否定進行表述。因此便得到了有關否定的反面表述，也就是被否定的否定，或者說是某種伴隨著否定的判定性的一般命題，例如：

大前提：當具備了所有可現見性條件時，能夠感知到的所有存在都必定是可感知的。

例證：例如青色，

小前提：這裡看不到瓶，雖然已經具備了所有可感知性的條件。

結論：所以這裡沒有瓶。

這裡透過差異法對否定的本質進行了考察。我們將情況上只有一點區別的兩個例子進行比較。倘若在一種情況下出現了否定，我們就可以說「它不存在於這裡」；在另一種情況下，並沒有出現否定，那麼我們就不能說「它不存在於這裡」，因為它存在於這裡——倘若兩個例子完全相同，也就是說，具備了一切可感知性條件，只有一點除外，在其中一個例子中，物件並未顯現出來，而在具備了所有條件時，這一物件本來應該是顯現出來的。而那原因就是前一例子所包含的，後一例子並不包含的條件，我們也可以將其稱為否定現象必定包含的成分。這一點證明了，從本質上來講，否定比量消除了假設的可感知性。我們知道，這一結論也可以透過契合法來得出。接下來，我們比較某個假想的瓶被認為是不存在於某個特定空間的情況，因為如果它當先存在這裡，那麼它本來應該是當下可見的。我們將其與其他例子進行比較時，舉例來說，有的物件僅僅出於想像，是必定不存在的，如空花、兔角、石女之子等。只有當其所包含的所有例子都符合於第一種情況時，這種不存在的物件才能夠被假想為當下存在。這恰恰是否定的原因及其必定包含的部分。因此，從本質來講，否定就是消除了假想的存在。在這裡，差異法被表述為原因隨結果的消除而消除。這是透過否定後件的方法來表述的混合假言三段論，實際上，大前提是這樣的——如果物件當下存在，如果這裡沒有任何東西能夠妨礙它被感知到，那麼它應該被看到。然而在某個特定空間，它並沒有被感知到。因此它是當下不存在的。

根據大前提的表述，如果具備了所有條件，那麼當下可以看到的事物的存在必定伴隨著感覺認識，存在是被否定的不存在，認識是被否定的非認識。我們在這裡得到了透過符合法表述出來的大前提命題的換質換位形式〔這裡將非現知（non-perception）表述為始終伴隨著非存在〕。謂詞是對主詞的否定，因此，處於主詞位置的是否定謂詞。所以，根據大前提的表述，由於否定結果依賴於否定理由，所以前者必定時刻伴隨著後者。倘若對非存在進行了否定，也就是倘若對存在進行了肯定，那麼只要它不包含著任何妨礙物，其後必定追隨著非非現知。不存在結果也就意味著不存在理由。然而，理由在這裡是存在的。因此，與之相應的結論也必定存在。也就是說，如果當具備了所有必要條件時，物件並沒有被感知到，那麼這一物件並不存在。被否定的理由必定是包含項，被否定的結果必定是被包含項。在差異原則下，它必定意味著：如果推演出的結論被消除，那麼與之相應的理由必定也被消除了。

另外十種格式

否定比量的另外十種格式「並非直接對假想的可見性進行否定，然而它們所表述出的意思是對某個事物進行肯定或是否定，而且其必定能夠轉化為對那假想的可見物件的簡單否定。」所以，即使它們是間接的，但其表述的依然是簡單的否定。

顯而易見，這十一個否定比量的格是基於演繹的逐步複雜化來制定的。它以簡單否定的格作為開始，以對某個結果進行肯定的格作為結束，這一結果和那被否定的事實的原因之間是彼此不容的。我們可以將這十個格分成兩類。其中一類是由對某個不相容者進行肯定而推演出否定的表述程式。它包括了七個格，也就是第四格到第八格，以及第十格到第十一格。另外一類則包含了第二格到第三格，以及第九格，它們都是由與被否定的事實有因果關係的某個事物的否定，或者由否定被包含項引出否定包含項，而得到的否定。

第二格是否定了結果，因此它必定伴隨著對與之相應的因的否定，舉例來說——

> 大前提：一切沒有煙的地方，也就沒有能夠產生煙具有效能的因。
>
> 小前提：這裡沒有煙。
>
> 結論：所以這裡沒有能夠產生煙的具有效能的因。

「一切地方」所指的空間相當於小詞，存在著能夠產生煙的具有效能的因相當於大詞，而「沒有煙」這一事實則相當於中詞。倘若肯定了「非煙」，那麼這一比量式就是亞里斯多德三段論的第一格Celarent式。否則，它就是透過三個否定命題組合而成的，而除了認可包括了兩個否定的大前提是肯定的論斷，也就是Camestres式的，否則必定會違背亞里斯多德三段論的規則。

佛教邏輯並不承認由原因的存在而推演出結果的必然存在是可靠的。因為因並不能必然地產生結果，在結果真正產生之前，總會有無法預料的因對其進行阻礙，從而影響了預計的果的產生。所以，我們在對佛教因果論進行考察時，就會發現只有結果產生之前的最後一個剎那才是導致結果的真正原因，這一剎那是具有效能的，是真實的、終極實在的剎那。而在從結果的不存在追溯其原因的不存在的比量中，這一原因也就是指具有效能的剎那，也可以說是結果產生之前的最後一個剎那。

當無法看到因，而且否定了因的假設可見性時，就可以使用這一推理格式。

除此以外，第三格可以用於由一個事實的否定推演出另一個事實的否定這一情況，在這裡，這兩個事實之間的關係是同一關係，而不是因果關係。它意味著，從邏輯角度來講，否定了包含項，也就必定否定了被包含項。舉例來說：

大前提：那沒有樹的地方，也就沒有阿輸迦樹。

小前提：那沒有樹。

結論：所以也就沒有阿輸迦樹。

在以上例子中，「那」是小詞，「阿輸迦樹」是大詞，「沒有樹」是中詞。這一比量式同樣由三個否定命題組成，因此可以將其精縮成Celarent式或Camestres式。自性的簡單否定證明了包含項的不存在，同一性原則證明了被包含項的不存在。

實在論的各個派系在這一格和其他各格中都只是滿足於在兩個事實或兩個概念之間建立起不變共存關係，而對於這些關係的特徵則並不關心，也未曾指出它們二者之間的關係是怎樣的，或是以什麼原則為基礎的。我們可以用同一個Celarent式以及一部分Camestres式來概括佛教的所有否定三段論。然而佛教理論是以這一原則為依據的：在事實或者概念之間，只有以矛盾原則為基礎的關係或是以因果原則為基礎的關係，而且，根據這一點，可以組合成十一種演繹推理的形式，雖然它們都可以納入Celarent式，然而這些推理過程都具有不同種類的否定性質。這樣的劃分方法並非「虛假細緻」的，實際上，這種格式是以它們和認識活動的兩大基本原則之間的聯繫為基礎的。

在第四格中，不相容的事實得到了肯定，只要其中一個事實得到了肯定，那麼與之對應的事實就必定得到了否定。舉例來說：

大前提：一切存在著有效能的火的地方，沒有寒冷。

小前提：現在那個地方存在著有效能的火。

結論：所以那個地方不寒冷。

這一格是Celarent式，它以矛盾律為依據，將兩個同一的事實聯繫起來。其中，與冷直接對立的熱並沒有被直接感知到，而火卻是被直接看到的，否則就不會使用這種格式了。這一格所適用的情況為：火是當下可見的，而熱並沒有被感知到。因此也就否定了某種假想出來的冷。

除此以外，第五格是第四格的變形，它是用因果性來補充矛盾關係而形成的。舉例來說：

大前提：一切有煙的地方，沒有寒冷。

小前提：現在那個地方有煙。

結論：所以那個地方沒有寒冷。

存在著煙也就意味著存在著有效能的火。當火和冷都沒有被直接感知到時，適合使用這一格。當本來可以感知到寒冷時，本應該根據第一格來斷定其單純否定；在火能夠被直接感知到的地方，會使用第四格，也就是對無法共存事實的否定格。然而如果兩者都無法感知到，那麼就會使用以上這一格，它是對無法共存的結果進行斷定的格式。

還有，第六格對無法共存的兩個事實中的被包含項進行肯定，它使得推理過程更加複雜，然而它依然是基於其中一個事實是另一個事實的部分的分析性關係的。舉例來說：

大前提：一切依賴非連續因的事物都是無常的。

小前提：經驗事物所具有的短暫性依賴非連續因。

結論：所以經驗事物是無常的。

實在論以此來反駁佛教的剎那存在論和無常論。佛教堅稱一切事物先天就是消亡的，因為從本質上來講，存在就是消亡。它們兩者是同一的；一切實在的且具有根源的事物都必定是無常的。實在論透過以下事實來論證：每一個消亡都必定有與之相應的原因，例如瓶的消亡並不是由時間造成的，而是由槌子的敲擊造成的。

這種偶然的特別因對立於非因果性；而非因果性則包含於永恆或恆常之中。因為指出了不容於「恆常」的被包含部分（也就是「特別因」），所以恆常性也就被否定了。矛盾律和同一律是因果性、非因果性以及恆常性各個觀念之間關係的基礎。

顯然，我們在這個例子中討論的是抽象的概念，那麼我們就會涉及這樣一個問題：假設可見性的否定原則是否必定是否定的本質呢？對此，法上說：「確實，如果『恆常』的謂詞或大詞被否定了，那麼我們就只能透過這種方式進行討論——如果當下的事實具有恆常性，那麼它的恆常本質多多少少可以被我們經驗到；然而並不存在著可以被經驗到的恆常本質，因此這一事實並不具有恆常性。」因此我們就可以說，當恆常被否定時，這一否定關係到某個被假想地存在於一切可見性條件中的事物。即使我們認為鬼魂是不存在的，我們也必須先假想其存在於某個時空中，然後才能對其進行否定。這樣一來，才能得出「這是瓶」、「這不是鬼」這樣的判斷。根據佛教的判斷論，及其同一於偶合的現量和比量的理論，這就相當於直接否認完全抽象觀念的存在，倘若觀念並非部分地和現量感覺有關的話，那麼這一觀念就成了「空花」了。

否定的第七格同樣是以因果關係為基礎的間接否定，它斷定了結果的不可共存性，舉例來說：

大前提：那存在具有效能的火的地方，並不存在著寒冷的有效因。

小前提：這裡存在著具有效能的火。

結論：所以這裡不存在寒冷的有效因。

因為那產生寒冷因素的存在無法被直接認知到，所以我們就假設它是存在的，然後透過指出那直接可見的火來消除這一假設。當無法直接感知寒冷以及產生寒冷的原因時，我們就會使用這種格式。然而如果能夠感知到寒冷，那麼就使用第二格，也就是對果加以否認的格式，例如：「這裡不存在寒冷的有效因，因為不存在寒冷。」然而如果可以感知到寒冷的原因，那麼就使用第一格的簡單否定，例如：「這裡不存在寒冷，因為沒有感受到。」這裡的推演一部分以因果律為基礎，一部分以矛盾律為基礎。根據矛盾律，火的存在和寒冷的不存在得以聯繫起來；根據因果律，寒冷原因的不存在和寒冷的不存在得以聯繫起來。

接下來是否定比量的第八格，它同樣完全基於同一性和矛盾律，斷言了包含項的不可共存性，舉例來說：

大前提：一切和名言有關的事物都不是純粹感性刺激的反映。

例證：例如神、自性、物質的觀念等。

小前提：一切觀念都和名言有關。

結論：所以一切觀念都不是純粹感性刺激的反映。

在以上例子中，純粹感性刺激所反映的事物被否定了。而「純粹感性刺激所反映的」包含於「和名言無關的」，這恰恰不容於「和名言有關的」。因此，建立起這種關係，也就意味著可以付諸語言的觀念不可能是純粹性反映。

在這裡，為了證明可以付諸語言的事實並非純粹反映，必定需要假想出引發這一觀念的純粹反映，接下來，透過否定來消除這一假想。基於同一律和矛盾律，作為構造性概念的可以付諸語言的觀念和不可以付諸語言的反映得以聯繫起來，並且相互依賴。這是以存在同一性為基礎的否定性演繹。我們必須依照在第六格中的理解來理解被否認事實的假設當下可以看到。

否定比量的第九格，完全基於因果關係。它對因進行了否定，舉例來說：

大前提：所有不存在火的地方，都不存在煙。

小前提：這裡不存在火。

結論：所以這裡不存在煙。

當無法直接認知某個因的結果時，就使用這一格，當可以假想其存在於可感知到的某個地方時，就可以使用簡單否定。

當根據差異法對肯定性三支論式進行表述時，也可以使用同一個大前提。這樣一來，它所體現出來的形式也就是印度的歸納演繹三段論的標準形式，其中的歸納以差異法為基礎，而且這一三段論式相當於混合假言三段論的否定後件式，實際上，我們可以由此而得出：

大前提：所有不存在火的地方，都不存在煙。

小前提：這裡不存在煙。

結論：所以這裡不存在火。

否定比量的第十格同樣以因果性和矛盾性這一雙重聯繫的否定為基礎。它斷定了與被否定的事實的原因的不相容性。舉例來說：

大前提：一切存在著具有效能的火的地方，不會冷得讓人發抖，

小前提：這裡存在著具有效能的火，

結論：所以這裡不會讓人發抖。

這一格用於無法直接感知到寒冷的存在，甚至是寒冷的徵象，也就是讓人發抖時，因而將其假想出來，並指出火是存在的，以此消除這一假想。讓人發抖和寒冷基於因果關係而聯繫起來，寒冷和不寒冷或火基於矛盾律而聯繫起來。

最後，否定比量的第十一格因為更進一步的因果聯繫而更加複雜化。它肯定了不容於被否定事實的原因的某個事物所引發的結果，舉例來說：

大前提：那存在著煙的地方，絕對不會讓人發抖，

小前提：這裡存在著煙，

結論：所以這裡不會讓人發抖。

當能夠直接感知到發抖時，可以使用簡單否定比量。當能夠直接感知到發抖的原因時，可以使用第九格；如果當下可以感知到火，那麼就可以使用第十格，也就是斷定與因的不可共存性。然而如果發抖、發抖的原因以及火都無法被直接感知到，那麼我們就假設推演出的事實是存在的，然後透過否定比量對其進行否定，這裡也就是對不容於原因的某種事實所引發的結果加以肯定。因此，從本質上來講，這一格也就是某種消除了的假想。所以，實際上，其他十個格都包含於第一格中，除此以外不存在任何別的格式。舉例來說，那對不相容的被包含項加以斷定

的格並非合法的格，它只能引出特稱判斷，而印度邏輯恰恰認為特稱判斷是不合法的推理。

否定所具有的意義

在前面的內容中，我們已經詳細分析了否定比量，對單純否定以及其他各種否定比量進行考察。我們看到，無論哪種情況，它們的基礎都是同一個原則，它是某種被消除了的假想，而並非直接認知實在的方式。這樣一來，它也就得以對我們的行動進行指導，具有了某種間接的「意義」以及效能，即使它似乎完全是沒有必要的。為什麼從本質上來講它是關於實在的認知，為什麼它有半個部分竟然關係到被消除了的假想呢？既然實在和對實在的認識之間具有因果聯繫，也就是說，肯定性的知識是由實在而產生的，那麼顯然我們就可以說否定性的知識是由非現有的實在而產生的。這一觀點被很多印度哲學家和西方哲學家所承認，然而，實際上，它是錯誤的。實在不可以被劃分為存在和非存在，因為它必定是存在的。因此，我們還要面對這個問題：我們的認識本來應該致力於直接認知實在，那麼為什麼它有半個部分要致力於對那些假設進行否定呢？答案是這樣的：每一種感性認識都基於對同一個物件的非感知，也就是說，每一個感性認識之前都必定存在著對同一個物件本身假想的可見性的當下不存在，這並非只是非感知，也並非對某個絕對不存在的事物的非感知。如果非感知無法隔斷某一感性認識，那麼這種感性認識也就不可能是感性認識。作為現量的感性活動必定會被同一個物件的非感知隔斷，因此，非感知必定不屬於現量活動。否定僅僅是非感知。而非感知總能與某種可能的感知聯繫起來，它使我們的知識總是處於感性經驗的範疇內。

對此，法上說：「既然每一種否定比量都涉及可以被感知到的物件，也就是那些sensibilia。因此，從本質上來講，一切否定比量都簡單否定了假想的可見性。」而其他各個否定比量式要麼以矛盾律為基礎，要麼以因果律為基礎，只是這兩種規律都有可能被經驗到。如果一個事物和一個概念的內涵和外延是彼此矛盾的，如果一個事物和另一個事物的因或果是彼此矛盾的，我們就可以對其進行否定判斷。法上說：「只要認識到了與某一事實的包含關係或因果關係的矛盾，就必定意味著存在著對其感性認識以及在此之後的非感知。因此，那些被交替地感知到和沒有感知到的物件也就必定是可以被感知到的。所以，在一切以矛盾律（例如第四格，它斷定了不可共存的事實）或因果律（例如第九格，它否定了因）為基礎的格中，我們都必須這樣來理解：對彼此矛盾的兩個事實的否定，以及對因或果的否定，僅僅關係到可以被感知到的經驗！」

只存在於經驗範圍之內的矛盾性和因果性

在前面的內容中，我們已經證明了一切否定都基於可感事實而成為可能，而且，這些否定都以同一律和因果律這兩大基本規律為基礎，因此，我們可以得到這樣的結論：同一律和因果律的適用範圍也就是我們的經驗的範圍。在經驗的範圍之外，既沒有否定，也沒有矛盾，甚至沒有非存在，只有純粹的存在本身，因此也就沒有矛盾性和因果性。對此，法稱說：「同一律和因果律不可能作用於非經驗的物件。」法上對此解釋道：「形而上的物件不同於被交替地感知到和沒有感知到的物件。它不會與任何東西有矛盾關係或是因果關係。因此也就沒有任何東西和它們完全相反，或是和它們有因果關係。因此，要想斷定矛盾事實或因果事實，就必須對其進行多次的肯定和否定觀察。」因為證明了其他矛盾性或因果性是不可能有的，所以，只有當可以感知到和非感知到事實時，才能對它們之間的不相容性進行否定。實際上，矛盾性意味著必須認識到一個事實的存在依賴於另一個事實的當下不存在，因果性意味著必須認識到不存在果也就不存在因，包含關係意味著必須認識到不存在包含項也就不存在被包含項。確實，我們必須牢記：否定是概念的內涵以及外延的基礎。當我們知道如果某個確定空間不存在樹，那麼也就不存在阿輸迦樹時，也就是將阿輸迦和樹的相對外延確定下來。有關某個事物的當下不存在的知識必定產生於對假想的當下存在的消除。因此，倘若我們記住了某些有關因果性、矛盾性以及各種外延關係的例子，我們的記憶中也就必定存在著某種否定性經驗。我們有關非存在的觀念基於對可感知物件的否定，這一否定對我們關於因果律、矛盾律以及下屬關係的認識作出了規定。「倘若我們的記憶中不存在某種否定性經驗，那麼我們也就無法記得矛盾性關係以及其他關係，如此一來，也就無法由某種不相容事實的存在推出與之相對的某種事實的非存在，或者無法由某個因的不存在推出果的不存在。既然我們在起初瞭解不相容事實或因果性事實時就有了否定性經驗，而且我們的記憶中必定存在著這一經驗，那麼對某種否定的認識顯然必定是以當下的或以前的對假想的當下可見性的消除。」

有關超感覺物件的否定

佛教判斷論的結果也就是其否定理論，我們知道，現量判斷或命名的判斷是判斷的基本形式，例如「這是瓶」等。一切相應於客觀實在的概念活動中都包含著這種判斷，因此，概念和判斷是彼此替代的。所以，否定也就是否定了所欲求的感性判斷，由於這一點，一切否定都是針對可以感知到的物件，以及可以假想為當下存在的物件。舉例來說，否定不存在的鬼魂，只是否定了它當下存在的形式，或者說是否定了它的可見形式。然而勝論和數論都提及了超感物件，這些物件從本質來講都是不可見的，絕對不會在感官中呈現出來，也是感官無法取量的。對超感物件的否定或非感知是對「不可現量物件的非感知」，對假想的可以感知到的物件的非感知是正確知識的來源，因為它能夠引導我們的行為達到成功，然而對那些無法假想其會在感官中呈現出來的物件的否定或非感知則並非知識來源，因為它無法引導我們的行為達到成功，對此，法稱問：「這樣的否定具有什麼樣的實質和作用？」他自己給出答案：它的實質就是消除了直接認識方式和間接認識方式，它的作用和或然性判斷相同，也就是說，它是一種非判斷。如果物件是形而上的，那麼就不存在對其的直接認識或間接認識，而只存在疑問。非物件也就是形而上的物件，非概念也就是形而上的概念，非判斷也就是形而上的判斷。在或然性判讀中，詞項本身就是彼此矛盾的。問題也就是疑問。而判斷則是一種回答或斷定。

法上說：「有一種物件是在時空方面以及本質方面無法被認識的。」他所說的物件也就是形而上的物件，它是超時空的、超感的。「從根源來講，或然推理也就是否定了這種物件，那麼，這種推理具有怎樣的實質呢？它的實質也就是消除了直接知識和間接知識。或者說，它本來就並非知識，因為知識從本質上來講就是斷定了認識和認識物件之間的聯繫。」

知識認識活動和認識物件，或者說是邏輯和實在，因此，有人提出了這樣的問題：「倘若認識物件透過認識活動而被證明是存在的，那麼人們自然會認為：如果沒有認識活動，那麼也就證明認識物件也是沒有的？」

法稱回答道：「倘若沒有任何認識方法，自然也就無法證明物件是不存在的。」他的意思是，當無法透過肯定方式來認知某個物件時，也就無法透過否定方式認知這一物件，否定或肯定不能針對形而上的物件，這一問題必定是無法解決的。

法上這樣解釋道：「如果原因不存在，那麼結果也就不存在；如果沒有包含項，那麼也就沒有被包含項。」相依關係只有同一性和因果性這兩種。倘若認識和實在之間具有了某種關係，那麼這種關係是怎樣的呢？是因果關係，還是同一關係？倘若認識成為了實在性的原因，或者它本身包含著實在性，那麼，這一認識的不存在，也就證明了與之相應的實在的不存在。然而知識並非這兩者。所以它的不存在無法證明任何東西。確實，實在和認識之間的關係是由前者產生後者的因果關係。原因的異質並非意味著因果性是不可能的。根據相依緣起的原則，異質並不會對因果之間的相互依賴造成妨礙。既然每一實在都是由其原因產生的結果，那麼我們經由結果而推知其原因也就必定是合理的。存在著正確的知識來源，也就意味著存在著與之相應的物件。不存在有關某個物件的知識並不意味著不存在這一物件。法上曾說：「存在著正確的知識也就意味著存在著與之相應的實在物件，然而不存在知識並不能同樣地意味著不存在物件。」

確實，根據法稱的否定比量的第二格，不存在結果也就意味著不存在原因。舉例來說，當否定了煙的存在而否定了火的存在時，果的否定格式是有可能的。法上說：「實際上，既然原因並非必定產生結果，那麼當不存在果時，就只能推知不存在其效能未被阻礙的因。」但是，這些因究竟是什麼呢？「是其效能完全未被阻礙的因，是一系列緊密相連的剎那中的最後一個剎那產生的原因，因為，在果產生之前，每一個剎那都有可能會受到阻礙。」如果堅稱否定這一心理現象無論何時都必定存在著與之相應的外部世界中的原因，那麼只有在這一層意義上，它才是正確的：當這種否定同樣是對某個事物的肯定認識，也就是對某一不確定實在剎那的認識。

這種觀點針對佛教的核心，佛陀因此而受到了威脅。他的存在必定是形而上的，而根據已然規定下的原則，他無法被肯定或是否定。倘若他同一於終極的存在，那麼自然無法對其進行否定，因為存在絕對不可能是非存在。而無論透過肯定方式還是否定方式，都無法由這一存在獲得任何認識。

這一理論在印度的發展史

佛教的否定論及其論據的獨創性為印度邏輯帶來了很大的影響，各個哲學派系都不得不反省他們有關否定理論的觀點，在保持基本原則的前提下，儘量承認這種新理論。他們或是承認了佛教的所有觀點，或是承認了一部分，或是完全不承認。佛教堅稱：

1. 實在不可以被分割成存在和非存在兩部分，它僅僅是存在。

2. 雖然如此，由於那種特殊的非存在能夠指導我們的行為達到成功，所以它依然具有客觀實在性。

3. 否定並不能直接認識實在，它只是間接的認識方法，因此應該將其納入比量的範疇中。

4. 在這種比量中，「非現量認識」是邏輯理由，也就是說，它是消除了假想的感性認識。

在以上四點中，雖然正理派僅僅認為第四點是正確的，然而他們對其的解釋使它失去了全部價值。伐差耶那說，對非存在的認識依據假言判斷的方式。當物件存在時，它就能夠被認識，當物件不存在時，它就無法被認識，因為存在的物件本來就應該是能夠被認識的。然而這並不會對他的以下觀點造成妨礙：實在可以分為存在和非存在兩部分，而且這兩部分都是透過現量來認知的。而物件的缺無被認為是某種特殊的經由感官的直接感覺，而非存在被認為是附屬於存在的某種屬性。當下不存在的瓶和不存在瓶的空間之間的關係是「限定和被限定」的關係，這種關係並非關聯性（conjunction）或內在性，而僅僅是「簡單關係」。因此它依然是某種透過感官得以認識的客觀真實的東西。所以，感官和當下不存在的物件之間有著某種相互作用，這種作用是實在的，當下不存在也就成為了實在。

從很大程度上來講，勝論不再和正理派站在同一個戰線了。他們承認非存在並非一種存在，因此，存在並不包含非存在。所以，非存在並非透過感官來認識的，而是透過比量來認識的。舉例來說，要想推理出原因的不存在，其充足的理由也就是無法產生結果。他們同意這種比量消除了某種可能的現量。然而他們依然堅稱不存在的物件和這一物件所不存在的空間之間有著「限定和被限定」的關係，而且這種關係是實在的。他們認為，對非存在事物的現量是依賴性的知識，而並非獨立的知識。基於這一點，勝論儘量遵從正理派的觀點，到了它們二者合二為一的時候，正理派的所有觀點都被採納了。

彌曼差派針對否定問題以及其他很多問題而分裂成兩個派別。普拉巴卡拉被稱為「佛教徒的朋友」，他全盤接受了佛教的否定論，承認非存在作為實在並非獨立的，否定作為知識來源也並非獨立的。不存在的物件出於想像，而空無的空間卻是外部的實在。空無空間透過感官現量，不存在的物件則被否定於消除了對其假想存在的否定性判斷中。然而彌曼差派的另一個分支，也就是枯馬立拉—巴塔派依舊堅持夏巴拉主的觀點，夏巴拉主認為：「物件的非存在以認識方法的非存在為依據。」枯馬立拉一巴塔派認為，非存在並非如佛教所說的那樣只是出於想像，非存在應該是外部實在，而且可以分為主觀的非存在和客觀的非存在兩種實在。在這一點上，他們忠實於夏巴拉主的教誨。客觀的非存在也就是真實的非存在。它要麼是產生之前的非存在，要麼是消滅之後的非存在，要麼是相對於另一個物件的非存在，要麼是絕對的非存在。以上四種非存在是客觀的非存在；而一切認識方法的非存在或不具有效能則是主觀的非存在。如果現量、比量以及其他一切認識方法都不起作用，那麼非存在的認識方法本身就可以作為一種知識來源。因此，實在的認識方法揭示的是實在的物件。非存在包含了物件的非存在和與之相應的知識來源的非存在。他們不同意勝論的觀點，認為無法透過比量來推知非存在。他們認為，非存在從本質上來講就是一種特殊的知識來源，它和比量的地位是平等的，而並非包含於比量。

這樣一來，我們便發現了一種邏輯理論同時兼具的正面影響和反面影響。某些人放棄了自己的觀點，而追隨某種新的理論；而另一些人則堅持自己的觀點，駁斥新的理論，而且將自己的觀點發展得更遠。

經院的吠檀多派同意否定是一種特殊的認識方法，並列於現量、比量以及其他的知識來源。他們借用了佛教的否定理論，堅稱否定是正確的知識來源並且具有斷定性，這種斷定是必然的，出發點是相同的。從這個角度來講，否定也就是肯定，它肯定了終極實在。實際上，吠檀多派認為，所有正確的知識來源都是對那唯一的實在的認識。現量和否定認識的都是「這是瓶」中「這」的純粹實在的部分，或者「這裡是空無空間」中的「這」。這些判斷中的「這」都是先驗性的「此性」（thisness）。佛教邏輯中的物自體等同於吠檀多派的終極實在。

歐洲的此類理論

施瓦特提出的理論

否定問題在印度是由法稱來解決的（陳那也解決了一部分），而在歐洲，則是由施瓦特來解決的。因此，法稱和施瓦特在他們各自的領域中所佔據的地位是相似的，即使他們生活的年代相距甚遠，而且來自不同國度。要想對印度的否定觀點的歷史進行研究，就必須對法稱之前的理論、法稱對其的改造以及各個哲學派系對這一問題的不同觀點進行考察；同樣，對歐洲否定觀點的歷史研究，也要考察施瓦特之前的理論、施瓦特對其改造以及現代人對他觀點的反響。

亞里斯多德認為，肯定和否定具有相同的地位，因為它們各自都是獨立的，都是基本的認識方式，而且是彼此並列的。然而他並未涉及否定和非存在，所以他完全不需要假設非存在是存在的。然而，顯而易見的是，肯定是根本的，否定則並不是根本的，亞里斯多德不可能忽略這一點。他說：「肯定在否定之前，就像存在在非存在之前。」可是，他雖然提到了這一點，但依舊認為肯定和否定具有相同的地位。在歐洲哲學史上，直至施瓦特之前，都一直保留著亞里斯多德的這種立場。即使康德也遵從於這一點，雖然他曾經說過一句很具有啟發性的話，在這句話中，他透露出自己對否定論的預見。然而，他並沒有重視和發展它。在亞里斯多德看來，肯定和否定是存在和非存在在邏輯上的對應，而在康德看來，肯定判斷和否定判斷是從實在範疇和否定範疇中演繹出來的方法。它們僅代表著現象世界的兩個平等的方面。

施瓦特首先說到了亞里斯多德及其贊同者認為判斷具有肯定和否定兩種特點，並且在定義中也作了這種劃分。他說：「從這種劃分如此之詳盡就可以看出他們的做法是沒錯的，而且，只有當一個主詞的謂詞被肯定或是否定的時候，一般的判斷才有可能成立；然而他們的錯誤就在於不應該將肯定和否定視為根本獨立的平等的認識方式。」否定所反對的必定是某個意欲的綜合，而且它事先假設了要麼產生於因要麼來自外部的設想，以此將主詞和謂詞連結起來。因此「只有當一個被消除於否定判斷中的意圖先於一個否定時，這個否定才能具有完整意義。」肯定判斷之前無需某種否定，但每個否定都以肯定判斷為必要條件，所以，每一個否定都應該有意欲的肯定在其前作為先導。

確實是這樣，「只有當以意欲的肯定判斷為先導時，否定才能具有意義。尤其是當我們意識到包含於主詞的肯定性謂詞的數量是受限的，而否定性謂詞的數量卻是無數個時」，我們就可以清楚地看到這一點。然而，事實上，被否定的僅僅是那些原本就自然而然地被預期存在的事物。「爐灶裡沒有火」或「天沒有打雷」這樣的判斷針對的是不存在的事物。而只有在想像中，針對不存在的事物的判斷才有可能成立。否定判斷涉及某種被假設為當下存在的不存在的事物。所以，被否定的自然是那些預期的容易被想像的事物。然而如果無法預期被否定事物的當下存在，那麼否定就是錯誤的了。倘若說「爐灶裡沒有大象」而並非說「爐灶裡沒有火」，那麼這樣的判斷就太奇怪了。雖然它們涉及的都是不存在的事物，但「大象」是無法被預期為當下存在的。

倘若將施瓦特的論述和法稱的論述進行比較，就可以發現兩者之間有著驚人的相似之處。佛教哲學家從一開始就把認識分成了直接認識和間接認識兩部分，否定關係到間接認識，因此也被稱為比量。即使是像「這裡沒有瓶」這樣最簡單的否定判斷形式，也被視為具有推理性質的非現量，而不是現量認識。這樣的判斷形式具有以下意義：「既然並沒有改變一切正常的可見性條件，那麼，倘若這裡有瓶，它就必定會被感知到，然而實際上它並沒有被感知到，因此得出以下結論：這裡當下不存在瓶。」這樣一來，非感知的簡單判斷就可以被歸結為充分混合假言比量式。法上問：「怎樣才能在一個特定的空間認識一個不存在的物件呢？」他自己回答道：「透過想像。」透過以下形式的假言判斷方式進行想像：「倘若這裡存在著瓶，那麼它必定能夠被當下看到；然而既然當下沒有看到它，也就可以認為它是不存在的。」瓶透過一個中項得以推知它當下不存在，這個中項也就是當下不可見之事實。一切否定判斷都是推理，包括最簡單的否定判斷，也就是有關當下不可見知識的判斷，也是如此。法稱將其稱為比量。而施瓦特將其稱為否定性判斷。這樣的差異就其本身而言並沒有任何特殊意義，因為這種比量就是間接知識。否定就是間接知識，它能夠對假設的肯定進行反駁。

在印度，法稱最先發現了否定的意義，並且將其明確表述出來，而在歐洲，完成這一點的則是施瓦特。他們在解決這一重大邏輯問題時所使用的方法是相當一致的，這在比較哲學史上是非常重要的事實。

法稱和施瓦特似乎是透過同樣的方法獲得了同樣的發現。施瓦特認為，否定判斷雖然被定義為「主詞和謂詞的分離，對立於肯定判斷中的主詞和謂詞的綜合」，但它是沒有獨立地位的。

他說：「絕對不可以將判斷中的謂詞當作某種實在、某種單獨的實在體，或是真正分離於主詞的某種東西。」「我們的判斷所針對的那種實在中並不包含著這種分離性。」「事物及其屬性是相同且相依的，它們兩者組成了統一體，這個統一體是不可分割的。」「倘若我們僅僅滿足於最簡單的判斷，也就是感覺知識的判斷，那麼感覺和表象之間就只有內在的一致關係，這樣一來，我們也就無法堅稱一個判斷中的各個成分之間的結合對應於與之相應的各個客觀成分之間的結合。」這是很具代表性的印度觀點，根據這一觀點，將感覺和表象結合起來的現量知識才是真正的判斷，這一判斷還可以歸結為永恆實體的主詞和並非實體的謂詞之間的綜合。

倘若這種謂詞必定是由主觀構造出來的，那麼不管它是肯定性的還是否定性的，這兩者之間的差別都要被歸結為相同實體的直接特徵和間接特徵之間的差別。當亞里斯多德宣稱真正的實在是所有謂詞的主體，並且不為非存在設定範圍時，他恰恰是在暗指這一點。

否定系詞和否定性謂詞

法稱和施瓦特在一般否定觀點上的一致引出了他們之間的另一種一致，即他們對否定綴詞的固有位置的解釋是一致的。既然一個判斷可以分為主詞、謂詞、系詞三個部分，那麼就有了這樣的問題：否定究竟針對的是系詞，還是謂詞？顯而易見，否定不可能針對主詞。在判斷的認識論形式中，主詞必定是真實的、存在的。而謂詞則有可能是存在的，也有可能是不存在的。在「這是那」的形式中，可以對系詞進行否定，由此得到「這不是那」的形式；或者謂詞是不存在的，那麼就得到了「這是非那」的形式。在施瓦特看來，否定必定針對系詞。被否定的是系詞，而非謂詞。在他看來，只有被否定了的系詞，而沒有否定性（denying）系詞，因為後者會造成「詞項本性的衝突」（contradictio in adjecto）。根據這一觀點，當一個判斷中包含著否定性謂詞時，這個判斷就是肯定的，因為系詞並沒有被否定，亞里斯多德也是這樣認為的，在他看來，儘管非人（non-homo）、無義（non-justus）等謂詞是不確定的，但它們實際上是肯定的，而「不是正義」（non est justus）這一判斷則是否定的；「是非正義」（est non-justus）這一判斷則是肯定的。康德的看法大致相同：他將這些否定性謂詞稱為「限定性的」（limiting），將與之相應的否定性判斷稱為

「不確定的」。馮特（Wundt）對施瓦特的觀點進行了駁斥，他認為，包含著否定性謂詞的判斷是否定判斷中主要的一種；而包含著否定性系詞的判斷，則並不重要。艾德蒙（Erdmann）說，如果一個判斷中包含著否定性謂詞，那麼這種判斷依然是否定判斷。布拉德雷（Bradley）也是這樣認為。

那麼，對於施瓦特的觀點，以及由其引發的爭論，佛教是怎樣看待的呢？

法稱認為，否定反對的是某種意欲斷定的存在，這樣一來，它所反對的也就是系詞——倘若系詞指的是存在或當下存在，那麼包含著否定謂詞的判斷就「依然」是肯定判斷；倘若判斷中包含著否定性系詞，那麼這一判斷也將是否定判斷，例如亞里斯多德所舉的「正義不是非人的」這個例子，以及印度人所舉的「所有事物都不是永恆的」這個例子，然而「正義是非人的」這一判斷則是肯定判斷，「所有事物是無常的」這一判斷也是肯定判斷。在這一點上，法稱和施瓦特的觀點相同。

但在另一點上，他們的觀點卻是不一致的。印度邏輯以現量判斷為基礎。因此，否定判斷是以某個非現量的判斷為基礎，也就是對某個預期存在於特定空間的物件的非感知判斷。法稱和法上將一切可能的否定判斷的例子都作了比較，並且認定它們都是對假想可見性的非感知。將某一存在消除的理由首先是感知到被否定的物件預期存在的空無空間。這種否定是簡單直接的。但還有一種演繹的、間接的否定。我們可以根據比量來確定某個物件不存在於現量無法感知的空間。而在以下兩個方面，這是有可能的：要麼是我們無法感知到本來應該存在於某個特定空間的某個物件——倘若被否定的物件也在這個空間的話，要麼是我們透過現量感知到當下存在著不容於物件的事物。然而，不管是以上兩種情況中的哪一種，不管是缺乏性還是反對性（opposition），否定都可以被認為是對假想可見性的非感知。這樣一來，否定必定會依據直接感知、矛盾律、同一律或是因果律而對系詞構成影響。我們在前面的內容中已經討論過了肯定的同一律、因果律以及否定的矛盾律彼此作用所產生的所有否定比量的格式，在這裡就無需贅述了。

然而，雖然在否定判斷中，否定確實會對系詞構成影響，但我們必須牢記那將這種聯繫體現出來的存在動詞所具有的兩種作用——表示存在，以及作為稱述中的連接詞。與之相應的是，否定性系詞或者被否定了的系詞同樣具有兩種作用——表示非存在，以及對聯繫進行否定，也就是體現分離性。確實，依據施瓦特的說法，分離性系詞會造成「詞項本性的衝突」，然而這種系詞只是名義上的系詞，從非一致的層面上來講，它代表著分離。而既然只有在兩個概念之間才能有這種分離，那麼這種判斷就必然涉及兩個概念，或者是一個推理判斷、大前提，而非感覺判斷。然而，既然它能夠代替感覺判斷，因而此後它依舊包含於比量的小前提中，舉例來說：

大前提：那沒有樹的地方，必定沒有辛沙巴樹。

小前提：這裡沒有樹。

結論：所以這裡沒有辛沙巴樹。

這個結論必須和以下前提條件聯繫起來才能得出：倘若這些樹是當下存在的，而且我們在看到它們時不會受到任何妨礙，那麼我們必然能夠看到它們。因此，一切否定都必定是對某個假想可見的物件的非感知。可以肯定的是，存在著一些既可見又不可見的抽象概念，因為，佛教認為，每個概念都必定也是現量判斷；它必定關係到實在，否則它就不屬於知識。

從以上解釋來看，可以認為否定判斷根本不包含系詞，因為這些非感知判斷所包含的存在動詞並不具有系詞的作用或連接詞的作用，也不具有否定性系詞的作用或分離的作用。在這裡，它體現的是存在。因此，系詞的否定形式也就表明了位於某個特定空間的某個特定物件的非存在，而非兩個屬性之間的分離或對某個否定屬性的命名。否定性指的僅僅是某種差異，而一切性質實際上都是差異的。從這個角度來講，一切屬性也就都是否定性的。我們將在後面的內容中討論佛教有關否定謂詞的理論。它和所有重要問題一樣，都是密切關係到否定問題的。我們必須聯繫矛盾律對其進行討論，並且將歐洲形式和印度形式進行比較。

判斷和再判斷

施瓦特的理論被包括法國的柏格森，英國的鮑桑葵、布拉德雷在內的很多哲學家全盤接受。但是它在馮特那裡卻遭到了反駁，而艾德蒙等哲學家雖然承認它，但卻在很大程度上有所保留。在這裡，需要說一下文德爾班（Windelband）的觀點，因為他的觀點和印度邏輯中的某些觀點類似，這恰恰能夠說明問題。依據這一理論，每個判斷都是由判斷和再判斷組成的，是雙重的。再判斷是對判斷的判斷。肯定和否定都有著相同的基礎，是平等的。然而它們都並非判斷，而是再判斷。起初，判斷並不包含決定，它既不是肯定也不是否定。間接及主觀特性原本被施瓦特認為是否定判斷的鮮明特徵，而文德爾班則透過以上方式將其納入了肯定判斷中，這樣一來，它們二者再次作為間接的以及第二步的而獲得了平等的地位。洛采將這第二步稱為第二位的「副思想」（Nebengedanke），它決定了前一個步驟是否有效；艾德蒙延續了「再判斷」這一名稱，而布倫塔諾（Brentano）和柏格曼（Bergman）則將第一步稱為表象，將第二步稱為判斷。他們認為，如果第一步並不包含斷定或否定，那麼它就並非判斷，只有被文德爾班稱為再判斷的第二步才包含著真正的判斷。在他們看來，只有第二步才是真正的判斷。後一種觀點符合法稱的觀點，它同樣意味著否定性判斷是一種消除了假想的肯定的間接認識。

在前面的內容中，我們已經提到了法稱所說的認識中的兩個相異的步驟。這兩個步驟分別對應於人類頭腦的機能。「沒有人信任簡單的感覺；它是透過簡單反映的方式而非判斷的方式來認識事物的。僅僅由於它能夠引出某種相隨的判斷或決定，所以才認為它是真正的知識來源。」實際上，在認識活動中，相隨的判斷是第二步，而第一步中並沒有判斷。然而這種劃分和將判斷劃分為肯定和否定兩部分完全沒有關係，對於一個簡單反映或者一個表象來說，所有判斷都是第二步；然而對於它消除了的某個意欲斷定來說，所有否定判斷都是下一步。顯然，如果我們將文德爾班的理論應用於限量判斷，就會發現它存在著缺陷。實際上，根據這一理論，「這是瓶」這一判斷中並不包含著肯定或否定。而只有再判斷才能讓我們認識到「這裡有瓶是真實的」或「這裡有瓶是虛假的」，這顯然會造成無限遞迴，但它也是法稱和施瓦特的觀點的有力證據。文德爾班承認，這樣一來，問題又回到了判斷的真正定義上，而倘若依據舒佩以及其他人的觀點來看，再判斷已經包含於判斷中了，因為依據這種和印度人的觀點相同的觀點，概念和判斷是完全相同的。「每個概念的斷定中所包含的存在不僅僅是一個正確的判斷形式，同時也是每個一般判斷的最純粹、簡單的基本類型。」印度人這樣說。「有了這樣的前提，以往對概念和判斷的劃分好像和邏輯往往要達到的目的沒有關係了，也就是說，邏輯的目的就是要將思想形式以及規範系統建立起來。這種劃分是語法層面的，而不是邏輯層面的……每個判斷都僅僅被認為是有關那經由它而被考慮的複雜表象的存在判斷。」然而印度人認為，真正的判斷並非存在性的，而是感知的。存在也就是肯定，在每一個判斷中，它並非謂詞，而是主詞。倘若在包含於「這是瓶」這一簡單形式中的同一、綜合、決定以及物件化當中找到了實在的判斷，我們也就能夠掌握印度的理論了。

在另一個重要問題上，文德爾班的觀點也和印度的判斷論極其相似。它牽涉到比量判斷及其所表述的關係範疇。「『玫瑰是花』這一判斷中所包含的存在和『閃電引起雷』這一判斷中所包含的存在是完全相異的。」倘若我們用法稱所舉的「辛沙巴是樹」和「火產生煙」這兩個例子來代替以上兩個例子，我們就能夠發現文德爾班的觀點和根據同一性和因果性對關係進行劃分的觀點相近似。既然「辛沙巴是樹」這一命題中包含著兩個概念，那麼這個命題也就必然包含了兩個現量判斷：其一為「這是辛沙巴」，其二為「這是樹」。而施瓦特在康德所舉的「有學問的人並不是沒有學問的」這一例子中同樣劃分了兩種現量判斷，其一為「X是有學問的人」，其二為「X是沒有學問的」。

第二章：矛盾律

邏輯矛盾的起源

我們知道佛教邏輯本身的每一判斷或概念，都來自一種心理行為，它經歷了一個多種成分組成的不確定的直觀活動，並在其中的某一個點上固著下來，整個的多樣分裂成不均衡的兩個部分：一、數目有限的相同的東西；二、無限多的或者相當多的相異的東西。在相同和相異間的是互為「別他」的東西。這裡面任何的一個都代表了另一個的非存在的方式。在這二者之間再無中間帶。所以我們的每一種察覺的思想或者認識都代表了某個二分（dichotomy）行動。我們意識裡主動的部分和認識的能動性也在這時開始二分行動。一旦我們的理性睜開眼睛，我們的思想也就充滿了矛盾。一旦我們的心識相續停止並固定在某一外在的點上，就會從我們的內部產生例如「這是藍色」的判斷，與此同時我們的論域就分裂成不等的兩半，受限制的藍色部分已經受限制較少的非藍色部分。關於這是藍色的確定思想只是我們確定剔除了非藍色的那一部分。我們的思維被固定在這本身不是藍色然而要沿著它才會發現藍色和非藍色的分界點上。同樣的一個道理，在我們去認知物件「火」的時候，我們的思維也就在「這裡有火」和「這裡沒有火」的這兩者上，這二者間也沒有仲介物。才雙重否定等於肯定這一規則我們能清楚的砍刀分裂的這兩個部分僅是相對應的關係。非非火即火，因為火不是不是火。當我們在同一可以確定的情況下，兩者都保持均衡的時候，不管哪一個被看作是肯定或者否定的表述，這都變得無關緊要了，比如，熱和冷、明和暗、正常和非正常，非非常和常等等情況。可在絕大多數情況之下，我們更傾向於兩個對立部分裡相同的部分，用肯定方式表述出來的部分，與它們相對立的那部分則是用否定方式表達出來的。因此，積極思想和創造性的思想就意味著我們要運用二分方法去思考，因為「構造」（kalpana，分別）和「二分」（vikalpa）這二者應用到我們的思想活動的時候就是同義詞。除我們意識中的那完全消極的部分外，還有純然的現量部分，它們包括了我們全部的意識行為。所有的概念、意象、觀念（representation）、表象（presentation）、判斷與推理，這些統統都是二分的，都是我們的思想構造之物或者生起性的想像的東西，也都和純現量活動相對。

矛盾律只不過向我們表達了一切認識只不過是二分和相對的這一事實罷了。也就是說，只有把一個事物和不是它本身的所有東西對立起來，我們才有可能積極的認識或者去確定這個事物。

在這一對立的東西裡，否定的部分是由對其肯定的部分的否定，或者不存在其中的部分組成的；而那些被否定倒過來又組成或者只是「別他」的某些東西，或者和它對立的事物因為不存在這個一般概念，別他性（otherness）及其矛盾性都從屬於它。法上說：「只要相同東西的不存在沒有被意識到，那麼相異的東西和相互矛盾的就不會被思考。因此，別他性和對立性被看作是對相同的東西的否定，這是因為正是別他和對立的意義在此。否定被我們看作是相同的東西直觀的不在。別他和對立被看作是相同東西的間接不在。」

對火這個例子而言，相異的種類包括：一、火不是單純存在的；二、除了火這一東西，還有其他的東西存在；三、和火這個東西相違背還對立的，以及和火積極對立的東西都是存在的。相異的東西和相互違背的東西都預先設定了單純的非存在的觀念。

邏輯裡的不相容性（incompatibility，相違性）或者對立性（opposition）是雙重性質的，它或是不可能沒有衝突，且還並存的兩個事物之間的，有效和積極的矛盾；或是兩個事物之間的單純邏輯對立，它們中的一個是另一個的「完全之否定」，就像藍色和不是藍色的那樣。它是矛盾關係的，是邏輯的對立，也是背反相（Antiphasis）。

邏輯裡的矛盾

世間萬物，不管它是實在的還是純想像的，都服從於「別他律」（the law of otherness），所有事物都由於它與世間其他事物相異相區別。這一規律也叫作同一律，因為它決定了這一東西是這一東西，決定了這一東西和這一東西本身是同一性的。但是佛教並不認為世間萬物中有完全一致的真實事物。在佛教看來，一事物所處不同時間不同處所的時候，它就不再是同一事物了，因為時空的每次變化都在是該事物變成他物。寂護因此說：「倘若藍色是遍於一切的（倘若它是隨處可見和自身同一的實在的東西），那麼它也就喪失了可分派給它以辨認的界限了，因為相同性已是隨處可見，『一切』就都成為了『整體』，宇宙就成了唯一無二的。」所以宇宙裡的每一個事物都是單獨的。每一個事物都是嚴格意義上的自我真實之物，每一個終極實在就是事物自身。事物的同一性是不可辨認者的同一，事物間的相同與相似是針對我們不能區分它們來說的。因為它的存在，兩個事物「被禁止成為一個事物」的規律就是矛盾律。佛教裡的終極實在即點實在；因為真實而又終極的因果性是點的效能，同樣的道理，那麼終極差異就是物自體的差異了。

不過早期佛教的這一個理想的矛盾律並不適合我們的實際生活要求，也無助於我們形成認識概念和指導我們預期的行動。因此法上說：「所有的一對物件都不可能避免包含其中雙方的相互否定。可那個我們能想像它在其他的某個物體裡面不存在的是哪類東西呢？清晰可變的某一實物，並不是不受到限制的某一實物，這就像作為終極實在的點剎那那樣的事實。既然所有一切存在的物件，都是由它們相關的終極純實在（reality）所組成的，那麼這一事實就沒有確實可辨的界限。僅是去和點剎那作比較，那就什麼都不可認識了。」佛教在這裡避開了它的否定論造成的無限制概念已經無窮判斷的不確定性。法上因此問道：「那為什麼這個不是存在是無限制的呢？」按照它具有明確的被排斥物件的形式來說，它並不是沒有限制。它是某一設想的具體的關於非存在的情況，因此當我們在某一個否定判斷裡確實認識它某一特定處不存在某一特定物的時候，我們認知它並沒有處於一種無限制的非有形式裡——它是被確認的，無論這一形式是我們經驗到的還是我們想像到的。

法稱對矛盾律的定義是，每一事物，無論它是實在的還是想像出來的特徵。在法稱看來，是因為矛盾律每一物件都表現為兩部分所構成的對偶體，它們中的一個否定另一個。「每一對偶體裡都有矛盾存在，它們的本質就是某種完全的相互排斥，就像有和沒有的相互排斥那樣」是完全的相互排斥，也意味著是沒有中間過渡的相互排斥。依照本體論的觀點，相互反對也稱作有（存在）和沒有（非存在）；依邏輯角度看，它就是對同一事物的肯定和否定關係。以運動的狀態看，它是相互排斥的；以靜止的角度看，它是一個事物的兩個方面。作為一種關係，它是對稱和相似的，在這種關係裡，前者對後者，或後者對前者的聯繫方式一樣——不僅是相互的往復關係，而且還是完全互換關係。寂護解釋說，兩部分裡的一方有的東西，另一方必定沒有。因此，這一規律也叫作排中律，因為它裡面只有二分原則。矛盾律又稱雙重否定律，由於一方是另一方的否定，比如A之於不是A之於A的關係，對非A的否定就是A本身。倘若藍色裡不過是非藍色的反面，那麼非藍色的反面陷入就只能是藍色了。既然所有事物都是相互關聯的，那麼除了終極實在，每一個事物只能是它自己與自己否定的相對的東西。或許印度的實在論者，他們堅持每一個事物都是由有和沒有組成的這一觀念是對的，而他們的錯誤就在於，他們假設了有和沒有的同時忘記了，這二者僅僅是按照真實實在性的成分，而建立的思想性的表層結構是不可以和實在（reality）的絕對無待者一樣並列。這以表層結構的設立，完全是我們想像活動依據二分原則得到的結果。中觀派和吠檀多派的相反觀念也只是部分的正確，他們一直認為事物的不真實性在於事物的相對性，例如「長和短」，長是對短的否定，反過來亦然。不過他們卻錯誤的否定了沒一個思想的表層結構比如依賴的相應實在點。只有經量的瑜伽部哲學避免了這兩種極端的錯誤發生，他們堅定地認為，事物的假象的這一現象是我們生起性想像按照先驗實在性的這一基礎才建立起來的。

邏輯能動裡的對立

從形而上的這一角度來看，完全互為排斥的特性能夠追溯到一個對偶體本質裡的相互矛盾的部分。它們既可以比鄰而居相安無事，又不會妨礙彼此的獨立存在（presence），且還不會侵入對方所盤踞的領域。因為它們是邏輯的，而不是實在的相互排斥。

不過在這裡也存在一矛盾的關係，因為它既是邏輯的，又是實在能動的。它的正相反對部分不僅在邏輯上互為否定，並且還是對方的競爭者。準確的說，這本質上不再是背反相（Antiphasis）是邏輯矛盾，而是互為抗爭性質的因果關係（Contrpugnating Gausalty）。在這一狀況之下，它們爭鬥的雙方都在盡力要把對方驅逐出各自的領域。明和暗就是一方和另一方的完全否定，反過來也是如此。就此而言，它們間存在矛盾邏輯的關係。光明是對黑暗的完全之否定，黑暗也僅對光明進行否定。可它們不可能和藍色與非藍色那樣比鄰而居的相安無事。它們之間存在持久的戰爭關係，它們中的一方竭盡全力想佔有對方的領域，法稱對此定義道：「倘若這一現象是由它所有原因產生並持續的，可一經另一現象迫近，它就馬上消失，那麼這兩種現象之間就存在一種實在的相互反對的關係。」這一定義最先讓我們引起關注的是「反對現象的全部原因」，那個時而在熱之前的冷是不是就是熱這一現象的原因或者原因之一？有些場合進入黑暗以後，光亮的結束是不是就是黑暗的結果？那個一直在前的黑夜是不是就是永遠在後的白天生起的原因？這些讓哲學家深感困惑的問題，佛教給出了肯定的答案。按照佛教的因果論，每一個真正實在之點的生起都是要依靠它之前的所有存在的因素，全部這些都是成為它的原因。這些其因的整體中不僅有肯定因的集合，還有否定因的存在，但否定因並沒妨礙後續的現象出現，倘若某種現象的總體因裡出現意外中斷，與此同時它並沒妨礙到該現象出現的因素之一也被取消，這一現象消失了，而總體因中斷本身便成為了原因或者原因之一。就這一意義來講，在後來的光亮就能被看作是在它之前的黑暗所生起的東西，因為光亮是因為存在在之前的黑暗裡的原因缺失才引發的。在這一場合裡，前一部分就是因或者因之一，它是產生後一的東西。倘若一部分反對另一部分，同時還做了點什麼的話，那麼它就是間接參與了後者生產的東西。

在一切不能相容的場合，事物裡矛盾的關係並不會永遠是完全的。光亮和非光亮是完全的矛盾關係，他們之間不存在中間的東西。在這裡排中律是適合的。但在被看作是真實顯現的光明和黑暗，這二者之間總會有某種中間的東西存在。即使是這二者之間的轉換很突然，也就是說，在某一瞬間前絕對黑暗的特定處所忽然出現了光亮，這期間還是會出現哪怕是極其短暫的朦朧時刻。這一過程總是還會有三剎那：最後剎那的黑暗，最先一剎那的光亮和期間變化所需要的中間剎那。

倘若就時間概念來說，反對關係就不是完全的，那麼單空間概念來說也該如此。在大廳裡一盞燈亮起來了，只有緊鄰燈盞附近的黑暗被驅逐乾淨，大廳剩下的地方仍舊是半明半暗朦朧和黑暗的。光亮的生起僅是因為燈光的有效能力發生了作用。

這樣一來就和邏輯上所講的光亮和非光亮的對立概念有所不同。這種關係是完全關係，光亮和非光亮之間沒有中間的朦朧（屬於非光亮的關係）關係，邏輯上反對的關係也不會受到空間條件的影響，光亮否定非光亮是到處可以看見的，光亮和非光亮之間的特點就是邏輯必然，是不可以把它和作為真實現象的光亮和黑暗的關係混淆。

這同樣和那個佛教關於無所謂感受的討論有關。小乘佛教堅持苦和樂感受之間必有一種無所謂苦樂感受的觀念。可佛教邏輯學家則說，既然它非樂，那麼它就是在苦的範疇裡，因為只能存在兩種劃分相互完整的感受（樂和非樂，欲和非欲）。實在論者不這麼看，他們認為，倘若中性的感受，那它就該劃歸到苦的範疇，因為它不是快樂的，它也可以劃分到樂的範疇裡，因為它也是非苦的。解決這一爭端的辦法就只有指出事實上存在的兩種反對關係，一種是允許有中間項的，另一種不允許有中間項。

可是假若把這一矛盾關係歸結成某一因果聯繫，我們還叫它矛盾性不就很不符合實際情況了嗎？那麼它又為什麼不是單純的因果關係呢？這好像和早期的勝論理論近似，在他們看來，這一被看成是有效反對性的矛盾關係的特點就是「殺人者和被殺者」之間的關係，是兩種事物間那種不可能被調和的關係。佛教並不反對，這一種說有效的反對性具有的這種特點——制止和被制止者間的關係，可佛教保留下制止者和被制止者是持續性的這一觀點。因此，對這種構成的有效反對關係矛盾的定義裡包含了消亡的現象是具有持續性的這一特徵。這一特徵同樣適合於，那種取代性的現象（因為它也是必定有持續性的）。從相依緣起的觀念來看，因果關係是存在於由某一持續性的消失現象，和同要有持續性取代或對立現象之間的東西。這只是假設意義層面上的因果性而不是實在性的因果關係。因為，因果關係僅存在於有效能的點實在間。那被看作是黑暗系列的最後一剎那，在相依緣起的意思上，是被看作光亮系列裡的點一剎那的原因。因為黑暗和光亮本身不僅只是剎那，倘若它們持續就會成為光亮和黑暗的一種現象出現，因此，這就成了我們如何去劃分有效反對關係語實在因果關係的區別。佛教中，實在因果性其實和實在的存在一樣只是單一剎那；而一列相續剎那和另一列相續剎那，這二者之間是有效的互為反對的關係，對這一有效的反對關係的確立就像諸剎那相續集合本身那樣，都是由我們理智構成的。換一句來說，有效的反對關係並不是真實的實在性（reality）事實，也不屬於物自體，而是被構造出來的一種現象。我們早就知道，邏輯的矛盾律並不適合於物自體，很明顯它的特徵只是邏輯實在而不是終極實在，那是因為邏輯是思想，而思想是想像且還不是終極實在的東西。

在法上的這些話裡，我們好像能感到佛教哲學家們，對於有效反對關係進行過討論——有效反對關係是真實的，還是邏輯的？是先驗實在的呢？抑或僅僅只是一現象？在這一些問題上，法上解決的方法大致如此：這就像因果性的那樣有兩種：一、透過點剎那之間的是先驗真實的因果；二、是範疇裡的，是現象之間的譬如性的關係；和這一道理一樣，有效的對立關係也有兩種。但點剎那的關係只是因果關係，而事物間的因果性並不是矛盾性的。對這點，蓮花戒是這麼說的：「世間有這麼一些實在體，對其他實體來講，它是取消其存在的原因。它讓那組成這些實在的剎那相續系列轉低變弱，例如，熱和冷的關係就是這樣的。可其他的實在體並不是這樣的，它們不是低落的原因所在，比如，同一火和同一煙的關係就是這樣。儘管上邊所說的對偶體之間（產生低落和低落者的實體之間，它們僅僅只是因果的關係，但是，普通人因為視覺能力為無明所障，還是會錯誤的把它看作是矛盾的關係。」實際上，它是對立關係，並且還以各種各樣的形式表現，如，冷和熱相對立，燈焰和風相對立，黑暗和光明相對立等。從事物根本的真實來看，實體之間（這裡指物自體的）並不存在對立關係，也正是因為這樣，法稱才會這麼說：「假如一個事實，只要它全部的原因沒有改變就會保持它的持續性，而一旦和它對立的另一個事實出現，它就消亡。這個時候，我們就可以得出結論：這二者是能動的對立關係，這就像冷和熱的現量那樣。『它們的對立關係隨後』，這話的意思就是，這種對立關係是由我們的理性所構造的，而並不是終極真實的。」

佛教邏輯裡的別性律（Law of Otherness）

因為別性律依存在矛盾律上，因此它是一種從屬性的法則。的確如此，藍色和非藍色二者是矛盾的，因為它們代表了它們相互間的完全否定。但是顏色裡的藍和黃也是矛盾的，因為它們只不過是對方的「別它」（other）。所以藍色和非藍色，它們的矛盾是直接的，而黃色和藍色，它們的矛盾是間接的，因為黃色必定是非藍色，「它無法避免地是非藍」。這就像我們預先假設了瓶子在某一處存在後，馬上再否定這種假設，從而達到否定判斷的「此處沒有瓶子」一樣。同理，我們預先假設，藍色是在黃色裡存在的顏色，然後，我們又馬上否定這一假設來判斷藍色不是黃色。當我們將兩種難以區別的顏色放在一起比較的時候，這樣一個表現就更加明顯了。它們必定是會發生衝突的，因為它們裡的一個被想像存在在另一個的裡面，但是又被我們宣佈它們又各自不為相同——倘若它們的區別是很明顯的話；或者被我們宣佈是同一的，倘若我們不加以觀察它們有什麼區別的話。差別是永遠存在的，因為差別是能無限細微的被分辨的。同一只不過是差別的極限和「不可辨認者的同一」，倘若一物件在本質上不可見，它的本質就是這樣一種不可見的，儘管我們可以將它看作是「別它」——只有在把某一個特定的處所的可見存在加在它身上之後，它的存在才能被否定。例如，我們在黑暗裡看見眼前一個東西直立，並且我們不能斷定其是柱子還是人的時候，除非我們對此有一剎那的假想，那被否定物件的存在，否則我們便無法對它作出決斷。接著，我們才會在內心告訴自己：這是柱子，不是人。法上對此的看法是：「有和非有（肯定和否定）是直接矛盾的東西，可物件的偶合體的兩個部分，只是就它們相互之間，必定包括了對方的否定，這才能說是矛盾的（相互排斥）。

那麼，它們的否定被必然的包含在偶合體的另一個物件到底為何物呢？是某一具有確定的（可表象的）形式的物件，而不是不能被確定的（無限制的）某一個東西，比如像瞬息性的就是這樣。因為瞬息性是規定別的任何實在物件的終極實在的東西，也是一切實在事物的本質。因此，在排除像普通存在這樣的不受限制的物件以後，就不再有任何可表象的內容可被認識了。」這話的意思是，倘若將一事物和這一作為普通存在的無所不包的特徵相比較後，就不再有任何確定的東西可認知了。我們的認識是去比較一個被確定的事物和另一被確定事物，而不是和另一個無限制的物件作比較。接著法上又說：「可這麼一來，非有（否定）不也是相當於不確定的了嗎？（非A是無限的嗎？）而真正的答覆是：『那為什麼它一定就是不確定的東西呢？』（為什麼非A一定要是無形式的呢？這是因為，正像我們所知道的那樣，否定是對某個假設存在的否定的緣故，就否定受到的某種實在物件的確定形式限制而言，否定是具有確定形式的某一種假設的非有（不存在的東西）。」

因而法上提出透過不受限制的否定就像是經過無限制的存在那樣，都是認識不到什麼的，因為知識本身就是限制，因為矛盾律就是基本的思想律。也就是說，在某一存在的場合裡，除非我們的思維二分原則表明了它完全是互為否定的兩個假設，否則我們就無法進行正常的思維活動。因此，有效反對律和別性律都是從屬性質的邏輯法則，是矛盾律的直接的兩種產物。

佛教邏輯對矛盾律和別性律的不同表述

矛盾律和別性律對於佛教的哲學體系有著重要作用，在前面我們就已經講到了。這也是他們為什麼要證明剎那存在論的主要原因之一。在和婆羅門教各流派的論戰中，佛教差不多每一次都要運用到矛盾律，也稱相違限定律。相違限定律為我們保留下來全部我們稱之為有效能的對立關係，邏輯背反相、同一律、別性律、排中律等各方面的內容。它一般使用條件命題陳述所有充滿矛盾屬性且還是雜多性的（例如冷和熱），咋一看是不言自明的命題，其真王的意義並不在於說兩個事物是不同的事物，而是說，倘若一事物被看作是代表一個統一體事物，它就具有矛盾的雙重性，這時，它實在的不是一個事物，而是兩個。這讓我們想到了，一事物不可同時間具有雙重衝突屬性的公式，倘若我們用同一屬性的有和非有二者來替代「兩種矛盾的屬性」，就會出現亞里斯多德說的，「同一物同時並且在同一方面屬於並且不屬於同一物是不可能的」的情況。可亞里斯多德所說的和佛教公式陳述的意思相差甚遠。前者認定同一物在不同時間、不同方向可以屬於且不屬於同一物，或同一事物在不同的詩句裡可以具有兩種矛盾屬性；那物體在剎那間是熱的，另一剎那又可以是冷的。而佛教的原則是一事物不能具有兩種矛盾的屬性；倘若它只要好像具有這兩者，就不會真正是一個事物了，而是在一起的兩個不同的冷和熱的東西。佛教的立場就是這樣的。當恆常物質及變易的屬性構成一個事物的時候，那性質可以改變，可事物卻保持同一。可倘若質料本身不存在的時候，而且事物僅為流逝屬性時，屬性的變化就是事物的變化。從矛盾律的分析可以看出，包含在矛盾關係裡的只有別性（otherness）。即便說黃色和藍色，它們只不過不同而不矛盾，可它們仍然是互為衝突的，因為黃色屬於非藍色這一屬性裡，而非藍色和藍色是矛盾的。因此，具有矛盾屬性的也就意味著它們各不相同。假如一事物具有兩種不同而並不是其中一個裡包含另一個的屬性，那麼它就不是同一事物，而是實際上的兩個東西。

另一略微不同的表述是：「因為和一個矛盾的屬性結合，這一事物就變成了別它（另一個事物）。」這句話的意思是說，一事物失去了它的同一性，倘若和與它相違屬性結合就會變成另一事物。可那什麼是事物的相違屬性呢？那些指時間、空間和本質可以被感受到的屬性等。倘若一事物存在於一個時間裡，那麼如果我們假設它也存在於另一時間裡或另一剎那中就是相違的；倘若它存在於某一空間裡，而我們又假設它在另一個空間裡就是相違的。倘若這一事物有一種內容或本質，那麼我們去假定它和另一個具有不同本質內容的「別它」相同，那麼也是相違的。任何藍色都不可能成為非藍色，一千一萬個人也不能讓它成為非藍色。顯然在現實生活當中這並不意味著顏色的不可改變，這裡只是說藍色本身不能是非藍色。這一藍色的同一並不是自在的（existing by itself），它是建立在以對非藍色的相違矛盾的這一基礎上。矛盾律消解了這藍色的實在性並且在同時還在非藍色對立的基礎上所構造其的假想性。

在下面我們將看到第三種對矛盾律的表述和證明。對一物任何的「被排除」就是「被澄清」，而其「澄清」的程度和它「被排除」的程度是相等的。比如一顆紅寶石被澄清了，被確定地加以描述，與此同時它也被清除了，也就是說，它被揭示和非紅寶石的黃玉的對立關係，其被澄清的程度剛好和被排除的程度相等。對這一顆紅寶石的表象內容、概念內容界定的程度剛好是對非紅寶石的對立關係揭示的程度，前者的澄清準確要依靠非紅寶石這一概念裡所含屬性的顯示。這一原則也適合紅寶石的時間及空間條件，因為這一紅寶石也只是存在於某一時間、某一地方和某一感性材料狀態裡的。紅寶石的時間有賴於排除其他的時間——它所在的特定時刻以外的所有地點及條件。因此，它也就被歸納到某個終極實在點上了。這樣一來，佛教矛盾律在某個程度上也維護了（紅寶石的）同一性，維護了它作為每個現象假設的同一性，可同時它也犧牲掉它真正作為物自體的同一性。

但也有一些儘管互為「別他」可實際上並不相違的屬性和概率存在，比如藍色和蓮花，更準確點說，藍性和蓮性，它們並不相違，而是同時存在於一個事物裡，且還不相互衝突。用佛教的話來講，它們是同一的。這部分理論我們會在後面談到。

印度哲學裡其他流派的矛盾觀

在印度矛盾律被稱作是「相違限定法則」，它在佛教裡尤為重要。這麼說並不意味著印度其他哲學流派忽略或者否定這個在所有思想規律裡「最強有力，最著名的法則」；而是說，這一法則在佛教著手討論之前，其他各流派都認為這是自明的東西，是無需去解釋的。

勝論經典認為矛盾是由對立的扭結聯繫在一起的實在事實間的實在關係。這種實在能動對立關係被看成是因果的。但勝論經典即使在專門講述邏輯的章節裡也不曾提到邏輯矛盾。因為勝論哲學體系是受了佛教的影響才把相違因（邏輯理由）作為錯誤引進自宗的。

《正理經》刻意忽略兩個實在間的矛盾關係，是因為他們的體系認為相違因本身就是邏輯謬誤。像相違因這樣的因在他們看來足夠能毀掉立論者所建立的論題（宗）的。在他們來，相違因是肯定與否定這兩種判斷之間的相違矛盾。

數論體系裡有反對關係（矛盾關係）這一概念，在他們看來，矛盾關係是實在事實間的各種關係。反對關係在數論哲學的地位和勝論裡的相違因是一樣的。因為數論和佛教一樣不認可內在關係範疇（和合句義），在他們的經典著作裡我們也沒有發現關於相違限定律（Contradictory Qualification）的記載，估計他們對此並不重視。

佛教為了證明自己的剎那存在論，將矛盾律看作自己論證的主要工具。在佛教看來，倘若一實在不能包括相違性質，相違時間剎那以及相違空間位置，那麼它就只能被歸結到單一的某一點剎那。對佛教這一論證的駁斥產生了正理派自己對於矛盾律的定義：「矛盾的意思就是說兩個事物不能在同一時間、同一個地方共同存在。」這樣定義原則上和「同一特徵在同一時間裡不能屬於又不屬於同一事物」的說法，以及「同一地方的事物不能同時有又非有」的表述原則毫無二致。既然有和非有對實在論者都是客觀真實，有和非有假若同時同地存在就不可能了。這公式原則在於兩個不同事物同時佔據同一個空間一般是不可能發生的。邏輯矛盾原則以物質不能人性的物理規則作依據。在法上看來即便是對那種能動的矛盾規則而言也不可能是正確的表述，因為它是從屬矛盾律的一個部分，且只具有一個相對狹窄的應用範圍裡。法上認為，所有極微都會具有相同的特點，它們不可以佔有同一處所（一極微不能在同時為別的極微所處的位置上存在）。法上認為僅有這個法則還不夠，他覺得有效反對在於一事物在某個特定位置上的持續是遭受抵抗的（遭到另一個事物持續性的有效抵制），後者竭力要把前者驅逐出它的範圍並佔據這一位置。

耆那教從很早就開始對矛盾律的這一概念採用了自己獨到的立場。因為耆那教從來就不認可矛盾律。在佛教和數論展開激烈爭論的時候，數論認為由於自性物質的原因，萬物皆常；由於萬物自性物質是假想的緣故，佛教認為任何事物都不是恆常的。而耆那教對二者的觀點都不認可，在他們看來萬物都同時是常態的和非常態的。按照這一觀點，既不可以肯定也不可以否定某一主題存在什麼屬性。因為肯定和否定都同樣不真實，真正的存在於肯定和否定之間，這就像希臘哲學家阿那克薩戈拉的理論，否定與其說是在針對矛盾律不如說是針對排中律。但在個別和普通的問題上，耆那教對矛盾律採取的態度就是直接挑戰。他們堅持認為，具體物件是個別化了的一般的東西，是一般的同時還又是個別的東西。佛教早期的犢子部就也支持這一觀點。這一觀點是違背小乘佛教否認靈魂（神我）的基本原則，他們主張只有蘊我的分離的成分，讓諸蘊只使它們和諧的出現的因果性。他們認為，各種蘊我是半真實的，是存在又是非存在。

一元論中觀派和吠檀多多邏輯矛盾律的忽略在後面我們還會說到。到這裡為止，書裡所闡釋的東西已經表明，那就是，矛盾律並沒有超出我們經驗的範疇而到達物自體的領域。儘管法上說，所有物件，無論它是實在的還是非實在的都從屬矛盾的規則。法上這話的意思依舊是在說，能動的反對關係裡的受制約的實在性質（reality）。冷和熱這兩個現象都是真實的，因為它們的關係到它們兩個的點剎那，而它們自身並不是那兩個點剎那。既然反對關係只作用它們的有持續性的物件，那麼它就不可以逾進那被看作是無持續性物件的物自體。在絕對真實的境界裡矛盾的部分融合一體，因此不會存在矛盾關係。

歐洲的此類理論

施瓦特對同一、對立以及矛盾關係的這一些專業用語感到無法理解。他這樣說，由於這些用語充滿了奢侈語言的混亂，對它們的使用在哲學上已經失去了該有的作用。注重實際的英國哲學家凱恩斯（Keynes），因為任何企圖對於否定這一概念加以說明的做法，與其說是講清楚，不如說是在把本來簡單的問題弄得更加糊塗，因此，他建議不要輕易去碰否定這個問題。但這一種情緒並未能阻止我們嘗試和印度觀點作一比較，我們也希望這一比較多少有助於闡明否定的這一概念。

排中律的概念

同一律、矛盾律和排中律是現代歐洲邏輯的三大基本思想原則，可在印度，只有相違限定的原則。印度的這一狀況符合亞里斯多德的論點，他只是單獨的把矛盾律作為，所有人類思維的最強有理由最被人熟知的原則。在他看來三段論的另外兩條原則只不過是矛盾論推演出來的結果或者僅只是它的一個方面。實際上，矛盾律也就是排中律，因為它的特徵和對立性的區別也是和排中律的一樣——矛盾的兩部分之間不存在任何中間的東西。法稱認為，矛盾是完全相互排斥的東西，而完全排除就是對所有中間的東西的排除。亞里斯多德也有近似的說法，矛盾對立的雙方，它們之間沒有仲介物。我們很清楚，我們的每一認識都是對處在相同事物裡的和相異事物區別開的實在點的認識。相同事物是由同一性質原則連結在一起的，它們和相異事物的區別劃分則需要依照矛盾律的法則進行，而要完全區分開就需要按照排中律的法則進行了。可這並非三種完全不同的法則，而是一種基本法則在三個場合裡應用的結果。當我們在「此為藍色」判斷形式清楚了什麼是藍色的時候，因為我們生起性想像的主導作用，構造出藍和非藍的兩個論域。一切不和藍色發生關係的事物都歸結到了非藍的範圍裡，這中間沒有第三種可能性存在（無居中者）。這就是事物矛盾對立的本質所在。

雙重否定律的概念

事物的矛盾不僅是完全排斥的，而且還是互為排斥的。這是我們從法稱定義裡得出的另一個極為重要的邏輯結論。就是說，A和非A是相互排斥的，這二者間任何一方都不能自我肯定，也不可能自我否定，它們的否定是相互之間的否定。A排斥非A的程度剛好是非A對A的排斥程度。A排斥非A，換言之就是A排斥了對A自身的排斥，因為非A只不過是對A的排斥罷了。A排斥非A就意味著A本身代表A的排斥的排斥，即，A=-（-A）。反過來也是這樣，非A代表對A的排斥，就像A代表對非A的排斥一樣，即，（-A）=-A，如同A=（-A）。這一行的公式來表述的矛盾原則，就是著名的雙重否定法則，也稱為互為否定原則。

和並非單獨而仍舊從屬矛盾律的排中律原則一樣，雙重否定也仍舊從屬矛盾律的思維原則本身。法稱也對該規律的定義做了一下兩點說明：1.「完全的」；2.「相互的」。簡單的說就是，矛盾律是1，雙重否定律是2。

下列形式可以形象地表現雙重否定律：就像A=-（-A）那樣，被看作是A的真實相關單元的（-A）也等於-（-（-A））。這就是三次否定律。寂護解釋說，當一個人說「他不是不煮飯」的時候，也就是說他會去煮飯，而按照三次否定律（比方，這個人並非不是非廚師）否定的行為會再一次顯現。按照第四次否定（比方，這個人並非不是非非廚師），那麼否定就被取消了，其結果仍舊證明這個人還是廚師。因為這樣的原因，雙重否定也可稱為三重、四重否定一類的。這一重要的事實例證了每一個命題同時在自身上也是否定的。佛教理論部分的證明了黑格爾的「世界的靈魂建立在否定的基礎上」這句名言。

但在施瓦特看來，「正是由於對否定的取消才有了肯定，唯有如此，肯定和否定間才會沒有仲介部分」，他也因此證明了雙重否定律和排中律的對等關係。他這樣評述道，雙重否定律和排中律以及矛盾律只不過是為了闡明否定的本質和意義。思想的最普通規律只有一個，那就是否定律。亞里斯多德也稱否定律為「所有規律所遵循的規律」。按照佛教邏輯理論的說法，那就是否定律意味著人類思想是辯證性質的。

同一律的概念

一般這一定律會被說成是「A即是A」或者「彼是彼」，且還被看成是所有邏輯判斷的原則。和它必定有關的另一個矛盾律表述的形式即是「A並不是非A」，它也被看作是所有否定的原則。但它們的這些表述形式是否是恰當的卻遭到了質疑。

儘管有時候陳述這些定律的方法不一樣，可其意義卻是等同的。佛教不贊同這一觀點，在它們看來，語言的差異並不在邏輯範圍裡面。法上認為，倘若有兩個命題：提婆達塔在白天不吃飯和他在晚上吃飯，這表述其實就是一個事實，它們之間肯定不是推論性質的，而不過是語言不同方式包含的同一事實，因此它們不應該被看作是邏輯的，因為邏輯牽涉到對經過因果性的兩個不同事實的必然聯繫，或者經過同意所致的兩個不同概念之間的關係，而不是不同語詞的。

這麼一來，同一律就被表述稱我們認識的穩定性的原則了，與它對應的是事物的持續性。伐遮塞波底稱它是「神聖的辨識（在認識）」，其意思是，我可以堅持「這是以前我看見過的水晶石」，或者「這是我在其他地方看見過的提婆達塔」，如果這一穩定性不在，那麼就不會有可以理解的語言和預見行為。佛教把認識定義成無衝突經驗，它是一種一致性的不變經驗，但假如沒有再認識的存在，這一致性的經驗是不會存在的。在一刻也不會停止的變化運動實在中，事物的持續穩定和同一性是無跡可尋的，它只存在與人們的大腦裡而不是客觀世界中。因此，佛教哲學裡沒有同一律，而只有一種同一構造律，或者同一性客觀變化律。在佛教看來，同一性質的事物只不過是投射出去的表象罷了。

但倘若佛教非要堅持說，在終極實在裡並沒有真正的同一性，那麼就意味著他們也同樣在強調邏輯中絕無變化的這一觀念。在他們看來附著在實在上的一般形式（實在的本質）是沒變化的恆常。世上沒有任何力量能改變一個實在之物，讓它轉變成非實在的東西。即便是全能的因陀羅神也不能改變事物的本質與真性。不管在佛教哲學還是在柏拉圖的體系裡，絕對不變的形式與恆常的實在，它們之間的衝突就是構成我們認識的全部東西。

施瓦特提出了另一種同一律，這和他的判斷論有很直接的關係。因為這一定律和佛教的判斷論觀點以及同一律有不少近似的地方，形成了有趣的對照，因此我們在這裡也順便考察一下。

依施瓦特的這一觀點，一定存在著於判斷裡所謂連結的本原，它能將實在性和穩定性給予這一連結的某種同一性法則。他認為，那種堅持把判斷諸成分之間的聯繫，等於相應實在成分之間聯繫的實在論的觀點，必須要進行堅決的駁斥。因為實在和邏輯並不是一致的東西（非等同和相像的）。在客觀的現實裡，主體和本原是連接在一起的有機整體。只是為了把它們重新組合，知性才把它們分割。但並不會存在對應於理性分別（distinctio rationis）的實在分別（distinctio realis）。

這樣組織起來的謂詞永遠是一個共相，主詞也總是單一的事物。它們一般都存在於我們的大腦裡，而在客觀物件裡是單一的。外部物件不管是否存在，都是和邏輯並無直接聯繫的有關形而上的問題。在判斷「這是雪」的例證中並不只是主謂統一性的問題，而是表示在不同時間，對不同人，不同角度所觀察的物件「雪」的穩定性，意義上的客觀實在的問題。不管我們是認可實在論者假定的一隱藏在表象後的獨立實體，還是預設觀念論者堅持主張這一實體的真實性僅是來源於穩定性的表象，判斷的構造作用都是絕對一樣的。這一看法正是佛教邏輯的觀念。在他們看來，無論我們是否承認外部世界，判斷在這兩種情況下都始終是心理構造的。這一來穩定律也成了某一同一律了。

這種邏輯規律將成為所有認識活動，所有言辭及其預期行為的必要條件。但施瓦特反對把這一規律納入到同一律中，在他看來，除非是在無意義的同義反覆當中，主詞和謂詞的同一性不可能是完全的，而另一些邏輯學家提出「部分同一」也是自相矛盾的，因為部分同一性本身就是非同一性質的，因此施瓦特稱這一規律為符合律或「統一斷定」（Uni-positing）律。

把判斷看作是客觀化活動也是佛教的觀點。施瓦特有兩句話和印度人的觀點很近似。一是，由於謂詞是一般的，因此，和只管個別生動性相比較，它總是模糊的謂詞只和主體這一具體同一體裡的某個部分有關。二是，同一性絕不是重複觀察所產生的，同一性產生於兩個或者更多的短暫分離表象的差別否定並且只能如此。同一性的起因源於對差別的否定，而不是真正的肯定。他的這一觀點是佛教普通名言理論的基礎。因此，同一或相符的規律倘若不被解釋成，至少也會被設想成——主詞的具體生動的實在性和謂詞的模糊普遍觀念性的某一結合。

佛教把這一事實稱為符合律（相似相符），佛教所有的判斷論都有賴於這一原則。

佛教稱之為同一律的，是本質一點都不相同的另一種東西。符合律關係到一切現量的判斷（有一個謂詞的判斷），而和同一律相關的是一種特定的具有兩個概念的判斷（分析性判斷）。區別具有一個概念的判斷，還是兩個概念判斷，也稱一致性的判斷的重大意義是不該被忽略的。在後一判斷裡，邏輯主詞和謂詞都是普通性的和模糊不清的，邏輯主詞沒有生動性和具體性，是帶有兩個謂詞的判斷。但施瓦特的符合律（Law of Agreement）把兩種主詞和謂詞的聯繫都列了出來——「這是雪」的感覺知識判斷，和「這雪是白的」具有兩個概念的判斷聯繫。依印度邏輯看，它們是不同的形式判斷，它們是不同的原則。那連結兩個概念的判斷是對二者間一致關係（consistency）的判斷，而並非是關於它們的客觀實在判斷。客觀真實性在另一判斷裡，例如在後面出現的「這是雪」、「這是白色」和「這是白雪」等一類的判斷裡。實在主體包含在「這（此，this）的裡面。這種一致性關係在連結「雪」和「白」的可能性事實上是以這兩個概念的客觀所致的同一為依據的。這是種真正同一性的法則，可它只和我們這一種分析性判斷的一部分發生關係。印度哲學認為，這種判斷應該叫作同一所指判斷。

施瓦特把符合同一法則進行了擴充，結果它包容了幾乎全部判斷裡的一半的判斷。施瓦特解釋說：「這一真正的同一性並不排斥不同時間物件的差別。」「同一棵之前綠葉繁茂的樹現在光禿禿了。」「同一個我從前認識的年輕人現在變老了。」而這些例證在佛教哲學裡就完全不同了。在佛教看來這些判斷並不是同一性的，也不是分析性的，而是綜合和因果聯繫的。其邏輯意義在「彼有光禿禿的樹的地方以前有過綠葉繁茂的樹。」「倘若此樹現在是光禿禿的，那它之前曾是蔥綠的。」「彼有老人的地方，以前有個老人由此變成了年輕人。」倘若一物件在不同的時間能是同一者，那麼它們的界限在哪呢？倘若枯樹和之前的小樹是同一棵樹，那麼樹和幼苗，幼苗和種籽，種籽和其他的部分也會是同一回事等。我們也就因此輪迴到數論物質性因果的同一性理論的怪圈。而這是和佛教理論一開始就不可相容的法則。佛教用自己的矛盾律來反駁數論的同一律，即，佛教的「互為排斥的屬性屬於不同事物」的矛盾律。在不同的時刻裡，每一物件都是以各種不同的形式存在的，統一體在這是邏輯性的，是對差異的忽略，是關於生起性假設的構造，而非真的統一。「符合」這一語倘若在運用時包括了分析性的大前提裡的兩個概念的同一所指，以及因果之間的非同一所指，那就會錯誤的引導我們走進歧途。分析性大前提裡符合要以同一性作為依據，綜合性的前提裡，它是建立在因果性這一基礎上的。

因此，我們就必須區分：

1. 數論的同一律（指因和果的同一）。

2. 佛教的同一律（是關係到同一實在之點的兩個概念的同一）。

3. 佛教的符合律（Law of Conformity，它是聯繫單一主體和共相一般謂詞的）。

4. 施瓦特符合律（Law of Agreement），他顯然是混同了所有這些關係，因為施瓦特並沒有充分區別感覺判斷和遍充關係（伴隨狀況）的判斷。

漢密爾頓在他的《邏輯學》裡也做了類似的解釋。雖然出於對傳統「A就是A」的遵從，但漢密爾頓還是把它闡釋為意指一個總概念和其範圍內一部分件的同一性判斷。這一做法讓人聯想到辛沙巴和樹之間的同一性，因為樹的概念是辛沙巴概念的一個屬性或一個部分。漢密爾頓把這一個原則「任何一切的邏輯的肯定原則」。可彌爾認為，如果只是對某些分析性判斷，那麼可以認可，因為它是對本質的一個準確描述。假若不是這樣的話，那麼我們就不得不承認「有多少種關係就會有多少種規則存在」了。

最後一句是彌爾說反話，因為他認為無窮多的關係組成不了有系統的體系，可佛教卻對此很有信心，在他們看來關係是必然相依的關係，對佛教而言並不存在有多少關係就有多少基本原則的這個問題，因為關係確定只有兩種，它們的基礎不是統一的就是非同一的，而後者只不過是因果性的，因此佛教只承認有兩種關係。

歐洲的兩種邏輯思想

講到矛盾定律，在歐洲有兩種：1. 以矛盾規律作為基礎的；2. 忽略矛盾規律本身的。第一種是非矛盾邏輯，是避開可能出現的矛盾。這是亞里斯多德所創立並為現今歐洲哲學所繼承，被康德用來作為基石，擴張佔據認識論廣大的領域，直至今天還在歐洲佔有絕對統治的地位。

第二種是矛盾邏輯，依這一邏輯的觀點，實在本身就是由對立組成的，在他們看來，因為所有來自對立物和與對立物相應的思想的東西，都只不過是矛盾的東西。從真正邏輯的立場來看，第二種應為「非邏輯」。非邏輯在古希臘甚至先於亞里斯多德就有了，只不過在後來遭到了來自亞里斯多德邏輯的打擊。可非邏輯在世紀的庫薩諾（Cusano）手上得到了復活。直至上世紀，非邏輯在黑格爾的哲學裡才達到極致。到上世紀末，又備遭攻擊而被迫停止發展。現在非邏輯在某些哲學範圍裡又有了復甦的跡象。黑格爾的《邏輯學》援引了印度哲學的理論來支撐自己的矛盾邏輯理論。在書中黑格爾說到了佛教「空」的概念。雖然黑格爾對佛教「空」的瞭解是間接與貧乏的，可他卻做了正確而大膽的猜測，他認為「空」不僅是否定，而且還是終極實在的肯定原理，是存在和非存在成為同一的實在。顯然黑格爾是受了很多哲學家喜歡把自己認可的思想歷史往前提這一做法的影響。

赫拉克利特

赫拉克利特的本體論觀點和佛教的無窮變易理論有驚人的相似之處。令人稱奇的是在對待矛盾律這一問題上，這種本體論的近似卻導致了截然相反的兩個不同的結果。赫拉克利特根本就不承認有矛盾，而佛教卻是依靠著矛盾這個概念才建立起剎那存在理論的。

確實，和佛教一樣，赫拉克利特主張終極實在是流逝的，其中完全沒有穩定性可言。我們可以將它看作是在奔流的河，在某一特點上絕無繁複，也可以把它看成是燃燒的火，有規律出現和熄滅。火燃燒的規律來自某一「和諧性」，一種理性，邏各斯，一種制約著遷流世界的實在總規律。這一理論到此和佛教的並沒什麼不同。在總和諧原則下，不斷變化的真實觀念，很是接近小乘佛教剎那法，佛教小乘的剎那法（dharmas）隨著相依緣起的嚴謹法則（法性）而誕生。但還有一個很大的區別在於赫拉克利特是個物理哲學家，他認為有每一無所不在的基本物質，實在的生滅閃現其中。因此，與其說赫拉克利特的不斷變化理論接近佛教的理論，不如說是接近數論的理論。赫拉克利特殘缺的著作中，我們並沒有法性什麼證據證明他否認實體（物質），對絕對是在的點剎那理論也沒有發現很清晰的跡象。赫拉克利特的「有規律」的燃燒也許是指具有某一延續性的實在微粒。這一結論很顯然是出自他的因果理論。赫拉克利特堅持「流動的」實在「不斷奔向自己反面」；認為一切結果都是原因的反面。這麼做，顯然是為了他的相互反對及因和果必定具有一定確定性和持續性，因此，赫拉克利特不可能像佛教那樣認為僅是純粹的點剎那。它們是具有某一瞬息閃現特性的東西，如，濕的變成乾的，熱的變成冷的，光明變成黑暗，新的變為舊的，生成為了死，如此等等。在赫拉克利特看來這些對立面仍舊是同一性質的，儘管他引述的例子大部分都能解釋成單純的因果關係（有時確實這樣解釋），但可以肯定的是他堅持了因果之間的，倘若不是因果的矛盾性，那麼也是在堅持因果的對立性；與此同時他還堅持因果的同一性。這一例子再次證明了古希臘的這位哲學家和印度的數論觀念是非常相似的，因為數論體系的基本規則之一就是因和果的同一性，也就是說，果先存在於因中，因和果同時存在。所以，這一物活論的本質上的無窮盡變化體系，讓赫拉克利特傾向對立統一而無視矛盾律的存在。對立面的不斷更新結合與不斷從一段向另一端的過渡，被赫拉克利特解釋成二者共存與同一。亞里斯多德證明了赫拉克利特在表述裡的邏輯謬誤，他說，因和果雖然是同一物質現象，或同一物質因現象，可它們並不是俱時而有的。除非我們忽略掉時間因素，否則就不能確證因和果是同一。赫拉克利特對矛盾律斷然否定的前提基礎，首先是忽略掉被佛教看作是最為重要的點剎那，果絕不會像因那樣屬於同一時間。在佛教看來，每一個實在之物之所以是真的，那是因為它是原因，而原因永遠是先於結果的剎那。佛教這一觀點的邏輯結果是，它絕對取消了事物真正的持續性，而把所有實在歸結成點剎那。

因此，同樣的一個流動的是理論在赫拉克利特的手上成了否的矛盾律的理由，而讓佛教證明了矛盾律。

在因和果之間，赫拉克利特看到了對立和法稱所建立的第一類反對關係是一致的。這是能動實在的反對關係，像冷和熱那樣。一定得把它們和邏輯的反對或矛盾（antiphasis，背反相）進行區別。法稱的冷和熱的這個對立例子在赫拉克利特那也有，這一對立並不是在所有實在事物裡都有存在，它只在其中一部分裡有。從前面我們已知道，法上是在怎樣解釋黑暗到光亮的因果場合，蓮花戒認為對那些運用矛盾（virodha）甚至相反的名稱是非常錯誤的。世間有些事物成為在另一些事物中將其逐漸削弱的原因，比如火之於冷。可在譬如火和煙這樣的對偶體事物裡就不存在這層關係。雖然在前面我們提到的場合裡只存在事物的因果性，其原因導致了某種現象被取消掉，但一般人由於無明所障的理解能力的這一原因，使得他們錯誤的認為那是矛盾。因此，他們視火是冷的矛盾物，風是燈的矛盾物，光是黑暗之矛盾物。可在終極實在性與終極實在事物裡是絕對不會有這種相互取消關係的。最終極地看，所有存在的東西是刹那顯現的，究其本質而言，不可能變化成其他的存在。倘若建立起這一種二難推理：或一事物的是和該事物不同的東西，或是並沒有什麼不同的東西，那麼在這兩種情況之下，一個存在物都不會變化成另一個存在物，更別說它不會變為非存在了。既然非存在的某物不真實，那麼它就不可能轉變成為另一個東西。因此，在對應物或存在物（非存在物）間假設矛盾都是不現實的。正是因為這樣，法稱在討論兩個對歷史在指尖的反對關係的時候，他這樣說：「只要一個事實的全部原因沒有收到削弱，那麼它就有持續性，而且它會隨著另一事實的出現而消失掉。因此可以得出結論，這二者是相違的，不相容的，或就其效能來說是相互對立的，這就如同冷和熱那樣的感覺。」在法稱看來，事物的不相容性（事物有效能的對立關係）「相隨於後」，「相隨」是指它為我們的知性所構造，並非說作為實在之點的物自體之間，真的存在某一實在對立。

倘若冷和熱被假設成同一個持續實體的變化屬性，那麼它們就被構造成內在關係上的因果了。甚至在某一程度上，倘若可以忽略時間條件的限制，那麼它們就能是同一的，可假如是在被看做是剎那存在的，那麼其中就不能存在真正意義上的對立，這一對立關係是邏輯上的，意指知性依據矛盾規律構造的概念。

赫拉克利特著作殘本裡的因果關係和同一關係

赫拉克利特從自己認為真正的同一事物裡發現了對立，他所考察的多數例證都是因果關係的。新和舊、生與死、冷和熱，他們都是同一材料裡的變化例證。因針對果而言，因不可無果而有，因和果是相互依賴的。因為同一性觀念含混，它們的相互依賴性很容易被誤解成某一同一或統一。事物的結果依據它的原因而有，既然果不能無因而有，那麼果就是在因裡面存在或者先於因存在。對於從「依據」到「在……之中」，哲學家們肯定都知道，這是很大一步的跨越。很多世紀之前，印度的數論家，以及19世紀歐洲的黑格爾都曾經歷過這樣的跨越。而發現這一跨越的是亞里斯多德，這讓他不得不將時間的限制條件引入同一律公式。

可這絕不等於赫拉克利特關於對立面符合（coincidence）的所有例子都是因果性的。赫拉克利特也引用了不可作為因果解釋的同一對立的例子，如乾淨和骯髒、善與惡、整體及部分、一對多等等。所有的這些都不是因果性質的，也就是說，並不是兩個事物的時間上的比如相隨的，而僅是關於同一客觀所致的——從不同角度著眼的同一事物——的例子。一個被看作是集合的統一體，倘若我們考慮其為部分組成的，那麼也是複合的多。同一事物從兩個方面看，可以使好的和壞的，乾淨或骯髒的，喜樂和憂傷的，動態和靜態的等等。所有這一切，按佛教的立場來看，都必須是具有同一性質的這一特點。這裡所指的同一是客觀所指的同一。也就是說，這個客觀實在是同一樣的一個東西，那麼它就是統一的，照這一觀點，這個客觀實在所附著的特徵是不同的，甚至有可能是相互反對的。很多哲學家、歷史學家以及語言學家都試圖對赫拉克利特著作殘本作出自己的解釋。其中有一個人特別強調這兩種性質不同的情況的基本差別，他就是派翠克（Patrick），他說：「在赫拉克利特的殘本裡存在兩種立場分明的對立關係，儘管他本人並沒對它們進行清楚的劃分，但它們卻都在隨著歷史的導向朝不同的方向發展，前者是對立統一，它來自它們永不休止的運動轉化成對立的一方……它們因為相互的轉換而成為相同的。但現在，我們卻要面對不適應和這一推理相對立的另一種。他舉例說：『善和惡是相同的。』這一例證，只是到了普羅達哥拉斯（Protagoreas）那裡才變成相對學歷的對立同一的。」亞里斯多德為了防止這類第二種對立同一的情況發生，他在其原則方面加上了對「在同一方面」例子的限制。和這一種對立同一相關的最雄辯的例子，是一個和多個的同一性。為了它柏拉圖曾傷精費神地對此寫了長篇大論。因為兩個大類總是能夠轉化成有或者非有而結合起來。赫拉克利特也說：「在我們進入到同一條河流的時候，我們既進入了這條河流有沒有進入這一條河流。」我們存在在這一河流之中，我們又存在於這一條河流中。黑格爾的基本原則是，這一對立統一是存在和非存在的統一。亞里斯多德和現代的邏輯學家都否認這一原則，在他們看來，同一個事物在同一個時間以及同一個方面不可能是既存在又是不存在的。

按照印度哲學的理論看，有意思的是：在赫拉克利特的否認矛盾律與亞里斯多德表述矛盾律的這一雙重特性裡，我們可以清晰的看到兩種基本關係的差異，它們是一切推理乃至所有思想的基礎。它們都是因果關係和同一性質的所指。這兩種相依的必然而普遍的關係，也是印度哲學範疇建立的基礎，也是比量理論的基礎。

愛尼亞哲學學派的矛盾律

在之前我們引用的蓮花戒那段話中，我們就可以看出印度哲學裡常見的觀點，粗看它和亞里斯多德之前的希臘哲學觀點很相似。古希臘人認為：「事物的本質是絕不會改變的。」倘若一事物本質是存在的，那麼它就不會成為非存在的東西。一個不存在的東西什麼都不是，因為從因果關係看，它是沒有效能的東西；還因為它是不可被我們認識的和不可言傳的東西。事物的本質之所以是本質，那是因為它不會屈從時間和相對性的條件。倘若某一統一體，假設它是一，那麼它就必定和永遠是完整的（本質的並且是無條件的），它不可能是多（plurality）。一百個能工巧匠也不可能讓藍色轉變成黃色，或讓統一體的東西變成非統一體的東西。就是這一沒有明確可又是被公認的原則讓赫拉克利特把下面現象看作是自相矛盾，事物能夠是冷的也可以是熱的，是整體的又是其部分的，是單一體的又是複合體的等等。也許這是因為這樣，亞里斯多德反駁了這一理論，在他看來，有必要以時間和關係條件來對事物的同一性進行限制，他解釋說，一個事物不可能在同一時間、同一方向上是存在和非存在二者。巴門尼德認為，「非存在物是不存在的」，幾乎所有相對變易事物都暗示某一方面的非存在，那麼只有不變的整體才是真正的存在。柏拉圖為了解決，一存在、一不存在、多存在、多不存在這矛盾的四難（contradictory tetralemma）感到無限困惑，因為一和多在他看來都是不可能即是相對又是變易絕對形式。柏拉圖同樣對從動到靜的轉化無法進行解釋，因為在他看來，運動和靜止都是絕對的形式，世界上沒有任何一個工匠能將運動的本質或者形式改變成非運動的，這樣轉變就像存在物轉變成非存在物是一樣不可想像的事情。

在前亞里斯多德時代的哲學裡有一種和亞里斯多德完全不同的矛盾律理論。對此問題研究得很透徹的是斯文德-拉努爾夫（Svend Ranulf），他說這是兩種完全衝突的原則。亞里斯多德之前的矛盾律認為：「非存在不是存在之物，不管它在哪一方面、以哪一形式，還是在哪一種時間裡，也無論在什麼條件下，從任何角度來看都不是存在之物。」但這於拉努爾夫只意味著「所有在某一方面，某一時間，某一條件下的非存在之物，在同一方面，同一時間，同一條件下不可能又是存在之物。」或用拉努爾夫自己的話說：「同一個東西在同一個時間和同一個方面又存在又不存在是絕對不可能發生的。」接著你說出了自己的設想：「絕對概念邏輯」不知僅局限在歐洲，我們完全有可能發現它在印度比在歐洲的統治範圍更加廣泛。按佛教的觀點，在極受人關注的程度上，巴門尼德使用了同樣的理由來證明自己的一元論理論，而柏拉圖也用同樣的理由來證明他永恆的形式；可佛教用它來例證與他們剛好相反的理論。之前蓮花戒的那段話是作為論據來證明剎那存在論的。那只不過是佛教在證明自己理論的一種手法。假如真的是在變化，那麼它就會一直變化，並且必定是其自身的變化，它的存在也就是變化的存在。假如它哪怕是在一剎那間不發生變化，那麼它就絕對不會有變化。所以，同一事物不會是熱的，然後變成冷的。所有熱的底細都有熱的本質，它是「完全」永遠熱。於佛教而言，這會導致這樣的結果：熱和冷是兩個完全不同的東西。不同的東西是絕對不會相同的。

佛教的矛盾律是：「和某個不同的屬性結合後該事物才會變化成別他（otherness）。」

柏拉圖

如果將柏拉圖哲學體系和佛教作比較，我們就必須注意以下幾點：

1. 這兩個體系都關注可感世界裡的遷流真實性和其概念或形式的不可改變的穩定性之間的關係。

2. 每個認識都是可以歸結到X=A這樣的判斷公式裡，A代表某一永不改變的，總是A，它絕對不會轉變成非A；X則永遠在變化，絕對不是同一個X，它總在不斷地從X向非X轉變。

3. 但在佛教的哲學裡，這兩重世界的關係恰好和柏拉圖的二者關係相反。柏拉圖眼裡的世界或者形式是基礎，在他看來不斷變化的可感實在是這一基礎蒼白的反映。在佛教看來，具體的清晰生動的變化是世界的本質，穩定性概念是其模糊的普遍反映。

4. 因此，柏拉圖理解的終極而真實的世界是可以理解的形式的世界，對柏拉圖來說，可感的變易世界最終還會是不真實世界；而佛教卻恰恰相反，在他們看來終極實在是規定無窮交換著的單元（自相），也是可感知的點剎那。而持續概念之世界只不過是想像的衍生品。

5. 這是兩個起點都是實在性觀念的絕不相同的哲學體系。柏拉圖的實在即被認知是真（true）的真相，在他看來，觀念性倘若是真的，那麼它就是實在性的。佛教的實在性指事物的效能，最終實在僅存在於外部世界的極端具體與特殊物件裡。對佛教而言，觀念之爭在人的頭腦裡存在，真實性和非真實性是一碼事，觀念性就是非實在性。真理也就是作為真理的可知性存在，它不是實在（reality）的標誌，但它是最終非真實性的標記，因為終極真實性本身是不可言說的，也是不可被我們認知的。

6. 可感知的個別對於柏拉圖是不可知的，真是因為如此，他才認為這正是否定此個別的最終真實的理由。

7. 柏拉圖的大部分哲學對話裡所默許的矛盾律是愛尼亞學派的矛盾律——一個存在之物絕對不是非存在之物。「自在」的這個觀念永遠是「是其所是」（is itself）、「自我依據」（by itself）、「自身相同」（uniform with itself）、「恆常存在」在其自身中，它是超越了相對性的東西。但對於可感世界，柏拉圖也會偶爾引用和亞里斯多德觀點相同的某一形式原則。即，一存在物只要是處於同時和同一方面這兩種條件下，就不可能是非存在物。

8. 佛教矛盾律是從愛尼亞規律裡得出來的對立觀點。愛尼亞認為非矛盾只是恆常的存在物，佛教也認為非矛盾只是感性的點剎那（sensational point instant）。一切持續性、廣延性、確定性都必定牽涉到矛盾，因為矛盾涉及到「別他」（otherness），即，涉及到存在物之間的差別。

因此，不管是佛教還是柏拉圖，他們都同意無論何時，只要邏輯被運用在實在（reality）中就必定會產生矛盾。而這一運用，在佛教看來，只有透過假設和人為的「絕對相異者間相同性」才會有所可能，在可感現實當中，總存在不斷矛盾屬性的會合，矛盾因此無所不在。同一事物表現為一和多、大和小、善和惡等形式。可在純概念中，概念本身（the concepts themselves）裡，柏拉圖不認為有矛盾存在。在佛教看來，在自相事物裡，即，在純感覺活動以及從本體上和該活動相應實在點裡沒有矛盾。

必須考慮柏拉圖的某一暗示，雖然它不好理解，可假如將它和印度哲學裡解決方法相對照，那麼就好理解多了。柏拉圖和佛教都認為，一個運動中的物件不會轉化成靜止，同樣，一個靜止的東西也不會轉化成運動的東西，然而，無論是在哪個時刻，不管是過去還是現在，它都不會處在既不是運動又不是靜止的時刻中。「因此結論也就是：不管是過去、現在和將來，都不可能有時間分配給變化。因此，變化是沒有時間的（timeless）。」所有變化物都是瞬間突然變化的——發生在既不是靜止又不是運動的瞬間。「這是時間之流裡突然出現的停頓和中斷，是一極其短暫的狀況，其中主體沒有存在性，沒有屬性，雖然它立即被賦予了新的屬性而復活，它還是一種完全否定的消失之點。在這極短的瞬間帶有所有屬性的主體都會消失掉。這當中，它真正的被否定有任何屬性，而且還未獲得任何肯定。這是一個既沒有運動有沒有靜止，沒有相像沒有不相像，和其自身不同不異，不一不多的東西。主體和謂詞都不存在。」蓮花戒解釋說，這一事物是自身的湮滅，為了尋找到普通永恆的形式，柏拉圖的突然變化瞬間也是非時間的，它存在於時間之外，是無持續性的絕對剎那。由於沒有任何屬性的緣故，它是純粹無特徵的存在。同時，它又是非存在的，由於它在出現的剎那旋即消失，為令一剎那接續。柏拉圖的突然變化之瞬間在佛教那裡稱作「相異剎那生起」，然而這裡的「異」是針對這之前的整個相續系列而言，不是指它本身。柏拉圖承認時間的客觀真實性是某一特別形式。而佛教不承認這一時間存在。每一剎那都是變化之剎那，變化因此成為了存在永恆的形式。所有讓柏拉圖承認能解釋明顯或者巨大的變化剎那都是永久繼續的，是純存在，是原則穩定表象世界的細微變化。這一絕對變化剎那是對亞里斯多德矛盾律的挑戰，因為裡面包含了創造和消滅，存在和非存在。格洛特就此評論說：「這好像是對拉薩爾歸功於赫拉克利特的哪種理論的某種闡述；永久的包含著肯定性和否定性（des Nicht-seins mit dem Sein 非存在和存在）；每一個別永遠被包含在普通中；並作為對立的個別永遠再現。」在講解赫拉克利特的時候，我們就知道拉薩爾總比不過是步他老是黑格爾的後塵。黑格爾認為自己對矛盾律的否認和赫拉克利特的想著對立面的流動的觀點是一致的。

因此，我們得出了印度哲學裡的同一和非同一的原則——不變本質絕對同一和變化感性實在絕對非同一。這兩者都被用來為剎那存在論服務，前者的觀點近似愛尼亞的矛盾律，後者是佛教矛盾律支持的。

康德和施瓦特

法稱很重視真正的沒有矛盾的對立關係和邏輯上經由矛盾的對立關係間的差別，這一點和康德青年時期寫的《否定級在生活當中的運用》一書（*Application of Negative Magnitudes in Life*）裡部分的內容近似。康德說，對同一物件、同一時刻、同一意義上的黑和非黑是不可能存在的。黑是肯定，非黑是邏輯否定，雖然二者從形而上看都會是否定的。它們經過矛盾而作為了存在和非存在相關聯。在實在的衝突（repugnancy）裡，黑和非黑的兩個謂詞都為肯定性的（positive），它們中的一個不會和另一個矛盾對立，「因為倘若是這樣的話，那麼這種對立就是邏輯上的。」它們就不再是真實的。矛盾對立關係是同一處同一時間的存在和非存在的關係。

很顯然在亞里斯多德的矛盾律公式裡，加進同一時間和同一關係的條件是必不可少的。要不然，他的矛盾律就難以保全。一個人在自己的一生當中的各個階段可以是有學問和沒學問的，可在同一個時期的同一門學問上，這個人不可能既有學問又沒有學問。這些條件對於佛教是不言而喻的，因為判斷主詞總是一個點，是「此」（this）的成分。「這是有學問的」、「這是沒學問的」二者倘若同時指向一點，那麼它們就是不相容的。而「這為樹」和「這為辛沙巴」能指向同一時間點，因為謂詞間不存在不相容性，這裡有基本的或者內在共存性的同一。

對於這種限定性表述的必要性，也只有康德這樣的權威才敢於提出挑戰。他認為，這當中的時間條件限制是亞里斯多德不經意引進的，並沒有真正的必要性，「因為作為純邏輯矛盾原理，在它的應用裡是不該受到時間限制。純邏輯原則顯然和斯文德-拉努爾夫的絕對觀念邏輯是同一個意思的東西。

這是將愛尼亞派表述這一規律方式的重定。「A不是非A」的邏輯開啟了巴門尼德的「存在是一」。康德說出了自己的理解：「假如我要闡述一個無知的人是無知的，那麼我就必須加上『同時』這一條件，因為一個在一個時間段裡無知的人有可能在另一時間段裡變成博學的人。但是倘若我說：『並非無知者是有學問的。』那麼，這一命題就是分析性的。因為『無知性』特徵此刻為主詞概念的步伐，所以，否定性的命題是直接由於矛盾原則而變得明顯，不需要附加『同一時候』的條件限制。」

印度邏輯認為，這個問題的重要意義不僅在於矛盾律本身，而在於它對判斷論和佛教所理解的推理理論的解釋。施瓦特不贊同康德的理論，反駁康德公式是對亞里斯多德表述所加的限制，認為康德所說的和亞里斯多德所說的根本不是同一樣東西。認為康德的批判是「無的放矢」。康德在說到亞里斯多德的表述牽涉到兩個矛盾謂詞的時候，實際上是非常有見地的。固然它們不能同時應用於同一主體，可在前後系列裡卻是被允許的。所以，康德把其中一謂詞轉換成主詞，這樣就有了兩個概念判斷，「A並不是非A」的判斷從而就成了分析性的和純邏輯的，不再受到時間的影響，並且還關係到處於絕對狀態下的概念。亞里斯多德有另一個不同的東西在裡面，兩個判斷中一個被另一個所取消。從印度哲學立場看，一個具有兩個概念的判斷是對伴隨狀況（共存關係）的判斷，因此，它是比量的（推理性的）判斷或比量或者大前提。實際上這是兩個絕對概念的分析性質的結合。這一結合（conjuction）並不需依賴時間條件。可只要這些概念和實在發生關係，時間條件就會出現，這一點總在因（小前提）與宗（結論）裡表現出來。這樣就會有以下的描述：

大前提——A不是非A（所有有學識的人不會是無知的）。

小前提——在特別的主體裡（這個人是有學識的）。

結論——同一時間、關係同一物件（他不是無知的）。

在印度哲學看來，這一判斷本身就是永遠帶有一個作為謂詞概念的判斷。在這一個意義上來說，所有概念都是謂詞。主詞永遠是用「此」（這，this）的成分來表示的，「此」就包含了時間的狀態。矛盾律就牽涉到兩個矛盾的這種判斷。「此（這、此處、此刻）是有學問的」、「此（此處、此時）是沒有學問的」。

施瓦特的這一觀點和佛教的完全一致。他解釋說：「為什麼康德說講得『一個無學識的人是有知識的』例子包含矛盾呢？那是因為謂詞『有學識的』被運用在一個它自身暗含『他是無知的』這樣的一個判斷主詞，康德的這一個例子完全可以作為兩個判斷：『X是有知識的』和『X是無知的』，這裡本身就包含了對這兩個判斷的肯定，因此，它包含了某一矛盾。」

施瓦特除了用符號X來給主詞命名這一點，他的論證也完全和印度哲學是一致的。這也完全符合他的「所有真實的真正判斷」都是有一個沒經確定的主詞的觀點。如，「這玫瑰是黃色的」判斷歸結成「這是黃色的」這一感覺的或真實判斷。在他看來，真正的邏輯主詞都是由「這」（this）來表述的，每一關係到客觀實在的概念也都是謂詞。按印度哲學觀點，康德在主張亞里斯多德的表述和各個謂詞有關的時候的觀點完全正確，只不過他把謂詞之一轉換成主詞的方法不正確罷了。

法稱的關係論及亞里斯多德的矛盾陳述式

判斷論、遍充關係（比量）論、關係論、矛盾論在印度邏輯裡，它們之間存在著內在的本質聯繫。倘若我們仔細考量亞里斯多德對矛盾關係的描述，我們也會在其中發現印度理論的理念，就在施瓦特意識到「一個有學識的人不會是無知的」這個判斷裡包含「X是有學識的」與「X是無知的」二者的時候，他無疑是正確的，正確到連他自己也未曾意識到。邏輯判斷在康德看來就是把多樣性的直覺材料置於一個普通概念之下的東西。因此邏輯判斷永遠能轉化成「X是A」的形式，這是具有同一個概念的判斷。施瓦特根據分析性的或者根據綜合性原則而連結兩概念的判斷本質上是另一個不同的東西。它是大前提，關於遍充關係的判斷；而小前提所表示的判斷本質上是感覺判斷，這是筏差耶那之後印度邏輯觀點，為了不引發混論，我們最好為這個存在判斷，或實在判斷的感覺判斷保留判斷的名稱；依照印度邏輯的方法，把另一類判斷命名為共存關係的或者比量判斷。這是因為它並不是關於實在的，而僅是關於一致性的判斷。大小前提在這一方面的區別是這樣的：凡是違背大前提的錯誤都是不一致的或者不被確定的；凡是對小前提違背的都屬於邏輯理由本身不真實。「雪是白色的」這個判斷描述了兩個概念之間的共存關係。「這是雪」則定義了概念的客觀實在性。它所定義的是一概念和其相應的實在一致性。因此，它還是存在判斷，並不是語法意義上的「雪存在」。存在即是真正具體的存在，它不會是邏輯上的謂詞，而是所有謂詞的共同主體。但是，這一判斷之所以被看作是存在判斷，是因為它定義了「雪」的客觀實在性，而不只是兩個概念間的共存關係。

對矛盾律的雙重描述正是要和判斷的雙重特性相對應，在感覺到（perceptual）或者存在判斷裡，它就像康德所願意的那樣是所有分析性推理（比量）及分析性判斷原則。亞里斯多德和康德的觀點不同，是因為他們所指的是各自不同的東西。

邏輯判斷的雙重特性剛好和存在動詞的雙重意義相對應。這一雙重意義在於它在稱謂當中既是系詞又表示存在。很顯然，屬於這一詞的存在意義只在存在判斷或者關鍵判斷裡才會有，而在表達共存關係命題裡，它只是系詞。

所以，我們必須反對這一觀念：判斷或命題是由主詞、謂詞以及系詞組成的。假如這裡指的是分析性的共存關係命題，那它是正確的。而對那些根據因果關係的判斷，就根本沒有系詞，除非我們完全從語言現象上看，我們自然就能說：「煙是火的產物。」但這一意思並不指煙是什麼東西，而指煙是有什麼產生。在感覺判斷裡，判斷本身中必定有表達「存在」或者「真實性」的詞語。從存在這個一樣上來說，這個詞表現的形式為「此為」（This is）、「有」（There is）或「是」（is）。否定的形式是「無」（There is not）。在分析性質的遍充關係裡必定有一個表示同一性的詞，並且它還是系詞意義上的存在動詞。在建立在因果關係上的共存關係裡必定存在一個表示產生的詞。

所以，判斷是由主詞、謂詞以及意味著：一、存在的；二、同一性的（系詞的）；三、因果性的詞共同組成的。亞里斯多德對矛盾律的表述（一切規律的規律）是特別有意思的，認為矛盾律在本質上預先要求了三重理由恰巧在佛教的基本信條一致。在亞里斯多德將兩種必然相依關係（法稱也證明了這些關係是所有邏輯思想的基礎）引進自己的矛盾律的時候，他肯定是對的，遠比他自己隱約感到的要正確的多。實際上，各個不同時期的哲學家之所以不承認有矛盾律，那是因為自始至終沒有區別不同事實和概念的必然相依關係和同一關係的原因。果不可無因而有，因和果是必然相互依賴的。換一句話說，因和果就是，統一的及同一的。這也是黑格爾的基本原則：存在和非存在。

但佛教矛盾律和這一結論是有衝突的，在佛教看來，每一事物都是孤立的（apart），事物間並不會存在真正的同一性。先於存在物的存在物，肯定是由其原因的，它「有」一個結果，但是那絕不「是」它自己的結果。另一方面換個角度，可以把兩個完全不同的概念附著在同一個客觀真實之點上。這樣一來這些概念就會被那同一實在的共同指向連結起來。在這層意思上它們的概念同一。這樣做並不會和佛教的同一律相衝突，反而會獲得同一律的支持。但是，同一的僅是共同的基礎（負載體，substratum），而非構造出來的概念本身。

印度和歐洲的兩種邏輯間的爭論，是建立在這兩種必然關係的不同解釋上。一種邏輯是，自赫拉克利特到黑格爾的邏輯和在印度的奧義書、中觀派、吠檀多的邏輯，它們都認為，必然相依的關係是不可以沒有其中之一而另一個獨自存在的，事物之間不僅相互對立，而且還相互包容而同一。還有一種邏輯——在歐洲，它由亞里斯多德到施瓦特，在印度，它由佛教到正理派——認為，所有對立物都不相同。

所有正確的經驗認識都是沒有矛盾的，而沒有矛盾的認識的基礎只有兩個：因果性和共同所指的同一性。無矛盾認識於因果性必定是沒有矛盾的，它是對不同時間的認識；無矛盾認識於客觀所指也是沒有矛盾的，它是對同一實在（reality）的不同方面的認識。因此，所有對矛盾律的正確描述都須考慮這兩大基本原則，對它們忽略就必定會傷害經驗認識而使之陷入矛盾。儘管亞里斯多德在對矛盾律的陳述中無意識地加入了兩大原則，但卻給法稱的關係論提供了間接而有力的證明。事實上亞里斯多德的矛盾律也包含了和矛盾關係、因果關係以及同一關係的聯繫，這三種關係，也就是法稱所說的共同構成我們理智或邏輯思想的三大原則。這三大原則讓我們透過間接的比量方式來認識實在（reality），倘若沒有這三大原則作為工具，則我們可透過感官直接認識實在，可純感覺認識（現量）只不過是我們不確定的感性活動罷了。

在歐洲和印度的不同邏輯裡我們看到了不一樣的矛盾律：

1. 愛尼亞學派有兩種矛盾律：巴門尼德的和赫拉克利特的。

2. 柏拉圖的矛盾律：它認為變異就是事物幻覺。

3. 佛教的矛盾律，它認為穩定是事物的幻覺。

4. 亞里斯多德的矛盾律（印度的實在論），它認為每一事物或是穩定或是變異的。

5. 黑格爾的矛盾律，它把運動實在性引入了其概念核心，從而消除了實在和邏輯之間的所有差異。

第三章：一般（universals）共相

行動的相仿替代了事物靜止的一般性

共相論在印度可分為觀念論的與實在論的兩支。每個共相由實在論者看來在客觀世界裡都是以單獨個體存在的，共相自身所在的一切個別與其的聯繫都是不變的。觀念論者堅稱共相通常僅是假設、名言、概念，只有個別才是實際存在的，依照這個特點，觀念論者亦可被叫做唯名論者和概念論者。

實在論者也可分成兩派：對於內在因所附帶的真實性，一派對其必然性和實在性表示否定，另一派則肯定其為一種單獨存在物。堅持內在因的論者再一分為二：一些人認為這個實在性是推理所推得的，另一些人則認為它是直接現知（認知）於感官的。推理的內在因是勝論所提倡的，現知的內在因則是正理所提倡的，數論、耆那和彌曼差則對這點堅決不承認。共相的實在性被佛教徒完全否定了。概念論、唯名論、符合論、觀念論、動力論和辨證論皆可描述為佛教邏輯家的理論。此類觀念可聯繫名言，且共通於概念和表象，因此可說它是概念論和唯名論；表象相呼應外界有效點剎那的實在是其所堅持的，因此可說它是符合論；共相通常只是主觀的觀念是其宣揚的，因此可說它是觀念論；喚起表象的效能構成了實在是其所承認的，因此可說它是動力論；其認為一切概念均為辯證相對的，因此可說它是辨證論。

判斷論中已研究過符合論，辨證論與動力論是我們現在要檢驗的。

一塊布的認識和存在的不同解釋可以說明一切此類理論。正理派覺得有三部分組成了布：布的特性（clothness）、線以及因（線布性的內在性），這三部分全是能被感官所感知的，全是實在的外部的單獨個體。勝論認為內在因不可以感知，是源自推知，但可以感知線及其內部的布性。耆那、彌曼差和數論認為只有兩個個體為布性和線，它們間的聯繫根本用不到內在因，所以其是不存在的。佛教認為實在純然的點是唯一存在的，它使我們的生起性想像得到激發，因此形成布的假象。關於兩個截然不同事物間的相對（correspondence）或相符（conformity）的理論稱為動力論。實在的事物個體不是實體而是一種力，它能激發人們意識內的表象。

寂護言道：「憑因果關係為據而生的是物自體即為事物。絲毫其他因素也不能混雜其間。」實在這一個體絕沒有任何一般性痕跡包含其中，它是純粹的。相似性、共相或一般性永久都是構造的，也就是假設的。那每個認知不都是一個共相麼？有什麼聯繫在實在個體和完全異質的認知間呢？對此的解答是：

共有實體一絲一毫都不存在於事物自身中。為何在我們已知實體不包含其中時，實體相似性還會存在其中的原因是，這並不是實體而是力。但假定相異的力或事物所獲得同樣結果並不受其影響。比如一種名為古杜吉的植物因其具有解熱功效而被用於醫藥，它和其他具有相同功效的植物在質地或形狀上都完全不同，但他們卻都在不同程度上產生相同功效。此類共相並不是實體而是某種作用，可以形成某種相同或類似。若一般共相如同實在個體那樣是物自體，即外部世界的真實事物，那必定會有直接對其的反映存在於我們頭腦中，這樣消極的感受性便是思維之作用，但實際上卻不是這樣。

所謂法稱實驗的過程一直被佛教邏輯家極端重視。也就是當觀察者的注意力維持專注或在另一狀態下，他的精神狀態迷離時，物件可能充分發揮感官攝取作用，並產生完全向內的刺激（incoming stimulus），但其處於茫然狀態的精神完全不會產生再認識（識別，recognition），從而不會「理解」任何事。只有觀察者透過將注意力在感官的攝取活動上集中，在物件上集中，喚起名言和內涵，記住以往的經驗，才能有所「理解」。這也意味著知性不同於感觀，作為一種單獨的功能，知性是頭腦自主的活動，緊隨被動感覺器官的功能之後。若某種外部實在是名言的內涵，在物件中以恆常形式存在，這種形式是物件能夠「分享」的話，那麼再認識（recognition）應直接在刺激抵達感官後馬上產生。若此活動具有習慣性，那注意力便會飛速運轉並集中回憶以往的名言和經驗。若它是非習慣性的，就由內省作用所揭示並劃分階段。若清熱是某些草藥的作用，並且這作用就是草藥中的永恆形式，那麼它將永遠相同且沒有變化。而就我們所知隨場合不同，它也會發生改變。這是由植物性質所決定的，而生長土地的性質、種植、肥料等因素又決定了植物的性質。因此每種個別情況的不同，導致其之間各不相同，連「最微小的共同」也不會出現。因此一般共相是假象這句名言並沒有與其對應的任何普遍的真實性。以蓮花戒所言：「名言將其敘述為基礎的實在的個別物自體，已被證明是不知性的辯證手段所無法企及的。由所謂的生起性假設的工匠，建造的此形式之非終極經驗的實在，不是外界的而是內在的，某些人區分不了感念和感覺，因留意到物件那好像是處在外部的形式，便追尋它如同追尋外部事物，這樣是不能算做其為外部物件的例證的。經過人們感覺判斷從而在外部世界做出投影，就是我們看待譬如家畜驅趕棒等外部物件的行為基礎。但它實際上只是人們腦中主觀想像的代表。」對於實在論者，蓮花戒還專門指出：「你們在這以外極力想驗證的是：通常觀念涉及到某樣事物不同於它們實際上所感知到的，但它們並沒被單獨反映出來（這些一般實體都是不存在的），因此這並不正確。」你們實際上是剝奪了牛實際擁有的形狀，顏色和專用名而描述其為「牛性」。其反映的色彩及其他個別特徵，藉由經驗的表象在我頭腦中擁有。那怎麼可能剝奪了其形式的顏色或其他此類特徵呢？若表象和其外部模型分別有全然不同的一種形式，極其荒謬的事（每個表象會與任何物件相對應）就會出現，因此這是不能被承認的。

蓮花戒和寂護反對實在論而贊成唯名論，我們知道在這裡他們是重複了貝克萊反對概念論（conceptualism）和贊成唯名論的論證。然而佛教和貝克萊之間存在著這位英國哲學家沒有注意到的顯著差異，以下明顯事實表明了此差異：在他所說的「具體的形狀和顏色」這一概念下的一切個別依舊有共相性。只有自身局限嚴格的東西體才是非一般的。若說它為白，就表示其不為非白色，這已身處其他（in the other）而不被自身局限，也就是一般了。感官的「第一瞬間」即為其所指，也就是被消除所有特點，還沒被知性的辯證手段所觸及的「純」物件的感覺。作為我們一切認知的原由與基礎的「純」物件是實在的，因其具有效能。他代表了具有一般圖像的事物，知性用普遍又非真實的表象來「理解」或「攝取」它。對於那第一瞬間的認知是肯定的也是純的實在。然而這樣我們就可以說表象的認知也為肯定嗎？關於這點大家在下面就會明白，它只是分別性的。

共相問題的發展歷史

印度的思想家們很早就注意到一般共相的問題。最早可追溯到前哲學史的半神話時代就有關於一般共相，個別殊相（particular）和援引過它們的哲學家名字。

數論出現在第一個歷史時期，後來導致各派分裂的兩大基本原則的學說基本也起源於此。隨著因果一體論的發展，出現了一般和個別的某種統一理論。但是後來因與果分離理論的產生，又分裂出細微的單獨成分。在此基礎上，發展出佛教否認的共相一般實在性理論。

之後的一個時期，關於內在因的學說出現在正理和勝論的聯合派別中。來自佛教的攻擊使得他們的實在論觀點更加固執，甚至達到了哲學史上從來沒有的地步。

主要哲學派別的對應觀點，在印度思想的第三時期已經形成了系統著述。在這些經典著述中，我們可以找到它們的共相概念和相應扮演的角色。

正理一勝論的極端實在論在極右方，它們比其他各派更晚出現。代表著較早時期哲學的溫和實在論的耆、數論和彌曼差等位於中間。

佛教在極左邊，過些時期它獲得了吠檀多派哲學的支持。

也許某些正統派別會誇大實在論的間接原因就是佛教徒。

勝論系統中有這麼一段經典的陳述：「相對於認識而言，共相和殊相是相對的。」因為勝論派總是傾向於非常實在論，因此這句話不能在相對主義的基礎上解釋為非實在性（unreality）。這個哲學派別主張，事物即是真實的，同時又是相對的。在經典中這句話其實只簡單表示了共相的普遍性是有很多程度的，而這些程度卻相對對待。正理一勝論即承認內在因（inherence），也就是說，個別當中可以存在一個共相一般的實然（擬人般的），它們也承認個別事物中還存在另一個差異的寄居者。一方面所有的事物都有相似性，另一方面它們又具有相異性。根據這一點，實在論後來就認為所有事物即具有相似性，或者說同性，又具有相異性，或者說異性。比如說，每一個極微對應有一個特殊的差異的實在體。像時間、空間、乙太物質、靈魂，或者說時、方、空、我等這些無所不有的終極實在，都包含了能使它們彼此不混淆的差別體。感官能認識到的各個單元就是這些實在的區別體。我們凡夫俗子的肉眼是看不到這些極微和無所不有的實體的，只有瑜伽行者才能用眼鏡觀察到它們。實在論的這種觀點已經到了一種巔峰造極的境界。

正理一勝論學派內部的實在論觀點沒有太多的變化和發展，只是對內在因的可認識問題上存在一些分歧而已。勝論派爭論的焦點主要集中在永恆的共相一般是否無所不在這個問題上。

一部分人認為共相一般只存在相應的個別地方，另一部分認為共相一般除了存在於這些個別地方，還能存在於這些地方的空隙之間，即使它們沒有顯露出來。普拉夏斯塔巴達同意前者的觀點，並且後來正統的勝論系統，也接受了這種觀點。

佛教否認共相可以分為兩個階段，前期是小乘佛教時期，在這個時期裡，抽象、普遍性、綜合和命名都被認為具有特殊的精神性，或者一般的力量在第二個時期中，邏輯家一派認為共相是概念（vikalpa），跟個別的客觀實在相照應（contrasted）。

小乘佛教的反共相傾向比任何一個學說都來得厲害。在這裡，抽象物的名義下包含了任何與共相一般所相應的。這就意味著語法上它的用語跟實體名詞的詞彙是一樣的。只是在這裡它表現出具有獨特的心裡的能（a mental energy sui generis）。一切有部把它轉換為一般的能，或者說非精神的。

很顯然，具有這裡把共相一般或者說普遍性的轉換成一種分辨的功能，比如說在這裡把種類（gentus）轉換成可以讓某些被認為自身缺乏共同性的個性統一起來的單獨力量。

陳那對這些基本思想做出了很詳細的表述。他認為這是一類賦名的思想構造活動，並根據這個分類。雖然跟概念論有著密不可分的聯繫，概念和名詞涉及的範圍基本一致，但它還是唯名論。

歐洲的此類理論

各種各樣關於唯名論和實在論的爭論，充斥在整個印度中世紀的邏輯發展中，這和歐洲中世紀的情況是一樣的。在5至8世紀佛教邏輯的創造性時代中，雙方的立場都基本確立了。從此之後，雙方理論開始僵化，除了基本立場保留之外。因為印度的各哲學派別沒有什麼改變它們的基本原則，所以它們沒有什麼變化的保存下來了。我們不妨想像一下在柏拉圖學派誕生的地方，當它經歷了一切的政治變故之後只有風格和文字形式等不重要的地方有所改變地保存下來，並繼續宣講這個學說。這就好比印度實在論的經歷。在印度，唯名論隨著佛教邏輯學派的消亡而消亡了。但是在西藏從一千多年前保存至今日。

在印度，實在論者認為一般是外在世界物件中的實際存在物（actualens）。它具有統一性、永恆性和內在性。這就意味著，它總會以某種形式永恆完整的存在於某一個具體的個別中。佛教反駁說，一般共性是名言的，是一個缺乏對應外部實在性的辯證的概念，也即是否定的。我們只有假設概念的否定性，才能明白在每一個個別當中的一般具有的統一性、恆常性和完全內在性對立面的荒謬性。

唯名論和實在論在歐洲的爭論跟印度的情況很類似。儘管細節上有所不同，但是大體的輪廓是一致的。

第一個不同的地方是，這個問題在印度與關於現量認識的兩種不同的理論有著緊密的聯繫。實在論者認為憑藉感官直接感知到的外部個別和假定沒有表象的意識是共相一般的。唯名論者則認為共相不是存在於外部世界，而是存在於內部世界，並且假定外部世界的個別只是相對於內部世界的表象存在的，或者說是相對於共相一般。感覺和表象的關係就像個別和一般共相的關係一樣。唯名論的觀點就建立在這個理論之上：雖然感官和知性之間存在一種特別的因果性，或者說在功能作用上表象依存在感覺中，但是它們仍然有著不一樣本質的智慧。

第二個不同的地方可以看作是第一個區別的結果。個別概念在佛教和歐洲哲學中是不一樣的。感覺活動中的個別概念是純粹的個別，不具備無別它性（otherness）和普遍性。歐洲哲學的唯名論和概念論都是建立在這個觀點之上：個別只是一個具體的一般。在印度，它們之間的區別不在具體和抽象的一般之間，二是在絕對個別與絕對一般之間。這是因為具體的一般和抽象的一般只有抽象化程度不同而已，但是都具備共相性和抽象性。

即使我們假定印度跟歐洲中世紀的哲學爭論是相對應的，但對這兩點區別還是要十分重視的。

如果用現代歐洲哲學的思想，那麼陳那會如何回答貝克萊及洛克就比如容易想到了。不妨假定他們是在同等的地位討論共相一般的問題。陳那肯定會贊同「普及和一般」是精神性的「觀念」，是「知性的創造和發明」這樣的觀點。但是他會否認「簡單觀念」是具體和個別的觀點。如果一般是概念性的，那麼就會得出所有理智可以理解的都是一般的結論。數學家在桌子上劃的一條直線是個別，但是腦海中想到的直線就是一般的。它代表任何時間任何地點的直線，具有無限制性。不能認為它是個別的，同時又代表別的個別。因為它不可能既是一個東西，同時又代表它對立的東西，不可能同時是個別，還能代表一般。

印度認為「簡單觀念」只是某種「力能」導致的。但是這種力能只能透過刺激知性來產生「創造物」。這跟構造簡單的藍色觀念的能力有關係，也跟構造豬、牛、高尚、永恆和長度等基本性質的「觀念」的能力有關係。雖然，任何觀念都對應一個個別，它們要以它為基礎（cum fundamento in re ）。但是它們不是個別，至少跟個別不完全相符。洛克說過，它們在一般性的觀念中「只不過是個符號」。

貝克萊認為不存在一般觀念，只有個別的一般名稱。「所有的個別都可以在腦海中對應著這個名稱」。陳那應該會贊同這種觀點。他會說，名稱和概念（idea）一樣具有普遍性。表象和感覺透過能否有一個名稱的狀態來區分。所有有名稱的事物跟它們的名稱一樣具有普遍性。但是對於真實性而言，抽象的概念和名稱沒什麼分別。

假設如果法稱和洛克在一起討論這個問題，他會帶著他獨特的風格發表這樣的意見：「你為什麼會認為有些概念是合適的，有些卻不合適，有些是簡單的個別，有些卻外部加上去的知性的創造物呢？誰在主宰宇宙？誰決定這些概念是合適還是不合適？概念不是實在，就只是概念而已，或者都是相稱的，或者都是不相稱的。」但是洛克反對這種觀點，他認為物件只是產生不同感覺的力能（powers），我們腦袋中存在的對應概念不是外部物件的相似性。這一點法稱肯定樂於承認，並且還會把這個特點運用到所有的一般「概念」中。

實在論和唯名論在歐洲邏輯中的爭論到現在都沒有解決。並且爭論的雙方都已經放棄了。許多現代邏輯家覺得這個問題沒什麼影響，不能解決就放棄了。但是，馬堡學派和胡塞爾堅持對柏拉圖的觀點加上了自己的解釋。經驗學派邏輯家也覺得有必要重新對它進行新的探討和解答。容易想像出法稱肯定會這樣答覆這些當代的學說。對胡塞爾他會說：「一方面你堅持認為觀念的東西具有真實存在性，它們不止是語言形式（tagon de parler），是世界上沒人能完全否認的觀念物件。另一方面，你有認為個別的真實存在和一般共相的觀念存在某些不同。

我們不反對這樣的觀點！真實存在的火是可以燃燒的可以取暖的火。頭腦中的火則是觀念的火。我不會否認頭腦中存在一個一般的火。但是外部世界存在個別的火，代表著『終極的實在』，這就是有效能的點剎那（point instant）。」

對維護柏拉圖觀點的納托普，法稱會這樣回應：你堅持認為柏拉圖的理論中X=A的判斷，其中X表示具體個別，A表示一般普通。這兩者都具有「存在性」。柏拉圖說的存在就是「完全規定了的X成分」。我們也不反對這樣的觀點！但是我要補充一點：「終極的實在」不是柏拉圖說的共相，而是具體個別。法稱這樣解釋胡塞爾的話：真實的火是可以燃燒可以取暖的火，而頭腦中觀念的火，也就是「完全規定」的那個別的火是不能燃燒、不能取暖的！這個異常明顯的事實沒有人可以否認。我們要把最終的實在和假想區分開來，後者的真實性只在語言形式上，只是一種精神的實在。

佛教上說，大家都知道存在著兩種不同的實在性觀念。根據舊的定義，存在代表著可以認識性。存在可以分為十二個範疇，最後一個範疇是精神性的。但是在大乘佛教中，這個存在的定義改為：「實在的東西具有效能性。」只有透過外部的終極具體和個別，或者說點剎那才是實在的。感覺和表象只是內部的物件。表象只是一般性，可以分為能的想像（比如空中的蓮花）和跟實在點有著某種間接的「一般」關係，後者當然是共相一般。

伯特蘭・羅素認為，外部個別和精神一般存在一種因果的關係，這和佛教理論的某些理論是一致的。佛教上認為外部分離出來的個別產生出不同刺激，彼此之間的相似性可以代替共相一般的實在性。但是只有因果性還遠遠不夠，個別和對應的一般還存在「符合性」（a conformity）。在下一個章節中我們會詳細說明符合性的意思。

第四章：辯證法

關於陳那之名言論（theory of names）

關於陳那認識的戲劇，現已步入終章。古典戲劇、地點、行動的同一性規律是此戲劇的特點，只有觀念和實在這兩個角色，存在於認識的戲劇舞臺之上。前者是安定的，稱為概念，或在某些時候為邏輯；後者則是不斷運動的，稱為點剎那（point instant）。在最開始，我們已看到實在的登場帶有地道的純粹性，它生動明晰地直接反映出來且是無法言喻，並非概念性的。「奇哉！」法上如此感慨。愈是生動，其愈是理智所無法解釋的。

我們在第二幕裡看到了受限的或間接的實在反應以概念的形式出場。判斷作為一種活動顯示自身，聯繫了看上去無法協調的觀念和實在。推理的作用則必然是聯繫實在和推論或延伸的概念，就如判斷的延伸一般。兩個雖然為從屬性但非常重要的特徵，也就是因果性和同一性為這聯繫提供了充足的原因。因果性或同一性與兩個不同卻相互依賴的點剎那或某個同一點剎那相關聯。概念間及其與最終實在間的關係範疇，就是由這齣戲劇的第二幕確定的。在此之前的一幕可稱為先驗美學之章，這一幕是先驗分析之章，最後一幕則描述了言說與實在間的關係。無法言喻的事實間接透過名言被給予了名稱。為了使名言間有部分存在可間接觸及這件事得以驗證，認識活動戲劇的編者必須對名言之於實在的行為加以描述。既然就像我們知道的那樣，名言接觸實在的方式只是辯證的，就能以佛教唯名論，也就是佛教辯證法的一幕來稱呼戲劇終結的一幕。以一個著名的事例為指導，先驗美學，先驗辯證法及先驗分析就此形成，在這裡終極實在和邏輯相聯繫，因此其是先驗的。

語言對於我們的認識活動究竟有著怎樣的作用呢？它是真實知識的來源還是一種單獨的，有別於理解與感官的來源？抑或者是包含在這兩種來源中次一等的來源？初看之下，語言證明是不受真實知識的來源的尊嚴排斥的。透過對這一哲學體系的分析，我們可以知道真知識的來源本相究竟是什麼嗎？據我們所知，真知識的來源本相是無矛盾的經驗。因其先於每一個成功的預期行為因此真知識是成功的知識。其表現為，當外部實在在我們的認識器官上產生一個刺激，使我們的認識器官依據外來的刺激構造了某一表象並在其指導下使我們採取一定的行動。行動和目標的達成和表象的正確與否成正比。例如：我們得知山上有棵梨樹上面有六個梨，於是我們來到上山找到了樹，摘到了梨，因為那語言證明的正確性使行為成功。而這是否可以說明言辭是外部實在的充分表達呢？抑或者證明了物件及其名稱之間的基本永恆？名言被先於實在而有，因此語言被作為某種生命的能力，它不但形成了我們的概念甚至是否也有可能形成了複合我們概念的實在本身呢？最終我們可以在印度的哲學中看到這種種觀點的表現。然而這些觀點是被佛教斷然否認的。佛教認為，認識的來源不單獨是語言，要想充分而直接的表達實在僅僅用名言也是不足的。作為只表達一般共相，名言和表象或概念相當。因實在是由個別所構成因此就其本身而言只表達一般共相是絕非實在的直接反應。如名言與概念一樣共相並不能在預期的行為中達到，因為共相也是實在的間接，局限性的反映，同時因其是邏輯的且是非真實的因此它們是實在的「回聲」。推理（inference）和語言作為對實在的間接認識並沒有什麼不同，而前者也只是被定義為「間接的認識方式」。物件被藉以認識的中詞是名言。分析性的推導中詞與大詞基於客觀所指的同一性的關係我們認識到了理由的三個方面：一、這個物件叫做瓶。二、 無論何地只要看見這個物件都叫做瓶。三、非瓶對於這個名稱絕不適用。然而陳那理論的主要特點並不是這種將名稱看作邏輯理由、認為是實在的間接象徵的理論。陳那還指出一切名言的否定性，用我們現在的名稱即是辯證性的。

人類理性原有的辯證性被印度的佛教邏輯家劃分在名言理論內，這被稱之為某種名言論。對於名言和概念所包含的範圍一致這點，人們都非常清楚。因為與名詞緊密相連的，也就是可名稱的思想即是概念性思想的定義。確定概念的基本特徵和確定名言的意義是一樣的，因為陳那曾提到：「名言由概念中所生。」相反的，概念也可生起於名言。僅能由產生佛教理論的特殊歷史條件來對概念論為何被劃歸於名言論內作出解釋。某些學派認為語言是某種並列於比量及現量的特殊知識來源，因此他們一樣是終極且基本的。對於這些理論，陳那如此解答：

原則上，比量和由語言衍生的知識是一樣的，其實依靠名稱對相反意思加以否定，是其能表現自身作用的僅有原因，比如「有生」這樣的語言意義就是相對所有永恆或者無生起的事物而指明的。

由語言衍生的知識在原則上和比量相同，這表示它亦為間接知識。知識要麼源於理智或感官，要麼是比量或現量，即是說作為感覺活動或概念活動，知識只能分為直接與間接兩類。由語言衍生的知識並非感覺活動因此不是直接的，它就像由比量衍生的知識那樣是間接的，同時它亦是辯證的否定的。因此一種全新特徵由直接和間接知識，感官和理智的比較中產生出來。相對於「純粹」肯定的感官，理智的肯定絕不是純粹直接的，它總是否定性——也就是辯證的。若其對自身意義表示肯定，則必然以排斥別的意義作為手段。例如「白」這個詞，沒人知道全部白的事物，因其是無窮的，所以它並沒有把一切白的事物的知識傳達出來，雖然其沒有把對感官所認知的關於外部事物的「白性」共相形式的知識傳達出來，但卻能認識到其在每個有關白的實例中將非白和白的分界清楚表示出來。我們透過白認識非白，又透過非白認識白。當然對牛和牛性的認識也是這樣，我們經過對非牛的比較而認識了牛。否定是雙方互相的，永恆性否定有生，而有生也否定了永恆性。除了「有生」和「永恆性」的比較，有生不再含有其他概念。借用黑格爾說過的話：「宇宙的靈魂即是否定。」因為一切名言和概念都遵循上文的意義。但黑格爾的世界中只有否定，因為在他看來世上沒有邏輯之外的東西。然而除了邏輯我們還可以在佛教的觀點中認識到既不是辯證亦不是否定的真正實在，概念和邏輯統統具有否定性和辯證性。實在的物自體是非辯證的純粹的肯定，否定的真意被顯露出來。「單單有肯定不夠麼，否定為什麼被需要？」諸如此類問題終於能被回答。否定和肯定都是對於實在的斷定性認識，對於為何需要兩者，我們得出的回答是：間接知識為否定，直接知識為肯定，但純粹肯定僅為感覺，純粹理性一直是否定，也就是辯證的。那些只認為理智和感覺為知識僅有的兩個來源的學說又得到了深刻的嶄新基礎。感官與理智的關係也是非辯證與辯證的，肯定與否定的來源關係，它們的聯繫不是只像間接或直接知識來源那樣。

陳那在其重要著作中尤其是在討論言詞傳達的知識的那一章開始，便申明了語言知識（言證量）是相對的、辯證的、推理性的，而並不是直接的。陳那還透過審查其他各派的不同理並論依據「無限性和不相符」駁斥了認為名言表達共相的理論。因為共相包含了無限多的個別無法被直接認識，因此陳那對於共相是居於個別之中的，並由感官直接認識的真實存在物的這種主張是持批評態度的。接著陳那還批判了抱持名稱表達出差異理論的勝論學說。因其的實在論主張，所以陳那依然批判了這種似乎和他關於否定性質的名稱極為相近的理論。它的實在論主張被陳那斥責。每一個別存在物都被勝論認為其中寓有一個真實的差別者（異，Differentia）或稱之為一個實在的「別性」（otherness）。每一事物透過此別異性將其他事物區別開來，哪怕如極微原子這樣的事物。因為正理派認為名稱表示抽象的共相一般，具體的共相一般和殊相的個別三種事物，因此也受到了陳那的批判。絕對個別和具體共相與抽象共相，前者不可言說而後兩者皆為共相且都是抽象的。名稱表達的一般共相是怎樣的共相呢？它們是存在於我們腦中由生起性的想像所創造的且在本質上相對、否定、辯證的共相。陳那在駁斥了不同觀點後重申了言詞所產生的知識是透過認識實在並排除其對立面（Repudiating the Contrary）的理論或者說是以否定的辯證方式來認識實在的理論。為陳那著作做出注解時，勝主慧對這個理論加入了自己的概述。下面即是對其全文的翻譯。

勝主慧論名言的否定意義

所有名言都有否定性

「因此一個詞的意義就是它排斥其矛盾的意義」，好比「有生」等，這些名詞清楚地表明了這一點。也就是說這些名詞本身的意義就會排斥其他不相符合者。一開始我們就提到了這個理論，而現在「用一種駁斥所有衝突意見的方法得到證明」。

這些觀點說明，在總結對那些堅定語言表達（實在的）共用一般的是在主義觀念的反駁裡，陳那只是在證明他自己一開始提到的理論。你們可能會反駁說透過對異己觀點的反駁並不能證明自己的理論，理由是，我們在審核和批判混合假設比量式的否定後件式的時候就解釋過了（數論認為此是一種獨立的證據）。但這一詰難也不一定會成立，因為陳那本人在一開始的理論裡就說了，就像「有生」這句話那樣，語言本身的意義總是由排斥它的相對立的意義（contrary）來表達的。因此，證明言證原則上和比量並沒有什麼區別。透過反駁這些認為預言師讀來的知識來源，同時還駁斥認為共相（同）與差別（異）都經由直接肯定而使用語言表達的理論，也就是說，語言並非透過肯定，它仍是透過否定而表達共相的同一主張得到了證實。這些話是介紹性評述陳那描述並證明自己的理論。

那麼，排斥這一個詞語在這裡是簡單的否定嗎？還是很特別的否定？同時排斥會導致怎樣的結果？倘若排斥只不過是對不相符合的否定，那麼我們就和經典衝突了。因為在前面我們說，語言是透過排斥對立面而表達本身的意義的；還因為一般來講對其他某物的簡單排斥並不依賴對自身直接意義的陳述來表達。部分的意義將由否定來表達，排斥會用一種暗含的否的方法來表示一種特別的被規定的意義。堅持這一雙重意義理論的人也會和陳那的經典相衝突。

但倘若排斥指的是一特殊否定，那麼這種同樣的觀點也排斥否定對立意義，並同時確定自身意義，這種觀點是被否定了的。這個意思就如同否定詞本身只有否定再無其他的作用。

可這一關於雙重意義的觀點果真就是不同的嗎？這一觀點裡所發現的——它和陳那經典的矛盾錯誤會不會也延伸到這另外的觀點中去呢？（因為陳那也說到過語言的自身意義。）不，不會的！排斥對立面是每一個語詞唯一的意義！（陳那的觀念於此並不衝突。）因為語言自身的意義正是對對立面的排斥而不是其他。在這裡排斥被描述成矛盾排斥（contrary repudiation）。實際上陳那經典的目的在於語言是從反面

（per differentiam）來表述自身意義的。

我們在比量式裡運用了合和離的這兩種方法，一是肯定；二是否定。倘若，我們提出某種特別物，我們的解釋是：它和其他的物不一樣。提出它的做法可理解成一種肯定描述及這一物的逆反形式描述。因此，這些描述也成了肯定和排斥的描述。所以，這裡面只有關係的那一部分被理解成排斥對立。可在這裡肯定又有人要堅持認為語言只不過是表示特殊意義的。換一句話說，這意義在於對不相符合者（discrepant）的否定！所以，只存在一種意義，在肯定和對其對立面的否定之間，不存在那種相互規定其特殊的關係。

可我們在日常生活裡不就把語言的意義或理解成只有肯定的，或只有否定的了嗎？

不會，事實不是如此的！因為語言表達的只是否定，只是差別！因為純然的不會暗含否定的肯定是沒有意義的（它並不表示任何確定的）結果。同樣的道理，我們也不可能立足在一切純然的否定上，決定不存在沒有（相應的）命題陳述的換質位形式的命題，也不會有沒有換質位形式的命題陳述。命題斷定的共存關係是直接意義的，同時它不會離開否定或者逆否形式的斷定。逆否形式的命題在於，它將相異的意義從自身以一種排除掉。一個不包含命題斷定的逆否形式命題的存在是不可思議的事情。

也正因為這一原因，語言並沒有完成兩種不同的工作，即，沒有同時排斥矛盾的意義又沒有去肯定描述自身的意義。既然一個詞語自身意義的本質在於和其他意義的相區別，那麼只要它一經說出，我們就會直接感受到對利益方的被否定。

就如同我們說：「一個孿生子！」既然一對總是表現出兩個，我們就必定會理解，只要我們說到一個孿生子，就必定有另一個存在！同理，一切有兩個單項組成的種類也總是這樣；既然它們只是兩個，那麼，已經提及，一個就和另一個區別開了。

反對我的意見是這樣說的，倘若一個詞語依靠排斥對裡面來全面發揮作用，那麼為了表達它證明的意義，我們就不得不找出另一個詞語來。可這是錯誤的，因為這個詞語本身就是排斥對立面的。實際上，一個詞語只不過在顯示自身意義，同時也暗示出它對任何與之矛盾的東西的排斥，因為它所暗示出來的否定意義適合肯定意義不可分割。

因此堅持語言自身意義在於否定的看法並沒有包含絲毫矛盾。

共相的起源

就算它具有否定性，我們還是會進一步探討這個否定性的意義是什麼？它表明說話的人要指出共相的形式，但實際上它肯定跟語詞存在一定聯繫，所以說話的人要表達東西的依據就是語詞。

但是如果一個語詞表達出一個真實的共相，那麼設想一個具體的思想表象對應一個語詞的物件會怎麼樣？並且，事實也正是這樣的。整個共相就是由這種思想表象構成的。為什麼會這樣？因為這個內心表象代表著許多原因導致的結果，所以也是一個共相。比如說視感覺，其實在一種哲學系統中它是注意和反映的共同產物的視感官。在實在論中，它就是由靈魂、內感官、外感官以及外部物件彼此相互作用的產物。這些因素之中不具有共相統一性，是作為獨立的個體存在，但是最終產生了一個共同的結果。辛沙巴和其他的物件也是一樣，它們之中沒有滲入一切的真實統一體。儘管觀察者可以在自身的頭腦中經驗到它們，但是它們還是產生了一個統一的單一的表象。它們刺激著我們產生性幻想的能力並且借由這種想像引起的行為生成了一個統一的單一概念的反映。

這種單一表象透過某種方式向我們描繪出各種形式，好像它們是相同的一系列事物一樣。這種表象代表著賦予特性的一般和被賦予特性的個別彼此的統一。它可以將無差別的反映附於個別事物的多樣性之上。概念功能的本質就是它可以用一般形式來代替個別形式之間的差異性。

由於無明的凡夫俗子往往誤以為這種純內在的一般反映就是外部事物。它擴散開來並覆蓋了其他的個別體，並賦予它們因果的效能讓它們在外部世界顯現出來。

純粹的精神性事物就被轉變為客觀事物，並在外部世界中投射散佈開來，好比是許多的實在物件一樣。這就是那些凡夫俗人的想法。他們覺得這個向外投射的過程就代表著真實的一般共相。

但是，我們怎麼會認同一個語詞的意義是這樣的一個共相，並且它只是排斥著它的對立面。那麼到底是什麼使得外部的物件彼此區別開來，又對其對立的思想活動產生排斥作用的呢？實際上，表達這一事物有許多的方式，比如「區別」、「排斥對立面」、「排斥相異者」等。我們不會因此認為差異是它所賦予的具有差異性的事物之外的事物。

如果真實包含在我們的認識和語詞中並能夠指出實在，如果這個實在只是個別，但是語詞表達出來的卻是共相和否定，那麼就會產生這樣的問題，作為一個外部個別體，也就是那物自體等同自身的本質是如何轉化為具有精神性和否定性的實質事物的？提出這個問題也許有點不恰當。那些研究終極實在的先驗哲學家一直都能分別出實在與觀念，但是別人不一樣能做得到。凡夫會混淆它們之間的區別。因為他們覺得那些頭腦中的表象具有效能性和實在性。他們相信實在性和思想性是一致的，因此當他們看見一個事物的時候，他們就會給它命名。好比我們在對它採取行動的那個瞬間，它始終是同一個事物，好比我們的表象活動構造一樣。因此，如果他們非要我們認同他們的想法，也就是某種外部實在是對對立面的排斥，這也是他們的思想習慣造成的。只是學者的終究目的是探究真理，所以絕對不會相信共相的實在性和統一性。他們知道每一個事物和其對應的反映是各自分離的。

另外，對立面的排斥性是理智產生一般觀念的唯一基礎。前面已經提到過語詞的意義是排斥與其不符合（descrepant）的物件，這樣可以證明否定性是共相的一般本質。實際上，實在中包含的唯一性質就是這種普遍否定性，這點是絕對被承認的。

我們就可以順理成章地做這樣的假設，那些代表著相似表象的實在性只是排斥其對立面而已。由於不同的個別事物會產生相似的刺激，進而產生一個共同的結果。這些個別事物被刺激忽視了，這樣才能真正產生一個統一性的結果。先驗論者會產生錯覺就是這些產生共同刺激的事物造成的，它們創造了一個適用一切，並且具有共相形式的表象。這樣就證明了有著假象外在和真實內在的產物是共相一般。

與實在論者的爭論

實在論者堅持認為共相的外部實在性，並這樣反駁道：如果一朵「花」只是否定了「非花」，那麼我們絕不可以說這是對一朵花的第一次認識。因為，第一次認識一朵花的時候，我們不會知道什麼是非花。如果用「不是花」來回答什麼是非花，用「非非花」來回答什麼是花，這根本就是一個循環論證，沒有辦法只依據著對對立面的排斥性，來給一個沒有獨立存在於我們理智中唯一相關的物件取一個固定的名稱。

如果先驗論者非要根據習慣給實在共相的「花」取個名字，那麼你們到底有沒有取消「非花」呢？如果取消了「非花」，可是之前你們根本就不知道什麼叫做花，那麼就不可能知道如何取消它們。實際上，認識者的頭腦中還不知道什麼叫做花。他就是想要知道什麼叫做花，什麼叫做非花，才需要解決這個問題。如果沒有辦法解決，他怎麼可能知道花這個語詞的含義中是排除非花的呢？

如果在實際生活中不瞭解這點，當使用了一個對其對立面不具排斥性的詞的時候，是沒有辦法區分非花和花的。同樣的，如果不知道什麼是非辛沙巴就沒有辦法找到辛沙巴。如果不能區別一個事物和別的事物的差別卻又要給這個事物命名，那麼事實上就沒有辦法避開不想要的東西而得到我們想要的東西。實際上，如果我們還不知道如何區別辛沙巴這個詞的一般意義和別的詞意義，那麼想要避開辛沙巴的話，我們完全不知道應該如何做。另外，這裡還存在著一個自相矛盾的地方：用「花」來表示一般的花的時候，我們卻還不知道它們跟非花的區別！就算這種情況很有可能發生，但實在物的實在論者始終堅持共相，並且還有其他的論證。你們可以有不同的意見，可以反對想反對的東西，但是實在論者認為只是靠著否定性，你們是得不到任何結果的。這就指出來，我們想要依照慣例對面前出現的一個物件確定名稱的時候，說「這就是花」。當我們想要表達它或者避開它的時候，我們會對應地在行動中意識到這是跟平時有聯繫或者與認識的事物有聯繫的共相。

根據這樣的理論。實在論者和先驗論者的行為結果會不一樣。實在論者能夠認出花，並且知道採取什麼樣的行動。

先驗論者會說，這樣不對！結果應該是完全一樣的！這樣要考慮下之後的兩難狀況。當你指著一個單一物件說它是「花」的時候，這個你使用的詞有沒有限制性呢？如果有限制的，那麼意思就是「這個事物就是花，別的什麼東西都不會是花了」。

但是假設你之前從來沒見過其他的花，你也就不會知道什麼是非花，那麼你是如何確定這個語詞的意思呢？但是如果是沒有限制的，那麼意思就是「這個事物是花，但還有其他的一些事物也會是花」。這樣的話，別人如何才知道怎麼避開花呢？即使實在論者要做到也是一樣有困難的，因此他必須要先知道什麼是非花。

實在論者堅持認為，等到感覺器官對一個事物有了認識之後，就很容易可以區別跟它相對的事物。實在論的理論用這層意義來避免困難。不管一個什麼樣的物件，在獲得了直接的感覺認識之後，內在都能有感覺。在頭腦中的另一個物件表現出另一種形式的時候，內在感官可以發現這個形式是跟之前第一次提到這個事物名稱的時候的形式有區別。這樣就可以區別花和非花了。這個時候才更清楚的瞭解「只有這些是花」並且得到所有不具備這樣形式的事物都是非花的結論。對同樣事物的直接感知是這個理論的立足點。如果依據這個相互否定論是行不通的，因為在這個理論中能夠認識的形式是一個東西。當第一次命名的時候，出現在我們眼前的東西之後再也不能被感知了，即使被認識了也是具體的個別事物。因為第一次命名的那朵花不會在另一朵花上出現。我們不能說：「這朵花就是我們之間看過的那朵花。」因此隨便一朵什麼花都跟那朵被命名過的個別的花區分開來，就像它跟一個瓶子或者其他什麼物件一樣區別開來。因為我們不得不承認不存在一種這樣種類的花，可以把所有都統一到一個實在的普遍形式中去。

先驗論者會說：「請注意你們的這個理論跟否定論是類似的！你們假設屬於同一種類的事物中確實存在普遍的實在者，而我們認為不同的物件可以產生相似的刺激，但是這些物件不包含普遍的統一體。」

實際上，儘管這些物件中的每一個都依據自身的本性再認識之後產生相同的結果，但是這些個體仍然是單獨的事物，或者說一個單子。這是別的物件，比如說非花不會產生的。正式這種形式產生了「這些事物是我再認識的原因，而其他事物不是」這樣的辨別性判斷。於是論域就被人的理智劃分成兩部分。透過我的間接再認識過程，可以理解這個同一的物件是具有同一結果的事物產生的，而不是具有同一性的外部存在物。不同的物件產生同一的結果，我們心智的二分活動也是一種識別的活動。在一個具有客觀性的感覺判斷中，一個被投射到外部的共相獲得了它的形式。

這些心智的二分產物好像是一個單獨的個別表象，被賦予了外在性、因果性以及某種永恆的聯繫。

個別的經驗成了人類心智的共同經驗

一感覺判斷建立起來（人自己內心的表象），是具有外部物件的特徵的。表象就是在人想像的活動中建立起來的。每一個觀察者都可以經驗地感覺到自己內心的表象，儘管這樣，不同的人的想像活動都是相一致的。這就像患有同一眼病的人的視覺經驗是一樣的那樣。他們看見的是兩個月亮，雖然其中任何一人在他內心只是自己的表象，但是患有眼病的他們都堅信他們所看到的是一樣的兩個月亮。

所以，因為一錯覺，我們好像看到了一個單獨的遍於一切物件的共相。和那些遠處的樹木相比較，此處這些也是樹木。這樣在規定的普通意義裡，那些並沒有成為產生這一錯誤的外在化的表象物件被排除掉了。因此，我們自然就認識到所有具有相異形式的都不是樹。

結論

被看作是單獨的一件東西的事物——雖然有可能它同時被認識或者不被認識，因此產生出樹和非樹的差別來，它仍將是一個能被我們感覺到的統一體——這樣的事物（共相事物）是不會有的，因為這些樹和非樹並非分別被我們認識的，這就像分別認識拿棍子的人和棍子一樣。它們之所以會被這樣看待，是由於其中一個並非另一個的間接標誌。它們是很辯證地相連結的，是同一個時刻裡肯定樹並且否定非樹的東西。

在一個體裡認識到的同一個形狀的東西也會在另一個事物裡被認識

到。倘若真有某一既同時具有又不具有這一確定形式的東西，倘若它同時是樹又非樹，也只有在這一時刻，我們才能有作為自在樹的實在個體的出現。

我們的反方基本不瞭解語言否定意義的原則，他們強加給我們不能接受的原則，並且還固執的認為這一理論是對每一個實在的堅定否認，因此他們時刻準備反駁我們。可只要我們對否定的本質是什麼並加以冷靜的描述，那麼我們就可以反駁他們所有的反對我們的觀點，這樣一來，我們的論敵就註定失敗。

為了駁斥我們的論敵，陳那獲得很大的成功，對他這樣博大的論題到這裡也就足夠了！

寂護和蓮花戒關於語詞的否定意義的討論

以下內容轉述的是陳那的理論，只不過採取了不同的表達方式。它以寂護的著作以及蓮花戒有關語詞的否定意義的注本為依據。它特別指出：雖然我們的言詞直接表明了概念以及共相，然而它們和個別實在之間有著間接的關係。他們同樣將事物稱為否定。既然它本身是特殊的，那麼它也就「否定了一切三界」。它是一種「本體的」否定，也就是說，它是否定概念得以建立的肯定基礎。它的重要實質也就是勝主慧所強調的內容。換句話說，語詞透過否定的形式來對它們本身的意義進行表述，因此，語詞是否定的。如果沒有否定，它們就無法表述出來。它們在對某個事物進行表述時，只能採取辯證的方式，也就是說，只能使用詞語中彼此否定的兩個方面。洛采（Lotze）的觀點與這種理論非常近似。他認為：「以肯定的方式斷言某個內容與以否定的方式排斥其他東西之間有著內在的聯繫。因此，為了表述簡單肯定，我們就可以使用那只表明否定的語言。」這恰恰也是陳那的觀點，雖然它看上去非常奇特。然而洛采認為，名稱包含著某種肯定，而在名稱或概念中，否定是某種不同於肯定的東西。那麼，對於佛教來說，究竟什麼才是真正的肯定呢？我們將在後面的內容中討論這一點。在這裡，我們先引用寂護說過的話。

「否定有兩方面，一方面是特別的，一方面是簡單的。特別的方面包含了對與之對立的一方面的肯定。反過來說，它又包含著兩方面，一方面是邏輯的，一方面是本體論的。

屬於邏輯的具有限定性的否定是我們在感覺判斷中認識到的被視為共相一般的內心表象，它擁有諸多物件都擁有的那種形式。

屬於本體論的具有限定性的否定意味著純粹的實在。因此，它消除了所有觀念性的虛假事物。它也就是物自體！

曾經說過，訶梨陀基以及其他藥草都能夠祛熱鎮痛。然而這些藥草並不包含所有物件都擁有的那種形式。同理，雖然從本質上來講，黑牛、花牛等都是各自獨立的，然而它們依然被視為同類表象的原因。但它們並不包含一般共相的實在體。這種相似性只體現在行動上。概念性的知識依據這種相似性及其當下的經驗而產生。這種概念認識包含了物件的表象、形式以及反映。物件和反映是同一的。然而，由證明得知，這種反映是一種辯證概念，而且用否定的名稱為其命名。它是一個心理性質的概念。它自身當中並無任何外部物件，而僅僅處於觀察者的頭腦裡以及感覺判斷中，被假想為某種外在的事物。

然而，為什麼要用否定的名稱來命名這種看上去完全不是否定的表象呢？理由有四點，其一為主要的，其他三種是衍生出來的，以下是主要的理由：

因為某種表象相異於別的表象，所以它才得以顯現出來，（倘若這一表象和別的表象相同，那麼它就無法反映任何東西了。）否定指的就是它和其他事物的不同，因此用否定來命名它。

然而，雖然這種一般表象本身並不包含外部的個別物件，但它們之間依然有三種不同方面的關係。

1. 表象能夠對我們的預期行動進行指導，幫助我們抵達外部的個別物件。因此，雖然表象從本質上來講僅僅是結果，但它仍然被視為個別事物的原因。

2. 也有可能與此相反，我們在預期行動中抵達的外部個別物件被視為一般表象的原因（儘管它也僅僅是其結果）；因為直接感知個別物件的結果也就是一般表象。

3. 一般表象和個別事物會經由人類的思維錯覺而同一起來，而一般表象只不過是由生起性想像構造出來的而已。

下面我們來討論有關本體論的否定。

否定名稱也能夠間接指物自體。因為它本身就包括了對其他一切事物的差異或否定。而那種排除相異者的特點同樣是當下存在的。由此可知，否定名稱也能夠間接指物自體。

什麼是簡單否定的本質呢？

由簡單否定可以得出牛不是非牛等此類結果。這樣一來，就可以清楚看到消除對立面的意義。

作者在討論了否定性的三種形式後，將它們和語詞意義的論題聯繫到一起。

第一種否定暗含於語詞之中，因為同一於外部物件的否定性表象是由語詞喚醒的。

實際上，當透過一個詞來傳達一個認識時，從我們的意識中反映出來的東西便是這個詞的意義。當我們對幾個詞進行認識時，我們既沒有獲得純粹的簡單否定，也沒有如同在現量認識中一樣獲得肯定，也就是對物件的直接反映。在這裡，我們僅僅獲得了與外部事物相聯繫的語詞知識。因此，只有事物的表象才能體現語詞的正確意義。因為這種表象在語詞知識中看似同一於外部物件。外部物件和語詞名稱之間有著因果聯繫……一個詞所喚醒的表象體現了這個詞的意義。因此，「對一個詞的純粹否定並不是在意識中反映出來的東西」這一觀點是毫無依據的。我們從未承認過純粹的否定就是語詞的意義。

所以，語詞所體現的否定意義只不過是物件的表象。語詞名稱直接喚醒了這一表象。因此，語詞的主要意義恰恰在於此。而這一主要意義包含了事物本身的意義以及簡單否定意義，所以後兩者也能夠被承認。當一個表象的意義經由一個詞而直接傳達出來時，其中所包含的否定意義或簡單否定的意義也得以顯露出來。那麼，為什麼會這樣呢？一個牛的表象所反映出來的實質，就在於它絕非例如馬之類的其他表象的實質。因此，簡單否定是與一切鮮明表象緊密聯繫的從屬的意義。

這一重要意義的結果也包含了個別者的意義或物自體的意義。客觀實在和語詞名稱之間有著間接的因果聯繫。

一開始，我們依據事物在我們感官中的呈現而內在地對其進行體驗。接下來，我們便產生了透過語言對其進行表達的欲望，然後，語言器官便開始行動，形成一個語詞。當我們透過這種間接的方式將這一語詞聯繫到外部事物上時，也就意味著我們將這一個別物件和一切與之相似的事物區分開了。

因此，簡單否定的意義和事物本身的意義是否定的形而上的意義，或者說是第二等的意義。（表象或概念的意義則是主要的意義。它區別於其他一切概念，而且對其進行了否定。）

因為，我們認為，語詞名稱同樣能夠表明個別的實在之物。而這一意義是語詞的間接意義，它並非否定，而是肯定。當我們說到一個語詞「表明」什麼時，也就意味著這個語詞的概念或表象的確定性包含著否定，它引出了一種區別於其他一切表象的表象，而且這一表象還將它所對應的個別事物和其他一切事物區分開。

所以，在陳那的觀點中沒有任何矛盾（它並無假定語詞的意義中只包含否定而不包含肯定）……

「實在論者烏地約塔卡拉的觀點則相反，他認為，實在共相指的是真實的統一體或恆常的存在物，而且一切所欲達到的個別中都內在地包含著完整的實在共相。按照這一觀點，知識得以具有穩定性以及確定性都是由於存在著這種實在共相。然而陳那認為，他的否定性的意義具備了實在共相被認為所包含的一切功德，它們是統一的，因為在所有個別之中，它們都是一樣的；從邏輯上來講，它們也是恆常的，因為這種否定性的基礎是不會損壞或者消失的，在所有變化的個別中，它始終都是相同的；它們內在於所有個別中，而且始終是完整的。雖然它們是純粹否定的以及相對的，然而它們具備統一性、恆常性以及內在性，這樣一來，語詞就具有了否定其他的意義。由於這種理論所具有的功德比實在論觀點所具有的功德更多，因此它是更為可取的！」

以上便是佛教的辯證法的本質，它意味著所有概念和語詞名稱都具有否定性。因為它們在表達自身意義時是以否定對立面為基礎的，所以有人解釋道，既然黑格爾的辯證法也主張這一點，那麼我們可以將其稱為佛教辯證法，然而需要注意的是，佛教的因果之間並不矛盾，而且也不包括概念的自身發展，運動和發展並不屬於邏輯，而是屬於實在。

然而，從另一個角度來講，佛教辯證法解答了唯名論與唯實論之間的爭辯。我們知道，概念是純粹否定的，而它們的普遍性、穩定性以及內在性卻被賦予了精神的、邏輯的以及辯證的解釋。倘若一個否定標誌只是將物件和其他事物區分開，那麼與此同時，它就能夠持續而完整地存在於很多事物中而沒有任何矛盾。既然所有概念和語詞名稱都具有否定性，那麼佛教就有可能承認黑格爾所說的世界的靈魂具有否定性，然而世界並非僅僅包括靈魂，它還包括肉體，那麼在佛教看來，肉體究竟是什麼呢？接下來，我們將要討論這一點。

簡述佛教辯證法的發展史

佛教辯證法經歷了一步一步的發展，一開始它並不起眼，只能影響一部分問題，然而它最終發展成了有關知性的總論。知性作為特殊的知識來源，具有辯證的本質。我們可以用三個階段來概括辯證法的發展史，如下：

1. 初期（小乘佛教）
2. 早期（大乘佛教）
3. 批判的邏輯學派

根據早先的經典記載，對於形而上學的問題，佛教創始人一律拒絕回答，這些問題包括：一、有關世界起源的問題，也就是有始、沒有始、既有始又沒有始、既非有始又非沒有始；二、有關世界終結的問題；三、有關身體同一於自我的問題；四、有關阿羅漢死後是否存在的問題。需要注意的是，在《巴門尼德篇》中，柏拉圖也透過這種特殊的四邊分說的方法討論了類似的問題。

關於這種學術型的表述公式，我們暫且先不討論。我們可以將14個形而上的問題分為無限的問題以及絕對的問題這兩大類。它非常接近康德在對某些相似命題進行陳述時的二律背反，也非常接近他所採用的解決方法，因此它獲得了學者們的重視。

對於某些問題，我們不能回答是或者不是，或者既是也不是，或者既非是也非不是。它們完全沒有答案。然而人類的理性又必定會遭遇到它。在解決它時，人類的理性就會陷入「辯證」，也就是自我矛盾。

中觀派認為，一般的人類理性以及概念都能夠被分析為自相矛盾的。人類的心智包含著一種不真實的邏輯，因為和概念一致的物件是完全不存在的，這種物件所包含的部分是彼此矛盾的。

對於中觀派方法的中心思想，月稱進行了這樣的總結：

「思想簡單的人辯證地構造並且區分物質和精神，然而他們並沒有達到區分的根源……然而這些構造出來的概念組成了伴隨著無始的流動的世界本來就有的思想習慣。它們產生於由最初的宇宙的統一性分散到多樣性的過程，這樣一來，便創造出一對一對的概念，例如：認識和被認識；謂詞和主詞；行動者和行動；原因和結果；男性和女性；瓶和布；皇冠和車輛；得和失；喜和憂；苦和樂；榮和辱；毀和譽等等，倘若認識到一切單獨的存在物都具有相對的實質，而它們最終並不是真實的，這個世界的多樣性也就完完全全地消失在空的相對性中了。」

在這裡，月稱混淆了矛盾的對立和反對的對立。瓶和布之間的對立是間接的，因為瓶包含於非布中，而男性和女性之間的對立卻完全是二分的。至於毀和譽的對立，更準確地說，毀和非毀是完全矛盾的，知性創造出來的所有事物都是一對一對的，就如勝主慧所說的，在知性的範圍中所產生的都是「雙胞胎」，它們彼此對立，而且根據它們的相對性或者它們定義的否定性而彼此排斥。而它的結果，按照康德的說法，就是「無法描述的否定的空無」（nihil negativum irrepraesentabile），或者按照中觀派的說法，就是所有個別物件的空，以及無法分散者或非多重者所具有的唯一實在性。

佛教邏輯家雖然全盤承認了知性的所有概念具有相對性和辯證性，

然而他們卻反對知識絕對不真實的說法；而且他們也承認每一對辯證的概念背後都隱藏著非辯證的物自體的純粹實在性。

陳那有關邏輯的觀點極有可能受到了勝論的一部分觀點的影響。勝論這個名稱或許來自「差異」的概念。在他們看來，包括極微以及遍佈的實體在內的所有個別事物中都包含著真實，所有物件都具有相似性和差異性。倘若我們認為這種相似性和差異性都僅僅是單一的差別，而且認為它不具有實在性，那麼我們就能夠得出陳那的遮詮論的本質，也就是純粹的否定性、精神性的一般共相論。除此以外，勝論和佛教邏輯家在其他一些方面也有著相同的觀點，它們之間的根本差別只是在於勝論遵循實在論原則，而佛教遵循觀點論原則。

和佛教邏輯本身的遭遇一樣，陳那的否定性名言論同樣消失在佛教的誕生地。它和佛教一起流傳到西藏，並且延續到現在。在印度，它剛剛出現就受到了其他各個派系的強烈反駁，就連被稱為「佛教的好友」的普拉巴卡拉都沒有堅持到底，他雖然同意佛教的否定論，但卻反對否定名言論。顯而易見，倘若他贊成否定論的所有觀點，那麼他也就無法成為彌曼差派了。彌曼差派率先反對陳那的理論，他們認為，語詞名稱體現了宗教尊嚴的價值，由於語詞永遠聯繫著它們所表述的事物，因此，它們是恆常的、肯定的實在者，而且必定是吠陀經的語詞。他們難以接受陳那所認為的語詞，僅僅是由習慣引發的個別行為的否定性符號。而正理派同樣不承認陳那的觀點，因為他們認為肯定意義是由神開創的。實在論的各個派系所依據的論據幾乎都是相同的。肯定性事物和否定性事物都是存在的，因此，實在性既是存在也是非存在。肯定性事物透過肯定的名稱來表述，否定性事物則透過附加了「非」（non）這一否定小詞的名稱來表述。

修辭學家巴摩訶也反對陳那的觀點，他的理由如下：倘若語詞的確是否定的，那麼要想對肯定的事物進行表述，就必須使用其他的語詞或是表述方法，舉例來說，倘若「牛」這一語詞只是否定了非牛，那麼對「牛」這個牲畜的肯定感知就需要透過其他語詞來表述。一個語詞不可能同時包含兩種不同的甚至相反的意義，既然依據否定論的說法，一個語詞首先具有否定的意義，並且隨之產生肯定的意義。那麼，當我們思考「牛」這個牲畜時，必定先想到「非牛」，然後才想到「牛」。

在反駁以上觀點時，佛教採取了這種理由：佛教完全不同意否定的意義先顯示自身，接著再跟隨一個肯定意義這種說法。他們認為，肯定具有直接性，然而如果沒有否定的前提，那麼它就無法成立，反過來說也是如此。

枯馬立拉透過以下論證進行反駁：當佛教堅稱「牛」具有否定意義，也就是「非非牛」時，他們表達的依然是實在論的主張，只不過使用了另一種方式罷了，也就是說，肯定的「牛」包含著終極實在。倘若「非非牛」是一種暗中包含著肯定的否定，那麼對「非牛」的否定就完全等同於對牛的肯定了。確實，依據佛教的觀點，「非非牛」所表達的物件到底是什麼樣的呢？是一個被自身嚴格限制，完全沒有外延的個別者嗎？這是不可能的，因為這種事物完全無法付諸語言。因此，所有個體都必定包含著一頭牛的無法付諸語言的本質。實在論所說的共相指的就是這種普遍的本質。

然而，倘若佛教透過「非牛」來表明簡單否定，而並沒有對其對立面進行肯定，那麼這種觀點就是純粹的觀念論，它否定了外部世界所具有的實在性。彌曼差派已經反駁了這種本體學說。但它如今又以一種新的關係出現在具有名言意義的理論中了。

實在論者也採取了各種各樣的理由，有的理由相當繁雜細緻，我們就不在這裡贅述。它們可以總結為：具有肯定性的名稱是存在的，它們與共相相應；共相是具有實在性的外部事物，是直接在感官中反映出來的；同樣，可以在感官中直接反映出來的否定性的實在體也是存在的。

然而，雖然實在論的各個派系都強烈反駁了陳那的理論，但後期正理派所主張的否定性定義方法仍然間接地受到了這種理論的影響，並且將其保留下來。他們幾乎從反面制定了所有定義，在表達事實時，採取排除對立面的方法。我們知道，為了能夠清晰地表達，提及對立面是很有必要的。人類的語言恰恰具有這一自然特性。然而在使用否定性定義方法上，正理派的做法似乎有些過火，甚至將其運用在對邏輯清晰性完全無益的情況中。舉例來說，他們認為共存關係並非果和因之間的必然聯繫，而是因和「與必定不存在的果相對立的部分」之間的聯繫。在說到煙時，他們並不稱其為邏輯理由，而是將其稱為「與必定不存在的煙相對立的部分」，後期正理派廣泛使用了這種扭曲的否定意義，並且成為了一大特點。

歐洲的此類理論

康德和黑格爾

在上面的內容中，我們討論了陳那有關名言概念具有否定本質的理論。我們儘量保留了陳那本人的語言，以及對其進行詮釋的印度人的語言，我們將這種理論稱為辯證理論，而它原本也可以被稱為相對論或否定論。每種名稱都有其理由，它們即使不是相同的，也是相當近似的。我們依然會引述歐洲哲學史中的一些理論，以比較的方式來反思印度的觀點。這樣一來，我們也能夠證明用辯證法來命名陳那的學說是有其道理的，在這裡，我們暫且不談古希臘哲學和歐洲中世紀哲學中的此類理論，因為我們在有關矛盾律的內容中已經討論過了。我們將著重探討近代哲學中的此類理論。

康德將辯證法視為錯覺的邏輯，然而它並不包括所有錯覺，而僅有兩種錯覺：其一為經驗的錯覺或簡單的錯覺；其二為人類企圖透過理性來解決無限性、無限可分、自由意志以及絕對的終極存在這四個問題時遇到的本質的錯覺。這四個問題涉及四個二律背反，也就是說，我們無法從邏輯上用是或非來直接回答這些問題，因此它體現了理性的本質的錯覺。這一點和小乘佛教多多少少是相符的。小乘佛教認為，世界的起源、世界的終結、無限可分性以及必然的終極存在這四個問題是不可能解決的。既不能對其進行肯定，也不能對其進行否定。大乘佛教也假設了根本的或本性的錯覺以及簡單的錯誤這兩種錯覺。根本的或本性的錯覺也被稱為人類理性的「內在障礙」；然而，本性的錯覺有無數種，因為所有共相和概念都被認為是人類理性的本質的錯覺。

這和黑格爾的理論有相符的地方。為了解答康德所說的四個二律背反，黑格爾提出「二律背反的數量和概念的數量成正比」。恰恰由於概念是概念，因此它是辯證的。在康德看來，所有經驗的物件，及其相應的概念和表象都並非辯證的，雖然這些物件具備了多樣性的直觀，但它們同樣是透過生起性想像構造出來的，因此它們依然是「被給予」我們的。這些物件被給予感官，然後透過知性再一次被構造出來。對此，有些康德理論的詮釋者相當困惑，事物為什麼會具有雙重起源呢？它為什麼不僅是被給予感官的，而且還是被創造出來的呢？這些詮釋者都試圖從康德的理論中找到不確定性，並且以此當作解釋，印度邏輯認為，「被給予者」僅僅是點剎那這一非常具體的以及個別的東西。除此以外的其他東西都是由知性的辯證本質以及生起性想像作出的解釋，這樣一來，康德所說的「被給予者」就僅僅是物自體——我們可以在康德的著作中找到很多用以證明這種解釋的證據。如此看來，康德的理論和印度邏輯便有了相吻合的地方。經驗的物件將完全以先驗實在為基礎而建立，然而它們並不是產生於辯證的構造，但是，陳那認為，和無限等觀念相同，這些經驗物件也是辯證的。黑格爾也是這樣認為的，他說：「概念經由其否定性而斷定其普遍性。概念僅僅同一於自身，因為它否定了對其自身的否定。」這看似非常接近印度哲學中「所有共相都是否定的」這一觀點。舉例來說：「牛」並非「非牛」，它否定了對其自身的否定。黑格爾認為，辯證法是自我在非自我中的思索。他說：「否定同樣是肯定的，矛盾無法導致必然的空無。然而它的本質否定了其自身的特殊內容。」康德所提出的二律背反是「極其重要的」。在黑格爾看來，「因為這一理論使得辯證法重新成為理性的必要條件」。「概念所具有的確定性是其被斷定為肯定的否定性。」這恰恰是史賓諾沙所說的所有斷定都是否定，它的「意義是極其重要的」。

綜上所述，黑格爾的辯證法和陳那學說顯然是完全一致的。概念所具有的意義僅僅是否定對立面。否定為彼此之間的，肯定則為相對的。它並不僅僅是自身所包含的肯定，而同時也是一種否定。因此，黑格爾才提出「光明為否定的，黑暗為肯定的；善為否定的，惡為肯定的」。只不過他的觀點更為深入。

在康德看來，兩個互相矛盾的對立面彼此消除，因此得到的結果便是空無（nihil negativum irrepraesentabile，無法對其進行描述的否定的空無）。然而黑格爾認為，兩個互相矛盾的對立面並沒有彼此消除，它們得到的結果並非空無，而僅僅是「否定了自身的特殊內容」，這或許是由於黑格爾在提出「所有概念都是否定的」這一觀點之後，覺得找到真正的肯定也是有必要的。接著，他提出「肯定的和否定的是一樣的」。一個物件的存在包含著這個物件的非存在的一瞬間，他說：「存在同其別他或非存在是合二為一的。」「一切事物在某種程度上為

『這』，那麼它也在同樣程度上為『那』，它的存在以非它為基礎；在非存在的基礎上，它得以成為它自身。」由此，黑格爾提出了另一個論題——「存在恰恰等同於非存在」或「肯定和否定是一樣的」。陳那卻不這麼認為，他從邏輯的角度提出「一切別他的也就並非一樣的」。確實，從超邏輯的角度來看，作為一元論者的陳那會同意，那唯一的世界實體所包含的所有對立都會彼此融合，它們終將具有同一性。他會同意世界整體所具有的「空性」。然而這種宗教的觀點是形而上的，它被謹慎地區別於邏輯的觀點。

這種具有雙重性的觀念（陳那的理論中也包含了這一點）是黑格爾透過繼承於康德對知性和理性的劃分而體現出來的。他說：「知性掌握著物件的區別。而理性則是辯證的以及否定的。」肯定和否定對於理性來說是沒有區別的，而對於知性來說卻有著重要的區別。理性將知性的所有規定都取消了，並且將所有區別都歸結為沒有區別的整體。

黑格爾的觀點和陳那的觀點之間還有一個相當重要的差別，黑格爾認為，感性和知性並非不同質的認識方法，純感覺所認識的物自體也是不存在的。感覺應該是對精神的限制。

對於感覺、知性以及理性這三種認識方法，康德、黑格爾以及陳那的主張可以總結為：

1. 康德假設了感性、知性以及理性這三種認識方法，其中為辯證的僅有理性這一種。

2. 黑格爾認為感性和知性並無差別，並且將知性和理性之間的關係作了調整，在看待概念或物件時，知性透過非辯證的方法，而理性則透過辯證的方法。

3. 陳那認為知性和理性並無差別，而感性和知性有著根本的差別，作為認識方法，感性必定是非辯證的，而知性則必定是辯證的。

4. 康德和陳那都認為感性和知性有著本質上的差別。並且都認為物自體是終極的、非辯證的、真正的知識來源。而黑格爾卻繼承了費希特以及謝林的觀點，將物自體辯證地消除了。

5. 康德區分了物自體和邏輯，而黑格爾則將這兩者合二為一。然而陳那認為，它們兩者在邏輯的範圍內是彼此區分的，但在形而上學的範圍內則消融在一元論的整體中。

彌爾與培恩

我們知道了絕對非存在並不是否定的確定的思想，一個沒有否定任何東西的思想同樣不可能肯定任何東西。陳那認為，一切語詞都以否定的方式對其自身的意義進行表述。將否定假設為隱含的結果這一觀點是虛假的。語詞本來就具有否定性。整個世界都以否定性為核心。透過知性作出的所有決定都具有否定性的本質，而辯證法或彼此的否定就是這一本質。當我們的理性注意到事物，並且開始尋找相應的語言符號來對其進行表達時，這一事物就已經具有矛盾性了，而我們的思想也就具有辯證性了。

當理智開始在感官所賦予的材料上進行辨證的「理解」活動時，它就已經開始對某些東西進行否定了。因此，真正的名言對於知性而言是分離的、二難的以及分為兩部分的，其中一部分完全否定了另一部分，而且這兩部分之間的否定是相互的。

接下來，我們列舉一些歐洲哲學家的觀點，從中可以看出他們始終在追尋的那些印度理論中多多少少已經解答了的問題。

在穆德看來，肯定名言和否定名言都是存在的，但是要分清它們兩者，因為否定名言往往是以肯定的形式表述出來的，而肯定名言又往往是以否定的形式表述出來的。舉例來說：「不快樂」這個詞是肯定名言，因為它的意思是「痛苦的」，而「懶惰」這個詞是否定名言，因為它的意思是「不勤奮」。顯然，我們無法清晰地評判這些名言中哪些是真正的肯定，哪些是真正的否定。我們只能說，它們都具有否定性。接下來，彌爾說，「民事的」這一法律用語指的是「刑事的」、「軍方的」、「政黨的」以及「教會的」等的對立面，也就是否定了後者。這表明了「民事的」這個名言具有否定性。倘若它不包含否定，那麼它就沒有任何意義了。然而，倘若「民事的」這個名言是否定的，那麼為何不能說所有名言都是否定的呢？這是因為，彌爾說過「人們可以為所有肯定名言構造與之相應的否定名言」，而我們完全無法知曉到底哪個名言包含著肯定的意圖，哪個名言包含著否定的意圖。我們可以從這段話中發現陳那所提出的否定名言論的跡象。

倘若將彌爾的另一段話和印度觀念進行比較，就會發現另一個有趣的地方。彌爾說：「有一類被稱為缺性（privative）名言的名言，它們的意義相當於否定名言和肯定名言的總和。因為它們是某種本應具有而當下並不具有某種屬性的事物的名稱。舉例來說：『瞎子』不等於『看不見』（not seeing），因為它僅僅可以用於那些能夠看見的，或者曾經看見的，或者被認為是能夠看見的事物。」這個觀點包含了施瓦特以及法稱所提出的否定論的基本含義。而且這一觀點不應只局限於缺性名言，它適用於一切一般否定。得到的結論也就是：一切名言都是「肯定和否定的總和」，因為無論是肯定還是否定都有「缺性的」某個方面。

培恩斷言了這一結論，然而結果卻是他始料未及的。因此，他被指責為被黑格爾的異端學說所迷惑，違背了經驗主義的理念。

他確實堅稱一切名言都既是肯定的又是否定的。並非否定的肯定以及並非肯定的否定都是不存在的。因此可以得到這樣的結論：真正的自我肯定以及真正的自我否定都是不存在的。一切名言必定同時既是肯定也是否定，這和陳那的觀點非常接近。培恩認為否定性並非宇宙的靈魂，肯定的事物和否定的事物都是存在的，但它們二者是透過同樣的名言來表述的。可是，要想分清哪個是肯定的，哪個是否定的，卻幾乎是做不到的。培恩說：「實際上，肯定和否定必然能夠互相交換位置」這樣一來，只能得出以下結論：由於一切都是彼此否定的，所以它們都是否定的。

在邏輯的和實在的對立之間，康德做了很清晰的分別，康德說：「在邏輯的矛盾之中，我們要考慮的只不過是那一事物的謂詞，並透過它相互排斥的那種關係，透過矛盾達到結果。」這二者之間哪個是真正肯定，哪個是真正否定並不重要。可黑暗和光芒、冷和熱等等關係則是有能動性的，而且對立的雙方都是實在的。這就意味著它們不屬於邏輯的矛盾，而不過是實在的別他性（otherness）以及能動性的矛盾了。

法稱也提出過類似的理論。他指出，邏輯矛盾包括了全部真實和非真實物件；能動矛盾則僅存於某些真實對偶體（couples）裡，藍色和非藍色的對立就是邏輯性的。前者是後者的否定，這就像後者是前者的否定一樣。但是藍色和黃色、瓶子和布匹只不過是簡單的別他性（otherness）的東西。法上指出：「一切極微並不會佔據同一位置，但是，它們持續性的東西卻互不妨礙。」它們平和有鄰近彼此的存在著。

因此，法稱和康德都明確而清晰的區分這兩種對立，是被培恩和黑格爾各占一方給弄混亂了。培恩認為：「一個人能假設一把椅子是絕對無聯繫的事實，並不牽涉到任何對立、矛盾或者相關的事實。」但情況完全和他所假設的不同，因為它涉及到一個意義非常龐大的非椅子的概念。按照培恩的看法，一把椅子因此否定了非椅子，而非椅子也不過是在否定椅子，它們兩者是互為否定的。

施瓦特

施瓦特研究和討論了讓彌爾與培恩以及布拉德雷沒有解決的問題，這些問題陳那同樣在他的《集量論》第五品中也做了深入的探討。陳那指出：「一切名言都是否定性的。」彌爾指出：「有的名言，即『缺性的』名言，他有可能是肯定又是否定的。」而培恩則認為：「一切名稱永遠是肯定的，也同時是否定的。」布拉德雷說：「要小心！你們都真的這麼認為嗎？你們正陷入到黑格爾辯證法的陷阱中。」看來只有施瓦特聽進了布拉德雷的警告，他很謹慎的繞開黑格爾的辯證法，並收益到以下的效果：

「就像特蘭德倫堡所說的，那種覺得所有事物是由是和不是，存在和不存在構成的理論，最先是托馬索・康帕內拉明確提出來的。以此觀點，一確定物的存在僅是由於它並不是其他東西。那個男人存在——這是肯定的，可他之所以是個男人，是因為他既不是石頭，也不是獅子、驢子等。托馬索不贊同這一說法，他認為，這將會陷入黑格爾主義危險的極端，因為它本身搞混了邏輯和實在的關係。施瓦特也承認自己並不清楚如何去解決否定這個問題！」他這樣說：「問題是，我們要知道為什麼，我們為了認識這其中並不能尋找到我們否定思想對應物的實在世界，就需要作主觀的繞圈子嗎？」很顯然施瓦特為了自己不陷入到黑格爾主義就完全地捨棄了否定這一概念！他讓一切名言都成為肯定性的。因為他找不到否定的實在對應物！

接著他進一步提問，難道不相容性可以被否定描述嗎？人和非人是不能相容的兩個概念。同樣的一個概念不能是人和非人，可對於亞里斯多德，非人的這個概念並不是實在的某物。這意思是說除了人這個概念之外的論域裡的一切。意思是說，那裡面缺少了關於人這個概念的表象，施瓦特說：「缺少人的表象，它本身並非是另一個表象。」因此，既然非A不是實在的東西。就此施瓦特得到這樣的結論，在一切被歸於A和非A兩類物件之間並不存在反對性，它們是可以毫無爭執的和平相處的。判斷它們不能同時作謂詞稱述同一主詞完全是以經驗認識到的事實。這是不可能用否定來解釋的。施瓦特就用這一方法來規避黑格爾主義的陷阱來說明否定。人的這一名言是純肯定的，它其中根本不存在否定，而非人的那些名言則是完全不存在的。

施瓦特進一步說：「但是也有一種情況，在其中好像並不可以否認存在經由否定而來的對立根源。」這就是「缺性詞」，「事實是除了說『瞎』等於在說『看不見』，還能用什麼來表達『瞎』和『看見』這二者的關係呢？」如此一來，「瞎」就是「看得見」的簡單缺失，而從這裡我們就得出「否定產生的對立」，「不管我否定其中的一個，或者是去肯定相對一方，這全是絕對的一碼事，也就是說，我說『他看不見』和『他是個瞎子』，這沒什麼區別。」這樣一來，「看得見」就意味了「不瞎」，而「瞎」就意味著「看不見」。那麼至少有部分名稱是本身就含有否定成分的，而這也會陷入到黑格爾主義的陷阱！施瓦特繼續說：「要證明情況並不是這樣，其實不需要什麼證據！倘若那人沒看見，為什麼沒看見的理由並沒有陳述。可倘若說因為他是個瞎子，這就意味著那讓他能看見東西的器官被損壞了。」在沒有喪失視覺的情況下，那個人顯然因為缺乏注意力或是因為距離過遠而看不見東西，他會「看不見」，這並不表明他就是瞎子。

看到一個思維敏銳的邏輯學家只能拿這樣的證據來證明，真讓人感到驚訝。似乎他根本忘記了一個人在同一時間、同一意義上絕對不會是瞎的又是不瞎的，而在另一不同的時間和不同意義上竟可能是瞎的和又是不瞎的。這情況下「看見」和「瞎」將不會相互排斥，否則它們就一定會相互取消，都是「排斥性的」——俱為否定的而不是俱為肯定的。

既然施瓦特如此證明了一切缺性名言都是肯定的，那麼他只有更進一步，因此他斷言根本不存在否定性的名言，一切只不過是肯定的！他解釋道：「事實上，所有否定只能在判斷範圍裡才擁有某種意義」……非A的陳述是完全毫無意義的。被歸納在普通概念下的詞項——邏輯劃分的部分——是相互排斥的。因此，自然就會引發猜測，認為每一個部分都在自身裡包含了對另一部分的否定。但這是個錯覺，施瓦特斷言說，這是錯誤地認為黑和白、直和斜等等都有一特殊的相互敵視。就好像它們是同一父親的孩子一樣。施瓦特雖然承認有對立和矛盾的對立關係——後者是面對完全的二分才有的，而前者則出現在三分或更多詞項時才出現的——可這些反對關係都不過是在判斷力才出現的。名言並非相互對立。事物有直的和斜的；但不存在直的和非直的，因為非A表述是沒意義的。施瓦特堅持這一態度，主張只有存在，沒有非存在和非有的，對於他而言，每一事物都是存在的。所以，他無意之間也點進了黑格爾的陷阱裡。這一理論得出的結果是：客觀實在裡沒有否定。它和那個認為客觀實在裡只存在否定的理論得到出同樣的結論。

在這一問題問題上印度人的態度很明確，他們的觀點如下：

1. 確定即否定——所有確定事物都是否定的。

2. 它們直接矛盾的否定，或間接對立的否定。

3. 只有它們作為自身否定的否定時，它們才是肯定的。

4. 純肯定僅是物自體。

5. 一切其他的都是它在之物（thing-in-other），也就是說對某一別他的否定，一旦離開這一否定，它們便什麼都不是。

6. 直接矛盾（否定），只不過是在同一事物的存在和非存在之間的東西。

7. 所有一對確定物件間都潛伏著間接的矛盾，因為其中之一必定包含於另一個的非存在裡。

8. 每一物件都首先排斥包含在同一共相裡的其他的種類。

9. 所有其他的物件，都是因為它們所屬的共相的相互排斥性而被排斥的。

10. 這種直接和間接的矛盾性或別他性（otherness），都是邏輯上的東西。它妨礙同一性，但並不妨礙它們和平的共同存在。

11. 還有一能動的對立關係（如熱和冷）。實際上，它是因果性的，並且它也不干預熱和非熱的邏輯矛盾。邏輯對立關係排斥它的同一性，而能動的對立中它們相鄰近而持續。

12. 負載者（同一基礎）上的兩種屬性只是由於或多或少的排斥才出現區別。因為它們部分的是同一的。

13. 只存在確定該年之間的矛盾。純感覺剎那和完全不明確的物自體是在矛盾律意外的東西，它們是非辯證的，它們排斥所有的差別——一切的矛盾。

在兩個沒有中間地帶同時又明確完全互相否定的對立面之間的確存在矛盾。也存在或簡單別他性或者能動性的對立性。它們之間允許有仲介過渡，而對立雙方並不表現成直接相互否定。彌爾和施瓦特都認定「不快樂」（unpleasant）是肯定的，而不是簡單的否定「高興」。「瞎」也是這樣。但它們忘記了，同一事物不會同時同一意義上是高興又不高興的，倘若「不高興」在意義上比「高興」多一點什麼，那只是因為「非高興」能分成「不高興」和「痛苦」的原因。這樣比單純的不高興又多出來點什麼。矛盾總是絕對的二分體，而且我們肯定這個對偶體的其中之一和否定的另一個完全是一碼事。可當分裂非二分，而是三分或者多分的時候，情況就會發生變化。藍色和非藍色是矛盾體，藍色不是非藍色，而非藍色也不能是藍色。可藍色和黃色是間接的矛盾體。否定藍色不意味著肯定是黃色，反過來也是這樣。黃色在非藍色的裡面，只不過是在這一個意義上它和藍色不能相容，因此，藍色不是非藍色，瞎不是非瞎，牛爺不是非牛，樹非非樹等等。所有名言在這一意義上都是否定的。

因此，藍色和黃色是不相容的。就像之前已經說過的，由於黃色被包括在非藍色之中，而藍色又不在非黃色屬性裡。但是一棵樹和辛沙巴並不是不能相容的，因為辛沙巴不在非樹屬性之中。因此，從佛教的同一律意義上來說，它們同一。「不相容性」或「不可共稱述性」（uncompredicability）必定是透過矛盾律以及否定律來進行解釋的。一切確定事物都是由是與非組成的。可這也意味著佛教要陷入到黑格爾主義的陷阱中去了嗎？中觀派肯定是這樣，而佛教邏輯學家並未掉入那一陷阱。他們之所以倖免，一會我會對大家說明。

什麼是肯定

名言概念如果不包含否定則毫無意義，所以我們假定所有的名言概念都是否定的；就另一個方面來說，如果暗示著感覺判斷的謂詞在一個概念中，那意味著一切判斷都一樣被否定了。當亞里斯多德用判斷定義來當做肯定與否定的劃分時，這中間是否有誤解？黑格爾認為的世界上只有否定，全然不存在肯定是不是正確的？施瓦特找不到證明否定存在的理由並因此困惑時，他是不是走錯了方向？印度人這樣回答這些疑問：一個孤立的概念和相應的感性（現量）判斷的最全面的區分在於：兩個異質的成分組成了現量判斷：一為非辯證的主詞；一為辯證的謂詞。主詞中有肯定的成分，即「此」（this）的成分中。例如：

「有生」（having an origin）的概念包含的只是對永恆性的否定，而永恆性的概念對應的另一個含義正是對「生起」的否定。實在和肯定並不包含於這些概念自身；因為它們相互排斥，結果就會是否定的空無（nihil negativum），但是「此瓶有生起」的判斷，或者用更嚴謹的說法，「此為某種有生起的物」在「此」當中包含了某種真正意義上的肯定。從而具有「意義及正當性」（meaning and validity）的概念被肯定是因為它與某種稱「此」的成分在一定程度上有聯繫。這種聯繫也許是間接的，但是就它自身而言卻一定是否定的或辯證的。對於瓶及瓶性（jarness）這樣具體的概念也是同意。「瓶有」的判斷如果變成多餘的重複的話，那麼一定是這概念本身具有肯定性。而「瓶非有」這一判斷就是矛盾。在判斷中一個概念、一個名言才能成為肯定或斷定的。在施瓦特看來，只有在判斷中，否定才具有意義，而一切名言自身就是肯定的。其實事實並非這樣！只有在感覺判斷中（或三段論小前提中）它才是肯定。對於一切名言概念來說謂詞，都是否定的。這個在康德批判本體論的論據時就證明了：概念自身沒任何肯定性。因為任何存在的成分都不包含於它自身。

實際結果就是亞里斯多德在某種程度上是正確的，我們稍微在他的定義上改變一下，那就是：每一感覺判斷中，都有某種肯定部分和某種否定部分。兩個完全異質事物的連接構成了判斷，一個實在之點將這些假象的內容聯繫起來。黑格爾的錯誤在於我們兩種意識來源的差別被無視了，而施瓦特的錯誤估計了否定的力量。但是施瓦特另一個觀點是正確的，那就是堅持說實在之包含否定只有在它從外部被引入時。但是這個觀念也並不全面，只有在它們從外部被引入時，概念名言才包含肯定，這才是完整的。而陳那對於歐洲邏輯的諸代表所作的可能答覆正是這樣。

每一感覺的第一剎那包含了真正的純的肯定。假設我們已經獲得了某一當下的生動明晰的印象。但是在第一剎那我很困惑我什麼也沒有「理解」，但是這種狀況只持續了一剎那。在接下來的時間裡它變得清晰起來，並且逐漸成為了確定的。Definitio est negatio（確定即否定）。整個理解過程是一步一步發展的。理解程度和否定的程度保持一致。施瓦特會覺得疑惑，如果我們已經可以直接認識實在，為什麼要人為兜圈子的否定（subjective circuit of negation）呢？能回答這個問題只能是對於我們獲得知識的兩種來源，只有一種是直接的。物件對於感官來說是「被給予」的，而不是被理解的。它們能夠被理解只能慢慢在不斷發展的否定過程中實現。謂詞的判斷以帶有非A為例，我們在某種程度上可以認為是無限的，因為這種判斷是同第一剎那的純感覺活動一起產生的。我們在藍與非藍對比中認識了藍色。而有些人認為自己直接憑感官可以現知樹的人，就像勝主慧說的，應該可以同時在同一個物件上看見樹與非樹。但是否定並不是感性的功能而是知性的功能。這兩種知識來源中，一個是肯定，一個是否定。

赫爾巴特在所有歐洲邏輯家中似乎是唯一像佛教徒一樣認為純粹感覺和肯定是相同的。他說：「感覺活動包含了絕對的斷定，然而我們並沒有注意到這一點。我們必須在知性中透過否定其對立面而對其進行重新的創造。」而這也同樣回答了批評辨證可能會消除物自體概念的人的問題。當然，純粹的存在、因果性、物件及物自體等概念是知性透過對立面的排斥而辯證地「心構造的」。但這一或那一感覺的個別事實，這一或那一點剎那（point-instant）的個別效能，這些終極的實在，相應於它們的感覺就是純的肯定，而並沒有包含絲毫「別他性」（otherness）的物自體。

這位後康德時期的重要邏輯學家，為避免黑格爾的否定學說所作的努力對於我們來說頗有教益。雖然我們現在無法判斷說他是否已經成功，但是肯定是令人注目的。因為他不分地用他自已的話表述出來，非常接近於答案。對於他而言認識實在，否定好像又是多餘的又是必須的。他說：「這些人（指史賓諾沙、黑格爾等）的看法中一直包含某種混亂，否定本身和它的客觀基礎——繁雜的事物並非分清，每一個事物都有其被自身嚴格限制的個別性以及唯一性。任何不是它們的東西（指否定）絕不與它們的存在有實質關係。它透過外部輸入，借助於比較的思想。」否定可以看做比較性的或區分性的思想。區分性的思想是可與否定互換的術語。世界的靈魂是否定性，黑格爾說的正確，但世界的肉體並不是否定。它是肯定的，而且是肯定的實質。用施瓦特的話說，它是「每一單個事物的，嚴格局限於自身的個別性和唯一性」，從外部沒有東西可以進入其中。用寂護的話說，它是那「尚未由於混合哪怕一點點別他性因而和其他事物相同」。

我們現在明白了，如果每一概念在自身中包含著兩個互相排斥的部分，比如「是」或「否」，在這個意義上它實際包含了存在與非存在；如果我們把牛看做對非牛的否定，把非牛看做對牛的否定；其實這並不是說這些辯證的概念沒有肯定的東西。就像康德所說的，這種相互否定的結果並不意味著是零、是「不可描述的否定的空無」的。陳那及黑格爾都會強烈抗議那種認為他們的哲學導致了某種絕對的零的指控。勝主慧說：「我們的論據無視言詞否定意義的學說的真實本質。我們被強加一種（我們從未承認的）理論，這種理論被他們認為是斷然否定了每一實在。接著這點又被他們利用而隨時攻擊我們。」黑格爾說：「矛盾並不會導致絕對的無、零，而是導致對於自身的特別內容的否定，這才是本質。」康德也許會回答：「對自身的特別內容的否定」正是零。不過，存在一種純的實在這才是佛教的邏輯，正如在那「封閉於自身中」存在著純事物，並且這是在純感覺中被認識的事物。第一剎那我們對他的印象就是生動清晰的。這一種新的感知的特徵標誌就是生動清晰性。在它完全具體性之中，那事物又相當不確定地被認識。施瓦特這樣描述，它是「被封鎖起來了的」。但是一旦它「獲得自由」，它的清晰生動性在進入由理智控制的領域就消失了，這時它就對應成為確定的。它所獲得的確定與它失去的清晰生動性相互交換。這兩者是成反比的關係，存在、可認知性、因果性這些高度抽象的概念好像完全死寂，與具體的實在性是相互分離的。而非常接近可感印象的具體性是瓶、牛（即是說瓶性、牛性）這些觀念。雖然這樣根據二分原則它們是概念性的思想。這點同那些高度抽象的概念是一樣的。只要它開始「理解」，即理智被喚起，它就會辯證性的比較了。實際上它並沒有直接認識的人，但是這種情況卻讓我們覺得驚訝。法上說：「這難道不是一個大奇蹟嗎？」儘管我們的概念可以充分認識那（從概念上看）確定的實在（reality）的本質，卻不能確定實在自身（他們只是認識共相一般，而絕對不能確定認識個別者）。「不，」他接著說：「這裡沒有絲毫的奇蹟！想像是概念的本性，它賦予我們的知識以一致性而非實在性。所以概念思想的物件是任何確定的東西。目前我們所看到的被理解物件沒有任何確定性！」

對此，還出現了一些反對意見，他們認為一事物的觀念也就是共相，其內涵中包括了所有的該類事物，並且在每一個別事物中重複。實際上，佛教並不否認存在、實在、物性、實體性都是一般概念。因為我們無法稱它們的名，如果這些一般概念都不存在。每一名言都指向某一共相，但是這個具體的物自體，僅此者（Hoc Aliquid），是一般概念的矛盾對立的方面而並不是我們以為的一般概念。一般概念要求真正的實在作為其對應物，因為它本身是某種假想的東西，所以，由於封閉於自身中那事物所以是實在者；它就是那個別者、統一體、真實者。純的肯定是某種先於邏輯的東西，邏輯必定是否定性的或者辯證性的。

前面那些都可以很清楚明白的表明陳那的觀點，黑格爾的辯證法和康德的物自體似乎被陳那兼收了。但同樣的，他也因為將這兩種學說中的神祕性去掉而讓攻擊它們的人無從下手。認識事實上就是判斷。我們可以把「此是瓶」的模式看成是判斷的認識論形態，感性的或實在的判斷就是「瓶性的表象被聯繫到這種暫態的事件上」，這也是更準確的說法。它既是「瓶性」（Jarness）成分中的判斷，又是「此」（this）的成分中的現量。前者說明了那在別它中，即在非瓶（nonjar）中，後者嚴格地指明指明那「局限於自身中」的東西。前者是概念，後者是實在；前者是可思想的，後者是可感覺的；前者是純粹辯證，後者是純粹物件；前者是否定，後者是肯定。前者是間接認識，後者為直接認識。這兩種成分都是同樣最後終極的實在，只是一個是間接的，一個是直接的。因此寂護才認為，知性的邏輯辯證關係以物自體為本體理論基礎。康德說：「物自體便是那在現象中（我們必須說在判斷中）相應於感覺〔『此』（this）的成分〕的東西。」黑格爾說：「一切事物在自身中是矛盾的，這種矛盾是發展了的無。」純粹存在的邏輯謂詞是辯證的這個觀點也可以用這來解釋。

黑格爾與康德的相互補充讓我們達到了陳那的理論。

我們不用非要堅持著兩者只是僅僅接近而已，因為這沒有什麼必要，它們和其他一切相似的情形同樣只是省略了其中的差異。

烏爾里奇和洛采

辯證問題、否定問題、無限判斷及物自體等都像共相問題一樣，被現代邏輯拋棄在還沒有得到最後解決的時候。這些問題相互聯繫，其實是一個整體，解決其中的任何一個都相當於解決了其他所有的問題。但是繼黑格爾之後的德國哲學卻都拋棄了它，甚至非常厭惡它，因為神祕的辯證法讓他們很討厭。要解決否定與辯證法的問題，單單對施瓦特的充分理解是遠遠不夠的。

烏爾里奇教授的邏輯在某一個方面相當重要，他將知性定義為「靈魂的分別活動（differentiating activity）」，他認為將「分別活動」與否定區別開是非常有必要的，如果不這樣做，那麼靈魂本身就會成為否定，這就變成了黑格爾主義。「每種差異，」他說：「涉及到的是他們相互的統一，而並非物件間的相互否定。」這種說法本身就非常的黑格爾。這是一種同時又是非存在的存在。但是我們的烏爾里奇卻認為自己很好的繞過了黑格爾的「純存在」，這種存在同時又是非存在。烏爾里奇說這一命題是黑格爾「竭盡全力要用詭辯的辯證法」來證明的。可是在他解釋自己觀點的過程中，我們發現他仍然重複了黑格爾的論據。事實上，黑格爾說：「首先只是因為存在著另外的事物，所以任何事物才存在。正是透過別它，它由自身的非存在而成為它自己。其次，它的存在是因為其他事物並不存在。它之所以是它，是因為其他事物的不存在。這是它自身本質中的反映。」他得出結論說，這兩方面可以相互交換，「它可以被當作肯定或者否定的」。烏爾里奇很清楚，這種理論表明了對真實肯定的否定與此同時也陷入了否定主義的泥潭。因此他強調說：「我們在分別某物時，首先假設它是像存在物那樣肯定的。」不過這一存在物顯示自己又是非存在物。他解釋說：「事實上，我們在區分紅色和青色時，我們首先做的是把它看成對青色的否定。但是在這個過程中我們又建立了紅與青的聯繫，並且我們將青認為是非紅……在這樣的一個過程中我們將紅透過隱含的青與它自身聯繫了起來。」存在物「經過它自己非存在的圈子」而與其自身取得了聯繫，不是讓人覺得驚訝麼？！烏爾里奇其實在自己駁斥黑格爾的過程中不斷重複黑格爾的論據！而當陳那說：「每一個語詞都（經過否定）排斥其對立面，從而表達它自身的（肯定的）意義」時，陳那的論點若加以適當的修改，與烏爾里奇不是一樣的嗎？

烏爾里奇根據這一點在接下來指出「確定的紅色」這個例子，他說：「紅色正因為它同時為非青、非黃等，經過這些對其他的否定，它本身才與之取得聯繫成為紅的明確的色彩。」成為紅的肯定性消逝了。它成為確定的紅色，但是這又同時意味著可思想並且必然是辯證的、否定的。他希望逃脫黑格爾的「純存在」，卻不可避免的依然跌入其中！

施瓦特對於烏爾里奇這樣的處境給予了及時的補救。「這種理論」，他說：「認為表象之成為確定的只有透過區別才能達到。但是這種區別只有透過已經存在有區別的表象才能加以區別。」他接著說道：「對於紅色的感知，或者說是對於一種確定的紅的感知，正因為它具有特徵的內容，那是某種相當肯定的東西。」從而得出結論說，這種相當肯定的、相當確定的東西，這一非常確定的紅的色澤能夠在沒有任何幫助的條件下便很好的與知性區分開來，「同靈魂的區別活動分別開來」。這是烏爾里奇敘述的。從而我們知道知性要麼沒有用，要麼就是將前人的話語再重複一次。

很顯然，為了強調這一雙重工作，洛采將它稱為「肯定性的斷定」。像之前所表現出來的一樣，他說，這一斷定是如此清楚地與「排斥任何一個別它」聯繫起來的，當我們企圖描述「肯定的簡單意義」時，卻只能使用「對別它的排除」這樣的語句來表述，這就是用否定來說明其特徵。這是個奇妙的肯定，只能使用否定來表達的肯定！我們的語詞透過排斥其對立面而表達它的意義，這不是就是陳那的觀點麼？洛采說：「這種肯定與這種否定是一個無法分離的思想。」這跟黑格爾告訴我們的「肯定和否定是相同的」相似，因為它們的思想是「一」和「不可分開的」。

我們透過勝主慧的總結可以大致看到，肯定與否定在這方面是不是像洛采說的，是「一個不可分離的思想」，印度人自己對此也是頗為困惑的。或者說這是兩個不相容的思想，或者其中一個是另一個的結果？陳那的理論是這樣說的，它只是同樣的一個思想。這其實就是黑格爾與洛采的理論。雖然洛采希望自己不要陷入黑格爾的泥潭。由於佛教徒兩種知識來源的理論，他們與黑格爾和洛采的立場區別開來。假設除紅色之外還存在別的顏色，那麼我們肯定會感知到這紅色，然而我們不可能知道它是紅的。

當洛克指出一個「清楚地觀念」和一個「分明的觀念」時，這點上他與陳那的立場相似。一個清楚的觀念是指：「關於它，心靈有充分而明白的認知，因為心的確是由一個恰當作用於良好的器官的外部物件獲得它的。」一個分明的觀念則是「在其中心靈認識了與其他別它的區別」。這些話都表明了洛克將陳那學說的精髓提煉了出來。可是他並不會這麼解釋，分明者並不清楚，而清楚者並不分明。清楚由感官產生，確定性由知性創造。這是洛采的另一個說法。如果他清楚地進一步說明只有在純感知（現量）中才找得到這些，同時現量中根本沒有確定性（或否定），確定性（否定）是知性的排斥的一面，這樣的話他跟陳那的觀念就一模一樣了。可是也這意味著他一頭栽進了具有物自體和別的特點的先驗哲學，換句話說就是部分掉進了黑格爾辯證法的泥潭。

詹森（W. E. Johnson）顯然在他所著的《邏輯學》中也提到了同樣的這樣差異。他說：「如果將這些與心理過程中的不確定性相比，那麼無論表象還是感知都無從反映那個別事物的具體性和特殊性，這樣它們應該被稱為確定的。」這一對比事實上是具體個別的感覺的新明與某一概念的普遍性之間的對比，而並非我們以為的事物及過程之間的對比。洛采稱為「清楚觀念」的東西，這裡被稱作「確定的」；洛克稱之為「分明的」，這裡則意味著「不確定的」。關於「確定的」另一個理解混淆也在梵語中的niyata（決定、確定）和相對的aniyata-pratibhasa（不定似像、不定影像）也能看到。感覺因為是唯一性的所以確定，而表象因為它的普遍性也是確定的。這種對比更為恰當地應轉換為生動的（感覺）與模糊的（表象、影像）的，或者是「實在」個別與「純粹」共相的對比。這裡的用語「實在的」與「純粹的」都代表著終極的，在康德的理論裡則是先驗的。其實這些都只是感官與知性之間非常細微的區別，里德（Reid）首先注意到這種區別的意義。但是這種區別卻被後來人忽略了，康德找到了它並且一直到先驗的源頭，卻依然也被後來人忽略了。

施瓦特說這種作為否定基礎的肯定「是自我封閉於事物個別性與唯一性之中的」。「某種肯定的斷定」存在於洛采說每一名言中。詹森認為每一感性知識中都存在著「個別事物具體性與個別性」。「個別事物的具體性與個別性」，其實所說的就是「個別者具體的特殊性」！這些二重甚而多重的修飾語代表了這些思想者想必會從那「不含絲毫別它性的」極端個別事物得到的感受。

第五部分

外部世界所具有的真實性

什麼是真實

先前我們講到了何謂佛教邏輯家的真實性，並且說到了真實性分直接和間接兩種。直接的真實性指的是感覺的實在，而間接的真實性指的是和感覺的概念聯繫起來的實在性。

存在純感覺的實在，也存在假象性的純理性。所謂純的假象性，是指那些與感覺活動沒有聯繫的概念的非真實性。真實者又被稱為個別，假想者又被稱為普遍。真實者為事物，假想者為觀念。絕對真實的東西是純的肯定，就是那些嚴格存在自身（in self）中的事物；而不真實的東西是存在於別它（in the other）中且與別它不同的東西，因此，它具有否定性和辯證性。這樣一來，我們便得到了一個總的二分系統：一方面為：一、實在性；二、感覺；三、個別；四、「自在」；五、肯定；相應的另一方面也有五個名稱：一、觀念性；二、概念；三、一般；四、「它在」之物；五、否定。

作為上述二分系統的第二個方面，是完全內在的單面體，它在外部世界裡沒有共相，也沒有否定。但是第一個方面卻並非這樣，第一個方面分為兩個部分：其中內在的為感覺，外在的是自在的（或稱自身）的東西。

在定義真實性時，大乘、小乘是主要爭論所在。早期的那一派認為「萬事皆為存在」（sarvam asti），即元素（dharma）存在。這一原則被分為包括主觀、客觀、內在外在等各項一共75種12大類範疇。其中有關感性、觀念、意志的單元（unit），既為實在元素又為顏色、聲音、香味、觸覺等感覺材料，即所謂的物質單位。在這裡，物質和精神性（ideality，觀念性）並未區分。所有事物無一不是真實的，就其真實性而言，萬事無區別。「任何被發現的存在的都為事物。」比方說，一個瓶子，其真實性為顏色（這也是一種事物）、表象（這是另一個事物）等各種實在性組成的。然而，不存在是其對於瓶子統一性的實在事物。瓶子僅僅是想像的例子，就像自我（Ego）也為假想一般，雖然其所有元素即五蘊（skandhas）為實有之物（Elements）。那些恆常的事物，比如涅槃和空，也為元素之一。因此我們可以說：元素、真實性、存在和事物這幾個詞語可以互換使用。

而這些說法在大乘佛教中出現了變化。在大乘佛教的第一階段，絕對真實的只有那些不動的整體。在佛教邏輯家們看來，真實性（reality）和假想性（ideality）為相對的兩個事物。不僅觀念、感情、意志，就連理智構成的每一個共相、每個持續性、每個廣延性他們都認為是假想的而非真實。只有那些嚴格自身、沒有任何概念所表示的事物才能稱得上真實，而這種事物則被稱作實在性，即康德所說的真實性（Realitat=Sachheit），其對應於純的感覺活動。

實在觀點的基本差異，在有關涅槃或者永恆的相異觀念上集中體現出來。而到了小乘佛教，實在為一種元素、一種事物，就像是空間一樣，也是一種元素、一種事物。大乘佛教裡它既不是單獨的元素或稱為「東西」。

所以，就算在佛教邏輯學派之中，實在性（reality）與假象性（ideality，觀念性）也並不等同。所謂真實的東西，只是指那些可被感覺到的世界（mundus sensitilis），而概念，只是具備了真實性的功能。上述有關真實性的兩重特性的論題，在邏輯上也同樣適用，那便是有關一致性和關於實在性的「兩重」邏輯。第一種邏輯關係建立在兩個概念相互依賴基礎之上，而第二種則屬於這些概念和自身相聯繫。前者在比量式大前提中體現，後者則多見於小前提或者稱為感覺（現量）判斷。對於邏輯的這種雙重特性，我們對感覺、判斷、比量、比量式和邏輯過類等分析已經能充分說明。就像是邏輯謬誤（也可以說錯誤）可以分為違反（大前提）一致性和違反（小前提）實在性，邏輯真實也分為這兩種類型，也就是現量的（感覺）判斷的真實。

什麼是外在

外在即超出。對認識活動而言，外在就是在活動之外。超出這個認識，我們便可以認為這是認識活動之外存在的。如果實在性是外部的事物，那麼，真實者和外在者可以互換。但是，此物件也不是絕對的在意識之外，所以它有不可知性。黑格爾曾經在關於物自體的問題指責康德，認為物自體因為絕對處在認識活動外而為不可知。但其實將實在分為感知和個別事物兩種其實並沒有什麼必要，事物可以歸為感知。

如果我們將主客、內外各自不同意義不予考慮，那麼主客、內外相對性詞語很容易被人們誤解。我們的思想、感情和意志均透過內省來理解，它們是內省的「物件」而非外在者。思想觀念本身就是具有自明（self-conscious 自我覺察）。上述情況存在的是黑格爾把它們擴展為一般的主客關係。而外部的物質世界的主客關係與內在的精神領域的主客關係完全不同：外在的是真實有效的，內在的是假想中的觀念性的。例如：熊熊燃燒的烈火是真實的，而腦海中的火焰就是假想的觀念。然而，假想並不意味著完全的不真實，真實和假想是兩個本質不同的實在之物，由因果律彼此連結，外部物件作為內在表象的原因存在。他們並不依賴所指的同一性而是依賴於因果律聯繫在一起。如果我們站在那些將觀念性和實在性混同的唯心論者的立場上，那麼真實和假象之間便具有了同一性。外在的事物總是個別的，它們瞬息萬變、無時無刻不在運動中而且是肯定的（positive），相對而言，內部的表象是普遍而不變的，並具有否定性。

假設有與感知的外部物件，相對應出於心理需要而並不是出於邏輯的絕對必然。

三個不同的世界

在通向物或言觀念的世界的邏輯道路之外，還有著一條導向著對大千世界的超邏輯之直觀（meta-logical institution）的神祕主義之路。這樣便有了三個不同的世界，或者稱為三個不同的存在層次，每一層次都獨立自在。在最終形而上的層次上，人們眼中的宇宙是不動的唯一的統一的；其次的邏輯層則向人們展示了感覺和概念所對應的物質與觀念的多元性和實在性；在第三個層次上沒有物質，僅有的是觀念作為仲介過渡。物質本身即為觀念。存在巴門尼德的世界，存在亞里斯多德的世界，中間還有柏拉圖的理想世界。三個世界各自存在在自己的「世界」中，互不排斥，互為補充，它們取決於我們從哪一個出發或到達哪一個。倘若我們以邏輯為出發點，那麼我們遵循「一切規律的規律」的矛盾律，我們會到達多元世界——這要麼是實在論者的世界，要麼就是批判實在論者的世界。倘若我們無視矛盾律而將超邏輯的立場作為出發點，我們將會進入一元論。倘若我們將內省作為出發點——內省同時把握著物質和理念雙重世界，並且如果我們將從邏輯上是多餘的複製品的那些東西取消只承認理念是客觀的以後，我們便成為徹頭徹尾的唯心論者。從一元論的立場出發，陳那寫出了《般若波羅蜜多集義論》（Prajnapar mita-pindartha），並且，他在批判了實在論的基礎之上將他自己的邏輯大廈建立起來，這樣避開了幼稚的實在論。像彌曼差派或是勝論派為代表的後者將內省和表象完全取消，堅持僅僅用現量來把握世界。

批判實在論

我們無需再贅述佛教邏輯家們關於外部世界的理論。總的來說，整本書都是或直接或間接的以此問題為中心。此書的第一部分，我們一起討論了感性活動對外部世界的直觀反映，接下來的兩部分闡述了知性活動中的間接反映。在比量和比量推理式中，知性構造活動和實在的接觸始終被小前提約束著，如果理智構造和外部事物真實性的聯繫斷開，那麼，我們的知識（價值）便會被概念的辯證特徵降到虛無。外在者即為實在。真實和外在兩個詞語是可以互換的。觀念性（ideality）指的是想像，而外部世界則指的是直接的認知，後者換成更為精準的說法是純感覺的反映。感知所把握的是那些個別的、特殊的事物，而知性認識的物件是「普遍」的而非個別。沒有一般性就沒有明確認識，而普遍性就是觀念性（ideality，假想性），從而實在和假想是相反的、矛盾的，真實者不是假想者，假想者也不是真實者。

而外部實在具有效能性，這即是原因。觀念性作為表象從因果關係上說不具有效能，如果僅從形而上的角度觀察，觀念性是預期行為準備過程中的中間環節。

不僅如此，實在的又具有能動性，外部物件非物質，是能。而實在是行為，因而他發出和預期目的行為集中的焦點。

「實在即作用」，所以具有暫態性，是力能的核心的點的剎那，是能的焦點（kraft-puncte）。

這種多元的實在性與概念性之間有什麼樣的關係？他們之間的關係

是因果的，也是間接的。人的理智可以間接把握實在性，就像是聲音之回聲，又像是「透過門縫瀉出的那寶石的光亮」。實在被嵌入了思想的依據為辯證概念的表層結構。不僅那些可被感知的屬性是針對外界刺激後主觀產生的反映模式，而且那些人們口中的第一性質，比方說廣延、持續、時空、存在與非存在、一般、實在、因果等概念，他們無一不是知性主觀的構造產物。

如果時空和所有外部現象都是知性主觀的構造產物，那麼人們不禁要問：究竟什麼是實在？實在有什麼價值？不僅如此，以至於實在性、因果性、實體性等諸如此類的概念豈不是都成為對某種不可知的最終極的真實主觀詮釋？

答案簡單明瞭！唯有感知真實，除卻純的感知，所有外物都不存在，其他的一切都是知性作出的詮釋。真實乃是被賦予感性的東西而不是憑想像而生，這一點無人會否認。

由於立足點關係的改變，從而外在和內在的關係變為感覺與表象、感性與知性能力、感情與概念、個別與一般的關係。倘若我們站在本體論的角度，即為個別與一般；而站在邏輯認識論，又成了感覺與知性。那麼，以上兩種不同性質的領域又因何聯繫統一？他們之間的鴻溝總得存在一種東西作為橋梁而將他們互相溝通吧。只有借助於下面的方式：首先，此種聯繫是屬於因果範疇。感知產生表象，即表象生起功能上依賴感知，但這遠遠不夠。在表象產生的過程中，別的因素也肯定在活動。由於後者的相符性，純粹的感知才被區分開。

我們把一種不被理解的關係稱為：相符性——相符性又可以這樣解釋：「兩個絕對不相同的事物之間的相似性」——這一解釋也不能解決問題。前面很多次我們都提到了此種神祕的「符合性」，此書第二卷我們專門翻譯了一組文章，這組文章從不同角度將「相符性」向人們描述了一番。但是在這裡，我們已經將佛教的辨證方法分析過以後，才有可能更為深刻的去消化理解這一理論。與任何其他的概念相同，相符性（相似性，similarity，conformity）也是否定的，這是基於否定基礎上的相似。在絕對個別與純粹一般之間不存在這種相似，但是共同的否定關係將他們聯繫起來，他們將各自的對立面排斥後成為互為相似。以上即為所謂的「相符性」，也就是否定的相似性。

因此，它表現為效能的暴流點即為絕對個別的感覺（現量），但是，又因為他需要和別的東西區別開來，所以便從相反的那方取得某一瓶的一般特徵。我們可以說，火就是對熱嚴格的個別感知，僅此而已。但是透過我們把它們與別的食物對置，並排斥其對立面，我們便會構造出（以負的方式構造出）「一般之火」——即包含過去、現在、未來的一切時間之火。那種被洛采視為Offenbare Grille（完全純粹的古怪概念）從而在邏輯中將其開除的非A便是其本質——即世界之靈魂。以上便是作為個別的外在於作為一般的內在之間的聯繫，同時又為可感知與可思想之間的關係。

終極一元論

當我們對認識活動進行邏輯分析時，最後會得到一個最終結果。如果深究於人世活動的構成成分，我們會發現它由外在的物自體、相應的純現量（感知）及隨之而來的表象所組成，即使是探究它最簡單的構成成分，這個結構依然是二分的。邏輯能夠給予我們的已經到了盡頭，無法再更進一步。它也無法做到想像會有一種更高的、融合主體與客體為一的無差別的一元整體的綜合。因為一旦邏輯達到了這個程度，它就不能再稱之為邏輯，而變成了超邏輯。這種超邏輯是形而上學的。它意味著否定了矛盾律，挑戰對於邏輯的定義。但是對於佛教邏輯家而言，真實性本身就存在於兩個領域——邏輯與超邏輯領域，陳那與法稱自命為觀念論者，但是邏輯上他們確實是不折不扣的實在論者。在形而上學或者說在一元論中；邏輯的實在性和觀念性是相互分離的。但是「無上智」（Climax of Wisdom），陳那說：「這就是一元論。」在最終的絕對者當中，主客相互交融，「我們以為，」陳那說：「這種精神所具有的非二重性，也就是宇宙的一元實體和佛陀，和所謂的法身是相同的。」哲學就這樣到宗教裡去了。

勝主慧說：「對一個根本不承認外部世界存在的哲學家說來，如何可以在其中並不包含認識手段（量具）及認識結果（量果）的差別的認識中，依然區分出能知與所知兩個方面呢？」（答案如下：）「從此性（亦即絕對實在）的立場出發，不容有任何區別！」可是我們會被之前已經驗證的幻覺所困惑（我們所認知的僅是實在的折射而已）。

我們知道現在所有的一切都是間接的，它們是由主客體之間有所差異，並以此構想出來區分它們的影像，所有我們對認識及其物件的區分完全來自於經驗，而不是從絕對實在的角度來看待的。但是另一個問題來了，既然如此，一個自身無差別的事物如何表現出區分度？這是由錯覺來完成的。這種錯覺是先驗的，是人類理性本來就具有的根本錯覺。

許多非佛教各派對於大乘佛教最常見的攻擊，就是指責其將外部世界看成是夢幻（svapnavat）。可是夢幻泡影對於（佛教的）不同宗派代表的意義並不相同，對法稱說，世夢（醒態的夢幻）的說法意思是：表象無論何時何地都依然還是表象，並不會隨著其表現形態的變化而有所區別，其實質一樣。即使是在夢中，表象與實在也有某些千絲萬縷的關聯，就好像在清醒狀態下，表象作為實在的一種間接表現形式，可以在一定程度上也成為夢幻。

觀念論

現在我們再來看那種基於包圍觀念論立場所提出來的主要論據，實在論者認為，唯一實在指的是唯一且恆常的整體，他受到了（觀念論者的）挑戰。後者堅稱唯一真實的是觀念而並非那為一的整體。觀念是種類無窮的、不停變化的，並且鮮明地在所有有情中對其自身進行表現。只要有它存在著，作為非精神的東西，物質的東西因此被認為是自身存在的依據是不可能的事情。這樣推導的理由有兩點，如下：1. 它引發了矛盾。2. 對外部事物的掌控是無法理解的。可以這麼說，實在論者的假定是不能被理解的，因為他們的觀點是，人應該向外在運動發展，離開其所在地，將其需要捕捉的物件形式俘獲回來。

當我們在思考這些二律背反時，發現當我們假定外部物質物件（的存在）必然要引起矛盾的存在。外部事物必定要麼是單一的要麼是複合的，絕對不可能出現第三種情況。當我們能夠證明其既不是單一也不是複合的事物時，那等於承認其什麼都不是，僅僅是「空花」而已。空中蓮花是唯一一種既單一又複合的物質。以下我們繼續要說的可以來說明複合的物質必有單一個體組成。先假設我們要將一個複合物分解，我們會將其組成部分一點點先移除，然後剩下的便是非合成的部分。這個非合成的剩餘物將是不可分的。但是這樣的話它也就成為了非廣延的；如同某個精神性的物件，它將是剎那之點；像剎那性的感受；因此，它只不過是一種觀念。

下面的思考給出了另一個方面的證明。假設有一個單一物質，它沒有一個廣延的極微（原子），它的周圍被同樣的極微所包圍。於是另一個疑問就出現了，這個單一物質將怎麼面對那之前和之後的極微呢，是透過相同的面還是相異的面呢？如果貼近所有這些極微的是同一個面，這些極微便融為一體，這樣一來就不是複合物了。如果它以兩個不同面貼近前後兩個極微，那麼這兩個面就變成不同部分，這樣一來，極微就成了複合物。

一些極微論者（或單子論者）想要這樣辯解：我們暫且假設極微並不是空間裡面最細微的物質部分，而本來就是空間。空間也不是由這些部分構成，僅僅是空間的各種組成，即使是其中最細微的部分也是可以分割的空間。雖然它的數學性質是不限可分的，但它依然並非觀念，而僅僅是空間。對此，我們的回答如下：雖然你們自己確認了，但你們否定了有廣延的極微，這在另一個側面則是證明了它的存在。事實上，如果僅僅為了解釋複合物就假定了單一者的存在，其實你等於實際同意了這些極微是佔據空間的一部分組成。我們必須承認，除開那些數學指點是單一而非微粒，同樣有這種特性的是物理之點，也就是說，作為空間的組成部分，他們僅僅是透過各種聚合來充實空間的存在，這是不可能的。我們由此得出結論，既是單一又非單一的極微其實是「空花」。它們不是其他任何一種存在，如果說它們是聚合而成的，可能還會好些，至少這樣會被認為這種聚合是由極微所組成的。

它的反對者提出了另一個問題，極微這種觀念如果要真實存在的話，那麼它就不能使空洞無物，必須要有某種基礎支撐它。這種基礎是什麼，只能是極微。佛教徒答道：是的，的確如此，勝論派假定了塵埃，飄浮在陽光中的微粒是這種基礎，但那麼依賴，自我也便成了實在（reality）了。如果極微也同樣用極微作為表象，那麼等於我們的想像也可以變成真實的東西！真實的自我並非由組成它的實在的各個元素構成。事實上，簡單性是絕不能從任何現量去推知的。

這種從直觀的陽光微粒中推導出的關於極微的觀念是「某種依據研究和灌輸（樸素實在論）的荒謬觀點的學說傳統的自然結果」。這是觀念論者第一位的主要理由。

觀念論者的第二種論據是強調主客的二分是知性的構造。這些所有的構造物都是辯證的。主體是主體不是客體，客體是客體不是主體。這種相互矛盾的兩部分則在更高層次的單一中，那是以它們作為共同基礎的單一，這個時候它們成為了同一。彙集了這些對立面的實在是某個單一純感覺的點剎那。在最後確定的認識中的事實即是感官正常的人的純感覺。至於除開這之外的其他則或多或少都是想像在不同程度的產物。這種暫態性的純感覺，本身具有唯一性，不能用固定概念來思考它。但是同時它也可以為知性也就是想像所擴展、協調並加以解釋。這種知性感覺告知我們的是，這種讓我們覺得實在且不容懷疑的純感覺，必須解釋成包含於三重外殼（tri-puti）中的。第一是自我；第二是物件，例如一個瓶；而第三則是自我與物件的結合過程。這種知性其實就是自我、物件以及兩者結合過程的一個三重結構，它代替了我們以為的純粹真實的感知。如果離開物件與過程，自我便沒有絲毫的真實性，它就變成完全想像的產物。如果作為物件的瓶中沒有純的真實性，也就成為理智對簡單的感知的詮釋。真實性在這主客交互的過程中變得更少了。作為某種分離於主客體的東西，當認識活動不是暫態性的感知時，它便不存在。感覺相應於認識者、被認識者及認識活動這三者合一的只有一種真實的單元。存在與一可以互換（Ens et unum convertuntur）。一種實在即是一個單一體！但知性卻將它造成了隱藏於三重外殼中的核心。其中有假象的瓶性與純感知的配合。這種配合稱作（相似）相符（conformity），可以說，也就是感覺的形式化（formity），就是這些形式的事實本身在一定程度上被感覺獲得。它們在邏輯方面成為同一。從心理層面來講，感覺與概念也是不一樣的，它們是不同的剎那，或者說兩者互為原因。它們在邏輯角度來看，遵照佛教的同一律視為同一的。這二者都把我們引向同一個實在之點，所以依據客觀所指之同一性它們是同一的。我們所以為的概念活動產生於不相同的時刻，但讓它們有所關係的則是能使之產生感覺獲得的同一物件。法稱問道：能量和量果、量及所量（noesis及noema）如何會是一個東西呢？他自己答道：由於相似相符，即透過感知的形式化，知性使得感覺活動具有了想像的、一般的形式。那麼，它們怎麼變得一致？因為感知顯示那物件如它「自在」的樣子，而相符則是「它在」（在別它中）的同一事物。我們現在知道，「在別它中」表明了「辨證地」的意思，意味著「透過對別它的否定」。這種感覺與概念的一致性具有否定性的。這種借助了對瓶本身的否定而存在的純的自在的同一感知成為瓶之表象。如果要更進一步來敘述分別活動的話，單一的關於瓶的感知可以被任何分量的辯證概念所附著。就內在的內容量而言，現量（感覺）的內容是豐富的；但是在確定的思想中，它又顯得很貧乏。

實在論者的下一個質疑則是，真理的標準不是只是效用嗎？在目的性行動中所達到的物件不是被宣佈了顯示最終的實在嗎？但是我們這個時候在成功的行動中達到的就是外在的物件嗎？觀念論者答道，是的，成功的行動是實在性的檢驗標準，並不需要外部的物質物件（作標準）。我們的行為只不過是一種觀念，是那表現為成功行動的某個事物的表象。我們不需要假設兩種成功行為，一種在我們的腦中，一種在思想之外。我們只需要其中一個足矣。當然一切如「牧人樵夫」那樣的普通人不免陷入這種思想，認為外部世界中存在的的確是具有廣延性的物體，但智者知道根本不需要存在這種對應物。這就好像你們假定了外部實在作為我們表象的相應原因，我們則認為物件及其這種原因都是內在的（immanent）。知識的真實性使其是每一剎那都受在前剎那的嚴格制約。任何外部原因的假設都是多餘的，對我們而言，之前的意識剎那正好發揮了那種功能，我們由於它假設存在著外部原因。

陳那對於非真實性外部世界的論述

著作《觀所緣緣論》中含有的頌只有八個，陳那本人的評述也包含在其中。現在來簡述一下本論中的證明過程：它在最開始就表示外部物件要麼是極微，要麼是極微的聚合。但若能證明外部物件並不是這兩者其中之一，那麼這個外部物件沒有相對應的外部實在，只是觀念而已。

陳那就以此對認識物件的觀念性質加以證明，由無限可分所引起的二律背反，和以經驗主義看待能分割的物件所引起的矛盾，就是對外部世界的實在性進行否定的理由。以陳那的邏輯所設想的，暫態性的力或能即是外部物件。感覺活動就是由其激發，表象的結構也隨之由其引導出來。陳那在論中對勝論所提倡的有關外部物件的理念進行了駁斥，勝論認為外部物件是由極微和極微和合所組成的，也就是具有雙重性，把和合物當成它們藉以組成的極微外之物，也就是自在之物。陳那此後證實了極微產生的表象與之並不相同。因為原因並不總是物件。就算讓我們假設表象的隱伏是因為極微，但卻沒辦法證明以它們組成的物件，這由於原因中也有感覺官能，但它並不是物件。在勝論中所描述的自在之物所聚合形成的產物，也只是像夜空中有兩個月亮那樣虛幻。我們需要一個既能闡明表象又可說明感覺的物件。但和合不可產生感知，極微亦不可產生表象，這兩者所產生的作用都只有一半。事物並非不可分割，因此由陳那角度看，極微就猶如「蓮花浮於虛空」；和合物作為第二等級的存在，也不過是虛幻如雙月一般。

形式的差異並不能由極微的和合說明。極微同樣構成了盆與瓶。它們之間數量及組合的不同並不能說明表象的不同，因為數量和組合自身也不是自在之物。形式是觀念的或主觀形式的，僅僅是現象。由此，關於不能分成兩部分的物件形式和極微的假設都只是觀念罷了。

陳那在駁斥勝論的實在論觀點後總結出：「因此所有感官認知的物件並不是外部的。」

陳那接著更深一步將觀念論的主要原則加以證明。內在地被我們的內省力所認知的物件，即是認知行動的物件，而它在表面看來就好像是外在的。因此「觀念」即是最後的實在。邏輯中所說外在之點和物本體（自相）在這裡僅為內在的「觀念」。內在世界分為兩重，其中主體和客體皆為內在。青和對青的現量（感知）之間並沒有分別。對於同一觀念可看做所量及量（過程）和認識物件兩方面。

接著該論解釋了被感知事件的過程是有規律的。觀念論者認為其中原因為它被業習氣控制。而實在論者卻認為其中原因是外部客觀世界的過程有規律。為了證明各自觀點，他們假設能夠代替物質性宇宙的潛意識藏識，還假設了能夠代替實在論者的業的觀念的精神性的習氣。

接著這些說一切都有部的實在論者表示有契經提到：「物件及感官在生起從功能上來說是視感知（眼識）所依賴的。」對於這句話的意義如何解釋，以陳那的觀點來看，物件於眼識是記憶體，眼根（感官）則是一種生命習氣（力）所產生的。其實眼球並不代表眼根，相應的視覺功能才是其代表。若假定潛意識的阿賴耶識而外部世界被取消，假定某種生命的業的熏習力量（力）而不是物理性的感官，就能將認識過程毫無阻礙地說明。

強調假設外部世界的存在並沒有必要即是陳那觀念論的核心思想，觀念論可輕易置換與其相對應的實在論。任何一件事物轉換了某個名稱或某個解釋，都還是保持原樣的。陳那在其《觀所緣緣論》後半部分簡要概述了無著的觀念論。其中對於無限問題的強調體現了他的獨創性。

作為無限的或無限可分割的某種東西，外部世界便只是「觀念」而不是真實的。這種情況與希臘的相同，懷疑論（Aporetic）的即是唯心觀念論的基礎。

法稱對唯我論的駁斥

為了駁斥觀念論唯心主義的唯我論，法稱專門寫了一篇短論分析探討這個問題。這也就是著名的《成他相續論》，也譯作《成他身論》。這篇短論是建立在一個相對複雜的問題上，法稱在其中發揮了自己的認識理論，並證明了這些認識論。因此此論具有十分重大的意義。但是由於篇幅有限，只能簡單扼要地展現其論證過程。

一開始，法稱明確地指出，把觀念論中的錯誤歸結為唯我論的論證方法是毫無意義的。而實在論者總是犯這樣的錯誤。他們覺得可以利用類比推理的方法推理出別人的心智所想。他們認為自己的言行是由自身的意志所引發的，因此他人也必定如此。找出言行背後的原因，就得知他人的心智想法。不過，稍微改變一下說法，觀念論者也會得到這樣的結論。當他遇到不同於自己的言辭、行動或者表象，就會認為，這一切背後必然有它的原因，而這原因就是這些人的心智。觀念論者總是喜歡這樣說：「我們的言行是外在的表象，都取決於內在的意志。源於我們自己意志的表象和不源於自己意志的表象是不一樣的。不同意志的成因都不一樣，這也反映出存在著不同於自我的心智。」

實在論者會質問：「你們為何不如此假設：不需要不同於自我的心智就能顯現第二類表象呢？」觀念論者回應道：「那是因為，這樣的假設會得出一個這樣的結論。就是我們一般言行的表象不需要意志就可以發動。存在著兩種表象，一組與我的身體維繫起來，另一組則不然。但這不意味著，一組表象可以由意志發動，另一組卻不需要。兩組表象都源於意志。認為我們言行的表象一半與意志有關，一半與意志無關是錯誤的。一切心象由意志而起。」

觀念論者堅稱：「不管我們表現出怎樣的言行，不管這些是否與我們的身體存在關聯，這一切都起源於有意識的意志。預期目的性的行為的一般本質與意志的一般本質始終是緊密相關的。」

實在論者堅持說，他認知了不同於自我的有預期性的目的行為。觀念論者認為他認知的並不是真實的外在表象，而只不過是運動的表象而已。當意志不存在了，也就是這些表象的原因不存在了，它們自然也跟著不存在。如果當從某一種表象推知意志的存在這一點來看，實在論和觀念論沒有什麼實質的區別。

實在論者還指出，觀念論者認為外在是虛幻的。外在世界只是由表象構成的，缺乏相應的實在性。因此，他的內省力只是證實了自己的行動言辭，外部不同於自我的言行皆是虛幻。觀念論者辯解道：「如果某種有意識的意志能夠被預期行動所指明，那麼不管是在現實中，還是在夢幻中，都必然必須地指明這點，或者完全不能表明這點。」如果我們只承認要獲得預期目的的行動表象可以不需要自我的意識就能實現，那麼我們就絕對不可能僅僅依靠行動去推知意志的存在，因為也許這種行動不需要意志就可以發動。實在論者反駁道：「要知道夢是錯覺，夢中的表象與實在可能是沒有聯繫的，它可以只是一種沒有對應實在性的表象。」對於這樣的說法，觀念論者回敬說：「是誰告訴你們存在兩種表象，一類具有相應的實在性，而另一類卻沒有？」只有一種表象，如果這種情況下它有相應的實在性，那麼在任何情況下它都有相應的實在性。夢與別的表象的唯一區別是，夢裡的表象與相應的實在性是一種間接的聯繫，而其他表象與實在性是一種直接的聯繫。不能因為夢的表象與實在存在一定的時間間隔，就否認這兩者之間的聯繫。我們也許在夢中見過這樣的情景，學生來到老師的房間，跟老師請教問題等，雖然這些表象是夢中的，但是它們與實在還是存在著某種聯繫。否則，也不可能會作這樣的夢。「但是」，觀念論者說：「這其實是另一個問題了！你們提到的假設存在與實在完全沒有聯繫的表象。我們說的是，表象都是與真實不一致的表象。因為它們是由錯覺產生的。」

之後，法稱談到了認識論中自己對不同於自我心智存在的看法。他覺得兩個人如果互為異己，但是在外部世界的同一個錯覺下，還是有可能會產生相同的觀念。就好比，得了同一種眼疾的兩個人同時都看到天上有兩個月亮。現量和比量是知識真正的來源，因為它對我們的預期行為有著導向作用。想要從直接的現量認識推知別人的心智存在這是不可能的，但是對實在論和觀念論來說，認識的唯一手段是比量。比量可以引導涉及別人預期目的行為，這樣就是一種證明他人心智存在的手段。因此，對於實在論和觀念論來說，比量都是正當的認識來源。從這方面來看沒有本質區別。在邏輯範圍中，唯我論不存在真正的威脅。

印度和歐洲就外在世界實在性的討論會

討論話題：一元論

吠檀多甲：最開始的真實是虛無。

吠檀多乙：最開始的真實不是存在，也不是虛無。

吠檀多丙：最開始的真實的確存在，並且是獨一無二的。它就是梵。

吠檀多丁：梵跟我同一存在，這就是你。

巴門尼德：不存在虛無（Nought）。宇宙是唯一的。它是靜止的。

德謨克利特：靜止的就是虛無的。它是充滿著運動原子的空洞空間。

佛教徒：有一個包含著許多無常諸法的空洞空間；當一切無常諸法寂滅的時候，會發生涅槃的現象。

龍樹：一切諸法都是無常的，唯一真實的是零無，或者大空，也就是有宇宙之身的佛陀——如來法身。

史賓諾沙：只存在一個唯一的實體，它就是上帝本身。

陳那：最高智，既般若智是獨一無二的。一切的統一就是精神之身的佛陀，也就是如來智身。

法稱：意識的本質具有不可分性。把主客體分開是錯誤的。它們消失在如來智身中。

瑜伽行派佛教：只有佛陀知道兩者的分別。他知道所有的知識都是錯覺。

討論話題：二元論和多元論

數論：永恆的初始理論有兩個，分別是精神和物質，也可以說是神我和自性。兩者是永恆的。精神保持不動，但是物質經常變換。兩者之間雖然不能相互作用，但是其中一個改變可以被另一個反映出來。在自性的內部，存在六根以及與之對應的六種物質物件在衍化。所以存在兩種外部的實在，一種是相對應物質或者自性的神我，一種是相對應精神或者神我的物質，一種物，但是神是不存在的。

笛卡兒：的確如此。只存在外在和心靈兩種實體，但是這兩者不是靜止的，而是變換的，上帝創造了這兩個實體，並支配著它們的運動。

小乘佛教：不存在神，也不存在自我；恆常實體沒有精神性也沒有物質性，有的是無常生滅的諸法，和與之關聯的法則。跟數論一樣，六境是對應六根感覺的物件境界。所以存在兩種外在性，一種是諸法互相為外在；一種是六境為六根的外在。

數論：諸元素作為超極微的單元，它不存在意識，卻永遠保持著變化。

赫拉克利特：這些元素的實在是精神性的。

馬赫：這些元素只是感覺。自我和物質不過是純粹的童話。一旦哲學對自我的真實性失去了興趣，那就只能用感覺上的有著相互依賴關係的因果律來解釋整體（the whole）的聯繫，除此以外別無他法。

彌爾：實體只是作為一種感覺永恆的可能性。我們感覺上的順序性才產生了被當作實體的物質和心靈。現象是依存於永恆的律令的，而不是實體。

龍樹：沒有開始沒有終結也不會變換的只有相依緣起。它的絕對的，是涅槃的，也是永恆的（sub specie aeternitatis）世界。

討論話題：批判性邏輯和樸素實在論邏輯

陳那：但是永恆世界不是成立在邏輯上的，它的認知只能藉由神祕的直觀才可實現。

月稱：涅槃（永恆）境界只有當邏輯取消時才能建立！必然有個非相對的絕對真實存在，因為所有邏輯概念皆為非真實且相對的。這個絕對真實就是作為如來法身的空。

陳那：我們在邏輯中，僅僅是在相應物件（所量）和知識來源（能量）的基礎上，正確的描述出生活中所產生的事物！外部世界實在性不妨在邏輯中加以承認。

月稱：若邏輯並不能引導至絕對真實，那麼它就沒有意義。

陳那：我們只能對實在論者定義的邏輯做出糾正，因為他們將其弄得漏洞百出，亂七八糟。

實在論者：有實在性依據來支持我們對實在性外部世界的認知。就像燈光照射出旁邊的事物那樣，純粹意識的光芒照射出外部物件。自我察覺性（自明性）具有比量性質，內省和表象不存在於知識中。

瑜伽行派佛教：自證分（自省）和表象是存在的。「若我們見到藍色卻沒有意識，那它決不會被我們認知。世界將沒有任何事物被認知，變成黑暗一片。」因此既然外部物件不存在，我們又為何雙重化知識客觀的方面呢？

實在論者：但我們只有憑藉經驗的力量，才能形成感性認知（現量）的連續變化，外部世界改變，它們也隨之改變！

佛教：若你要對這種變化作出解釋，就必須肯定某種業的熏習力（生命之力）。它可能是經驗力量，可能是幻覺力量，也可能是生起性想像力量。若肯定的是經驗力量，真實性便有了多餘的二重。若肯定的是幻覺力量，那麼外部世界就無絲毫真實性，如肥皂泡或夢境那樣虛幻，若肯定的是升起性想像力量，伴隨著現象真實性出現的便是先驗觀念性。

實踐論者：「你們所說的這種理論簡直是不付錢白拿東西！」雖然實際上僅是由點構成的外部世界藉由想像力所得的可感知性是多種多樣的，但因為沒有形色的點組成了它，所以在交換中它無法有任何給予！若知性和感性的性質是全然不同的，那麼純知性概念又怎麼能理解純感知呢？「看起來，原因是大概不會有人說感官可以認知類似因果性這樣的概念吧？」

康德：一面與範疇，另一面與具體的被賦予物件一樣的某種事物，必定是存在著的。

法稱：此類中間介質物即為有概念性的感覺。我們假設，在最初的純感覺瞬間以後還有概念性感覺的瞬間藉由內感官而生，這種感覺便是抽象感念和純感覺的中間介質物。在這之外還有某種稱為配合或相符的作用機制，存在於概念和純感覺之間。

實在論者：這種配合與相符又是何物呢？

世親：儘管認識活動也由感官而生，但因為它認識活動所認知的並不是感官而是物件，它就是這樣一種事實。物件在認識活動的各個環節中，是最為重要的。

法稱：「毫不相關者間的相似」即為配合與相符。實際上一切身為同一個體的事物，皆為彼此間毫無關聯的自在物。但某種程度上我們忽略了它們具有絕對的自在性（不相似性），藉由否定而認為他們是相同的。因此所有表象皆為相互否定的共相。知性的本質為否定，唯一肯定的只有感性。

黑格爾：否定性亦是客觀世界本質且和主觀世界一致，這是我們的辯證法所主張的。

法稱：我們必然有某種肯定，其相對於概念的否定性而存在。

赫爾巴特：純感覺是絕對判斷，只有它才為肯定。

陳那：不論承認或否定外部世界的人都接受邏輯，即是我們邏輯的目的。個別和一般這兩種被認知的本質沒有人能否定其存在。一般總於我們腦中存在，而個別總於外部世界中存在。

貝克萊：實在的一般或抽象的概念是不存在的。

陳那：觀念往往是抽象且一般的，個別觀念完全不存在。個別只存在於外部世界裡，稱述中的自身矛盾即為個別表象。在頭腦中除了純感知，只有一般共相存在。

貝克萊：但在被感知的事物以外，不存在外部世界，存在即為被感知。

陳那：存在即表示著能效。

康德：在為外部世界的實在性做出令人全然信服的證明方面，現代哲學仍沒獲得成功，這實在慚愧。若無自在物，那在我們面前顯現的事物就變成了這種樣子：我們的感官意識到它們，我們的知性根據其領域認知並構造出它們。

寂護：沒錯，雖然純感知是絕對非構造的，但我們的知性在其刺激下產生了事物表象的瞬間！

法上：這是多麼偉大神奇啊！物件被感官生動且清晰的表述出來，但所有確定的事物它都未曾懂得。理智做出了確定的解釋，但它卻又是含糊的、不明確的、一般且迷茫的，其只能構造出一般共相。然而理解這神奇卻不難，因為知性僅是想像力罷了。

結論

我們透過上述分析過程，從那些既不屬於同一時代也不屬於同一體系的思想家們身上，部分或完全引述了。但是，我們不能就此便錯誤的認為整個印度哲學體系都是由東拼西湊的東西組成，其中包含著那些可以隨時隨地被人拿出來就能同某個著名思想類比的內容。但是，真相恰恰相反。

在這個由每個部分都完美的契合於同一個嚴密整體的哲學體系中，這大概是唯一一個能夠歸結為一個極其單純觀念的體系了。這個觀念告訴人們；我們知識來源於兩個不同性質的方面——感性和知性。感性單純直觀反映存在，而知性則是創造了作為間接的反映存在的概念。單純的感性僅僅在第一時刻反映出無比清晰的感覺，即所謂的X剎那。隨著感性的清晰程度逐漸減弱，理智開始漸漸「理解」，而知性活動作為判斷就會產生X=A的動作，X即為感性，A即為知性。

判斷拓展開來即為推理（比量）或（比量式）三段論式，也就是X=A+A′。其中，代表感性的依然是X，而A+A′之間的聯繫則由理由和結論實現，理由，亦即充分的理由，而且只有兩種，三相因由此成立。同一性和因果性同為理由的表徵。所謂知性衍生的概念，是由理由的同一性和因果性達成的一致關係並在大前提下加以表現，而與可感覺的實在的聯繫則由小前提表現。此部分中，這種學說只是延展了知識來源只有兩個這一基本思想。而同一思想的另一個特點則是由知性的辯證特點的學說所表述的，因為此種學說的來源只具有辯證與非辯證兩種。

從某種層面上來看，具有個別自相的外在世界與共相一般的內在世界只不過是表達感性與知性的兩個範圍。自在之物是個別自相的表徵，而他在之物即為一般共相。

而當最終上升到最高之哲學層面之時，現於我們眼前的是感性與知性也為辯證的關係。在本質上，它們既相互否定又相互排斥，而最終，它們又在一元論之中相互融合。

所以得出如下結論：同樣的知性，可以用一種特殊功用所表述，在下面的表徵中顯示自身：一、判斷，二、充分理由，三、同一性和因果性兩種比量（推理）的原則，四、內在共相世界之構成，五、所有概念中必定含有的分別（二分）及其相互否定。知性在這五種表徵中始終是不變的。它是作為純感知的矛盾的對立面而存在的。

所以，陳那才於《集量論》的開篇便高聲宣布：「量有兩種，唯現與比。」

古學今用 177

佛教邏輯

海鴿文化出版圖書有限公司
Seadove Publishing Company Ltd.

作者　舍爾巴茲基
譯者　關登浩
美術構成　騾賴耙工作室
封面設計　南洋呆藝術工作室
發行人　羅清維
企畫執行　林義傑、張緯倫
責任行政　陳淑貞

出版　海鴿文化出版圖書有限公司
出版登記　行政院新聞局局版北市業字第780號
發行部　台北市信義區林口街54-4號1樓
電話　02-27273008
傳真　02-27270603
e - mail　seadove.book@msa.hinet.net

總經銷　創智文化有限公司
住址　新北市土城區忠承路89號6樓
電話　02-22683489
傳真　02-22696560
網址　https://reurl.cc/myMQeA

香港總經銷　和平圖書有限公司
住址　香港柴灣嘉業街12號百樂門大廈17樓
電話　（852）2804-6687
傳真　（852）2804-6409

CVS總代理　美璟文化有限公司
電話　02-27239968　e - mail：net@uth.com.tw

出版日期　2025年01月01日　一版一刷
定價　620元
郵政劃撥　18989626戶名：海鴿文化出版圖書有限公司

國家圖書館出版品預行編目資料

佛教邏輯/舍爾巴茲基作；關登浩譯--
一版，--臺北市 ： 海鴿文化，2025.01
面 ；　公分. －－（古學今用；177）
ISBN 978-986-392-546-0（平裝）

1. 佛教哲學

220.11　　113019056